이러닝(e-Learning)은 교육과 IT가 융합된 분야로, 시대의 매체 발전과 함께 꾸준히 진화해 왔습니다. 특히 우리나라에서는 인터넷의 급속한 발전과 맞물려 폭발적인 성장을 이루며, 이러닝에 대한 본격적인 수요가 발생하게 되었습니다.

국가적으로도 교육 정보화 사업, 원격 교육 및 사이버대학교 활성화, 이러닝 산업 관련 법 제정 등 다양한 노력을 통해 이러닝 산업의 부흥을 지원해 왔습니다. 또한, 코로나19 이전에는 주로 오프라인 중심으로 진행되던 교육이 포스트 코로나 및 뉴노멀 시대를 맞아 전 세계적으로 온·오프라인 융복합 형태로 전환되었으며, 현재는 온라인 교육의 비중이 점차 높아지고 있는 추세입니다.

이러한 국내외 변화와 흐름을 반영하여, 이러닝 전문 인력을 육성하기 위한 노력의 일환으로 이러닝 운영관리사 자격시험이 2023년에 교육·자연·과학·사회과학 분야에서 처음으로 신설되었습니다. 성안당 이러닝 운영관리사 필기+실기 수험서는 시험 준비에 필요한 핵심 내용을 체계적으로 담고 있으며, 다음과 같은 내용을 통해 독자들이 효과적으로 시험을 준비할 수 있도록 구성되었습니다.

1. 필기시험과 실기시험 주요 내용 분석
2. 실제 시험 유형과 문제풀이 가이드
3. 이러닝 운영 관리에 필요한 실무적 지식과 팁

특히 이러닝 운영 관리에 필요한 실무적 지식으로 이러닝 시스템을 효율적으로 운영하고 관리하기 위한 교육공학의 주요 이론과 실제 적용 사례, 정보기술(IT)의 이해와 활용, 그리고 이러닝 학습 과정 전반의 흐름을 체계적으로 이해할 수 있습니다.

이 책은 단순히 자격증 취득을 위한 학습 자료를 넘어, 이러닝 운영 전문가로 성장하는 데 필요한 기본 역량과 실무 능력을 쌓는 데 중점을 두고 있습니다. 시험을 준비하는 모든 독자 여러분께 이 책이 든든한 길잡이가 되기를 바랍니다.

끝으로, 이 책이 출간되기까지 많은 도움을 주신 성안당 관계자분들께 깊은 감사의 말씀을 드리며, 이 책을 통해 독자 여러분이 목표를 이루고, 나아가 이러닝 분야에서 큰 성과를 거두시기를 진심으로 기원합니다.

감사합니다.

저자 일동

1 이러닝운영관리사

이러닝 환경에서 효과적인 교수학습을 위하여 교육과정에 대한 운영계획을 수립하고, 학습자와 교·강사의 활동을 촉진하며, 학습 콘텐츠 및 시스템의 운영을 지원하는 직무이다.

2 시험 방법 및 합격 기준

① 시험과목

- 필기 : 1.이러닝운영계획수립(30문항) 2.이러닝 활동 지원(30문항) 3. 이러닝 운영 관리(20문항)
- 실기 : 이러닝 운영 실무

② 검정 방법

- 필기 : 객관식 4지 택일형 80문항(2시간)
- 실기 : 필답형(2시간 정도, 100점)

③ 합격 기준

- 필기 : 100점을 만점으로 하여 과목당 40점 이상, 전과목 평균 60점 이상
- 실기 : 100점을 만점으로 하여 60점 이상

3 응시자격

자격 제한 없음

4 자격 유효기간

유효기간 없음

이러닝 운영관리사

필기 + 실기

출제기준에 맞춘 핵심 이론 ➕ 적중 예상문제 수록

임호용, 최정빈, 이선희 지음
(사)한국에듀테크산업협회 감수

저자약력

임호용
- 현) 목원대학교 SW중심대학추진사업단/컴퓨터융합학부 겸임교수
- ㈜호연 대표이사
- 웹 및 모바일 애플리케이션 개발

〈자격사항〉
- 정보관리기술사, 기술지도사, 직업능력개발훈련교사 등

이선희(교육공학 박사)
- 현) 목원대학교 SW중심대학추진사업단/컴퓨터융합학부 조교수
- 전) 충남대학교 대학교육혁신본부 책임연구원
- 전) 서원대학교 교육혁신원 교수학습개발센터 조교수
- 전) MECKOREA㈜ 교수설계 팀장(콘텐츠 교수설계 및 PM)

〈자격사항〉
- 중등교원 2급(정보컴퓨터), 직업능력개발훈련교사(정보 컴퓨터) 등

최정빈(교육공학 박사)
- 현) 추계예술대학교 교육혁신원장, 교양학부장
- 현) 한국교육전략개발원 대표
- 전) 대전대학교 교육혁신원 및 교직부 조교수
- 전) 한국기술교육대학교 창조인재개발단 교수
- 전) 단국대학교 엔지니어링디자인센터 교수

〈자격사항〉
- 국제공인 NLP Trainer & Consultant, Flipped Learning Consultant, 인적자원개발사 1급(HRDE) 등

〈대표 저서〉
- 게임처럼 배우면 얼마나 좋을까, 게이미피케이션 러닝 교수설계(2024), 배움을 바로잡다. 플립드러닝 교수설계 및 수업전략(2018), 디지털예술교육론

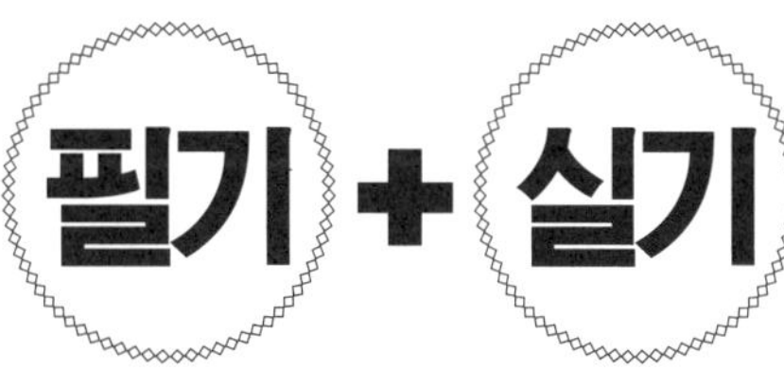

■ 도서 A/S 안내

성안당에서 발행하는 모든 도서는 저자와 출판사, 그리고 독자가 함께 만들어 나갑니다.

좋은 책을 펴내기 위해 많은 노력을 기울이고 있습니다. 혹시라도 내용상의 오류나 오탈자 등이 발견되면 **"좋은 책은 나라의 보배"**로서 우리 모두가 함께 만들어 간다는 마음으로 연락주시기 바랍니다. 수정 보완하여 더 나은 책이 되도록 최선을 다하겠습니다.

성안당은 늘 독자 여러분들의 소중한 의견을 기다리고 있습니다. 좋은 의견을 보내주시는 분께는 성안당 쇼핑몰의 포인트(3,000포인트)를 적립해 드립니다.

잘못 만들어진 책이나 부록 등이 파손된 경우에는 교환해 드립니다.

본서 기획자 e-mail : coh@cyber.co.kr(최옥현)

홈페이지 : http://www.cyber.co.kr

전화 : 031) 950-6300

이 책의 목차

PART 03 학습 시스템의 특성 분석

PART 04   이러닝 운영 준비

PART 09 이러닝 운영 결과 관리

PART 10 **최종 점검 모의고사 & 기출복원문제**

필기

실기

이러닝이란 전자적 수단, 정보통신, 전파, 방송, 인공지능, 가상현실 및 증강현실 관련 기술을 활용하여 이루어지는 학습이다. 이러닝에서는 학습 콘텐츠를 필수적으로 제공하는데, 이러닝 콘텐츠란 전자적 방식으로 처리된 부호 · 문자 · 도형 · 색채 · 음성 · 음향 · 이미지 · 영상 등 이러닝과 관련된 정보 또는 자료이다.

PART

01

이러닝 산업 파악

Chapter 01 이러닝 산업 동향

1 /// 이러닝 산업의 구성요소

1) 이러닝 산업

① 이러닝의 개요

- 이러닝이란 전자적 수단, 정보통신, 전파, 방송, 인공지능, 가상현실 및 증강현실 관련 기술을 활용하여 이루어지는 학습이다.
- 이러닝에서는 학습 콘텐츠를 필수적으로 제공하는데, 이러닝 콘텐츠란 전자적 방식으로 처리된 부호·문자·도형·색채·음성·음향·이미지·영상 등 이러닝과 관련된 정보 또는 자료이다.

② 이러닝 산업의 개요

- 이러닝 산업은 전자적 수단, 정보통신 및 전파·방송 기술을 활용하여 이루어지는 학습을 위한 콘텐츠, 솔루션, 서비스, 하드웨어를 개발 제작 및 유통하는 사업이다.
- 이러닝 사업을 영위하고 지속하기 위하여 이러닝을 시장에 공급하는 사업체의 종류는 다음과 같다.

표 1-1-1 이러닝 공급 사업체

사업체 종류	설명
콘텐츠 사업체	• 이러닝에 필요한 정보와 자료를 멀티미디어 형태로 개발, 제작, 가공, 유통하는 사업체
솔루션 사업체	• 이러닝에 필요한 교육 관련 정보시스템의 전부 혹은 일부를 개발, 제작, 가공, 유통하는 사업체
서비스 사업체	• 온라인으로 교육, 훈련, 학습 등을 쌍방향으로 정보통신 네트워크를 통해 개인, 사업체 또는 기관에 직접 서비스를 제공하는 사업과 이러닝 교육 및 구축 등 이러닝 사업 제반에 관한 컨설팅을 수행하는 사업체

- 이러닝 공급 사업체의 종류 중 솔루션 사업체는 교육 관련 정보시스템에 대하여 이러닝 시스템과 인프라를 구축하거나 서비스 형태로도 제공한다.

③ 이러닝 산업의 분야

– 이러닝 산업은 다양한 분야의 업종이 융합된 복합 산업으로, 다양한 분야를 포괄하고 있다.

표 1-1-2 이러닝 산업 분야의 종류

종류	설명
서비스 분야	• 전자적 수단, 정보통신 및 전파 · 방송기술을 활용한 학습 · 훈련 제공
콘텐츠 분야	• 이러닝을 위한 학습 내용물을 개발, 제작 또는 유통
솔루션 분야	• 이러닝을 위한 개발도구, 응용소프트웨어 등의 패키지 소프트웨어 개발과 이에 대한 유지 · 보수 • 현행 이러닝 산업 분야에서는 시스템 산업 분야로 분류가 적절함
하드웨어 분야	• 이러닝 서비스 제공 및 이용을 위해 필요한 기기, 설비 제조, 유통하는 사업 및 관련 인프라 임대 • 현행 이러닝 산업 분야에서는 인프라 산업 분야로 분류가 적절함

– 이러닝 산업 분야는 특수 분류로 제정되어 4개의 대분류, 12개의 중분류, 33개의 소분류로 구성되어 이러닝 산업의 범위를 구체화하고 있다.

2 /// 이러닝 서비스 산업 분야 특성

1) 이러닝 서비스 산업 분야의 종류

이러닝 서비스 산업 분야의 교육 대상은 학생, 근로자, 교수자로 구분할 수 있으며, 교육을 수행하는 교수자와 교육을 받는 학습자 간 상호작용이 발생한다.

표 1-1-3 이러닝 서비스 산업 분야의 종류

종류	설명
교과교육	• 유아교육: 초등학교 입학 전 유아 대상 교과교육 • 초등교육: 초등학교 학생 대상 교과교육 • 중등교육: 중 · 고등학교 학생 대상 교과교육 • 고등교육: 전문대, 대학교(사이버대학) 학생 대상 교과교육 • 기타교육: 취업 · 전문시험 등 일반인 대상 교과교육
직무훈련	• 기업 직무훈련: 직원 대상 직업 훈련 교육 • 직업 훈련: 기술, 직업 분야 전문적 훈련 교육 • 교수자 연수: 교수자 전문성 향상 훈련 교육
기타 교육훈련	• 기타 교육훈련: 교과교육, 직무훈련을 제외한 일반 교육훈련

2) 이러닝 서비스 산업 분야의 특성

이러닝 서비스 산업 분야는 학습자들의 특성에 따른 개인 맞춤화가 진행되고 있으며, PC뿐만 아니라 태블릿, 스마트폰 등을 활용하여 언제 어디서나 접근하여 학습을 진행할 수 있는 특성이 있다.

표 1-1-4 이러닝 서비스 산업 분야의 특성

특성	설명
편의성	• 학습자들이 언제 어디서든 쉽게 학습할 수 있으며, 다양한 디지털 기기를 통해 편리하게 교육 콘텐츠에 접근
접근성	• 인터넷을 통해 다양한 연령대와 직업군의 학습자들이 손쉽게 교육 자료와 프로그램에 접근
유연성	• 학습자들은 자신의 일정과 학습 속도에 맞춰 유연하게 학습 계획을 조정할 수 있으며 개별 학습 가능
상호작용 및 협업	• 온라인 토론, 그룹 프로젝트, 실습 등을 통해 학습자 간 상호작용과 협업 촉진, 효과적인 학습 경험 제공
추적 및 개인 맞춤화	• 학습자의 학습 진도를 추적하여 개인 맞춤형 학습 경로를 제공하여 효율적인 학습 지원
다목적화	• 다양한 교육과정을 다루며, 학습자의 다양한 교육 수요에 대한 수요를 충족

3 /// 이러닝 콘텐츠 산업 분야 특성

1) 이러닝 콘텐츠 산업 분야의 종류

이러닝 콘텐츠 산업 분야는 콘텐츠를 제작하거나 유통하는 측면에서 구분되며, 콘텐츠를 제작할 경우 자체 제작, 외주 제작으로 구분한다.

표 1-1-5 이러닝 콘텐츠 산업 분야의 종류

산업 분야	설명
콘텐츠 자체 개발, 제작	• 코스웨어(Courseware): 쌍방향 의사소통이 가능한 개방형을 포함한 이러닝용 코스웨어 개발, 제작 • 전자책(E-book): 이러닝용 전자교과서, 전자참고서, 전자책 등 개발, 제작 • 체감형 학습 콘텐츠: 가상현실, 증강현실, 3D 등의 기술이 적용된 체감형 및 상호작용형 콘텐츠 개발, 제작 • 기타 이러닝 콘텐츠: 에듀테인먼트 등 기타 이러닝용 콘텐츠 개발, 제작

산업 분야	설명
콘텐츠 외주 개발, 제작	• 코스웨어 외주: 수수료/계약, 코스웨어 개발, 제작 • 전자책 외주: 수수료/계약, 학습용 전자교과서, 전자참고서, 전자책 등 개발, 제작 • 체감형 학습 콘텐츠 외주: 수수료 또는 계약, 체감형 및 상호작용형 콘텐츠 개발, 제작 • 기타 이러닝 콘텐츠 외주: 수수료 또는 계약, 에듀테인먼트 등 기타 이러닝용 콘텐츠 개발, 제작
콘텐츠 유통	• 이러닝 콘텐츠 유통업: 구매한 이러닝 콘텐츠의 도/소매 판매 또는 임대

2) 이러닝 콘텐츠 산업 분야의 특성

이러닝 콘텐츠 산업 분야는 학습자들이 학습 콘텐츠에 몰입하고 상호작용을 통하여 학습 효과를 더욱 향상할 수 있는 특성이 있다.

표 1-1-6 이러닝 콘텐츠 산업 분야의 특성

특성	설명
다양성	• 맞춤형 학습 경험 제공 및 다양한 학습 분야와 주제 포괄
상호작용성	• 학습 효과를 극대화하도록 학습자의 몰입도를 높이고, 실시간 피드백과 참여 유도
접근성	• 다양한 기기에서 디지털 형식의 학습 자료를 손쉽게 이용할 수 있어 학습자의 접근성 및 편의성 향상
확장성	• 인공지능(AI) 등의 기술 도입으로 콘텐츠 형태, 기능 등의 확장으로 학습 경험 향상
체감성	• 가상현실(VR), 증강현실(AR), 3D 기술 등을 적용한 체감형 학습 콘텐츠로 학습자에게 실제와 같은 학습 경험 제공
제작 효율성	• 비용 효율성 향상, 다양한 전문성으로 고품질의 콘텐츠를 제작하기 위한 외주 개발 수행으로 유연성과 협업능력 보장

4 /// 이러닝 시스템 산업 분야 특성

1) 이러닝 시스템 산업 분야의 종류

이러닝 시스템 산업 분야는 이러닝 소프트웨어 개발, 이러닝 시스템 구축 및 유지보수, 소프트웨어 유통 및 자원 제공으로 구분한다.

표 1-1-7 이러닝 시스템 산업 분야의 종류

산업 분야	설명
이러닝 소프트웨어 개발	• LMS/LCMS: 이러닝 시스템 서버에 탑재되는 학습 관리 시스템(LMS), 학습 콘텐츠 관리 시스템(LCMS) 개발 • 학습 콘텐츠 저작도구: 이러닝 콘텐츠 제작을 위한 저작용 소프트웨어 개발 • 가상교실 소프트웨어: 교수학습을 구현하는 가상교실 소프트웨어 개발 • 가상훈련시스템 소프트웨어: 가상현실, 증강현실 및 유사한 기술을 적용한 훈련용 시뮬레이터 운영 소프트웨어 개발 • 기타 이러닝 소프트웨어: 기타 이러닝 시스템 서버 또는 학습 기기용 소프트웨어 개발
이러닝 시스템 구축 및 유지보수	• 이러닝 시스템 구축 및 컨설팅: 가상훈련 시스템을 포함하는 이러닝 시스템 구축 및 관련 컨설팅 서비스 제공 • 이러닝 시스템 유지보수: 구축된 가상훈련 시스템을 포함한 이러닝 시스템의 운영, 유지, 복구 서비스 등 제공
이러닝 소프트웨어 유통 및 자원 제공	• 이러닝 소프트웨어 유통: 이러닝 시스템, 학습기기 등에 탑재되는 패키지 소프트웨어 유통 • 이러닝 컴퓨팅 자원 임대: 사업자를 대상으로 이러닝을 위한 서버, 스토리지, 소프트웨어 플랫폼 등의 컴퓨팅 자원 임대 • 이러닝 관련 기타 자원 임대: 이러닝 솔루션 사업자를 대상으로 이러닝을 위한 장치 및 설비 등의 기타 자원 임대

2) 이러닝 시스템 산업 분야의 특성

이러닝 시스템 산업 분야는 이러닝 시스템을 운영하고 학습 환경을 제공하는 측면에서 여러 특성이 있다.

표 1-1-8 이러닝 시스템 산업 분야의 특성

특성	설명
LMS/LCMS	• 이러닝 시스템의 핵심 구성요소로, 이러닝 환경에서 학습자와 콘텐츠의 효율적인 관리
콘텐츠 저작도구	• 창의적이고 효율적인 콘텐츠 생산을 위한 저작도구 소프트웨어 제공
시스템 관리	• 이러닝 시스템의 신뢰성과 지속성을 유지하기 위해 시스템의 안정적 운영 및 구축, 운영, 유지보수 복구 등 수행
통합 및 호환성	• 다양한 교육 기술, 학습 환경, 소프트웨어 간 통합 및 호환성 보장
가상현실 활용	• 가상현실 및 증강현실을 기반으로 학습자의 학습 경험을 향상하고자 몰입감 있고 실제와 유사한 학습 경험 제공
자원 임대 효율성	• 클라우드 컴퓨팅, CDN, LMS/LCMS 플랫폼 등을 임대, 사업자의 초기 인프라 투자비용 감소와 수요 중심 자원 공급
시스템 유통	• 이러닝 솔루션 보급 촉진 및 사용자의 접근성 향상

1) 이러닝 인프라 산업 분야의 종류

이러닝 인프라 산업 분야는 인프라의 설비 및 장비의 제조와 유통, 학습용 기기 제조로 구분한다.

표 1-1-9 이러닝 인프라 산업 분야의 종류

산업 분야	설명
설비/장비 제조	• 디지털 강의장 설비: 이러닝 강의 녹화, 편집하는 디지털 강의장에 설치되는 설비 및 관련 부속 기기 등 제조 • 가상훈련 시스템 장비: 가상현실, 증강현실 및 이와 유사한 기술을 적용한 교육훈련용 시뮬레이터 및 부속 기기 제조 • 기타 교육 제작/훈련시스템용 설비/장비: 기타 이러닝 교육 제작 및 관련 훈련시스템용 설비 및 장비, 부속기기 제조
학습용 기기 제조	• 휴대형 학습 기기 제조: 이러닝 학습을 위한 전용 휴대형 기기 제조
설비/장비, 기기 유통	• 이러닝 설비, 장비 및 기기 유통: 이러닝을 위한 각종 설비, 장비 및 학습용 기기 등 유통

2) 이러닝 인프라 산업 분야의 특성

이러닝 인프라 산업 분야는 보안성을 기반으로 하여 여러 특성을 가지며, 특히 개인정보와 학습정보에 대한 데이터의 관리와 보호가 중요하다.

표 1-1-10 이러닝 인프라 산업 분야의 특성

특성	설명
보안성	• 외부 공격으로부터 이러닝 시스템을 보호하기 위한 방화벽, 접근 제어 등의 기술을 통하여 시스템 보안 향상 • 개인정보, 학습정보 등의 정보 보호를 위한 데이터 유출 방지 및 주기적인 데이터 백업을 통하여 데이터 보안 향상 • 학습 콘텐츠의 유출을 방지하기 위한 데이터 유출 방지 솔루션, DRM, 워터마크 등의 기술 적용
유연성	• 다양한 학습 환경 및 요구사항에 따라 인프라 환경을 쉽게 조정함으로써 유연한 인프라 제공
확장성	• 클라우드 인프라 제공 시 학습자의 증가로 시스템 부하 발생 시 자동으로 서버를 증설하여 확장성 있는 인프라 제공
신속성	• 고속 스토리지 및 네트워크 제공으로 학습자에게 신속한 콘텐츠 및 서비스 제공

특성	설명
가용성	• 학습자의 학습을 방해하지 않도록 안정적인 서비스를 제공하기 위한 인프라 이중화 등을 통한 시스템 가용성 향상
장애 내성	• 이러닝 인프라 시스템의 장애가 발생하더라도 데이터 보호, 장애 복구 자동화 등을 통한 연속적인 학습 보장

6 ||| 이러닝 산업의 영역별 발전과정과 향후 동향

1) 이러닝 산업의 영역별 발전과정

① 제1차부터 제4차까지 진행된 이러닝 산업 발전 및 활성화 기본계획에서 언급하는 이러닝 산업의 발전과정을 정리하면 다음과 같다.

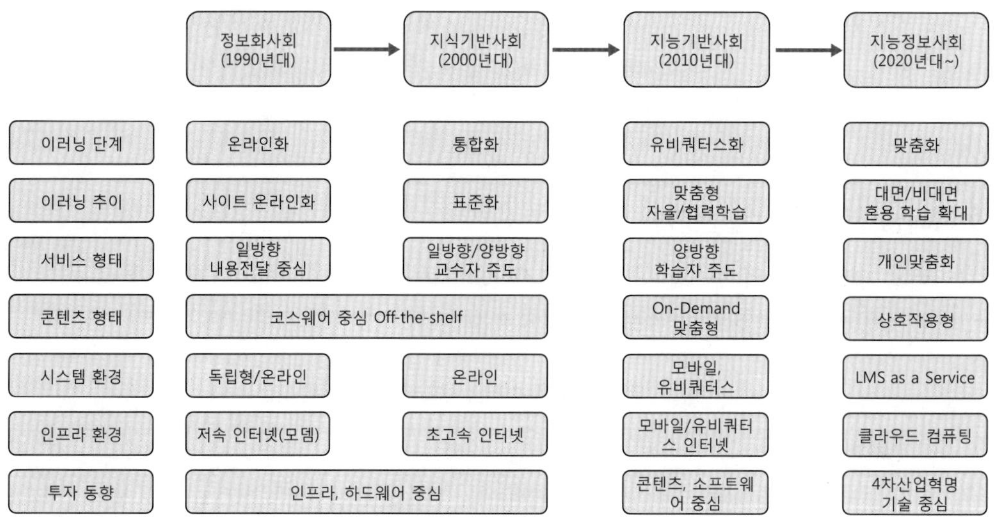

그림 1-1-1 이러닝 산업의 발전과정

② 정보화사회부터 지능정보사회까지 이러닝은 지속해서 발전해 왔으며, 서비스, 콘텐츠, 시스템, 인프라 분야 또한 같이 발전하였다.

㉠ 이러닝 서비스 산업의 발전과정: 이러닝 서비스 산업은 정보기술이 발전하면서 내용 중심에서 교수자, 학습자 주도 방식을 거쳐 개인화 서비스 형태로 발전하였다.

표 1-1-11 이러닝 서비스 산업의 발전과정

사회	과정	설명
정보화사회	내용전달 중심	• 지식을 전달하는 과정에서 학습자의 피드백이나 상호작용이 상대적으로 적음
지식기반사회	교수자 주도	• 전통적인 교실 수업을 온라인 환경으로 옮겨와 교수자가 주도적으로 학습 과정을 이끌어가는 방식
지능기반사회	학습자 주도	• 학습자가 자신의 학습을 계획하고 주도적으로 진행하는 방식
지능정보사회	개인 맞춤화	• 인공지능이 학습자 데이터를 분석, 맞춤형 콘텐츠와 학습 경로 제공

ⓛ 이러닝 콘텐츠 산업의 발전과정: 이러닝 콘텐츠 산업은 코스웨어 중심에서 학습자의 On-Demand 맞춤형 수요를 거쳐 교수자와 학습자가 상호작용할 수 있고, 가상현실과 증강현실을 활용하여 몰입도를 증가하는 콘텐츠로 발전하였다.

표 1-1-12 이러닝 콘텐츠 산업의 발전과정

사회	과정	설명
정보화사회	코스웨어 중심 Off-the-shelf	• 학습자가 즉시 사용할 수 있도록 준비된 표준화된 학습 콘텐츠로, 다양한 학습 주제, 분야의 교육 자료 및 학습 활동 제공
지식기반사회		
지능기반사회	On-Demand 맞춤형	• 학습자의 학습 과정 수요를 반영하여 콘텐츠를 맞춤형으로 공급
지능정보사회	상호작용형	• 인공지능(AI), 가상현실(VR), 증강현실(AR) 등의 첨단 기술을 활용하여 더욱 몰입감 있고 효과적인 학습 경험 제공

ⓒ 이러닝 시스템 산업의 발전과정: 이러닝 시스템 산업은 시스템을 구동하는 컴퓨터의 사양과 이를 서비스할 수 있는 네트워크 환경에 따라 시스템 산업이 발전하였다.

표 1-1-13 이러닝 시스템 산업의 발전과정

사회	과정	설명
정보화사회	독립형/온라인	• 독립형: 네트워크 연결 없이 단독으로 운영되는 소프트웨어와 하드웨어로, 학습자 개인 컴퓨터에 설치하여 학습 • 온라인: 학습자가 네트워크를 통해 학습 시스템에 접속하여 원격교육 학습
지식기반사회	온라인	• 고속 인터넷과 정보기술의 발달로 인하여 지식의 생성, 공유, 활용할 수 있도록 이러닝 시스템 구축

사회	과정	설명
지능기반사회	모바일/ 유비쿼터스	• 유/무선 네트워크의 기술 발전으로 언제 어디서나 이러닝 학습을 진행할 수 있는 시스템으로 진화
지능정보사회	LMS as a Service	• 이러닝 시스템인 LMS에 클라우드, 빅데이터, 인공지능 등의 최신 기술을 탑재하고 서비스 형태로 제공하여 이러닝 시스템 기반 확산

㉣ 이러닝 인프라 산업의 발전과정: 이러닝 인프라 산업은 네트워크를 포함한 인프라의 발전에 따라 이러닝 시스템이 제공하는 네트워크의 속도가 증가하였으며, 최근 클라우드 컴퓨팅을 통한 가상 인프라 또한 제공하고 있다.

표 1-1-14 이러닝 인프라 산업의 발전과정

사회	과정	설명
정보화사회	저속 인터넷 (모뎀)	• 낮은 인터넷 속도로 인하여 텍스트 위주의 이러닝 학습 인프라 제공
지식기반사회	초고속 인터넷	• 높은 인터넷 속도로 인하여 텍스트, 이미지 및 동영상 이러닝 학습 인프라 제공
지능기반사회	모바일/유비쿼터스 인터넷	• 유무선 인터넷의 확산으로 언제 어디서나 이러닝 학습을 할 수 있는 인프라 확산
지능정보사회	클라우드 컴퓨팅	• 초고속 네트워크 인프라망을 기반으로 이러닝 시스템을 이용한 만큼 비용을 지불하는 인프라 시스템으로 전환

2) 이러닝 산업의 영역별 향후 동향

① 정보화사회부터 지능정보사회로 발전함에 따라 이러닝 산업의 경쟁력을 높이고 시장을 창출함과 동시에 이러닝의 활용을 촉진하여 산업의 활성화 기반을 강화할 것이다.

표 1-1-15 이러닝 산업의 영역별 향후 동향

산업 영역	동향	설명
서비스 분야	통합 플랫폼 구축	• 이러닝 접근성 및 교육 효과 제고를 위한 통합 플랫폼 구축 • 한국형 온라인 공개강좌(K-MOOC) 운영 활성화
콘텐츠 분야	지능/실감형 기술개발	• 학습효과 제고를 위한 지능형 · 실감형 기술개발
	디지털 콘텐츠 보급, 확산	• 취약 계층, 고령층 및 교육 사각지대 학습자의 학습권 확장을 위한 콘텐츠 개발

산업 영역	동향	설명
시스템 분야	이러닝 표준화 체계 정비	• 이러닝 빅데이터를 수집, 분석, 활용하기 위한 데이터 표준화 및 활용을 위한 기반지원 제공
인프라 분야	디지털 기술의 본격 적용	• 이러닝 학습의 극대화를 위하여 인공지능, 가상현실 등의 4차산업혁명 기술을 적용할 수 있는 인프라 증설

② 각 산업 영역에서 발생할 수 있는 보안 취약점으로 인해 발생할 수 있는 개인정보 유출 등의 사고를 미연에 방지하기 위해 시스템 및 인프라 분야에서 정보 보안에 대한 투자가 이루어질 것이다.

7 /// 이러닝 산업의 주요 이해관계자

1) 이러닝 산업의 이해관계

이러닝 산업은 다양한 산업 영역의 구성원 간 이해관계가 존재한다.

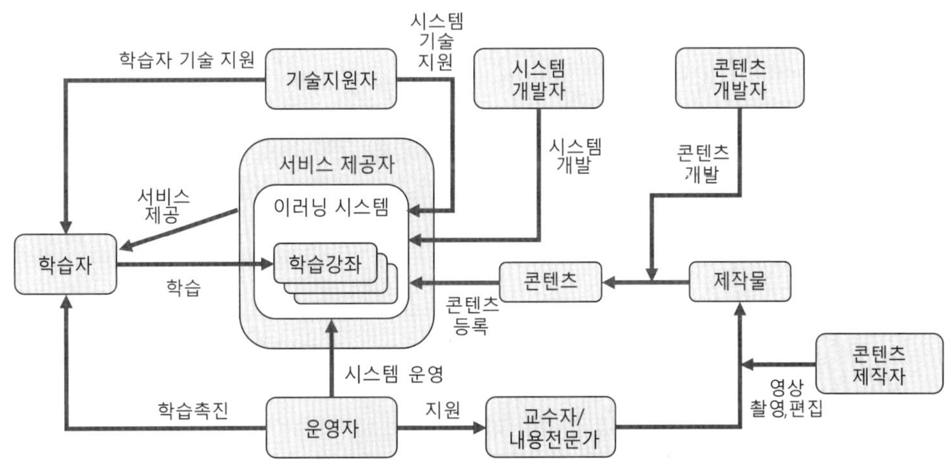

그림 1-1-2 이러닝 산업의 주요 이해관계

2) 이러닝 산업의 이해관계자

① 이러닝 산업의 이해관계에 참여하는 이해관계자는 다음과 같다.

표 1-1-16 이러닝 산업의 이해관계자

이해관계자	설명
학습자	• 개설된 이러닝 강좌를 학습하는 학습자로 교육, 직무 역량, 취미 등의 이러닝 콘텐츠를 학습
교수자	• 해당 이러닝 강좌를 담당하는 담당자로 이러닝 학습 내용의 선정 및 구성, 학습자의 학습 안내 및 지도, 촉진 역할 수행
내용 전문가	• 교수자 또는 해당 분야의 전문가
개발자	• 시스템 개발자: 이러닝 시스템인 LMS/LCMS 시스템 등 개발 • 콘텐츠 개발자: 제작된 콘텐츠에 대화형 요소를 삽입하여 학습자가 몰입할 수 있도록 콘텐츠를 개발
콘텐츠 제작자	• 교수자 또는 내용 전문가의 이러닝 강좌 내용을 촬영하고 편집하여 콘텐츠를 제작
기술 지원자	• 이러닝 시스템의 장애 발생 시 기술적 문제 해결을 지원하며 학습자, 시스템에 관한 기술 지원 수행
운영자	• 이러닝 강좌 전체를 운영하는 담당자로, 교수 및 학습자를 지원
서비스 제공자	• 이러닝 시스템을 학습자에게 제공하는 개인, 기업 또는 기관

② 기업 또는 공공기관 등의 단체 또한 이러닝 산업의 이해관계에 참여하는 이해관계자로, 이러닝 시스템을 운영하거나 재직자를 대상으로 직무 역량을 향상하기 위한 원격훈련을 수행한다.

Chapter **02**

이러닝 기술 동향

1 /// 이러닝 기술의 구성요소

1) 이러닝 기술의 구성도

① 이러닝 기술은 크게 학습자와 이러닝 시스템으로 구분할 수 있으며, 전체 이러닝 시스템의 구성은 다음과 같이 구성할 수 있다.

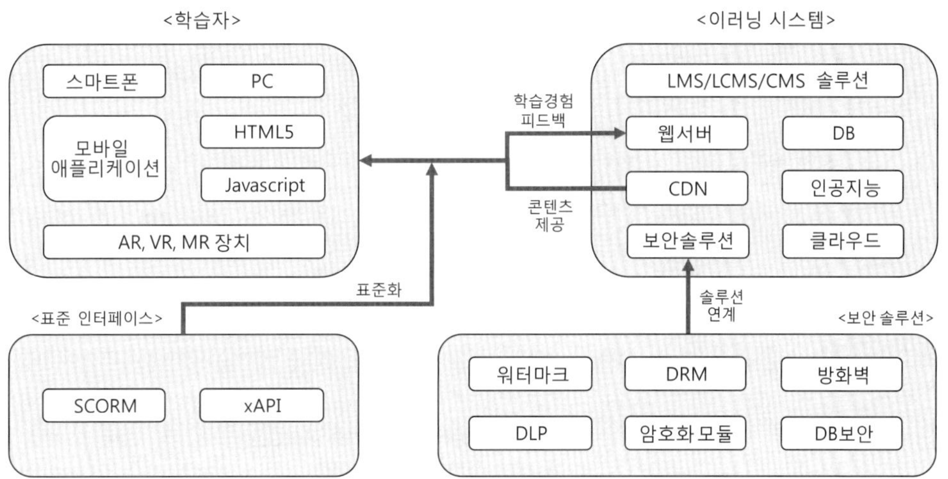

그림 1-2-1 이러닝 기술의 구성도

② 보안 솔루션은 운영되는 이러닝 시스템을 외부의 악의적인 공격자로부터 보호하기 위한 솔루션이며, 솔루션을 자체 개발하거나 연계하여 이러닝 시스템의 보안 솔루션에 탑재한다.

2) 이러닝 기술의 구성요소

이러닝 기술의 구성도에서 이러닝 시스템, 보안 솔루션, 학습자 등으로 구분된 영역에서 각각의 기술을 구성하고 있다.

① 이러닝 시스템 영역의 이러닝 기술 구성요소

– 이러닝 시스템 영역의 기술은 각종 솔루션과 연계하여 시스템의 기능을 추가하거나 보완하고, 학습자한테 이러닝 콘텐츠를 제공한다.

표 1-2-1 이러닝 시스템 영역의 이러닝 기술 구성요소

구성요소	설명
LMS 솔루션	• 이러닝 학습자의 학습 활동과 관련한 서비스를 관리하는 솔루션
LCMS 솔루션	• 이러닝 학습 콘텐츠의 생성, 관리 등과 관련한 서비스를 관리하는 솔루션
CMS 솔루션	• 이러닝 시스템의 전반적인 구성요소 및 기능 등을 관리하는 솔루션
웹서버	• 학습자에게 이러닝 서비스를 제공하기 위한 서버
DB	• 학습자 및 이러닝 시스템의 데이터를 저장하고 효율적으로 검색하여 제공하기 위한 데이터베이스
CDN	• Contents Delivery Network의 약자로, 이러닝 시스템의 콘텐츠를 학습자에게 가까운 서버에 콘텐츠를 복사하여 학습자한테 빠르게 제공할 수 있는 네트워크 기술
인공지능	• 학습자의 학습 진도, 학업성취 평가 등의 정보를 분석하여 학습자 맞춤 커리큘럼을 제공하기 위한 기술
보안 솔루션	• 이러닝 시스템을 외부 공격으로부터 보호하기 위한 솔루션
클라우드	• 시스템을 이용한 만큼 비용을 지불하고, 과도한 트래픽 요청 시 자동으로 서버를 확장하여 안정적인 이러닝 서비스를 제공하기 위한 기술

– 학습자에게 제공되는 콘텐츠 및 인터페이스에 대한 표준을 지정하여 다른 이러닝 시스템과 호환되도록 제공하고 있다.

표 1-2-2 이러닝 표준 기술 구성요소

구성요소	설명
SCORM	• Sharable Content Object Reference Model의 약자로 공유 가능한 콘텐츠 객체 참조 모형 • 교육용 콘텐츠의 교환, 공유, 결합, 재사용을 쉽게 하려는 목적에서 만들어진 웹 기반 전자교육에 대한 표준 규격 • 학습 관리 시스템을 통해 제공되는 런타임 환경을 정의
xAPI	• Experience API의 약자로, 온라인 및 오프라인을 포함하여 광범위한 학습 활동 상황 내에서 학습자의 경험에 대한 데이터의 수집 및 공유하기 위한 전자학습 데이터 및 사양 인터페이스 표준

② 보안 솔루션 영역의 이러닝 기술 구성요소

- 보안 솔루션 영역의 기술은 이러닝 시스템을 구성하는 각종 시스템과 이러닝 콘텐츠 등을 보호하기 위한 솔루션으로, 이러닝 시스템에 탑재된다.

표 1-2-3 보안 솔루션 영역의 이러닝 기술 구성요소

구성요소	설명
워터마크 (Watermark)	• 이러닝 콘텐츠 원본에 저작권자를 식별할 수 있는 특정 표시를 삽입하여 콘텐츠를 복제 방지
DRM	• Digital Rights Managements의 약자로, 이러닝 콘텐츠의 생애주기에 걸쳐 안전하게 관리 및 보호하고 부여된 권한 정보에 따라 콘텐츠의 이용을 통제
방화벽	• 외부로부터 불법 침입과 내부의 불법 정보 유출을 방지하고, 내/외부 네트워크의 상호 간 영향을 차단하기 위한 보안 시스템
DLP	• Data Loss Prevention의 약자로, 이러닝 시스템 내 민감한 데이터, 이러닝 콘텐츠 및 학습자 개인정보 등의 데이터 유출을 사전에 방지하기 위한 데이터 유출 방지 솔루션
암호화 모듈	• 학습자 개인정보 등 중요한 정보의 데이터 암호화 및 복호화, 보안 연결 등을 지원하는 모듈
DB 보안	• 이러닝 시스템에서 사용하는 데이터가 저장되는 데이터베이스를 보호하는 것으로, 접근 제어, 암호화, 데이터 무결성, 백업 및 복구 등의 기능을 수행하는 솔루션

③ 학습자 영역의 이러닝 기술 구성요소

- 학습자 영역의 기술은 이러닝 시스템에서 제공하는 이러닝 콘텐츠를 표시하여 학습자의 학습 경험의 실재감과 몰입감을 증가시키고, 이러닝 시스템과 상호작용을 끌어내는 기술로 구성된다.
- 특히 학습자 영역의 이러닝 기술 중 HTML5는 차세대 웹을 이끌어나가는 기술로, 기존의 액티브 X(Active X)를 설치하지 않고도 이러닝 시스템과 상호작용 할 수 있는 기술로 주목받고 있다.

표 1-2-4 학습자 영역의 이러닝 기술 구성요소

구성요소	설명
HTML5	• 최신 HTML 기술로, 이러닝 서비스에서 제공하는 다양한 미디어 콘텐츠와 상호작용을 지원하기 위한 기술
자바스크립트 (Javascript)	• HTML5에서 제공할 수 없는 동적 기능 및 학습자 상호작용 요소를 제공하는 기술

구성요소	설명
모바일 애플리케이션	• PC 환경뿐만 아니라 스마트폰, 태블릿 등의 모바일 기기에 설치할 수 있는 모바일 애플리케이션을 통해 언제 어디서나 학습자의 학습 경험을 제공할 수 있는 환경 제공
AR/VR/MR 장치	• 증강현실, 가상현실, 혼합현실 기반 이러닝 콘텐츠를 지원하는 다양한 기기를 통해 학습자의 학습 몰입을 통해 학습 경험을 향상

2 ||| 분야별 이러닝 기술 관련 용어

1) 이러닝 서비스 분야 기술 용어

이러닝 서비스 분야 기술은 학습자가 이러닝 서비스를 이용하는 데 있어 상호작용 및 안전성 위주의 기술이다.

표 1-2-5 이러닝 서비스 분야 기술 용어

용어	설명
HTTPS	• 웹 기반 이러닝 서비스를 안전하게 접속하기 위한 보안 프로토콜 • 이러닝 서비스에 학습자 로그인 시 계정 정보를 안전하게 보호
메타버스	• 3차원 환경에서 사용자가 아바타를 통해 의사소통하고, 학습을 통해 현실과 가상세계를 연계하여 서비스
반응형 디자인	• PC, 태블릿, 모바일 브라우저의 크기에 따라 이러닝 서비스 디자인을 유동적으로 제공하는 디자인
사용자 인터페이스 및 사용자 경험 (UI/UX)	• 이러닝 서비스가 학습자에게 상호작용할 수 있는 화면을 제공하고, 상호작용을 통해 학습자의 경험을 수집하고 분석하여 이러닝 서비스의 발전 및 고도화 수행

2) 이러닝 콘텐츠 분야 기술 관련 용어

이러닝 콘텐츠 분야 기술은 이러닝 사업자가 콘텐츠를 개발, 제공하여 학습자가 이용하는 학습 콘텐츠에 관한 기술이다.

표 1-2-6 이러닝 콘텐츠 분야 기술 용어

용어	설명
가상현실(VR)	• 가상현실 기반 이러닝 콘텐츠 저작도구를 이용하여 만들어낸 가상의 콘텐츠를 학습자의 감각 기관을 통해 몰입감을 느끼고 상호작용을 하도록 하는 기술 • 몰입형 장비를 통해 100% 가상의 이러닝 콘텐츠를 활용

용어	설명
증강현실(AR)	• 이러닝 콘텐츠를 실제 환경에 가상 사물이나 정보를 합성하여 원래 환경에 존재하는 사물처럼 보이도록 하여 학습자의 몰입도를 증가시키는 콘텐츠
혼합현실(MR)	• 이러닝 콘텐츠를 현실 배경 위에 현실과 가상의 정보를 혼합하여, 기존보다 진화된 가상세계를 구현하여 사물의 실재감과 학습자의 몰입도를 증가시키는 콘텐츠
MOOC	• Massive Open Online Course의 약자로, 언제 어디서나 대학 강의를 들을 수 있는 대규모 온라인 공개강좌 • 오픈소스 코스웨어(OCW)와 다르게 양방향 학습 가능 • MOOC를 현지화하여 K-MOOC를 국가평생교육진흥원에서 주관
디지털교과서	• 기존 교과서에 용어사전, 멀티미디어 자료, 실감형 콘텐츠, 평가문항, 보충 심화 학습 등 풍부한 학습 자료와 학습 지원 및 관리 기능을 추가하고 외부 자료와 연계를 할 수 있는 교과서

3) 이러닝 시스템 분야 기술 관련 용어

이러닝 시스템 분야 기술은 이러닝 시스템을 구축하고 운영하는 데 필요한 기술들의 집합이다.

표 1-2-7 이러닝 시스템 분야 기술 용어

용어	설명
LMS	• 학습관리 시스템으로, 학습 지원, 학습관리, 과정 관리, 콘텐츠 관리 등의 기능을 제공하는 솔루션
데이터베이스	• 이러닝 서비스, 콘텐츠, 시스템 등의 정부를 저장하는 저장소로, 사용자들이 동시에 발생시킨 요청을 효과적으로 처리하고 데이터의 효율적인 검색 및 저장을 지원하는 솔루션
클라우드 컴퓨팅	• 이러닝 시스템에 일정 규모 이상 트래픽 발생 시 유연하게 시스템을 확장, 축소하여 안정적인 운영 가능 • 이러닝 시스템을 직접 구축하지 않고 LMS를 소프트웨어 형태의 서비스(Software as a Service)로 제공받아 운영
머신러닝	• 학습자의 데이터 기반 패턴과 추론에 의존하여 명시적 지시 없이 태스크를 수행하는 데 사용하는 알고리즘과 통계 모델을 개발하여 이러닝 시스템 고도화
빅데이터 분석	• 이러닝 서비스를 이용하는 사용자들이 발생시키는 대량의 데이터를 수집하고 저장하여 의미 있는 결과를 도출하기 위하여 수행하는 분석 • 이러닝 빅데이터 분석 결과를 토대로 신규 이러닝 콘텐츠 수요 확보 및 개발 등의 업무 수행

1) 이러닝 관련 기술의 발전과정

이러닝과 관련된 분야인 서비스, 콘텐츠, 시스템 분야의 기술은 시대의 흐름을 반영하여
발전된 기술을 적용하였다.

① 이러닝 서비스 분야 기술의 발전과정

이러닝 서비스 분야는 패키지 소프트웨어로부터 출발하여 웹 서비스와 가상현실 및
증강현실을 거쳐 개인 맞춤화를 통한 지능형 튜터링으로 발전하고 있다.

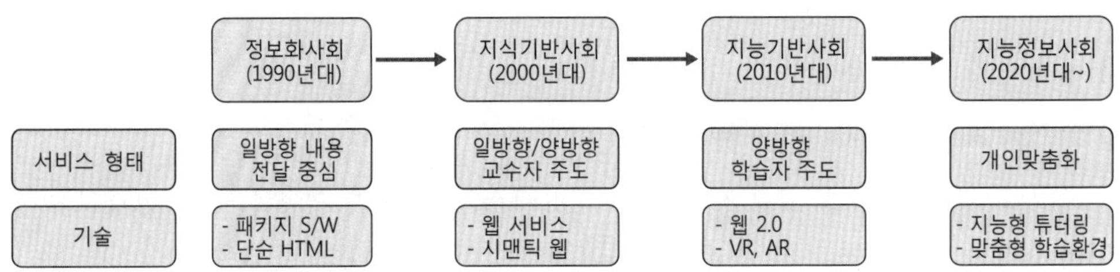

그림 1-2-2 이러닝 서비스 분야 기술의 발전과정

표 1-2-8 이러닝 서비스 분야 기술의 발전과정

발전과정	기술	설명
정보화사회	패키지 S/W	• CD-ROM 등의 미디어 매체에 이러닝 소프트웨어를 저장하여 서비스 형태로 제공
지식기반사회	시맨틱 웹	• 기존 HTML에서 데이터들의 의미와 관계를 온톨로지 기반으로 표현하는 이러닝 서비스 제공
지능기반사회	웹 2.0	• 학습자가 양방향으로 학습에 참여하고, 매쉬업을 통한 적극적 이러닝 서비스 이용
지능정보사회	지능형 튜터링	• 인공지능 기술 등에 기반한 개인별 학습 성향·역량에 맞는 정보·가이드 제공 및 챗봇 기반의 지능형 튜터링 서비스 고도화

② 이러닝 콘텐츠 분야 기술의 발전과정

이러닝 콘텐츠 분야는 패키지형 콘텐츠를 시작으로 온라인화되었고, 동적 콘텐츠 요소와
모션그래픽을 탑재하여 실재감이 있는 콘텐츠를 기반으로 인공지능과 메타버스 등의
기술을 융합하여 멀티모달 형태의 콘텐츠로 발전하고 있다.

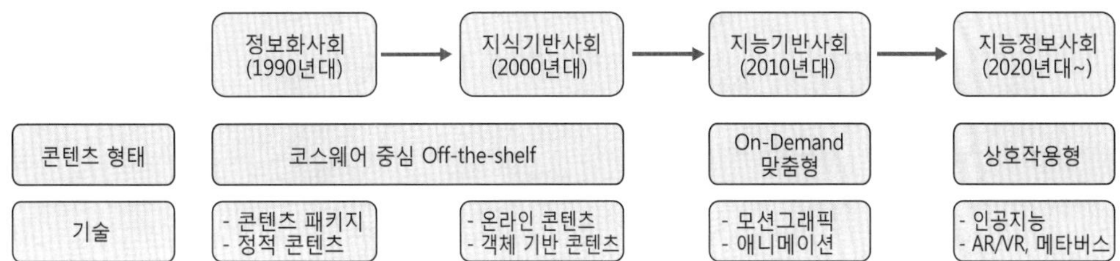

그림 1-2-3 이러닝 콘텐츠 분야 기술의 발전과정

표 1-2-9 이러닝 콘텐츠 분야 기술의 발전과정

발전과정	기술	설명
정보화사회	콘텐츠 패키지	• 이러닝 콘텐츠 중 이미지, 오디오 등의 정적 콘텐츠를 패키지화하여 패키지 소프트웨어에 탑재
지식기반사회	객체기반 콘텐츠	• 이러닝 콘텐츠의 확산을 위하여 SCORM 표준을 적용하여 공유 가능한 객체 참조 모형 적용
지능기반사회	모션그래픽	• 이러닝 콘텐츠 중 그래픽 요소에 움직임을 추가하여 동적 콘텐츠의 활성화
지능정보사회	메타버스	• 이러닝 콘텐츠의 학습 요소를 가상세계에 배치하여 현실과 가상세계를 연계

③ 이러닝 시스템 분야 기술의 발전과정

이러닝 시스템 분야는 오프라인 형태의 시스템에서 인터넷 연결을 통한 온라인화가 되었으며, 비동기 통신 개념의 도입으로 상호작용이 강조되었으며, 유비쿼터스 네트워크를 통하여 언제 어디서나 학습할 수 있는 u-Learning이 강조되었다.

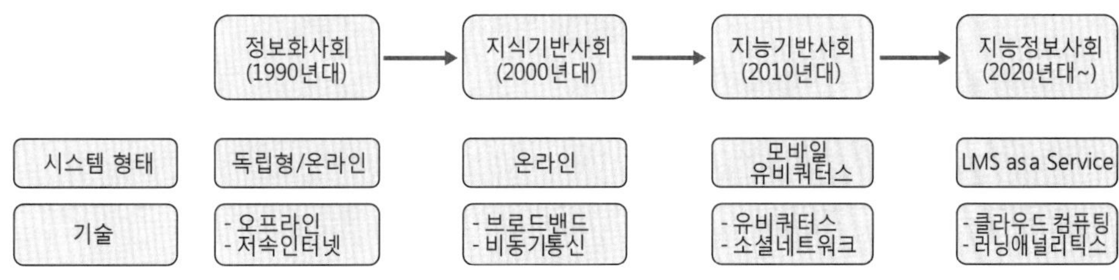

그림 1-2-4 이러닝 시스템 분야 기술의 발전과정

 이러닝 시스템 분야 기술의 발전과정

발전과정	기술	설명
정보화사회	저속 인터넷	• 모뎀(Modem) 등을 통하여 인터넷에 접속하여 낮은 전송 속도로 이러닝 시스템 접속
지식기반사회	비동기 통신	• 학습자의 시스템 요청 발생 시 병목현상이 발생하는 동기식 통신의 단점을 극복
지능기반사회	소셜네트워크	• 이러닝 시스템을 SNS와 연계하여 학습자의 학습 내용 공유 및 협력 관계 형성
지능정보사회	러닝 애널리틱스	• 학습자의 활동 데이터를 실시간으로 분석하여 학습자의 학습 전략 조정

2) 이러닝 관련 기술의 향후 동향

지능정보사회로 구분되는 2020년부터 4차산업혁명 기술과 이러닝 관련 기술을 빠르게 융합하여 진화하고 있다.

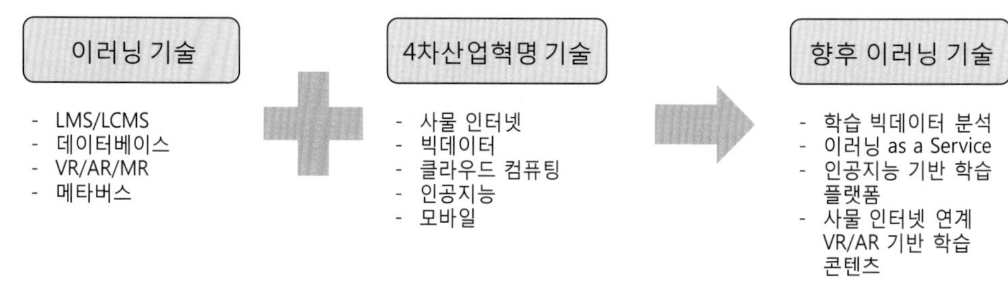

 이러닝 관련 기술의 향후 동향

 향후 이러닝 기술의 동향

기술	설명
학습 빅데이터 분석	• 학습자가 발생시키는 데이터의 규모가 거대해짐에 따라 데이터를 분석하고 학습하여 이러닝 시스템을 고도화할 수 있도록 의미 있는 결론을 도출할 수 있음
이러닝 as a Service	• 서비스로서의 LMS를 넘어서 이러닝 시스템 자체를 서비스 형태로 이용할 수 있는 클라우드 컴퓨팅 시스템 제공
인공지능 기반 학습 플랫폼	• 인공지능을 이러닝 시스템에 탑재하여 학습자 개개인에 대하여 더욱 스마트한 학습을 할 수 있도록 보편화
사물 인터넷 연계 VR/ AR 학습 콘텐츠	• 사물 인터넷에서 수집하는 데이터를 VR, AR 콘텐츠와 실시간으로 상호 작용할 수 있도록 이러닝 학습 콘텐츠의 진화

Chapter 03 이러닝 법 · 제도

1 /// 이러닝 운영에 필요한 법 · 제도의 유형

1) 이러닝 운영에 필요한 법 · 제도 체계

① 이러닝 운영에 필요한 법 · 제도는 이러닝에 직접 관련된 것과 이러닝 시스템, 콘텐츠, 학습자에 관련한 것으로 구분할 수 있다.

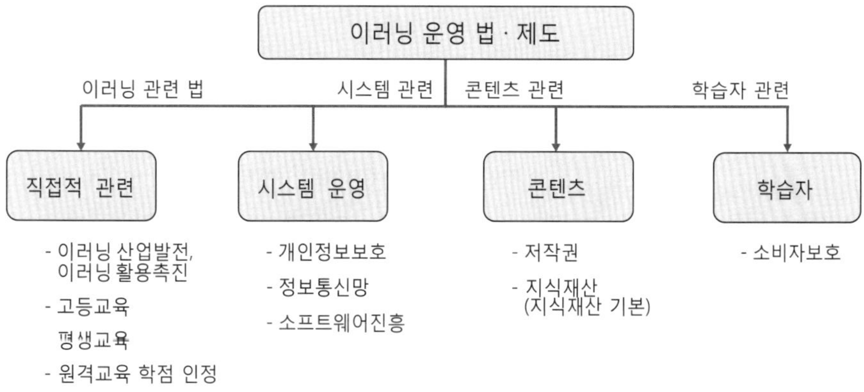

그림 1-3-1 이러닝 운영에 필요한 법 · 제도 체계

② 특히 이러닝(전자학습) 산업 발전 및 이러닝 활용 촉진에 관한 법률, 약칭 이러닝산업법에서는 이러닝을 운영하기 위한 전반적인 내용을 규정하고 있다.

2) 이러닝 운영에 필요한 법 · 제도

① 이러닝 운영과 직접적인 관련 법 · 제도

이러닝 운영과 직접 관련이 있는 법 · 제도는 주로 교육과 관련이 있다.

<table>
<tr><td colspan="2" align="center">표 1-3-1 이러닝 운영과 직접적인 관련 법 · 제도의 종류</td></tr>
</table>

법 · 제도	설명
이러닝 산업 발전 및 이러닝 활용 촉진에 관한 법률 (이러닝산업법)	• 이러닝 산업 발전 및 활용 촉진에 필요한 사항 지정 • 이러닝 기반 조성, 제도 개선, 기술개발/연구/조사, 전문인력 양성, 국외 진출 및 국제화, 기술/산업 융합 촉진, 소비자 보호 등의 내용 명시
고등교육법	• 대학, 산업대학, 교육대학, 전문대학, 원격대학, 기술대학, 각종 학교에서 이러닝 산업 발전, 활용 촉진을 위해 전문인력 양성 및 교육과 훈련 시행
평생교육법	• 원격대학 형태의 평생교육시설에서 이러닝 산업 발전, 활용 촉진을 위해 전문인력 양성 및 교육과 훈련 시행
원격교육에 대한 학점인정 기준	• 원격교육에 대한 학점인정 기준 규정 • 수업일수는 출석 수업을 포함하여 15주 이상 지속 • 시간제 등록제의 경우 8주 이상 지속 • 원격 콘텐츠의 순수 진행 시간은 25분 또는 20프레임 이상을 단위 시간으로 하여 제작 • 대리출석 차단, 출결처리가 자동화된 학사운영플랫폼 또는 학습 관리 시스템 보유 • 학업성취도 평가는 학사운영플랫폼 또는 학습 관리 시스템 내에서 엄정하게 처리하여야 하며, 평가 시작 시간, 종료 시간, IP 주소 등의 평가 근거는 시스템에 저장하여 4년까지 보관 • 연간 최대 이수학점은 42학점으로 하며, 학기(매년 3월 1일부터 8월 31일까지 또는 9월 1일부터 다음 해 2월 말일까지를 말한다)마다 24학점을 초과하여 이수할 수 없음

② 이러닝 시스템 운영과 관련한 법 · 제도

이러닝 시스템 운영과 관련이 있는 법 · 제도는 주로 정보기술(IT)과 밀접한 관련이 있다.

<table>
<tr><td colspan="2" align="center">표 1-3-2 이러닝 시스템 운영과 관련한 법 · 제도의 종류</td></tr>
</table>

법 · 제도	설명
개인정보보호법	• 이러닝과 관련된 소비자의 개인정보가 침해되지 아니하도록 이러닝 사업자의 개인정보 보호 실태를 점검 • 개인정보 침해 예방을 위한 컨설팅을 지원하는 등 필요한 시책을 마련하여 시행 • 이러닝 운영자, 관리자와 학습자의 개인정보가 노출 또는 유출되지 않도록 개인정보처리자를 지정하고, 개인정보 처리방침을 수립하여 이용자의 개인정보 보호

법·제도	설명
정보통신망 이용촉진 및 정보보호 등에 관한 법률	• 정보통신망의 이용을 촉진하고 정보통신서비스를 이용하는 자를 보호함과 아울러 정보통신망을 건전하고 안전하게 이용할 수 있는 환경 조성 • 이러닝 시스템의 침해 사고 발생 시 이용자의 정보 보호를 위해 침해 사고에 대하여 대응 수행
소프트웨어진흥법	• 이러닝 시스템의 기반이 되는 소프트웨어의 역량 강화 • 소프트웨어 지식재산권 보호, 이러닝 시스템 구축 사업 시 공정계약 체결 수행

③ 이러닝 콘텐츠와 관련한 법·제도

이러닝 콘텐츠와 관련한 법·제도는 콘텐츠에 대한 지적재산권과 관련이 있다.

표 1-3-3 이러닝 콘텐츠와 관련한 법·제도의 종류

법·제도	설명
저작권법	• 저작자의 권리와 이에 인접하는 권리를 보호하고 저작물의 공정한 이용을 도모함으로써 문화 및 관련 산업의 향상 발전 • 콘텐츠 제작 시 자동으로 발생하는 권리 • 이러닝 콘텐츠를 학교 교육 목적 등에 이용할 경우 콘텐츠의 일부분 또는 전체를 복제 가능
지식재산권	• 이러닝 사업자는 타인의 지식재산권을 침해하지 아니하도록 필요한 조치 수행 • 이러닝 콘텐츠의 보호를 위해서는 권리 등록 필요 • 이러닝 사업자와 이러닝 사업에 관한 계약을 체결하는 자는 합리적인 이유 없이 이러닝 콘텐츠에 관한 지식재산권의 일방적인 양도 요구 등 그 지위를 이용하여 이러닝 사업자에게 불공정한 계약을 강요하거나 부당한 이득을 취득해서는 안 됨

④ 이러닝 학습자와 관련한 법·제도

이러닝 학습자는 이러닝 콘텐츠를 소비하는 소비자로 간주할 수 있으며, 이와 관련한 법·제도는 소비자기본법 등이 있다.

표 1-3-4 이러닝 학습자와 관련한 법·제도의 종류

법·제도	설명
소비자기본법, 전자상거래 등에서의 소비자보호에 관한 법률 (정보통신망법)	• 이러닝과 관련한 소비자 기본권익 보호, 이러닝에 관한 소비자의 신뢰성을 확보하기 위한 시책 수립·시행 • 산업통상자원부장관은 이러닝과 관련된 부당행위가 발생하지 아니하도록 이러닝 사업자와 사업자단체가 지켜야 할 행동규범을 제정하여 이러닝 사업자 등이 지키도록 권장

1) 이러닝 운영과 직접적인 관련 법 · 제도의 변경사항

표 1-3-5 이러닝 운영과 직접적인 관련 법 · 제도의 변경사항

법 · 제도	설명
이러닝 산업 발전 및 이러닝 활용 촉진에 관한 법률 (이러닝산업법)	(2024년 7월 31일 시행) • 기본계획의 수립 중 "기본계획은 제8조의 이러닝진흥위원회의 심의를 거쳐 확정" 내용 삭제 • 제8조 이러닝진흥위원회 내용 삭제

2) 이러닝 시스템 운영과 관련한 법 · 제도의 변경사항

표 1-3-6 이러닝 시스템 운영과 관련한 법 · 제도의 변경사항

법 · 제도	설명
개인정보보호법	(2024년 3월 15일 시행) • 개인정보처리자의 고의 또는 중대한 과실로 인하여 개인정보가 분실 · 도난 · 유출 · 위조 · 변조 또는 훼손된 경우 손해배상책임의 한도액을 종전 손해액의 3배에서 5배로 상향 • 개인정보 유출 등으로 인하여 손해배상책임 이행을 위해 보험 또는 공제에 가입하거나 준비금을 적립하도록 하는 규정을 위반한 개인정보처리자에 대해 과태료를 부과하는 규정 삭제
정보통신망 이용촉진 및 정보보호 등에 관한 법률	(2024년 8월 14일 시행) • 침해 사고가 발생한 경우 과학기술정보통신부장관이 해당 정보통신서비스 제공자에게 필요한 조치를 이행할 것을 명령 • 해당 침해 사고 조치의 이행 여부를 점검하여 보완이 필요한 사항에 대하여 해당 정보통신서비스 제공자에게 시정을 명할 수 있도록 함 • 침해 사고 신고 의무 위반 시 부과되는 과태료의 상한을 1천만원에서 3천만원으로 상향

3) 이러닝 콘텐츠와 관련한 법 · 제도의 변경사항

표 1-3-7 이러닝 콘텐츠와 관련한 법 · 제도의 변경사항

법 · 제도	설명
저작권법	(2024년 8월 28일 시행) • "학교 또는 교육기관"을 "학교 · 교육기관 또는 교육 훈련기관"으로 변경 • 「학점인정 등에 관한 법률」 제3조에 따라 평가인정을 받은 학습 과정을 운영하는 교육 훈련기관(정보통신매체를 이용한 원격수업기반 학습 과정에 한정)

4) 이러닝 학습자와 관련한 법·제도의 변경사항

표 1-3-8 이러닝 학습자와 관련한 법·제도의 변경사항

법·제도	설명
소비자기본법	(2025년 1월 1일부터 시행) • 제20조의2(소비자 중심경영의 인증) ④ 소비자 중심경영 인증 유효기간은 그 인증을 받은 날부터 3년으로 한다.
전자상거래 등에서의 소비자보호에 관한 법률	(2025년 2월 14일부터 시행) • 제21조의2(온라인 인터페이스 운영에 있어서 금지되는 행위) • 사이버몰을 통하여 소비자에게 재화 등의 가격을 알리는 표시·광고의 첫 화면에서 소비자가 그 재화 등을 구매·이용하기 위하여 필수적으로 지급하여야 하는 총금액 중 일부 금액만을 표시·광고하는 방법으로 소비자를 유인하거나 소비자와 거래하는 행위 • 소비자가 이미 선택·결정한 내용에 관하여 그 선택·결정을 변경할 것을 팝업창 등을 통하여 반복적으로 요구하는 방법으로 소비자의 자유로운 의사결정을 방해하는 행위. 다만, 그 선택·결정의 변경을 요구할 때 소비자가 대통령령으로 정하는 기간 이상 동안 그러한 요구를 받지 아니하도록 선택할 수 있게 한 경우는 제외

3 /// 이러닝 법·제도와 운영계획 적용

1) 이러닝 운영과 직접적인 관련 법·제도 기반 운영계획 적용

이러닝 과정에 대한 기본 교육 운영계획을 수립하기 위해서는 직접 관련되는 법·제도를 준수하여 수립한 운영계획을 적용해야 한다.

표 1-3-9 이러닝 운영과 직접적인 관련 법·제도 기반 운영계획

법·제도	설명
이러닝 산업 발전 및 이러닝 활용 촉진에 관한 법률(이러닝산업법)	• 이러닝과 관련된 기술 연구 및 조사, 전문인력 양성, 소비자 보호 등을 명시한 운영계획 수립
고등교육법	• 각종 학교에서 이러닝 전문인력 양성 및 교육, 훈련 시행을 위한 운영계획 수립
평생교육법	• 원격대학 형태의 평생교육시설에서 이러닝 전문인력 양성 및 교육, 훈련 실시를 위한 운영계획 수립
원격교육에 대한 학점인정 기준	• 규격화된 원격 콘텐츠를 제작하여 이러닝 시스템 업로드 • 대리출석 및 출결처리에 대한 학사운영계획 수립 • 학업성취도 평가 및 평가 근거를 4년까지 안전하게 보관하기 위한 운영계획 수립

2) 이러닝 시스템 운영과 관련한 법 · 제도 기반 운영계획 적용

이러닝 시스템 운영계획을 적용하기 위해서는 학습자의 개인정보를 효과적으로 보호하고, 시스템 침해에 대하여 대응할 수 있는 비상계획을 수립하고, 소프트웨어의 역량을 강화해야 한다.

표 1-3-10 이러닝 시스템 운영과 관련한 법 · 제도 기반 운영계획

법 · 제도	설명
개인정보보호법	• 이러닝 시스템에서 개인정보처리방침을 공개하고, 개인정보책임자 및 처리자를 지정하여 학습자의 개인정보를 보호할 수 있도록 운영계획을 수립
정보통신망 이용촉진 및 정보보호 등에 관한 법률	• 이러닝 시스템의 침해 사고 발생 시 신속하게 대응할 수 있는 대응체계를 수립하고 운영계획에 반영
소프트웨어진흥법	• 이러닝 시스템의 기반이 되는 소프트웨어의 역량을 강화하여 효율적인 이러닝 시스템을 운영할 수 있는 전문인력 양성과 운영 노하우 축적

3) 이러닝 콘텐츠와 관련한 법 · 제도 기반 운영계획 적용

표 1-3-11 이러닝 콘텐츠와 관련한 법 · 제도 기반 운영계획

법 · 제도	설명
저작권법	• 이러닝 콘텐츠 저작자의 권리와 이에 인접하는 권리를 보호하고 저작물 및 콘텐츠를 공정하게 이용할 수 있는 콘텐츠 이용정책 수립 • 학교 교육 목적 등에 이러닝 콘텐츠를 이용하는 특수한 경우, 저작권법을 준수하여 콘텐츠를 제공하는 운영 정책 수립
지식재산기본법	• 이러닝 콘텐츠를 시스템에 등록하여 학습자에게 제공 시 타인의 지식재산권을 침해하지 않도록 콘텐츠 보호 정책 수립 • 이러닝 콘텐츠 저작자에 대한 지식재산권의 일방적인 양도 요구 등 불공정 계약, 부당이득을 취하지 않도록 공정계약 진행 및 콘텐츠 제작 수행

4) 이러닝 학습자와 관련한 법 · 제도 기반 운영계획 적용

이러닝 학습자인 소비자의 권리를 보호하기 위하여 서비스 이용약관 등의 내용을 학습자에게 알리기 위한 이러닝 시스템 운영계획을 수립해야 한다.

표 1-3-12 이러닝 학습자와 관련한 법 · 제도 기반 운영계획

법 · 제도	설명
소비자기본법, 전자상거래 등에서의 소비자보호에 관한 법률	• 이러닝과 관련한 소비자의 기본권익 보호, 신뢰성을 확보하기 위한 이용약관 제정 • 이러닝과 관련된 부당행위가 발생하지 않도록 공정한 운영정책을 수립하고 시스템 운영

1) 이러닝의 법 · 제도와 학습관리 시스템의 관계

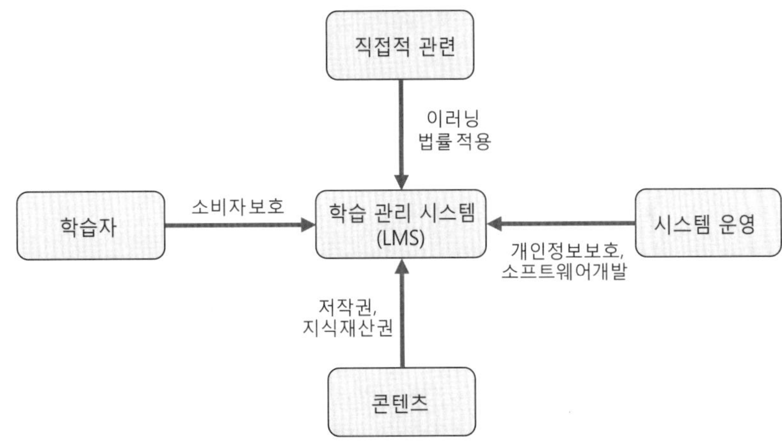

그림 1-3-2 이러닝의 법 · 제도와 학습관리 시스템의 관계

2) 이러닝의 법 · 제도의 학습관리 시스템 적용방안

표 1-3-13 이러닝의 법 · 제도의 학습관리 시스템 적용방안

관계	설명
직접적 관계	• 4차산업기술과 융합을 촉진하여 이러닝 전문인력 양성 및 원격교육, 훈련 실시 • 원격 콘텐츠 제작 및 학사과정 준수, 학습과 관련된 부정행위 차단, 평가내역 보관 수행
시스템 운영 관계	• 학습 관리 시스템(LMS) 구축 시 학습자의 개인정보가 유출되지 않도록 보호하며 시스템 구축 • 외부 공격으로부터 학습자의 학습권리를 침해하지 않도록 안정적인 시스템 구축 및 소프트웨어 개발
콘텐츠 관계	• 교수자 및 내용 전문가 등의 촬영 저작물 및 이러닝 콘텐츠에 대한 저작권 및 지적재산권 확보를 통한 콘텐츠 보호 방안 수립 • 디지털 권리 관리(DRM; Digital Rights Management) 솔루션 도입 또는 콘텐츠에 삽입하는 워터마크(Watermark)로 학습 관리 시스템 내 이러닝 콘텐츠에 대한 보호
학습자 관계	• 학습자가 소비자의 정당한 권리를 주장할 수 있도록 이용약관 등 명시 • 학습자의 개인정보 노출 또는 유출되지 않도록 개인정보보호 강화

1) 이러닝 운영과 직접적인 관련 법 · 제도의 규제 대응

표 1-3-14 이러닝 운영과 직접적인 관련 법 · 제도의 규제 대응

법 · 제도	설명
이러닝 산업 발전 및 이러닝 활용 촉진에 관한 법률(이러닝산업법)	• 법 조항에서 삭제되는 이러닝진흥위원회와 관련된 사항 존재 시 해당 관련자에게 신속한 내용 전달 및 공유

2) 이러닝 시스템 운영과 관련한 법 · 제도의 규제 대응

표 1-3-15 이러닝 시스템 운영과 관련한 법 · 제도의 규제 대응

법 · 제도	설명
개인정보보호법	• 개인정보와 관련하여 손해배상책임의 한도액이 종전 손해액의 3배에서 5배로 상향이 되었으므로, 개인정보의 철저한 관리를 통해 사건 · 사고가 발생하지 않도록 철저한 관리 · 감독 필요
정보통신망 이용촉진 및 정보보호 등에 관한 법률	• 이러닝 시스템을 운영하는 정보통신망의 침해 사고 발생 시 사고에 대한 조치 및 신고 의무가 있을 시 신고하도록 내용 공유

3) 이러닝 콘텐츠와 관련한 법 · 제도의 규제 대응

표 1-3-16 이러닝 콘텐츠와 관련한 법 · 제도의 규제 대응

법 · 제도	설명
저작권법	이러닝 콘텐츠를 학교 교육 목적 등에 이용할 경우, 기존의 "학교 또는 교육기관"에 "교육 훈련기관"이 추가됨에 따라 저작물의 복제에 따른 저작권을 보호할 수 있도록 내용의 공유가 필요

4) 이러닝 학습자와 관련한 법 · 제도의 규제 대응

표 1-3-17 이러닝 학습자와 관련한 법 · 제도의 규제 대응

법 · 제도	설명
전자상거래 등에서의 소비자보호에 관한 법률	• 이러닝 콘텐츠 및 서비스 등의 정기결제 대금이 증액되거나 무상으로 공급된 후 유료 정기결제로 전환되는 경우에는 그 증액 또는 전환이 이루어지기 전 증액 또는 전환의 일시, 변동 전후의 가격 및 결제방법에 대하여 소비자의 동의를 받고, 증액 또는 전환을 취소하거나 해지하기 위한 조건 · 방법과 그 효과를 소비자에게 고지할 수 있도록 관련 부서에 안내

적중 예상문제

01 이러닝 산업 특수분류 체계에서 구분하는 이러닝 산업의 대분류 4가지를 작성하시오.

이러닝 콘텐츠, 이러닝 솔루션, 이러닝 서비스, 이러닝 하드웨어

이러닝 산업 특수분류 체계에서 구분하는 이러닝 산업의 대분류는 다음과 같다.
- 이러닝 콘텐츠: 이러닝을 위한 학습 내용물을 개발, 제작 또는 유통
- 이러닝 솔루션: 이러닝을 위한 개발도구, 응용소프트웨어 등의 패키지 소프트웨어 개발과 이에 대한 유지 · 보수
- 이러닝 서비스: 전자적 수단, 정보통신 및 전파 · 방송기술을 활용한 학습 · 훈련 제공
- 이러닝 하드웨어: 이러닝 서비스 제공 및 이용을 위해 필요한 기기, 설비 제조, 유통하는 사업 및 관련 인프라 임대

02 다음 빈칸에 알맞은 것을 작성하시오.

(㉠)	전자적 수단, 정보통신, 전파, 방송, 인공지능, 가상현실 및 증강현실 관련 기술을 활용하여 이루어지는 학습
(㉡)	전자적 방식으로 처리된 부호 · 문자 · 도형 · 색채 · 음성 · 음향 · 이미지 · 영상 등 이러닝과 관련된 정보 또는 자료

㉠: 이러닝
㉡: 이러닝 콘텐츠

03 다음은 이러닝을 시장에 공급하는 사업체의 종류이다. 빈칸에 알맞은 것을 작성하시오.

(㉠) 사업체	이러닝에 필요한 정보와 자료를 멀티미디어 형태로 개발, 제작, 가공, 유통하는 사업체
(㉡) 사업체	이러닝에 필요한 교육 관련 정보시스템의 전부 혹은 일부를 개발, 제작, 가공, 유통하는 사업체
(㉢) 사업체	온라인으로 교육, 훈련, 학습 등을 쌍방향으로 정보통신 네트워크를 통해 개인, 사업체 및 기관에 직접 제공하는 사업과 이러닝 교육 및 구축 등 이러닝 사업 제반에 관한 컨설팅을 수행하는 사업체

정답

㉠: 콘텐츠 ㉡: 솔루션 ㉢: 서비스

04 다음 보기에서 설명하는 기술을 작성하시오.

이러닝 시스템의 콘텐츠를 학습자에게 가까운 서버에 콘텐츠를 복사하여 학습자한테 빠르게 제공할 수 있는 네트워크 기술이다.

정답

CDN(Contents Delivery Network)

05 다음 보기에서 설명하는 용어를 작성하시오.

- 언제 어디서나 대학 강의를 들을 수 있는 대규모 온라인 공개강좌이다.
- 오픈소스 코스웨어(OCW)와 다르게 양방향으로 학습할 수 있다.
- 현지화하여 국가평생교육진흥원에서 주관하고 있다.

정답

K-MOOC(Massive Open Online Course)

06 다음 보기에서 설명하는 용어를 작성하시오.

> 온라인 및 오프라인을 포함하여 광범위한 학습 활동 상황 내에서 학습자의 경험에 대한 데이터의
> 수집 및 공유하기 위한 전자학습 데이터 및 사양 인터페이스 표준이다.

정답

xAPI(Experience API)

07 다음 내용이 설명하는 법·제도를 보기에서 선택하여 작성하시오.

> 원격교육에 대한 학점인정 기준, 고등교육법, 개인정보보호법, 저작권법, 지식재산권, 소비자
> 기본법

법·제도	설명
(㉠)	연간 최대 이수학점은 42학점으로 하며, 학기(매년 3월 1일부터 8월 31일까지 또는 9월 1일부터 다음 해 2월 말일까지를 말한다)마다 24학점을 초과하여 이수할 수 없다.
(㉡)	이러닝 운영자, 관리자와 학습자의 개인정보가 노출 또는 유출되지 않도록 개인정보처리자를 지정하고, 개인정보 처리방침을 수립하여 이용자의 개인정보를 보호해야 한다.
(㉢)	이러닝 콘텐츠를 학교 교육 목적 등에 이용할 경우 콘텐츠의 일부분 또는 전체를 복제할 수 있다.

정답

㉠ : 원격교육에 대한 학점인정 기준
㉡ : 개인정보보호법
㉢ : 저작권법

이러닝 콘텐츠는 학습자가 해당 과정의 학습에서 직접적으로 경험하는 내용이며, 다양한 유형으로 구분될 수 있다. 이러닝 콘텐츠를 파악하는 것은 이러닝 학습자가 고품질의 학습 경험을 얻을 수 있도록 하는 체계적인 활동이다.

이러닝 콘텐츠의 파악

Chapter 01 이러닝 콘텐츠 개발요소

1 /// 이러닝 콘텐츠 개발 범위

1) 이러닝 콘텐츠 개발의 특징

① 이러닝 콘텐츠 개발의 특징은 다양한 분야의 전문가들과 많은 수의 인원이 콘텐츠 개발 프로젝트에 참여하여 콘텐츠를 공동으로 개발하기 때문에 커뮤니케이션이 무엇보다 중요하다.

② 커뮤니케이션의 문제 발생 시 불필요한 콘텐츠 개발 기간의 증가 및 추가적인 예산이 발생할 수 있으므로 상호 간 이해와 존중이 필요하다.

표 2-1-1 이러닝 콘텐츠 개발의 특징

특징	설명
공동작업	• 프로젝트 관리자, 교수 설계자, 내용 전문가 등의 다양한 분야의 전문가들이 참여하여 공동작업을 하여 제작하는 산출물
커뮤니케이션 복잡	• 이러닝 콘텐츠 개발에 참여하는 인원이 증가할수록 의사소통이 복잡해지며, 다음과 같은 수식으로 복잡도가 증가하기 때문에 콘텐츠 개발에 참여하는 인원들 간 소통은 매우 중요함 • 의사소통의 복잡도: $N \times (N-1)$

2) 이러닝 콘텐츠의 개발 범위

① 이러닝 콘텐츠의 개발 범위는 이러닝 콘텐츠 기획 요구사항에서 도출된 내용에 따라 개발 범위를 정하며, 프로토타입 및 실제 콘텐츠 개발 내용에 따라 변동이 될 가능성이 존재한다.

② 콘텐츠의 개발 범위를 정할 때, 해당 콘텐츠 개발 프로젝트에 참여하는 인원의 상호 간 합의를 통해 차시, 개발 형태, 개발 내용 등을 정한다.

③ 만약 콘텐츠의 개발 중 중대한 이슈로 내용 변경 등이 필요한 경우, 내용 전문가(Subject Matter Expert, SME)와 충분한 협의를 거쳐 의견을 반영하여 개발한다.

표 2-1-2 이러닝 콘텐츠의 개발 범위

개발 범위	설명
차시	• 이러닝 학습 과정을 구성하는 회차 • 과정별 차시는 다양하며, 콘텐츠의 길이는 학습 콘텐츠의 초기 기획 단계에서 수행
개발 형태	• 이러닝 콘텐츠가 개발되는 형태 또는 방식 • 동영상 촬영, 모션그래픽, 애니메이션, HTML 등으로 개발
개발 내용	• 개발될 이러닝 콘텐츠의 내용 • 내용 전문가의 원고를 기반으로 스토리보드 및 콘텐츠 개발
정보 요약	• 원활한 이러닝 콘텐츠 운영이 가능하도록 제공하는 요약서 • 학습 과정 개요서, 학습 도우미 등 콘텐츠 운영을 위해 편리한 정보 제공

2 /// 이러닝 콘텐츠 개발에 필요한 자원

1) 이러닝 콘텐츠 개발에 필요한 자원 구분

이러닝 콘텐츠 개발에 필요한 자원은 콘텐츠 자원과 기술적 자원으로 구분할 수 있다.

표 2-1-3 이러닝 콘텐츠 개발에 필요한 자원 종류

자원	설명
콘텐츠 자원	• 이러닝 콘텐츠 개발 시 투입하는 내용 • 콘텐츠 내용, 디자인, 대화형, 참고 문헌 등
기술적 자원	• 이러닝 콘텐츠를 개발하기 위해 투입하는 기술 요소 • 콘텐츠 제작 및 디자인 프로그램, 프로그래밍, 플랫폼, 호스팅 등

2) 이러닝 콘텐츠 개발에 필요한 콘텐츠 자원

콘텐츠 자원은 이러닝 콘텐츠를 개발하기 위한 핵심 자원이며, 콘텐츠의 원본 내용의 품질에 따라 개발될 콘텐츠의 내용 또한 영향을 받게 되므로, 고품질의 원본 콘텐츠 확보에 노력을 기울여야 한다.

표 2-1-4 이러닝 콘텐츠 개발에 필요한 콘텐츠 자원 종류

자원 종류	설명
텍스트	• 내용 전문가가 작성한 이러닝 콘텐츠 원고 • 교육 자료, 강의 스크립트, 문서화된 학습 자료 등
멀티미디어	• 이러닝 콘텐츠에 시각적인 효과를 부여하는 요소 • 이미지, 비디오, 오디오 파일, 인포그래픽 등
대화형	• 학습자와 이러닝 콘텐츠가 상호작용하기 위한 요소 • 퀴즈, 시뮬레이션, 드래그 앤 드롭 활동 등
참고 문헌, 외부 자료	• 텍스트, 멀티미디어 등의 자원의 출처 등을 표시하거나, 이러닝 콘텐츠의 내용을 풍부하게 만들기 위한 외부적 요소 • 추가 학습을 위한 외부 링크, 참고 문헌, 연구 논문 등

3) 이러닝 콘텐츠 개발에 필요한 기술적 자원

기술적 자원은 이러닝 콘텐츠를 개발하는 사람들이 사용하는 기술로써, 보유 기술의 숙련도에 따라 콘텐츠 개발의 생산성, 효율성 등에 지대한 영향을 끼친다.

표 2-1-5 이러닝 콘텐츠 개발에 필요한 기술적 자원 종류

자원 종류	설명
프로그래밍 언어	• 콘텐츠 개발 유형이 웹 기반으로 학습자와 상호작용이 필요한 경우, HTML, Javascript, CSS 등과 같은 웹 프로그래밍 언어 기술을 활용하여 콘텐츠 개발
표준 연계 기술	• SCORM/xAPI 표준을 적용한 콘텐츠를 LMS와 연계하는 기술
콘텐츠 제작 프로그램	• 그래픽 디자인, 비디오 제작과 오디오 녹음 및 편집, 애니메이션 등의 이러닝 멀티미디어 콘텐츠 제작
콘텐츠 평가 도구	• 학습자의 학습 성과를 측정하기 위한 퀴즈 등의 콘텐츠 제작
콘텐츠 관리	• LMS에서 콘텐츠 관리와 학습자의 학습 진행 추적 • 학습자 데이터를 분석, 콘텐츠 효과를 평가하고 개선
사용자 경험	• 학습자가 이러닝 콘텐츠를 쉽게 사용할 수 있는 사용자 인터페이스 디자인 기술 • 학습자의 콘텐츠 경험을 분석하여 콘텐츠 개발 시 적용할 수 있는 기술

1) 이러닝 콘텐츠 개발에 필요한 장비의 특징

이러닝 콘텐츠 개발에 필요한 장비들은 각각의 관계를 맺고 양질의 콘텐츠를 개발하기 위해 사용된다.

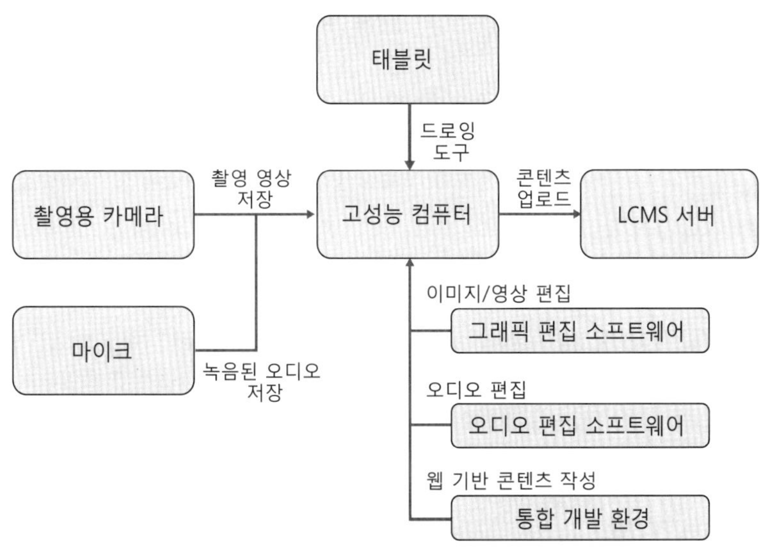

그림 2-1-1 이러닝 콘텐츠 개발에 필요한 장비들의 관계

표 2-1-6 이러닝 콘텐츠 개발에 필요한 장비의 특징

특징	설명
고성능	• 콘텐츠 개발 시간을 단축하기 위해서 고성능 컴퓨터를 사용하여 빠른 이미지, 영상, 오디오 편집 수행 • 고성능 카메라, 마이크를 사용하여 고품질의 콘텐츠 생산을 위한 장비 사용
다양한 장비 사용	• 이미지, 영상, 오디오 및 그래픽 편집에 필요한 다양한 장비를 사용하여 목적에 부합하도록 사용
다양한 소프트웨어 활용	• Adobe Photoshop, Illustrator, Premiere Pro, 통합 개발 환경 소프트웨어(IDE) 등 다양한 콘텐츠 제작 프로그램을 활용하여 이러닝 콘텐츠 개발

2) 이러닝 콘텐츠 개발에 필요한 장비

이러닝 콘텐츠 개발에 필요한 장비를 다양하게 사용할 수 있으며, 영상 콘텐츠 제작 시 촬영에 필요한 장비가 추가된다.

표 2-1-7 이러닝 콘텐츠 개발에 필요한 장비

장비	설명
컴퓨터	• 카메라, 마이크에서 녹화 또는 녹음한 파일을 가져와 편집 및 가공 작업을 수행하는 장비 • 편집 콘텐츠가 대부분 대용량이므로, 고성능 CPU 및 그래픽카드, 대용량의 RAM 및 디스크 필요
카메라	• 고화질 이미지 및 동영상을 촬영하는 데 사용하며, 이러닝 콘텐츠의 뛰어난 시각적 정보 제공
마이크	• 고품질 오디오를 녹음하는 데 사용하며, 뚜렷하게 녹음된 오디오는 이러닝 콘텐츠의 뛰어난 청각적 정보 제공
태블릿	• 그래픽 편집 소프트웨어를 사용할 때 사용하며, 핸드 드로잉 및 편집 시 마우스의 조작 한계성을 넘어 보다 자연스럽고 구체적인 편집을 위해 사용
서버	• 컴퓨터에서 편집한 결과물을 저장하기 위해 사용 • 컴퓨터의 용량 부족으로 저장할 수 없는 대용량의 파일 저장 • LMS, LCMS 솔루션을 구동하여 콘텐츠를 등록

3) 이러닝 콘텐츠 개발에 필요한 소프트웨어

이러닝 콘텐츠를 개발하기 위한 장비 중 컴퓨터에서 구동되는 프로그램으로, 콘텐츠 개발 유형에 따라 사용하는 소프트웨어가 다르다.

표 2-1-8 이러닝 콘텐츠 개발에 필요한 소프트웨어

소프트웨어	설명
그래픽 편집 소프트웨어	• 이미지와 동영상 프레임 편집, 모션그래픽 작업, 다양한 효과 삽입, 오디오 삽입을 통한 동영상 콘텐츠 제작으로 학습자의 학습 경험 향상
오디오 편집 소프트웨어	• 불필요한 노이즈, 피촬영자의 실수 등을 편집하여 매끄러운 오디오 콘텐츠 생성
통합 개발 환경	• 프로그래밍 언어를 사용하여 그래픽 편집 소프트웨어에서 생성한 그래픽 요소들의 적절한 배치, 애니메이션 적용, 대화형 요소 추가 등의 작업을 수행하여 맞춤형 이러닝 콘텐츠 개발

1) 이러닝 콘텐츠 개발 최종 산출물

① 개발 최종 산출물이란 이러닝 콘텐츠를 개발하는 과정 중 마지막 단계인 최종 점검 및 검수가 완료된 산출물로서, 이러닝 학습 시스템에 등록하여 학습자에게 제공할 수 있는 수준으로 완성된 콘텐츠이다.

② 최종 점검 및 검수 단계에서 하자, 결점 등이 발견되어 보완 사항이 필요한 경우, 보완 사항을 기재하여 프로젝트에 참여하고 있는 인원들에게 바로 공유한다.

③ 공유된 내용과 최종 산출물을 교차 확인하여 불일치성, 심각성 등을 종합적으로 고려하여 콘텐츠의 전면 또는 일부 재촬영, 재작업 등을 수행한다.

2) 이러닝 콘텐츠 개발 산출물 점검 방법

개발된 이러닝 콘텐츠를 점검하기 위해서는 콘텐츠 개발을 자세히 검토한 결과인 요구사항 분석서, 내용 전문가가 작성한 원고 내용 등을 산출물과 같이 확인하여 개발 산출물에 대한 오류가 존재하는지를 확인한다.

표 2-1-9 이러닝 콘텐츠 개발 산출물 점검 방법

점검 방법	설명
요구사항 대조	• 개발된 산출물이 콘텐츠 요구사항에 부합하는지 확인 • 콘텐츠 길이, 영상 포맷, 구현 방법 등 확인
원고 내용 확인	• 내용 전문가가 작성한 원고 내용과 산출물의 내용 비교 • 중요한 내용이 누락되어 심각하다고 판단될 경우 재작업 필요
스토리보드 내용 확인	• 스토리보드에서 명시한 요소에 대하여 정확하게 구현이 되었는지 확인 • 형성 평가 등 중요한 기능이 작동되지 않는 사항에 대해서 재작업 필요
법, 규제 내용 확인	• 이러닝 콘텐츠에서 법, 제도 등의 내용을 다룰 경우, 현재 시행되고 있는 법, 제도인지에 대한 확인 필요 • 현행법을 다루지 않는 경우 콘텐츠의 신뢰도가 저하될 수 있으므로 정확한 내용 확인 필요

3) 이러닝 콘텐츠 개발 산출물 관리 방법

최종 산출물 관리란 이러닝 콘텐츠를 개발하는 과정에서 단계별로 발생한 산출물들을 단계별로 정리하고, 최종 개발물에 대해서는 최종 유지관리 방안을 수립하고, 정리하여 개발 완료에 대해 보고하기 위한 관리 방법이다.

표 2-1-10 이러닝 콘텐츠 개발 산출물 관리 방법

관리 방법	설명
유지보수 방안 수립	• 이러닝 콘텐츠의 주기적인 운영·관리 업무와 콘텐츠의 현행화를 수행하기 위하여 유지보수 수행 방법을 수립
산출물 보관 관리	• 개발된 산출물은 외부 공격 및 내부 인원에 의해 유출되지 않고 안전하게 보관하고 관리될 수 있도록 정책 수립 및 실행 • 개발 산출물에 대한 접근 기록, 다운로드 내역 등을 확인할 수 있고, 유출되지 않도록 주기적인 검사 수행
개발 최종완료 보고	• 개발 산출물에 대한 최종완료 보고서는 총개발 일정 및 예산, 투입 인원, 최종 산출물, 유지보수 방안, 산출물 보관 관리 방법 등을 포함

Chapter 02 이러닝 콘텐츠 유형별 개발 방법

1 //// 이러닝 콘텐츠 유형 분류

1) 이러닝 콘텐츠의 유형

이러닝 콘텐츠는 학습 목적 및 대상에 따라 다양한 콘텐츠 유형이 존재한다.

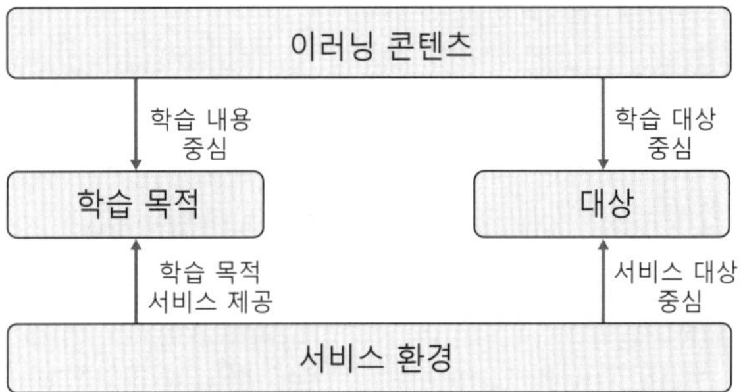

그림 2-2-1 이러닝 콘텐츠의 유형 구분

① 학습 목적 중심의 이러닝 콘텐츠 유형

– 학습 목적 중심의 이러닝 콘텐츠는 학습의 의도를 구체적으로 제시하여 학습자의 동기 및 흥미 유발을 유도할 수 있어야 한다.

표 2-2-1 학습 목적 중심의 이러닝 콘텐츠 유형

유형	설명
교육용 게임형	• 게임 기반 학습 콘텐츠로 학습자의 흥미 유발 • 게임이 목적이 아니므로 교육적 효과가 있어야 함
문제 중심 학습형	• 학습자에게 해결해야 할 문제 제시 • 문제를 해결하는 과정에서 학습이 이루어짐
시뮬레이션형	• 실제 상황과 유사한 시뮬레이션 환경 생성 • 시뮬레이션 환경에서 학습이 이루어짐

유형	설명
사례제시형	• 학습자가 학습한 이론을 실제 사례에 적용 • 적용한 결과를 통해 이론과 실제 사례에 대한 이해 향상
동영상 강의형	• 녹화된 교수 동영상을 강의 형태로 제공하여 학습자의 주의를 환기하고 이해를 도움
스토리텔링형	• 강의 내용을 딱딱한 문장이 아닌 이야기 형태로 자연스럽게 풀어내어 학습자의 지식 습득과 이해를 도움

- 학습 목적 중심의 이러닝 콘텐츠는 콘텐츠의 내용을 다양하게 구성하여 학습자의 몰입도를 증가시켜 학습의 효율성을 증가시키기 위한 콘텐츠이다.
- 만약 콘텐츠 내용의 품질이 좋지 않을 경우, 학습자의 몰입도를 저해하는 요소가 될 수 있으므로 콘텐츠의 내용 구성 및 개발 시 주의가 필요하다.

② 대상 중심의 이러닝 콘텐츠 유형

- 대상 중심의 이러닝 콘텐츠는 교수자, 학습자 등을 대상으로 하는 콘텐츠 유형이며, 대상에 따라 콘텐츠 내용과 성격이 결정된다.

표 2-2-2 대상 중심의 이러닝 콘텐츠 유형

유형	설명
개인교수형	• 전통적인 교수 형태의 하나로 교수자가 주도해서 학습 진행 • 다양한 수준의 지식 전달 교육에 효과적이며 친숙한 교수법
토론학습형	• 공동과제 해결, 특정 주제에 관한 토론으로 상호작용 활동 • 실시간 또는 비실시간으로 토론 활동 수행
반복학습형	• 학습자들이 반복 학습해서 목표에 도달하는 학습 형태 • 주로 어학 또는 반복학습을 통한 숙련도를 확인할 수 있는 콘텐츠에서 많이 사용

- 대상은 크게 교수자, 학습자로 구분되며, 대상에 따라 이러닝 콘텐츠의 목적 또한 달라진다.
- 교수자의 경우, 이러닝 콘텐츠의 목적은 교수법을 통한 학습자의 학습이 목적이므로 학습자의 수준에 맞추어 지식 전달을 하는 목적이 있다.
- 학습자의 경우, 이러닝 콘텐츠의 목적은 학습자가 학습을 원활하게 진행하는 것이 목적이므로 학습자의 눈높이에 맞는 이러닝 콘텐츠가 필요하다.

2) 이러닝 콘텐츠의 유형별 특징

이러닝 콘텐츠는 유형별로 각각의 고유한 특징을 가지고 있으며, 학습 목적 및 대상과 연관성이 높다.

표 2-2-3 이러닝 콘텐츠의 유형별 특징

특징	설명
교육성	• 콘텐츠가 교육적인 효과를 제공하는 특성
협동성	• 학습자 간 협업, 협동, 공동작업 등을 유도하는 특성
반복성	• 이러닝 콘텐츠를 반복하여 학습함으로써 교육 효과를 극대화하는 특성
목표성	• 학습자가 이러닝 콘텐츠를 통해 달성하고자 하는 목표를 제시하는 특성

2 /// 이러닝 콘텐츠의 유형별 차이점

1) 이러닝 콘텐츠의 유형별 차이점

이러닝 콘텐츠는 유형별로 명확하게 구분되며, 장·단점의 이해를 통하여 이러닝 콘텐츠 개발 시 어떤 유형이 적합한지 선택할 수 있어야 한다. 또한, 이러닝 콘텐츠의 유형별 차이점을 숙지하여 콘텐츠 개발 시 요구사항과 목적에 적합한 콘텐츠를 선정할 수 있어야 한다.

① 학습 목적 중심의 이러닝 콘텐츠 유형의 차이점

표 2-2-4 학습 목적 중심의 이러닝 콘텐츠 유형의 차이점 1

구분	사례제시형	문제 중심 학습형	시뮬레이션형
개념	이론을 사례에 접목하여 학습	문제를 해결하면서 학습	실제 상황을 가상의 환경으로 제공
장점	이론과 연결된 사례를 동시에 학습 가능	문제 해결, 협동 등의 학습 가능	가상 환경에서 반복학습 가능
단점	이론과 사례의 연결이 적으면 학습 효율 저하	어렵거나 쉬운 문제는 학습 효율 저하	시뮬레이션 구축 비용 발생

구분	교육용 게임형	동영상 강의형	스토리텔링형
개념	학습 콘텐츠에 게임 요소를 삽입	이러닝 학습 강의를 동영상 촬영하여 제공	이야기 형태로 학습 진행
장점	학습자 흥미 향상	콘텐츠 재사용 용이	몰입도 향상, 기억력 강화
단점	게임 요소의 강조 시 학습 효과 저하	콘텐츠가 지루할 시 학습자의 집중도 저하	모든 콘텐츠에 적합할 수 없음, 학습 목표 분산 가능성 존재

② 대상 중심의 이러닝 콘텐츠 유형의 차이점

표 2-2-6 대상 중심의 이러닝 콘텐츠 유형의 차이점

구분	개인교수형	토론학습형	반복학습형
개념	교수자 주도 진행으로 지식 전달	학습자 간 토론 진행 통한 학습	학습자의 동일 강의 반복 학습
장점	교수자 지식의 온전한 전달 가능	학습자 간 토론으로 상호 작용 기대	반복학습을 통한 학습자 이해도 향상
단점	학습자의 수준에 따른 지식 이해도 상이	상호작용이 아닌 일방 작용 발생 가능	반복학습에 일정 시간 필요

2) 이러닝 콘텐츠 개발 시 유의사항

이러닝 콘텐츠를 개발할 때 다양한 자원에 대하여 이슈를 파악하고, 해결 방안을 마련하여 개발하여야 한다. 해결 방안을 마련하지 못할 경우 대비책을 마련하여야 하며, 이러닝 콘텐츠 개발 프로젝트에 영향을 최소화할 수 있어야 한다.

① 이러닝 콘텐츠 개발 시 발생할 수 있는 이슈

- 이슈는 이러닝 콘텐츠 개발 프로젝트 시 발생한 문제 사항으로, 즉시 처리해야 하는 사항이다.
- 이슈는 크게 인적 자원 이슈와 기술적 자원 이슈로 구분하며, 발생한 이슈에 따라 대응 방안도 달라진다.

표 2-2-7 이러닝 콘텐츠 개발 시 발생할 수 있는 이슈

이슈	설명
인적 자원 이슈	• 이러닝 콘텐츠 프로젝트에 참여하는 인원의 교체, 이탈 등으로 인하여 발생하는 이슈
기술적 자원 이슈	• 이러닝 콘텐츠 개발 시 장비, 구현 기술 등의 문제로 인하여 발생하는 이슈

– 발생한 이슈에 대해서 위험으로 발전하기 전, 이러닝 콘텐츠 개발 프로젝트에 대하여 위험 관리를 수행하여야 한다.

② 이러닝 콘텐츠 개발 프로젝트의 위험 관리 방안

– 이러닝 콘텐츠 개발 프로젝트의 위험 관리는 긍정, 부정, 중립으로 구분하여 관리하며, 이슈의 성질, 프로젝트의 상황에 맞추어 다양하게 사용한다.

– 위험으로 인한 프로젝트에 영향을 끼치는 것을 분석하기 위해서, 위험을 수치화하여 분석하는 정량적 분석과 수치화하기 어려운 정성적 분석을 수행한다.

표 2-2-8 이러닝 콘텐츠 개발 프로젝트의 위험 관리 방안

위험 관리 방안	설명
활용	• 불확실성을 줄여 기회가 반드시 일어나도록 함
공유	• 기회 실현에 가장 효과적인 제3자와 이익 공유
강화	• 기회 발생 확률이나 영향력을 높이는 것
회피	• 위험의 원인을 제거하여 발생 가능성을 없앰 • 모든 위험을 제거할 수 없으나, 회피할 수 있음
전가	• 위험의 영향력과 대응책임을 제3자에게 이전
완화	• 위험 발생 가능성과 영향력을 허용 수준 이내로 낮춤
수용	• 위험을 그대로 두거나 받아들임
에스컬레이션	• 위험을 보고할 사람을 결정하고 개인 혹은 관련 부서에 상세 정보 전달

1) 이러닝 콘텐츠 유형별 서비스 환경

이러닝 콘텐츠 유형에 따른 서비스 환경은 학습 목적과 대상에 따라 서비스의 환경이 다르다. 따라서 이러닝 콘텐츠가 제공되는 서비스의 환경을 이해할 수 있어야 콘텐츠 개발 시 학습 효과를 극대화할 수 있는 콘텐츠를 제작할 수 있다.

① 학습 목적 중심의 이러닝 콘텐츠 서비스 환경

– 학습 목적 중심의 이러닝 콘텐츠 서비스 환경은 학습자가 이용하는 이러닝 콘텐츠 유형에 따라 학습 장비의 사양이 달라질 수 있다.

– 학습자의 장비 사양으로 인하여 이러닝 콘텐츠를 이용할 수 없는 상황을 방지해야 하며, 보편적인 학습자의 학습 장비 사양을 확인하여 다수의 학습자가 콘텐츠를 이용할 수 있도록 제공해야 한다.

표 2-2-9 학습 목적 중심의 이러닝 콘텐츠 서비스 환경

콘텐츠 유형	서비스 환경
교육용 게임형	• 게임 형태의 콘텐츠에 대하여 다양한 멀티미디어 요소와 대화형 사용자 인터페이스, 다양한 장치를 지원하는 환경
문제 중심 학습형	• 문제은행 시스템, 문제 풀이에 대한 즉각적인 피드백과 학습 진도 및 학습 성과관리를 지원하는 환경
시뮬레이션형	• 실제와 유사한 가상 환경을 제공 • 복잡한 데이터 처리를 수행하며 실시간성을 보장하는 환경
사례제시형	• 사례에 대한 DB를 구축하고, 상황별 맞춤 사례를 제공 • 학습한 이론과 사례를 연결할 수 있는 인사이트 제공
동영상 강의형	• 고품질의 동영상을 제공할 수 있는 안정적인 스트리밍 서비스 • 강의 자료와 연계하고, 개인 맞춤형 설정으로 강의를 재생할 수 있는 환경 제공
스토리텔링형	• 자연스러운 이야기 흐름으로 학습할 수 있는 환경 제공 • 이야기에 몰입할 수 있도록 몰입감 있는 콘텐츠 제공 • 학습자가 이야기를 선택하여 능동적으로 학습할 수 있는 환경 제공

② 대상 중심의 이러닝 콘텐츠 서비스 환경

– 대상 중심의 이러닝 콘텐츠 서비스 환경은 서비스를 이용하는 학습자가 주 대상이 되므로, 이러닝 콘텐츠 서비스를 안정적으로 제공할 수 있는 환경이 중요하다.

– 이러닝 콘텐츠 유형에 따라 LMS에 기능을 추가로 탑재할 필요가 있으므로, 콘텐츠를 개발하기 전에 LMS에서 해당 기능을 제공하고 있는지 확인하여야 한다.

표 2-2-10 대상 중심의 이러닝 콘텐츠 서비스 환경

콘텐츠 유형	서비스 환경
개인교수형	• 안정적인 콘텐츠 제공을 위한 네트워크 환경 마련 필요 • 학습자가 시간과 장소에 구애받지 않도록 LMS의 가용성 확보 필요
토론학습형	• 비실시간 토론학습 시 학습자 간 의견을 공유하고 토론할 수 있는 커뮤니티 서비스 제공 필요 • 실시간 토론학습 시 원활한 진행을 위하여 LMS에 해당 기능 탑재 필요
반복학습형	• 반복한 학습에 대하여 횟수를 확인할 수 있는 환경 필요 • 반복학습의 효과를 확인하기 위한 형성 평가 등의 시스템 마련 필요

2) 이러닝 콘텐츠 유형별 서비스 대상

이러닝 콘텐츠 유형에 따라 서비스를 제공할 학습자 대상이 다르다. 따라서 콘텐츠 유형에 따른 이러닝 콘텐츠를 제공할 서비스 대상을 분석할 수 있어야 서비스 대상 맞춤형 콘텐츠를 제작할 수 있다.

① 학습 목적 중심의 이러닝 콘텐츠 서비스 대상

– 학습 목적 중심의 이러닝 콘텐츠 서비스 대상은 학습자의 나이, 관심, 흥미 유발 등의 측면으로 구분할 수 있다.

표 2-2-11 학습 목적 중심의 이러닝 콘텐츠 서비스 대상

콘텐츠 유형	서비스 대상
교육용 게임형	• 학습에 대해 흥미를 느끼기 어려운 초등학생과 중학생 • 기초 수준 학습자 또는 주의 집중이 어려운 학습자
문제 중심 학습형	• 시험 준비나 특정 과목에 대하여 심화학습이 필요한 학생 • 직무 능력 향상을 위한 직장인, 전문가 또는 자기 주도 학습자
시뮬레이션형	• 실습과 경험이 중요한 고등교육 및 전문교육 학습자
사례제시형	• 실제 사례를 통해 전문지식 또는 업무 역량을 향상하고자 하는 학습자
동영상 강의형	• 시간과 장소에 구애받지 않고 학습을 원하는 학습자 • 비대면 학습을 선호하는 학습자
스토리텔링형	• 역사, 문화, 예술 등 이야기를 통해 학습 내용을 깊게 이해하고자 하는 학습자 • 감정적인 이해와 공감이 필요한 학습자

- 이러닝 콘텐츠 서비스의 대상에 맞춤형으로 제공하기 위해서는 학습자를 세분화하고, 목표 대상을 식별하여 콘텐츠 제작의 방향을 결정해야 한다.

② 대상 중심의 이러닝 콘텐츠 서비스 대상

- 대상 중심의 이러닝 콘텐츠 서비스 대상은 학습자의 학습 방법, 타인과의 상호작용 등의 측면으로 구분할 수 있다.

표 2-2-12 대상 중심의 이러닝 콘텐츠 서비스 대상

서비스 환경	서비스 대상
개인교수형	• 특정 주제, 과목에 대해 집중적으로 학습이 필요한 학습자 • 독립적으로 개별 학습을 원하는 학습자
토론학습형	• 사회적 상호작용과 협동 학습을 원하는 학습자 • 의사소통 및 비판적 사고 능력을 키우고자 하는 학습자
반복학습형	• 학습한 내용의 숙달을 원하는 학습자 • 학습 진도에 따라 학습 속도를 조절하기를 원하는 학습자

- 대상 중심으로 이러닝 콘텐츠를 서비스하기 위해서는 콘텐츠 대상의 수요 파악이 중요하며, 설문 조사 등을 통해 데이터를 수집하여 콘텐츠 학습 대상의 수를 파악하고 있어야 한다.

Chapter 03 이러닝 콘텐츠 개발 환경

1 /// 이러닝 콘텐츠 개발 절차

1) 이러닝 콘텐츠 개발 절차

① 이러닝 콘텐츠는 주로 ADDIE 모형을 통해 개발되며, 해당 콘텐츠 개발 프로젝트에서 중점적으로 두는 내용에 따라 절차가 추가되거나 축소될 수 있다.

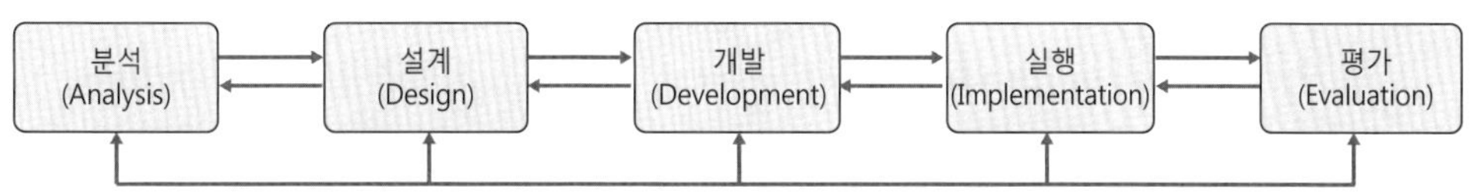

그림 2-3-1 ADDIE 모형을 적용한 이러닝 콘텐츠 개발 절차

② 이러닝 콘텐츠의 개발 절차가 추가되거나 축소되는 경우, 콘텐츠를 효율적으로 개발하기 위하여 추가적인 모형 또는 방법론 등을 적용하여 개발 프로젝트의 상황에 적합하도록 조절한다.

표 2-3-1 이러닝 콘텐츠 개발 절차

개발 절차	설명
분석 (Analysis)	• 개발하고자 하는 이러닝 콘텐츠에 대하여 분석하는 단계 • 환경 요인 분석, 학습자 및 콘텐츠에 대한 요구 분석 수행
설계 (Design)	• 분석 결과를 토대로 개발할 콘텐츠의 방향 결정 • 콘텐츠의 흐름, 내용 배치 등 설계 문서 작성
개발 (Development)	• 설계된 문서에 따라 콘텐츠 개발 수행 • 원고 내용 배치, 애니메이션, 상호작용, 디자인 요소 적용, 형성 평가 문항 등 개발 • 콘텐츠 개발 완료 후 콘텐츠 설계 문서와 차이가 없는지 확인
실행 (Implementation)	• 개발 완료된 콘텐츠를 등록하고 학습 과정을 개설 • 학습 과정 개설 시 학습자의 과정 이해를 돕기 위해 강의계획서 등 첨부
평가 (Evaluation)	• 개발된 이러닝 콘텐츠와 관련된 사항 평가 • 실행 단계에서 수행된 프로세스 및 이러닝 콘텐츠 자체의 평가 수행

③ ADDIE 모형의 발전된 형태로 꼽히는 것은 빠르게 프로토타입을 개발하는 래피드 프로토타이핑(Rapid Prototyping)이 있다.

2) 이러닝 콘텐츠 개발 상세 절차

ADDIE 모형은 분석, 설계, 개발, 실행, 평가의 단계로 구분되며, 각 단계에서 수행하는 필요한 업무가 존재한다. 각 단계의 업무 수행 결과마다 산출물을 작성해야 하며, 콘텐츠 개발 최종 보고 시 해당 내용을 첨부하므로 산출물의 관리 또한 중요하다.

① 분석 단계에서 수행하는 업무

- 이러닝 콘텐츠 개발 시 분석 단계에서 수행하는 업무는 넓은 범위에서의 학습 요인을 분석하고, 학습자 및 콘텐츠 요구사항을 분석함으로써 추상적인 분석에서 구체적인 분석으로 진행한다.

표 2-3-2 분석 단계에서 수행하는 업무

수행 업무	설명
학습 요인 분석	• 콘텐츠 개발 전 학습과 관련된 다양한 요인 분석 • 학습 목적, 학습 필요성, 수요 등의 요인 분석
학습자 요구사항 분석	• 콘텐츠 대상인 학습자의 대상, 수준 등의 요구사항 분석
콘텐츠 요구사항 분석	• 개발할 콘텐츠의 환경을 분석하고, 목표를 달성하기 위한 지식, 기술, 태도를 파악하고 분석

② 설계 단계에서 수행하는 업무

- 이러닝 콘텐츠 개발 시 설계 단계에서 수행하는 업무는 콘텐츠를 개발할 때 방향을 결정하는 지침서가 되므로 콘텐츠 내용 설계와 교수 매체 선정 시 빠지는 부분이 없도록 설계해야 한다.

표 2-3-3 설계 단계에서 수행하는 업무

수행 업무	설명
콘텐츠 내용 설계	• 분석 과정에서 도출한 결과를 토대로 콘텐츠의 흐름, 형식, 내용 설계
교수 매체 선정	• 콘텐츠 내 수행목표 명확화, 평가 도구 선정, 교수전략 수립

③ 개발 단계에서 수행하는 업무

- 이러닝 콘텐츠 개발 시 개발 단계에서 수행하는 업무는 콘텐츠의 실제 내용 개발 및 개발된 내용에 대한 테스트 및 검토를 수행한다.
- 이러닝 콘텐츠의 개발된 내용을 테스트하고 검토할 시, 개발된 내용에 대한 내레이션 음성의 정확성 여부, 내용 전문가가 작성한 내용의 반영 여부 등을 확인해야 한다.

표 2-3-4 개발 단계에서 수행하는 업무

수행 업무	설명
내용 개발	• 내용 전문가가 작성한 원고를 토대로 프로토타입, 스토리보드 및 최종 산출물 개발
개발된 내용 테스트 및 검토	• 개발된 콘텐츠에 대해 내용 전문가와 자문위원의 파일럿 테스트를 통한 검토 수행 • 콘텐츠 내용 오·탈자 검토, 인터페이스 및 형성 평가 오작동 등의 점검 확인

④ 실행 단계에서 수행하는 업무

- 이러닝 콘텐츠 개발 시 실행 단계에서 수행하는 업무는 LMS 또는 LCMS에 이러닝 콘텐츠를 등록하고, 학습 과정을 편성하여 개설한다.
- 학습 과정 편성 시 이러닝 콘텐츠가 해당 학습 과정의 차시에 잘 등록되었는지 등록 여부를 확인해야 한다.

표 2-3-5 실행 단계에서 수행하는 업무

수행 업무	설명
콘텐츠 등록	• 개발된 이러닝 콘텐츠를 LMS 및 LCMS에 등록
학습 과정 개설	• 학습 과정에 편성하여 이러닝 학습 과정 개설 및 학습 수행

⑤ 평가 단계에서 수행하는 업무

- 이러닝 콘텐츠 개발 시 평가 단계에서 수행하는 업무는 주로 실행 단계의 결과를 평가하거나, 콘텐츠를 평가하는 업무로 구분한다.

표 2-3-6 평가 단계에서 수행하는 업무

수행 업무	설명
프로세스 평가	• 실행 과정에서 발생한 모든 결과를 평가
콘텐츠 평가	• 콘텐츠의 적합성 및 효율성, 과정의 지속성 여부, 콘텐츠 수정사항 등 평가

1) 이러닝 콘텐츠 개발에 필요한 인력

① 이러닝 콘텐츠 개발에 필요한 자원 중 하나인 인적 자원은 콘텐츠를 개발하는 데 필요한 인력이다.

② 콘텐츠를 개발하기 위한 인력은 프로젝트 관리, 콘텐츠 설계, 콘텐츠 개발 측면에서 구분할 수 있다.

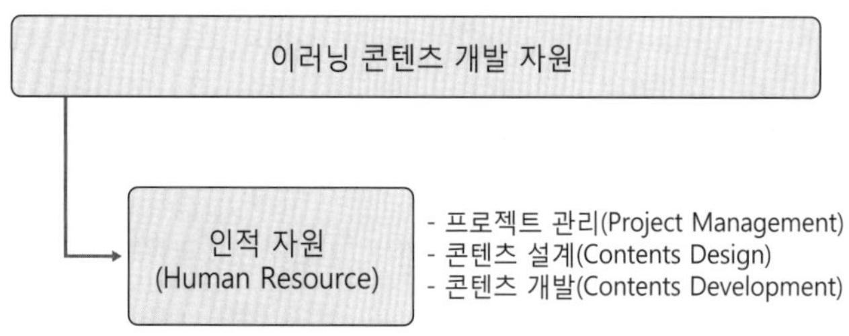

그림 2-3-2   이러닝 콘텐츠 개발에 필요한 인력의 구분

2) 이러닝 콘텐츠 개발에 필요한 인력의 역할

이러닝 콘텐츠 개발에 필요한 인력의 역할은 업무를 분담한 결과에 따라 구분할 수 있으며, 역할을 명확히 구분하여 업무 전문성 향상을 통해 이러닝 콘텐츠의 경쟁력 및 차별성을 가져야 한다.

① 프로젝트 관리 측면에서 이러닝 콘텐츠 개발에 필요한 인력

프로젝트 관리는 이러닝 콘텐츠를 개발하는 과정에서 가장 광범위한 영역을 다루며, 콘텐츠의 개발 완료를 위해 다양한 관리 업무를 수행한다.

표 2-3-7   프로젝트 관리 측면에서 이러닝 콘텐츠 개발에 필요한 인력

인력	역할
프로젝트 관리자	• 이러닝 콘텐츠 개발 프로젝트를 총괄 관리하는 사람 • 콘텐츠 개발 일정, 개발 범위, 콘텐츠 품질 관리 등 수행
이러닝 컨설턴트	• 이러닝 기획, 이러닝 프로젝트 관리, 컨설팅 업무 총괄

② 콘텐츠 설계 측면에서 이러닝 콘텐츠 개발에 필요한 인력

콘텐츠 설계는 이러닝 콘텐츠를 개발하는 과정에서 콘텐츠의 뼈대를 구성하는 역할을 수행하며, 이러닝 콘텐츠의 품질을 결정짓는 요소가 된다.

인력	역할
내용 전문가	• 이러닝 콘텐츠를 설계, 개발하고자 하는 학습 내용에 대하여 전문성을 보유한 사람 • 교수 설계 전 설계 하려는 학습 내용과 각종 학습 자원 제공
교수 설계자	• 이러닝 학습 콘텐츠의 교육과정 기획 • 내용 전문가가 작성한 학습 내용 및 자원 등 최적의 교수 학습 전략과 방법을 설계

③ 콘텐츠 개발 측면에서 이러닝 콘텐츠 개발에 필요한 인력

콘텐츠 개발은 이러닝 콘텐츠를 개발하는 과정에서 가장 핵심적인 콘텐츠의 제작 업무를 수행하며, 개발 업무를 수행하는 인력에 좌우하는 경향이 크다.

표 2-3-9 콘텐츠 개발 측면에서 이러닝 콘텐츠 개발에 필요한 인력

인력	역할
콘텐츠 개발자	• 콘텐츠 디자이너, 프로그래머로 구분 • 콘텐츠 디자이너는 내용 전문가가 작성한 원고에 디자인 요소를 결합하여 콘텐츠의 심미성, 가독성 향상 • 콘텐츠 프로그래머는 내용 전문가가 작성한 원고에 대화형 요소 및 애니메이션 적용, 형성 평가 구현 등의 작업 수행
영상 제작자	• 스토리보드를 기반으로 이러닝 콘텐츠의 제작, 촬영, 편집 등의 작업 수행 • 이러닝 콘텐츠의 품질 개선을 위해 작업의 보강 가능

3 / 이러닝 콘텐츠 유형별 자원

1) 이러닝 콘텐츠 유형별 자원

이러닝 콘텐츠를 개발하기 위한 자원의 종류는 크게 인적 자원, 기술적 자원, 콘텐츠 자원으로 구분할 수 있으며, 콘텐츠 유형별로 투입되는 자원이 다르다.

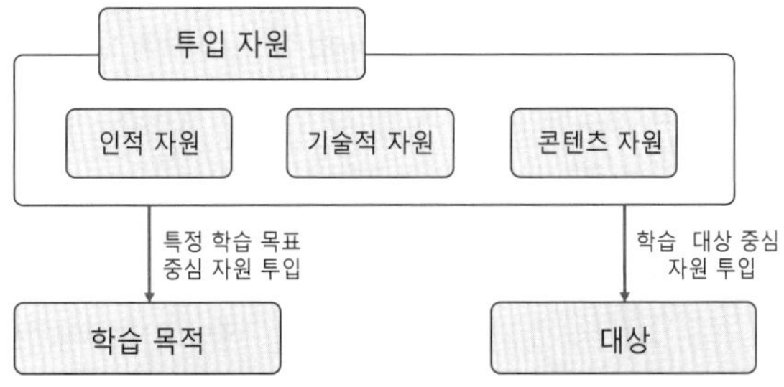

그림 2-3-3 이러닝 콘텐츠의 유형별 자원

2) 학습 목적 중심의 이러닝 콘텐츠 유형별 투입 자원

학습 목적 중심의 이러닝 콘텐츠는 특정 학습 목표에 맞춰 설계되며, 이에 따라 투입되는
자원이 다르다.

① 교육용 게임형 이러닝 콘텐츠 투입 자원

교육용 게임형 이러닝 콘텐츠는 게임 요소를 추가하기 때문에 게임과 관련된 디자이너,
개발자 및 소프트웨어 등이 필요하다.

표 2-3-10 교육용 게임형 이러닝 콘텐츠 투입 자원

자원	투입 자원 종류
인적 자원	• 내용 전문가, 게임 디자이너, 게임 및 이러닝 콘텐츠 개발자, 그래픽 디자이너, 성우/내레이션
기술적 자원	• 게임 개발 소프트웨어, 그래픽 디자인 소프트웨어, 사운드 편집 소프트웨어
콘텐츠 자원	• 게임 스토리보드 및 시나리오, 애니메이션, 오디오 파일, 게임 내 학습 자료 및 퀴즈

② 문제 중심 학습형 이러닝 콘텐츠의 투입 자원

문제 중심 학습형 이러닝 콘텐츠는 개발해야 하는 문제의 수가 많아야 하는 특징이 있으며,
문제를 개발하기 위한 인적 자원 투입이 중요하다.

표 2-3-11 문제 중심 학습형 이러닝 콘텐츠 투입 자원

자원	투입 자원 종류
인적 자원	• 내용 전문가, 콘텐츠 전문가, 디자이너
콘텐츠 자원	• 문제 시나리오 및 질문 세트, 참고 자료 및 추가 학습 자료

③ 시뮬레이션형 이러닝 콘텐츠의 투입 자원

시뮬레이션형 이러닝 콘텐츠는 실제 상황과 유사한 환경을 생성해야 하므로 시뮬레이션의
흐름을 기술할 수 있는 인적 자원과 3차원 그래픽을 처리할 수 있는 디자이너와 개발자가
필요하다.

표 2-3-12 시뮬레이션형 이러닝 콘텐츠 투입 자원

자원	투입 자원 종류
인적 자원	• 시뮬레이션 내용 전문가, 콘텐츠 전문가, 3D VR 개발자, 3D 그래픽 디자이너
기술적 자원	• 시뮬레이션 소프트웨어, 3D 모델링 소프트웨어
콘텐츠 자원	• 시뮬레이션 시나리오, 3D 모델, 애니메이션 및 상호작용 요소

④ 사례제시형 이러닝 콘텐츠의 투입 자원

사례제시형 이러닝 콘텐츠는 이론과 연결된 실제 사례를 제시할 수 있어야 하므로, 내용 전문가와 이를 효과적으로 표현할 수 있는 디자이너의 역할이 중요하다.

표 2-3-13 사례제시형 이러닝 콘텐츠 투입 자원

자원	투입 자원 종류
인적 자원	• 내용 전문가, 콘텐츠 전문가, 그래픽 디자이너
기술적 자원	• 그래픽 저작 도구, 비디오 편집 소프트웨어
콘텐츠 자원	• 사례 스토리보드 및 비디오 자료, 인포그래픽 및 시각 자료

⑤ 동영상 강의형 이러닝 콘텐츠의 투입 자원

동영상 강의형 이러닝 콘텐츠는 교수자의 강의 내용을 동영상으로 촬영하므로, 교수자와 촬영 인력, 그리고 촬영된 동영상을 편집할 수 있는 인력이 중요하다.

표 2-3-14 동영상 강의형 이러닝 콘텐츠 투입 자원

자원	투입 자원 종류
인적 자원	• 내용 전문가, 교수자, 비디오 프로듀서, 성우
기술적 자원	• 비디오 촬영 장비, 비디오 편집 소프트웨어
콘텐츠 자원	• 강의 스크립트, 비디오와 오디오 자료, 강의 노트 및 자료

⑥ 스토리텔링형 이러닝 콘텐츠의 투입 자원

스토리텔링형 이러닝 콘텐츠는 이야기 형태로 콘텐츠를 제작하기 때문에 전문 작가, 성우의 역할이 중요하며, 그래픽 디자이너의 역량 또한 중요하다.

표 2-3-15 이러닝 콘텐츠 투입 자원

자원	투입 자원 종류
인적 자원	• 스토리텔러/작가, 내용 전문가, 성우/내레이션, 그래픽 디자이너
기술적 자원	• 그래픽 저작 도구, 사운드 및 비디오 편집 소프트웨어
콘텐츠 자원	• 스토리보드 및 시나리오, 일러스트레이션, 비디오, 오디오 자료

3) 대상 중심의 이러닝 콘텐츠 유형별 투입 자원

대상 중심의 이러닝 콘텐츠는 학습자 대상에 맞춰 설계되며, 이에 따라 투입되는 필요 자원이 다르다.

① 개인교수형 이러닝 콘텐츠 투입 자원

개인교수형 이러닝 콘텐츠는 교수자 중심으로 콘텐츠를 제작하게 되므로, 교육 내용을
설계하는 전문가와 교수자의 역할이 중요하다.

표 2-3-16 개인교수형 이러닝 콘텐츠 투입 자원

자원	투입 자원 종류
인적 자원	• 내용 전문가, 교수자/강사/튜터
기술적 자원	• LMS 플랫폼, 커뮤니케이션 도구
콘텐츠 자원	• 개인 학습 자료, 피드백 및 평가 도구

② 토론학습형 이러닝 콘텐츠 투입 자원

토론학습형 이러닝 콘텐츠는 학습자 주도로 토론을 할 수 있는 환경이 중요하기 때문에
토론을 원활히 진행하기 위한 소프트웨어 또는 회의 프로그램이 필요하다.

표 2-3-17 토론학습형 이러닝 콘텐츠 투입 자원

자원	투입 자원 종류
인적 자원	• 토론 내용 전문가, 콘텐츠 전문가, 토론 진행자
기술적 자원	• 토론 포럼 소프트웨어, 비디오 회의 도구
콘텐츠 자원	• 토론 주제 관련 자료, 가이드라인 및 평가 기준

③ 반복학습형 이러닝 콘텐츠 투입 자원

반복학습형 이러닝 콘텐츠는 반복학습을 통한 교육 효과를 측정할 수 있는 LMS 시스템과
반복학습을 수행할 수 있는 콘텐츠가 필요하다.

표 2-3-18 반복학습형 이러닝 콘텐츠 투입 자원

자원	투입 자원 종류
인적 자원	• 반복학습 내용 전문가, 학습 시스템 개발자
기술적 자원	• LMS 플랫폼, 학습 콘텐츠 저작 도구
콘텐츠 자원	• 반복 연습 문제 세트, 평가 및 피드백 자료

Chapter 04 이러닝 콘텐츠 교수설계

1 /// 이러닝 콘텐츠 개발을 위한 교수설계 이론

1) 학습 내용 구조화 및 설계

이러닝 콘텐츠 개발에서 교수설계는 핵심적 요소로 작용하며, 이러닝 콘텐츠의 효과적인 교수설계를 위해서는 다양한 교수·학습 이론을 비롯한 교수·학습 모형을 이해하고 적용할 수 있어야 한다. 이러닝 콘텐츠 개발의 첫 번째 단계인 학습 내용 구조화 및 설계 단계에서는 이러닝 콘텐츠 개발 목표에 따라 다양한 교수학습 이론을 적용하여 학습 내용을 구조화하고 설계한다.

① 오수벨의 유의미 학습 이론

- 오수벨의(Ausubel) 유의미 학습 이론은 1960년대에 제안된 인지학습 이론으로, 새로운 정보를 학습자의 기존 인지 구조와 의미 있게 연결하는 것의 중요성을 강조한다.
- 학습은 새로운 정부가 학습자의 선행 지시과 유의미하게 연결될 때 기장 효괴적으로 이루어진다는 것이 핵심이다.
- 다음은 오수벨의 유의미 학습 이론의 핵심 개념과 이러닝 콘텐츠 개발 적용 전략이다.

표 2-4-1 오수벨의 유의미 학습 이론의 핵심 개념

핵심 개념	설명
선행 조직자	• 새로운 학습 내용을 제시하기 전에 더 일반적이고 추상적인 개념을 먼저 소개하여 학습자의 인지 구조를 활성화하는 도구
포섭	• 새로운 정보가 기존의 인지 구조에 통합되는 과정
점진적 분화	• 일반적이고 포괄적인 개념에서 시작하여 점차 구체적이고 세부적인 내용으로 학습이 진행되는 과정
통합적 조정	• 서로 다른 개념들 사이의 유사점과 차이점을 명확히 하여 개념 간의 관계를 이해하는 과정

표 2-4-2 오수벨의 유의미 학습 이론을 기반으로 한 이러닝 콘텐츠 개발 적용 전략

전략	설명
개념 지도 활용	• 학습 내용의 주요 개념과 관계를 시각적으로 표현하는 도구 • 학습자는 새로운 정보와 기존 지식 간의 연결을 쉽게 파악
선행 지식 활성화	• 각 학습 모듈 시작 시 관련된 선행 지식을 확인하고 활성화하는 퀴즈나 브레인스토밍 활동을 포함
계층적 콘텐츠 구조	• 가장 일반적이고 포괄적인 개념에서 시작하여 점차 세부적인 내용으로 나아가는 계층적 구조로 학습 내용을 조직
비교와 대조	• 유사한 개념이나 주제를 비교하고 대조하는 활동을 통해 학습자의 이해를 돕고 개념 간의 관계 명확화
멀티미디어 요소 활용	• 텍스트, 이미지, 비디오 등 다양한 멀티미디어 요소를 활용 • 동일한 개념을 여러 방식으로 제시하고 학습자의 이해 촉진
실제적 맥락 제공	• 학습 내용과 실제 생활이나 업무 상황을 연결 짓는 예시나 시나리오를 제공하여 학습의 의미와 중요성을 강조

② 블룸의 교육 목표 분류학

- 블룸(Bloom)의 교육 목표 분류학은 1956년에 벤자민 블룸과 그의 동료들이 개발한 교육 목표 설정 및 평가를 위한 프레임워크이다.

- 학습 목표를 인지적, 정의적, 심동적 영역으로 나누고, 각 영역을 하위 수준에서 상위 수준으로 분류한다.

- 다음은 블룸의 교육 목표 분류학의 핵심 개념과 이러닝 콘텐츠 개발 적용 전략이다.

표 2-4-3 블룸의 교육 목표 분류학의 핵심 개념

핵심 개념		설명
인지적 영역	• 지식의 습득과 지적 능력의 발달에 관한 것으로, 6단계로 구성	
	1차 교육 목표 분류	• 지식, 이해, 적용, 분석, 종합, 평가로 구성
	2차 신 교육 목표 분류	• 기억, 이해, 적용, 분석, 평가, 창안하기 또는 창작하기로 구성
정의적 영역	• 감정, 태도, 가치관 등과 관련된 것으로, 5단계로 구성 • 수용, 반응, 가치화, 조직화, 인격화로 구성	
심동적 영역	• 신체적 기능, 협응, 운동 기술 등과 관련된 영역	

- 최근 디지털 학습 도구와 온라인 교육 플랫폼에서는 신교육 목표 분류학을 바탕으로 한 목표 설정이 더욱 보편화되고 있다.

전략	설명
다양한 수준의 학습 활동 설계	• 블룸의 분류학을 기반으로 다양한 인지 수준을 요구하는 학습 활동을 설계하여 학습자의 고차원적 사고 능력 개발
명확한 학습 목표 설정	• 각 학습 모듈의 목표를 블룸의 분류학에 따라 명확히 진술 • 학습자가 무엇을 성취해야 하는지 쉽게 이해
단계별 학습 경로 설계	• 낮은 수준의 인지 능력에서 시작하여 점진적으로 높은 수준의 능력을 개발할 수 있도록 학습 경로를 설계
다양한 평가 방법 활용	• 블룸의 분류학에 기반한 다양한 유형의 평가 문항을 개발하여 학습자의 능력을 종합적으로 평가
인터랙티브 요소 활용	• 토론 포럼, 협력 프로젝트, 시뮬레이션 등 다양한 인터랙티브 요소를 활용하여 고차원적 사고 능력을 촉진
개인화된 학습 경로 제공	• 학습자의 현재 수준과 목표에 따라 개인화된 학습 경로를 제공하여 효과적인 학습을 지원

③ 메이거와 타일러의 교육 목표 진술

- 교육 목표 진술은 이러닝 콘텐츠 설계의 핵심 요소로, 학습의 방향을 명확히 하고 평가의 기준을 제시한다.
- 주로 메이거(Mager)의 행동목표 진술 방식과 타일러(Tyler)의 일반목표 진술 방식이 사용된다.
- 메이거의 행동목표 진술 방식은 행동주의적 접근을 바탕으로 구체적이고 측정 가능한 목표 설정을 강조한다.
- 다음은 메이거의 행동목표 진술의 이러닝 콘텐츠 개발 적용 전략이다.

표 2-4-5 메이거의 행동목표 진술을 기반으로 한 이러닝 콘텐츠 개발 적용 절차

절차	설명
학습자 (Audience)	• 목표는 수업의 대상인 학습자 중심으로 진술
행동 (Behavior)	• 목표는 학습 후 기대되는 행동으로 진술 • 관찰 가능한 행위 동사를 사용
조건 (Condition)	• 행동이 나타날 수 있는 조건 진술 • 과제가 수행될 작업환경 진술
정도 (Degree)	• 준거 또는 기준 • 목표의 달성 여부를 판단할 수 있는 질적 혹은 양적 준거 명세화 • 양적 요건 및 질적 요건

– 이러닝 콘텐츠 설계 단계에서 적용할 때는 명확하고 측정 가능한 학습 성과를 정의할 때 사용한다.

– 타일러의 일반목표 진술의 핵심 개념으로, 타일러의 교육 목표 진술 방식은 폭넓은 학습 경험과 다양한 학습 성과를 포괄하는 일반적인 목표 진술을 강조한다.

– 다음은 타일러의 교육 목표 진술의 이러닝 콘텐츠 개발 적용 전략이다.

표 2-4-6 타일러의 교육 목표 진술을 기반으로 한 이러닝 콘텐츠 개발 적용 절차

절차	설명
학습자 (Audience)	• 목표의 대상이 되는 학습자 명시
무엇을(What)	• 학습 후 기대되는 일반적인 행동이나 능력 기술
내용 (Content)	• 학습의 주요 내용이나 영역 명시

– 이러닝 콘텐츠 설계 단계에서 적용할 때는 장기적이고 포괄적인 학습 방향을 설정할 때 사용한다.

④ 가네의 수업사태 이론

– 가네(Gagné)의 수업사태 이론은 효과적인 학습을 위해 필요한 9가지 수업사태를 제시하며, 학습의 내적 과정과 그에 상응하는 외적 조건을 체계적으로 연결하여 설명한다.

– 다음은 가네의 수업사태 이론의 핵심 개념과 이러닝 콘텐츠 개발 적용 전략이다.

표 2-4-7 가네의 수업사태 이론의 핵심 개념

핵심 개념	설명
주의 집중	• 학습자의 관심을 끌고 학습 준비 상태를 만듦
학습 목표 제시	• 학습자에게 기대되는 학습 결과를 명확히 알려줌
선수 학습 회상	• 새로운 정보와 관련된 이전 지식을 상기시킴
자극 자료 제시	• 새로운 내용을 학습자에게 제시
학습 안내	• 학습 전략이나 방법에 대한 지침을 제공
수행 유도	• 학습자가 새로운 지식이나 기술을 적용해볼 기회를 제공
피드백 제공	• 학습자의 수행에 대해 정보를 제공
수행 평가	• 학습 목표 달성 여부를 확인
파지와 전이 강화	• 학습한 내용을 오래 기억하고 다른 상황에 적용할 수 있도록 도움

표 2-4-8 가네의 수업사태 이론을 기반으로 한 이러닝 콘텐츠 개발 적용 전략

전략	설명
멀티미디어 요소 활용	• 각 수업사태에 적합한 다양한 멀티미디어 요소를 활용하여 학습 효과 증대
인터랙티브 요소 통합	• 퀴즈, 시뮬레이션, 드래그 앤 드롭 활동 등 인터랙티브 요소를 통해 학습자의 적극적 참여를 유도
개인화된 학습 경로	• 학습자의 선수 학습 수준과 진행 상황에 따라 개인화된 학습 경로를 제공
즉각적인 피드백 시스템	• 자동화된 피드백 시스템을 구축하여 학습자의 수행에 대해 즉각적이고 구체적인 피드백을 제공
다양한 평가 방법	• 형성평가와 총괄평가를 적절히 조합하여 학습자의 이해도와 수행 능력을 종합적으로 평가
실제적 응용 기회 제공	• 학습한 내용을 실제 상황에 적용해볼 수 있는 과제나 프로젝트를 제공하여 파지와 전이를 강화

⑤ 메릴의 구성요소 전시 이론

- 메릴(Merrill)의 구성요소 전시 이론은 학습 내용과 수행 수준을 분류하고 이에 따른 적절한 교수 전략을 제시한다.
- 다음은 메릴의 구성요소 전시 이론의 핵심 개념과 이러닝 콘텐츠 개발 적용 전략이다.

표 2-4-9 메릴의 구성요소 전시 이론의 핵심 개념

핵심 개념	설녕
내용 분류	• 내용을 사실, 개념, 절차, 원리를 구분으로 하여 분류
수행 수준	• 수행 수준을 기억, 활용, 발견으로 구분하여 수준 정의
교수 전략	• 교수법을 설명, 시연, 질문, 실행으로 구분하여 교수자와 학습자가 수행해야 할 역할을 구분

표 2-4-10 메릴의 구성요소 전시 이론을 기반으로 한 이러닝 콘텐츠 개발 적용 전략

전략	설명
내용 유형별 맞춤 설계	• 각 내용 유형(사실, 개념, 절차, 원리)에 적합한 학습 활동과 평가 방법을 설계
다양한 예시와 비예시 활용	• 개념 학습 시 다양한 예시와 비예시를 제공하여 학습자의 이해 향상
단계별 시연 및 실습	• 절차적 지식 학습 시 각 단계를 명확히 시연하고 학습자가 직접 실습할 기회 제공

전략	설명
인터랙티브 시뮬레이션	• 원리 학습 시 다양한 변수를 조작해볼 수 있는 인터랙티브 시뮬레이션 제공
수행 수준별 학습 경로	• 기억, 활용, 발견의 수행 수준을 고려한 단계적 학습 경로 설계
다양한 교수 전략 조합	• 설명, 시연, 질문, 실행의 교수 전략을 효과적으로 조합하여 학습 효과 극대화

⑥ 데일의 경험의 원추 이론

- 데일(Dale)의 경험의 원추 이론은 학습 경험의 구체성과 추상성을 시각적으로 표현하여, 학습자의 경험 유형에 따른 학습 효과를 설명한다.

- 원추의 바닥에서 꼭대기로 갈수록 경험의 추상성이 증가하며, 이는 학습자의 인지 발달 단계와 학습 목표에 따라 적절한 교수 방법을 선택하는 데 도움을 준다.

- 다음은 데일의 경험의 원추 이론의 핵심 개념과 이러닝 콘텐츠 개발 적용 전략이다.

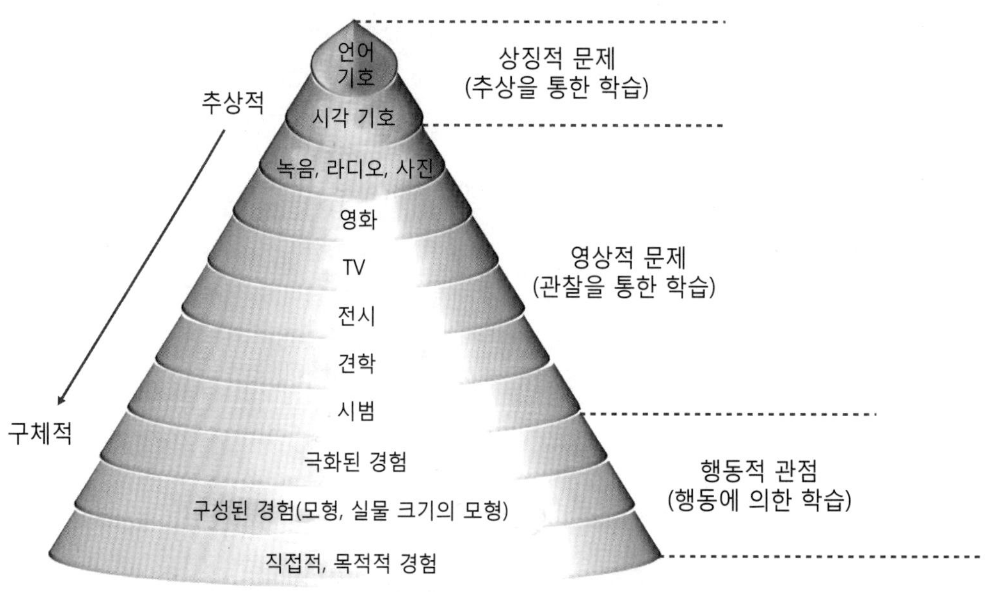

그림 2-4-1 데일의 경험의 원추

표 2-4-11 데일의 경험의 원추 이론의 핵심 개념

핵심 개념	설명
경험의 원추	• 상징적 문제는 추상을 통한 학습으로 언어기호, 시각기호가 존재 • 영상적 문제는 관찰을 통한 학습으로 녹음 · 라디오 · 사진, 영화, TV, 전시, 견학, 시범이 존재 • 행동적 관점은 행동에 의한 학습으로 극화된 경험, 구성 또는 조작된 경험, 직접적, 목적적 경험이 존재
주요 원리	• 원추의 상부에서 하부로 내려갈수록 추상적에서 구체적으로 됨 • 능동적 참여에서 수동적 수용으로 변화 • 다감각적 경험에서 단일 감각 경험으로의 이동
학습 경험 분류	• 행하는 것(Doing): 직접 경험을 통한 학습 • 관찰하는 것(Observing): 간접 경험을 통한 학습 • 상징화된 것(Symbolizing): 추상적 경험을 통한 학습

표 2-4-12 데일의 경험의 원추 이론을 기반으로 한 이러닝 콘텐츠 개발 적용 전략

전략	설명
VR, AR 활용	• 직접적, 목적적 경험에 가까운 학습 환경을 제공하여 몰입도 향상
인터랙티브 시뮬레이션 개발	• 조작적 경험을 제공하여 학습자가 능동적으로 참여할 수 있는 환경 조성
역할극 및 시나리오 기반 학습	• 극화된 경험을 통해 실제 상황에 대한 이해와 대처 능력 향상
비디오 튜토리얼 및 시연	• 전문가의 시범을 통해 복잡한 절차나 기술을 효과적으로 전달
가상 필드 트립	• 360도 파노라마 영상이나 인터랙티브 맵을 활용하여 견학 경험 제공
멀티미디어 갤러리	• 다양한 시각 자료와 오디오를 활용하여 풍부한 학습 경험 제공
인포그래픽 및 데이터 시각화	• 복잡한 정보를 시각적으로 표현하여 이해 향상
오디오북 및 팟캐스트	• 청각적 학습 자료를 통해 다양한 학습 스타일 지원
개념 맵 및 마인드맵 도구	• 추상적 개념을 시각적으로 구조화하여 이해 촉진
텍스트 기반 학습 자료 보완	• 순수한 텍스트 자료에 멀티미디어 요소를 추가하여 학습 효과 향상

⑦ 스웰러의 인지 부하 이론

– 스웰러(Sweller)의 인지 부하 이론은 학습 과정에서 학습자의 인지적 부담을 최소화하고 효과적인 학습을 촉진하기 위한 교수설계 원리를 제시하는 이론이다.

- 인지 부하 이론은 작업 기억의 한계를 고려하여 학습 자료와 활동을 설계함으로써 학습 효율성을 높이는 것을 목표로 한다.
- 다음은 스웰러의 인지 부하 이론의 핵심 개념과 이러닝 콘텐츠 개발 적용 전략이다.

표 2-4-13 스웰러의 인지 부하 이론의 핵심 개념

핵심 개념	구성요소	설명
인지 부하의 유형	내재적 인지 부하	• 학습 내용 자체의 복잡성으로 인한 부하
	외재적 인지 부하	• 부적절한 교수설계로 인한 불필요한 부하
	유익한 인지 부하	• 학습에 필요한 인지적 처리로 인한 부하
작업 기억의 한계	용량의 제한	• 1회에 처리할 수 있는 정보의 양이 제한적임
	지속 시간의 제한	• 작업 기억에서 정보가 유지되는 시간이 짧음
	처리 능력의 제한	• 복잡한 정보를 동시 처리 시 어려움이 있음

표 2-4-14 스웰러의 인지 부하 이론을 기반으로 한 이러닝 콘텐츠 개발 적용 전략

전략	설명
분절화	• 복잡한 학습 내용을 작은 단위로 나누어 제시
모달리티 효과 활용	• 시각적 정보와 청각적 정보를 적절히 조합하여 제시
중복 제거	• 동일한 정보를 불필요하게 반복 제시 회피
사전 학습	• 주요 개념이나 용어를 미리 학습하게 하여 내재적 인지 부하 감소
신호화	• 중요한 정보에 시각적 단서를 제공하여 주의 집중
예제 활용	• 문제 해결 과정을 단계별로 보여주는 예제 제공
목표 자유 효과 활용	• 특정 목표 없이 학습 내용을 탐색하게 하여 유연한 학습 촉진
가변성 도입	• 다양한 맥락과 예시를 통해 학습 내용을 제시하여 전이 촉진
협력 학습 설계	• 집단 지성을 활용하여 개인의 인지 부하 분산
적응적 학습 시스템 구축	• 학습자의 수준과 진행 상황에 따라 학습 내용과 난이도 조절

2) 학습자 특성 및 경험

이러닝 콘텐츠 개발에서 학습자의 특성을 파악하고 이들 간의 경험을 분류하는 것은 잠재적인 이러닝 학습자 유형에 따라 콘텐츠의 개발 방향을 정할 수 있다. 이러닝 콘텐츠 개발의 두 번째 단계인 학습자 특성 및 경험은 이러닝 콘텐츠를 학습하는 대상의 특성과 이들의 경험을 분류하여 교수학습 이론을 적용하고 설계한다.

① 콜브의 경험학습 이론과 학습 스타일 모델

㉠ 콜브(Kolb)의 경험학습 이론은 학습을 두 가지 측면에서 설명한다.

- 첫 번째, 경험의 변환을 통해 지식을 창출하는 과정으로 정의한다.
- 두 번째, 학습이 순환적인 과정을 통해 이루어진다.
- 이러한 설명을 바탕으로 콜브는 경험학습 사이클과 개인의 선호하는 학습 방식을 4가지 유형으로 분류하여 학습 스타일 모델을 제시한다.

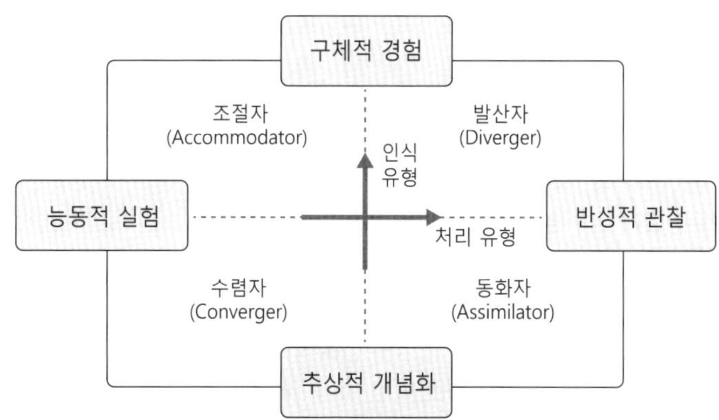

그림 2-4-2 콜브의 경험학습 사이클

표 2-4-15 콜브의 경험학습 사이클

단계	설명
구체직 겅험	• 새로운 경험이나 상황에 직면
반성적 관찰	• 경험을 다양한 관점에서 관찰하고 성찰
추상적 개념화	• 관찰을 통해 새로운 아이디어나 이론을 형성
능동적 실험	• 형성된 이론을 실제 상황에 적용

표 2-4-16 콜브의 학습 스타일 모델

구분	설명
발산자 (Diverger)	• 구체적 경험과 반성적 관찰 선호, 상상력이 풍부하고 다양한 관점에서 상황을 관찰
동화자 (Assimilator)	• 추상적 개념화와 반성적 관찰 선호, 논리적 사고와 이론 모델 창출에 능함
수렴자 (Converger)	• 추상적 개념화와 능동적 실험 선호, 아이디어를 실제 적용하는 데 능함
조절자 (Accommodator)	• 구체적 경험과 능동적 실험 선호, 직접 경험을 통해 학습하며 모험을 즐김

ⓛ 다음은 콜브의 학습 스타일 모델을 통해 이러닝 콘텐츠 개발을 적용하는 전략이다.

표 2-4-17 콜브의 학습 스타일을 기반으로 한 이러닝 콘텐츠 개발 적용 전략

구분	설명
발산자(Diverger)	• 브레인스토밍, 그룹 토론, 사례 연구 등
동화자(Assimilator)	• 체계적인 설명, 개념 모델, 데이터 분석 활동 등
수렴자(Converger)	• 문제 해결 활동, 시뮬레이션, 실험 등
조절자(Accommodator)	• 실제 프로젝트, 역할극, 현장 학습 요소 등

② 비고츠키의 인지발달 이론 및 근접발달영역

– 비고츠키(Vygotsky)의 인지발달 이론은 학습자의 인지 발달에서 사회적 상호작용과 문화의 중요성을 강조한다.

– 학습을 사회문화적 맥락 내에서 이루어지는 과정으로 보며, 특히 근접발달영역 개념을 통해 학습자의 잠재적 발달 수준에 주목한다.

– 다음은 비고츠키의 인지발달 이론의 핵심 개념과 이러닝 콘텐츠 개발 적용 전략이다.

표 2-4-18 비고츠키의 인지발달 이론의 핵심 개념

핵심 개념	구성요소	설명
사회문화적 접근	사회적 상호작용	• 인지 발달은 타인과의 상호작용을 통해 형성
	문화적 도구	• 언어, 기호 체계 등이 사고와 학습에 중요한 역할
	내면화	• 사회적 상호작용을 통해 얻은 지식이 개인의 내적 과정으로 전환
근접발달영역		• 학습자가 독립적으로 문제를 해결할 수 있는 현재 발달 수준과 성인이나 또래의 도움을 받아 도달할 수 있는 잠재적 발달 수준 사이의 차이 • 학습과 발달의 역동적 관계 표시, 효과적 교육의 핵심 영역 제시
비계설정 (Scaffolding)		• 근접발달영역에서 학습자의 과제 수행을 돕기 위해 제공되는 임시적 지원 • 학습자의 자율성과 독립성 증진 • 모델링, 코칭, 질문, 설명, 힌트의 방법 존재

표 2-4-19 비고츠키의 인지발달 이론을 기반으로 한 이러닝 콘텐츠 개발 적용 전략

전략	설명
협력적 학습 환경 구축	• 근접발달영역 이론에 근거, 동료 학습자들과 또래 학습이 가능하도록 온라인 토론 등을 통해 학습자 간 상호작용 촉진
적응형 학습 시스템 개발	• 학습자의 현재 수준을 진단하고 개인에게 맞는 과제와 지원을 제공

전략	설명
전문가 멘토링 프로그램 운영	• 온라인상에서 전문가나 교수자와 학습자를 연결하여 지속적인 지도와 피드백, 코칭 제공
단계별 학습 자료 제공	• 학습 내용을 난이도별로 구성하여 학습자가 점진적으로 발전
인터랙티브 시뮬레이션 활용	• 가상 환경에서 실제적인 문제 해결 경험을 제공하고, 필요에 따라 도움을 받을 수 있게 함
소셜 러닝 플랫폼 구축	• 학습자들이 지식과 경험을 공유하고 협력적으로 학습할 수 있는 온라인 공간 형성
문화적 맥락을 고려한 콘텐츠 개발	• 다양한 문화적 배경을 가진 학습자들을 위해 문화적으로 적절한 학습 자료를 제공
온라인 튜터링 시스템 구현	• AI 기반 튜터링 시스템을 통해 학습자에게 개별화된 지원과 피드백 제공
반성적 학습 도구 활용	• 학습 일지, 포트폴리오 등을 통해 학습자가 자신의 학습 과정을 성찰하고 내면화

3) 학습 과정 및 학습 환경

이러닝 콘텐츠 개발에서 학습 과정 및 학습 환경을 파악하는 것은 콘텐츠의 유형을 결정하고 학습자의 학습 경험을 향상한다. 이러닝 콘텐츠 개발의 세 번째 단계인 학습 과정 및 학습 환경은 이러닝 콘텐츠의 유형을 결정짓는 학습 과정 및 학습 환경에 대하여 교수학습 이론을 적용하고 설계한다.

① 무어의 상호작용 이론

- 무어(Moor)의 상호작용 이론은 원격교육 환경에서 발생하는 세 가지 유형의 상호작용을 정의하고, 상호작용이 학습 과정과 결과에 미치는 영향을 설명한다.
- 무어의 이론은 이러닝과 온라인 교육의 설계와 평가에 중요한 틀을 제공한다.
- 다음은 무어의 상호작용 이론의 핵심 개념과 이러닝 콘텐츠 개발 적용 전략이다.

표 2-4-20 무어의 상호작용 이론의 핵심 개념

핵심 개념	구성요소	설명
상호작용	학습자-내용	• 학습자가 학습 내용과 상호작용 • 인지 구조의 변화를 일으키는 핵심적인 상호작용 　예 텍스트 읽기, 비디오 시청, 온라인 실험 등
	학습자-교수자	• 학습자와 교수자 사이의 의사소통과 피드백 교환 • 학습 동기 유발, 내용 이해 촉진, 학습 적용 지원 　예 이메일 교환, 온라인 토론 참여, 화상 강의 등

표 2-4-21 무어의 상호작용 이론을 기반으로 한 이러닝 콘텐츠 개발 적용 전략

전략	설명
다양한 형태의 학습 자료 제공	• 텍스트, 비디오, 인터랙티브 시뮬레이션 등 다양한 형태의 콘텐츠를 제공하여 학습자-내용 상호작용 촉진
개인화된 학습 경로 설계	• 적응형 학습 시스템을 통해 학습자의 수준과 선호도에 맞는 맞춤형 학습 경로 제공
의사소통 도구 활용	• 이메일, 채팅, 화상 회의 등 다양한 실시간 및 비실시간 의사소통 도구를 제공하여 학습자-교수자 상호작용 강화
협력 학습 플랫폼 구축	• 온라인 그룹 프로젝트, 토론 포럼 등을 통해 학습자-학습자 상호작용 촉진
자기 주도 학습 지원 도구 제공	• 학습 계획 수립, 진도 관리, 자기 평가 도구 등을 제공하여 구조와 자율성 균형 맞춤
맞춤형 피드백 시스템 구현	• AI 기반 피드백 시스템을 통해 학습자의 활동에 대한 즉각적이고 개인화된 피드백 제공
소셜 러닝 기능 통합	• 학습 커뮤니티, 멘토링 시스템 등을 통해 비공식적 학습과 네트워킹 지원
다양한 평가 방법 활용	• 퀴즈, 프로젝트, 포트폴리오 등 다양한 평가 방법을 통해 학습자의 이해도와 적용 능력 평가
학습 분석 도구 활용	• 학습자의 참여도, 성과, 상호작용 패턴 등을 분석하여 교육 프로그램을 지속해서 개선
유연한 학습 일정 및 마감일 설정	• 학습자의 자율성을 존중하면서도 적절한 구조를 제공하는 균형 잡힌 일정 설계

② 브루너의 인지적 구성주의 및 발견학습 이론

- 브루너(Bruner)의 인지적 구성주의 및 발견학습 이론은 학습 과정의 본질과 효과적인 학습 환경 조성에 중점을 둔다.

- 학습자의 능동적인 지식 구성 과정, 학습 경험의 구조화, 그리고 사회문화적 맥락의 중요성을 강조하며, 구성주의적 학습 환경 설계에 중요한 기초를 제공한다.

- 다음은 브루너의 인지적 구성주의 및 발견학습 이론의 핵심 개념과 이러닝 콘텐츠 개발 적용 전략이다.

핵심 개념	구성요소	설명
학습 과정 특성	능동적 과정	• 학습자는 새로운 아이디어나 개념을 기존 지식을 바탕으로 능동적으로 구성
	구조화 과정	• 학습 내용을 체계적으로 구조화하여 제시
	순환적 과정	• 동일한 주제를 점진적으로 심화시켜 반복적으로 학습
효과적인 학습 환경 특징	탐구 중심 환경	• 학습자가 스스로 탐구하고 발견할 기회 제공
	사회문화적 맥락 고려	• 학습은 사회적 상호작용과 문화적 맥락 내에서 이루어짐
	스캐폴딩 제공	• 학습자의 현재 수준에서 잠재적 발달 수준으로 나아갈 수 있도록 지원
지식 표상의 세 가지 양식	• 행동적 표상, 영상적 표상, 상징적 표상	

표 2-4-23 브루너의 이론을 기반으로 한 이러닝 콘텐츠 개발 적용 전략

전략	설명
문제 중심 학습 모듈 개발	• 실제적인 문제를 중심으로 학습자가 능동적으로 탐구하고 해결책을 찾는 온라인 PBL 모듈 구현
적응형 학습 경로 설계	• 학습자의 이해도와 진행 상황에 따라 내용의 난이도와 깊이를 조절하는 나선형 교육과정 구현
멀티미디어 학습 자료 개발	• 행동적, 영상적, 상징적 표상을 모두 활용한 다양한 형태의 학습 자료를 제공하여 다중 표상을 지원
협력적 학습 플랫폼 구축	• 토론 포럼, 그룹 프로젝트 도구 등을 통해 학습자 간 상호작용과 협력적 지식 구성을 촉진
가상 실험실 및 시뮬레이션 환경	• 안전하고 통제된 환경에서 학습자가 자유롭게 탐구하고 실험할 수 있는 가상 환경 구현
인터랙티브 개념 맵 도구 활용	• 학습자가 지식의 구조를 시각화하고 조직화할 수 있는 인터랙티브 개념 맵 도구 제공
적응형 스캐폴딩 시스템 구현	• 학습자의 수준과 진행 상황에 따라 적절한 수준의 지원을 제공하고 점진적으로 줄여나가는 시스템 개발
반성적 학습 도구 통합	• 학습 일지, e-포트폴리오 등을 통해 학습자가 자신의 학습 과정을 성찰하고 메타인지 능력 개발
문화적 맥락을 고려한 콘텐츠 개발	• 다양한 문화적 배경을 가진 학습자들을 위해 문화적으로 적절하고 의미 있는 학습 자료와 활동 제공
게이미피케이션 도입	• 학습 과정에 게임적 요소를 도입, 학습자의 내재적 동기와 참여 촉진

③ 시먼스의 연결주의 학습 이론

- 시먼스(Siemens)의 연결주의 학습 이론은 디지털 시대의 새로운 학습 이론이다.
- 네트워크 사회에서의 학습 과정을 설명하며, 지식이 네트워크 내에 분산되어 있고 학습이 이러한 네트워크를 탐색하고 연결하는 과정이다.
- 연결주의는 기존의 행동주의, 인지주의, 구성주의 이론을 디지털 시대에 맞게 확장하고 재해석한다.
- 다음은 시먼스의 연결주의 학습 이론의 핵심 개념과 이러닝 콘텐츠 개발 적용 전략이다.

표 2-4-24 시먼스의 연결주의 학습 이론의 핵심 개념

핵심 개념	구성요소	설명
기본원리		• 학습과 지식은 다양한 의견의 다양성에 존재 • 학습은 전문화된 노드나 정보원을 연결하는 과정 • 학습은 비인간적 장치(예 디지털 기기)에 존재 가능 • 학습 능력은 현재 아는 것보다 더 중요함 • 연결을 유지하고 육성하는 것이 지속적인 학습을 위해 필요 • 분야, 아이디어, 개념 간의 연결을 보는 능력이 핵심 기술 • 최신성(정확하고 최신 지식)은 모든 연결주의 학습 활동의 의도임 • 의사결정 자체가 학습 과정임
네트워크 특성	노드	• 정보, 데이터, 감정 등이 저장된 지점
	연결	• 노드 간의 관계와 패턴
	분산인지	• 지식이 네트워크 전체에 분산됨
학습의 새로운 정의		• 학습은 모호성, 혼돈, 복잡성 속에서 패턴을 인식하는 과정 • 정보의 습득보다는 연결 형성과 유지가 중요 • 개인의 지식 구축보다 네트워크 형성에 초점
디지털 시대의 학습 특성	비선형적	• 예측 불가능하고 복잡한 경로로 학습이 이루어짐
	비공식적	• 공식적 교육 외의 다양한 경로를 통해 학습
	지속적	• 평생에 걸친 지속적인 학습 수행
	사회적	• 다른 학습자와의 상호작용을 통한 학습 수행

표 2-4-25 시먼스의 연결주의 학습 이론을 기반으로 한 이러닝 콘텐츠 개발 적용 전략

전략	설명
개방형 학습 환경 구축	• 다양한 정보원과 학습자들이 자유롭게 연결될 수 있는 개방적 온라인 플랫폼 제공

전략	설명
소셜 네트워킹 도구 통합	• 블로그, 위키, 소셜 미디어 등을 학습 환경에 통합하여 학습자 간 연결과 지식 공유 촉진
개인 학습 네트워크 구축 지원	• 학습자가 자신만의 학습 네트워크를 구축하고 관리할 수 있는 도구와 가이드 제공
적응형 콘텐츠 큐레이션	• AI 기반 알고리즘을 활용하여 학습자의 관심사와 학습 패턴에 맞는 콘텐츠 추천
협력적 지식 구축 도구 제공	• 위키, 공동 문서 작성 도구 등을 통해 학습자들이 집단 지성을 활용한 지식 구축 참여
다중 플랫폼 학습 환경 조성	• 모바일, 데스크톱, 웨어러블 기기 등 다양한 플랫폼에서 일관된 학습 경험 제공
실시간 정보 스트림 통합	• RSS 피드, 실시간 뉴스 등을 학습 환경에 통합하여 최신 정보에 대한 접근 용이
패턴 인식 및 시각화 도구 활용	• 데이터 시각화, 인포그래픽 등을 통해 복잡한 정보 간의 패턴과 연결을 인식할 수 있게 지원
학습 분석, 자기 성찰 도구 제공	• 학습자의 네트워크 활동과 학습 패턴을 분석하고 시각화하여 자기 주도적 학습 지원
크로스 플랫폼 학습 포트폴리오 구축	• 다양한 플랫폼에서의 학습 활동과 성과를 통합적으로 관리할 수 있는 디지털 포트폴리오 시스템 제공

4) 학습 동기 및 참여

이러닝 콘텐츠 개발에서 학습 과정 진행 중에 학습자의 학습 동기를 고취하고 참여를 유도하는 것은 학습자의 학습 경험을 향상한다. 이러닝 콘텐츠 개발의 네 번째 단계인 학습 동기 및 참여는 이러닝 콘텐츠를 더 매력적으로 제작하고, 학습자의 참여를 끌어낼 수 있는 교수학습 이론을 적용하고 설계한다.

① 켈러의 ARCS 이론

- 켈러(Keller)의 ARCS 동기 설계 모델은 주의 집중, 관련성, 자신감, 만족감으로 구성된 요소가 학습 동기를 유발하고 유지하는 데 핵심 역할을 수행하는 이론이다.
- ARCS는 주의 집중(Attention), 관련성(Relevance), 자신감(Confidence), 만족감(Satisfaction)의 머리글자를 따서 만든 약어이다.
- 켈러의 ARCS 이론은 학습자의 동기를 체계적으로 분석하고 설계하는 데 유용한 프레임워크를 제공한다.
- 다음은 켈러의 ARCS 이론의 핵심 개념과 이러닝 콘텐츠 개발 적용 전략이다.

표 2-4-26 켈러의 ARCS 이론의 핵심 개념

핵심 개념	설명
주의 집중 (Attention)	• 학습자의 호기심을 자극하고 흥미를 유발 • 지각적, 탐구적 주의 환기 및 다양성의 전략 수행
관련성 (Relevance)	• 학습 내용과 학습자의 개인적 목표, 경험, 관심사를 연결 • 목표 지향성, 동기 부합, 친밀성의 전략 수행
자신감 (Confidence)	• 학습자가 성공할 수 있다는 믿음을 갖게 하는 것 • 학습 요건 제시, 성공 기회 제공, 개인적 통제의 전략 수행
만족감 (Satisfaction)	• 학습 경험에 대한 긍정적 감정과 지속적 학습 의지를 갖게 함 • 내재적 강화, 외재적 보상, 공정성의 전략 수행
설계 프로세스	• 분석: 대상 학습자의 동기 상태와 특성 파악 • 설계: 동기 유발 전략 개발 및 선택 • 개발: 교수 자료와 활동에 동기 전략 통합 • 평가: 동기 효과 측정 및 개선점 도출

표 2-4-27 켈러의 ARCS 이론을 기반으로 한 이러닝 콘텐츠 개발 적용 전략

전략	설명
인터랙티브 멀티미디어 콘텐츠 개발	• 동영상, 애니메이션, 인포그래픽 등 다양한 형태의 미디어를 활용하여 주의 집중 유도
개인화된 학습 경로 설계	• 학습자의 관심사와 목표에 맞는 맞춤형 학습 내용과 활동을 제공하여 관련성 높임
점진적 난이도 조절 시스템 구현	• 학습자의 수준에 맞는 과제를 단계적으로 제공하여 자신감 향상
실시간 피드백 및 진행 상황 시각화	• 학습 활동에 대한 즉각적인 피드백과 진행 상황을 시각적으로 제시하여 만족감 증진
게이미피케이션 요소 도입	• 배지, 레벨, 리더보드 등의 게임적 요소를 활용하여 학습 동기를 지속 유지
시나리오 기반 학습 모듈 개발	• 실제적인 문제 상황을 제시하여 학습 내용의 관련성과 적용 가능성 강조
소셜 러닝 기능 통합	• 학습자 간 상호작용과 협력 기회를 제공하여 학습 커뮤니티 참여를 통한 만족감 높임
적응형 학습 시스템 구축	• 학습자의 성취도와 선호도에 따라 학습 자료와 활동을 동적 조정
마이크로 러닝 콘텐츠 제공	• 짧고 집중적인 학습 모듈을 제공하여 빠른 성취감과 만족감 경험
학습 분석, 자기 평가 도구 활용	• 학습자가 자신의 학습 과정과 성과를 모니터링하고 평가할 수 있는 도구를 제공하여 자신감과 만족감 증진

② 라이언과 데시의 자기 결정이론

- 라이언과 데시(Ryan & Deci)의 자기 결정이론은 인간의 행동을 이해하고 설명하는 데 있어 내재적 동기와 외재적 동기의 역할, 그리고 기본적인 심리적 욕구의 중요성을 강조하는 동기 부여 이론이다.
- 자기 결정이론은 교육, 의료, 스포츠, 조직 심리학 등 다양한 분야에 적용되며, 특히 학습 동기와 성과 향상에 중요한 통찰을 제공한다.
- 다음은 라이언과 데시의 자기 결정이론의 핵심 개념과 이러닝 콘텐츠 개발 적용 전략이다.

표 2-4-28 라이언과 데시의 자기 결정이론의 핵심 개념

핵심 개념	구성요소	설명
기본 심리 욕구	자율성	• 자신의 행동을 스스로 선택, 조절할 수 있다는 느낌 • 외부의 압력이나 통제 없이 자발적으로 행동하고자 하는 욕구
	유능성	• 자신의 능력을 효과적으로 발휘하고 성장할 수 있다는 느낌 • 도전적인 과제를 해결하고 숙달감을 경험하고자 하는 욕구
	관계성	• 타인과 의미 있는 관계를 맺고 소속감을 느끼는 것 • 사회적 연결과 지지를 경험하고자 하는 욕구
동기의 연속체	무동기	• 행동할 의도가 전혀 없는 상태
	외재적 동기	• 외적 조절: 보상이나 처벌에 의해 행동 • 주입된 조절: 죄책감이나 자존감 유지를 위해 행동 • 동일시 조절: 행동의 가치, 중요성을 인식하고 행동 • 통합된 조절: 행동이 자아 개념과 일치하여 행동
	내재적 동기	• 행동 자체에서 오는 즐거움, 만족감으로 인해 행동
자율성 지지		• 개인의 자율성을 존중하고 지원하는 사회적 환경 • 선택권 제공, 압력 최소화, 개인의 관점 인정 등

표 2-4-29 라이언과 데시의 자기 결정이론을 기반으로 한 이러닝 콘텐츠 개발 적용 전략

전략	설명
맞춤형 학습 경로 제공	• 학습자가 자신의 관심사와 목표에 따라 학습 내용과 순서를 선택할 수 있게 하여 자율성 지원
점진적 난이도 조절 시스템 구현	• 학습자의 능력 수준에 맞는 과제를 제공하고 점진적으로 난도를 높여 유능성 욕구 충족
협력 학습 플랫폼 구축	• 온라인 토론, 그룹 프로젝트 등을 통해 학습자 간 상호작용과 관계 형성 촉진

전략	설명
자기 성찰 도구 통합	• 학습 일지, 포트폴리오 등을 통해 학습자가 자신의 학습 과정과 성과를 성찰할 수 있게 하여 자율성과 유능성 강화
의미 있는 피드백 시스템 개발	• 구체적이고 건설적인 피드백을 제공하여 학습자의 성장과 유능성 인식 지원
목표 설정 및 진행 상황 시각화 도구	• 학습자가 자신의 목표를 설정하고 진행 상황을 모니터링할 수 있게 하여 자율성과 유능성 증진
게이미피케이션 요소의 선택적 활용	• 배지, 레벨 등의 게임적 요소를 학습자가 선택적으로 활용할 수 있게 하여 자율성을 존중하면서 동기 부여
다양한 학습 자료 형식 제공	• 텍스트, 비디오, 오디오 등 다양한 형식의 학습 자료를 제공하여 학습자의 선호에 따른 선택 가능
사회적 학습 네트워크 구축	• 멘토링, 학습 커뮤니티 등을 통해 학습자들이 서로 지원하고 관계를 형성할 수 있는 환경 조성
적응형 학습 분석 및 추천 시스템	• 학습자의 행동과 선호도를 분석하여 개인화된 학습 경험을 제공하고, 학습자는 이를 조절

③ 버지의 원격교육 교수자 역할 모델

- 버지(Berge)의 원격교육 교수자 역할 모델은 온라인 학습 환경에서 효과적인 교수를 위해 교수자가 수행해야 할 네 가지 주요 역할을 정의한다.
- 원격교육 교수자 역할 모델은 원격교육과 이러닝 분야에서 교수자의 역할을 이해하고 개발하는 데 중요한 프레임워크를 제공한다.
- 다음은 버지의 원격교육 교수자 역할 모델의 핵심 개념과 이러닝 콘텐츠 개발 적용 전략이다.

표 2-4-30 버지의 원격교육 교수자 역할 모델의 핵심 개념

핵심 개념	구성요소	설명
교수자의 주요 역할	교육적 역할	• 학습 과정을 촉진하고 지적 자극 제공
	사회적 역할	• 학습자 간 상호작용을 촉진, 우호적 학습 환경 조성
	관리적 역할	• 학습 과정과 환경을 조직하고 관리
	기술적 역할	• 학습자가 기술적 도구를 활용할 수 있도록 지원
역할 간 상호작용	• 네 가지 역할은 상호 보완적이며 상황에 따라 유동적으로 적용됨 • 효과적인 온라인 교수를 위해서는 네 역할의 균형 있는 수행 필요	
맥락적 고려사항	• 학습자 특성, 과목 내용, 기술적 환경 등에 따라 각 역할의 중요도가 달라질 수 있음 • 교수자의 역량, 경험에 따라 역할 수행의 효과성이 달라질 수 있음	

전략	설명
다양한 온라인 교수 전략 활용	• 동영상 강의, 인터랙티브 퀴즈, 토론 포럼 등 다양한 교수 방법을 통합하여 교육적 역할 강화
온라인 학습 커뮤니티 플랫폼 구축	• 학습자 간 상호작용과 협력을 촉진할 수 있는 소셜 러닝 플랫폼을 제공하여 사회적 역할 지원
학습 관리 도구 통합	• 학습 진도 추적, 과제 제출, 평가 관리 등을 위한 종합적인 학습 관리 시스템을 구축하여 관리적 역할의 효율화
기술 지원 센터 운영	• 실시간 채팅 지원, FAQ, 튜토리얼 비디오 등을 제공하여 학습자의 기술적 문제 해결 지원
적응형 학습 경로 설계	• 학습자의 수준과 진도에 따라 맞춤형 학습 내용과 활동을 제공하여 교육적 역할의 효과성 향상
실시간 피드백 시스템 구현	• AI 기반 자동 피드백과 교수자의 개별 피드백을 결합하여 즉각적이고 의미 있는 피드백 제공
협력적 프로젝트 도구 제공	• 온라인 협업 도구를 통해 그룹 프로젝트와 팀 활동을 지원하여 사회적 학습 촉진
학습 분석 대시보드 활용	• 학습자의 참여도, 성과, 상호작용 패턴 등을 시각화하여 교수자의 의사결정 지원
교수자 역량 개발 프로그램 운영	• 온라인 교수법, 최신 교육 기술 활용 등에 대한 지속적인 교육과 지원을 제공하여 교수자의 역량 향상

5) 학습 및 효과성 평가

이러닝 콘텐츠 개발에서 학습 및 효과성 평가는 이러닝 학습자가 해당 학습 과정의 평가를 수행함으로써 해당 과정이 얼마나 효과가 있는지 평가하고, 이를 토대로 학습 평가 기준을 수립한다. 이러닝 콘텐츠 개발의 다섯 번째 단계인 학습 및 효과성 평가는 이러닝 콘텐츠를 통해 학습자가 수행한 평가 결과 정보를 피드백으로 수집하고 분석하여 차후 학습 과정에서 수행할 평가 기준을 개선한다.

① 커크패트릭의 4단계 교육 평가 모형

- 커크패트릭(Kirkpatrick)의 4단계 교육 평가 모형은 교육 및 훈련 프로그램의 효과성을 네 가지 수준에서 평가하며, 기업 교육, 고등 교육, 이러닝 등 다양한 교육 환경에서 널리 사용되고 있다.
- 교육 평가 모형은 각 단계는 이전 단계를 기반으로 하며, 상위 단계로 갈수록 더 가치 있는 정보를 제공하지만, 평가가 더 복잡해진다.
- 다음은 커크패트릭의 교육 평가 모형의 핵심 개념과 이러닝 콘텐츠 개발 적용 전략이다.

표 2-4-32 커크패트릭의 교육 평가의 모형 핵심 개념

핵심 개념	구성요소	설명
평가 모형	[1단계] 반응 단계 (Reaction)	• 학습자의 교육 프로그램에 대한 즉각적인 반응과 만족도 평가 • 평가 방법: 설문 조사, 피드백 폼, 인터뷰
	[2단계] 학습 단계 (Learning)	• 교육을 통해 습득한 지식, 기술, 태도의 변화 평가 • 평가 방법: 사전–사후 테스트, 퀴즈, 시뮬레이션, 실습 평가
	[3단계] 행동 단계 (Behavior)	• 학습한 내용을 실제 업무나 생활에 적용하는 정도 평가 • 평가 방법: 관찰, 성과 평가, 360도 피드백, 인터뷰
	[4단계] 결과 단계 (Results)	• 교육 프로그램이 조직이나 사회에 미친 최종적인 영향 평가 • 평가 방법: 비용–편익 분석, ROI 분석 등
모형 특징	단계적 접근	• 각 단계가 이전 단계를 기반으로 함
	난도 증가	• 상위 단계로 갈수록 평가가 더 복잡하고 비용이 많이 듦
	포괄성	• 교육의 단기적, 장기적 효과를 모두 고려
	유연성	• 다양한 교육 환경과 목적에 맞게 적용 가능
모형 한계	인과관계 입증의 어려움	• 상위 단계의 결과가 반드시 교육의 효과라고 단정하기 어려움
	시간과 비용	• 특히 3, 4단계 평가에 많은 자원이 필요
	맥락의 중요성	• 조직 문화, 환경 등 외부 요인 영향 고려 필요

표 2-4-33 커크패트릭의 교육 평가 모형을 기반으로 한 이러닝 콘텐츠 개발 적용 전략

전략	설명
통합적 평가 시스템 구축	• 4단계 평가를 체계적으로 수행할 수 있는 온라인 평가 플랫폼 개발
실시간 반응 수집 도구 활용	• 학습 과정 중 실시간으로 학습자의 반응을 수집하고 분석할 수 있는 도구 통합
적응형 학습 평가 구현	• 학습자의 지식수준과 진행 상황에 따라 동적으로 조정되는 평가 시스템 개발
가상 시뮬레이션 평가 도구 제공	• 실제 업무 환경을 모방한 가상 시뮬레이션을 통해 행동 변화 평가
장기 추적 시스템 구축	• 교육 후 일정 기간 학습자의 행동 변화와 성과를 추적하는 시스템 구현
데이터 분석 및 시각화 도구 활용	• 빅데이터 분석과 시각화 기술을 활용하여 교육의 장기적 효과를 측정, 보고
소셜 러닝 플랫폼과의 통합	• 동료(Peer) 평가, 협력 프로젝트 등을 통해 학습자 간 상호작용과 행동 변화를 평가
마이크로 학습 및 평가 도구 개발	• 짧고 빈번한 학습 모듈과 연계된 즉각적인 평가 도구를 제공

전략	설명
AI 기반 성과 예측 모델 구축	• 학습 데이터를 기반으로 미래의 행동 변화와 조직 성과를 예측하는 AI 모델 개발
맞춤형 보고서 생성 시스템	• 다양한 이해관계자(학습자, 관리자, 경영진 등)에게 적합한 맞춤형 평가 보고서를 자동 생성

② 스크리븐의 목표성취 평가

- 스크리븐(Scriven)의 목표성취 평가 모델은 사전에 설정된 목표에 얽매이지 않고 프로그램의 실제 효과를 포괄적으로 평가하는 방식을 제안하는 교육 평가 접근법이다.
- 이 접근법은 교육 프로그램의 의도치 않은 결과와 부수적 효과를 포착하는 데 특히 유용하며, 교육 평가의 객관성과 포괄성을 높이는 데 이바지한다.
- 다음은 스크리븐의 목표성취 평가 모델의 핵심 개념과 이러닝 콘텐츠 개발 적용 전략이다.

표 2-4-34 스크리븐의 목표성취 평가 모델의 핵심 개념

핵심 개념	구성요소	설명
기본원리	목표 독립성	• 프로그램의 명시적 목표를 알지 않은 상태에서 평가 수행
	효과 중심	• 실제 발생한 의도되거나 의도되지 않은 모든 효과에 초점
	소비자 중심	• 프로그램 참여자와 이해관계자의 수요에 중점
	비교 평가	• 유사한 프로그램들과의 비교를 통한 상대적 가치 평가
주요 특징	편견 감소	• 목표에 대한 선입견 없이 실제 효과를 객관적으로 관찰
	부수적 효과 포착	• 의도하지 않은 긍정적/부정적 결과 식별 가능
	포괄적 평가	• 프로그램의 모든 측면과 영향을 고려
	혁신 촉진	• 예상치 못한 긍정적 효과를 발견하여 프로그램 개선에 활용
평가 절차	평가자 선정	• 프로그램 목표를 모르는 외부 평가자 선정
	수요 분석	• 프로그램 참여자와 이해관계자의 수요 파악
	데이터 수집	• 다양한 방법을 통해 프로그램의 모든 효과에 대한 데이터 수집
	효과 분석	• 수집된 데이터를 바탕으로 프로그램의 실제 효과 분석
	가치 판단	• 분석 결과를 바탕으로 프로그램의 전반적인 가치 평가
	보고 및 제안	• 평가 결과 보고 및 개선 제안
장점	• 객관성 확보, 의도치 않은 효과 발견, 혁신적 프로그램 개발 촉진	
단점	• 평가자의 높은 전문성 요구, 목표 달성 여부 직접 평가 어려움	

표 2-4-35 스크리븐의 목표성취 평가 모델을 기반으로 한 이러닝 콘텐츠 개발 적용 전략

전략	설명
다각적 데이터 수집 시스템 구축	•학습 활동, 성과, 상호작용 등 다양한 측면의 데이터를 자동으로 수집하는 시스템 개발
AI 기반 패턴 분석 도구 활용	•수집된 데이터에서 예상치 못한 패턴과 효과를 발견하기 위해 AI 기반 분석 도구 활용
개방형 피드백 시스템 구현	•학습자들이 자유롭게 의견과 경험을 공유할 수 있는 개방형 피드백 플랫폼 제공
실시간 학습 경험 추적 도구 개발	•학습자의 실시간 반응, 감정, 참여도를 추적하고 분석하는 도구 통합
다중 이해관계자 평가 시스템 구축	•학습자, 교수자, 관리자 등 다양한 이해관계자의 관점을 반영할 수 있는 평가 시스템 개발
장기 추적 조사 플랫폼 구현	•교육 프로그램 종료 후 장기적인 효과를 추적하고 분석할 수 있는 플랫폼 구축
비교 분석 도구 제공	•유사한 교육 프로그램들과의 자동화된 비교 분석을 수행할 수 있는 도구 개발
맥락 인식 평가 시스템 구현	•학습자의 배경, 환경, 학습 맥락을 고려한 맥락 인식 평가 시스템 개발
시각화 대시보드 제공	•복잡한 평가 데이터를 이해하기 쉽게 시각화하여 제시하는 대시보드 구현
통합형 프로그램 개선 시스템 구축	•평가 결과를 바탕으로 자동으로 프로그램 개선 제안을 생성하는 시스템 개발

– 앞에서 설명한 이러닝 콘텐츠 개발 적용과 관련된 교수설계 이론을 요약하면 다음과 같다.

표 2-4-36 이러닝 콘텐츠 개발을 위한 교수설계 이론

그룹	교수설계 이론	이러닝 적용 목적 또는 대상
1. 학습 내용 구조화 및 설계	오수벨(Ausubel)의 유의미 학습 이론	• 내용 구조화
	블룸(Bloom)의 교육 목표 분류학	• 학습 목표 설정
	메이거(Mager)와 타일러(Tyler)의 교육 목표 진술	• 명확한 학습 방향 제시
	가네(Gagné)의 수업사태 이론	• 체계적인 수업 설계
	메릴(Merrill)의 구성요소 전시 이론	• 다양한 예제와 상황 고려
	데일(Dale)의 경험의 원추	• 다양한 매체 활용 고려
	스웰러(Sweller)의 인지 부하 이론	• 효과적인 학습 설계

그룹	교수설계 이론	이러닝 적용 목적 또는 대상
2. 학습자 특성 및 경험	콜브(Kolb)의 경험학습 이론과 학습 스타일 모델	• 학습자 중심 학습 경험 제공
	비고츠키(Vygotsky)의 인지발달 이론 및 근접 발달영역	• 학습 수준 맞춤 학습 콘텐츠 개발
3. 학습 과정 및 학습 환경	무어(Moore)의 상호작용 이론	• 온라인 학습 환경
	브루너(Bruner) 발견학습 이론	• 실제적인 학습 경험 제공
	시먼스(Siemens)의 연결주의 학습 이론	• 디지털 시대의 학습 네트워크 고려
4. 학습 동기 및 참여	켈러(Keller)의 ARCS 모델	• 학습 동기 유발과 유지
	라이언과 데시(Ryan & Deci)의 자기 결정이론	• 학습자 자율성 및 참여 향상
	버지(Berge)의 원격교육 교수자 역할 모델	• 온라인 및 원격 학습 환경
5. 평가 및 효과성	커크패트릭(Kirkpatrick)의 4단계 교육 평가 모형	• 교육 효과성 평가
	스크리븐(Scriven)의 목표성취 평가	• 학습 평가 기준 수립

2 /// 이러닝 콘텐츠 관련 교수설계 모형

1) ADDIE 모형

① ADDIE 모형은 체계적인 교수설계의 기본 프레임워크로, 교육 프로그램 개발의 전 과정을 포괄하는 5단계로 구성된다.

② 이 모형은 교육 설계의 핵심 요소를 논리적이고 순차적으로 배열하여, 효과적인 학습 경험을 창출하는 것을 목표로 하며, 주요 특징은 다음과 같다.

표 2-4-37 ADDIE 모형의 주요 특징

특징	설명
체계성	• 각 단계가 유기적으로 연결되어 전체적인 교육 설계 과정을 체계적으로 구조화
유연성	• 각 단계는 독립적이면서도 상호 연관되어 있어, 필요에 따라 단계 간 순환과 반복 가능
보편성	• 다양한 교육 상황과 학습 내용에 적용할 수 있는 범용적인 모델
평가 중심	• 단계마다 형성 평가를 시행하여 지속적인 개선이 가능하며, 최종적으로 총괄평가를 통해 전체 과정 검토
목표 지향성	• 학습 목표 달성을 위해 모든 단계가 유기적으로 작동하도록 설계

③ ADDIE라는 명칭은 각 단계의 영문 첫 글자를 조합한 것으로, 분석(Analysis), 설계(Design), 개발(Development), 실행(Implementation), 평가(Evaluation)를 의미하며 각 단계에서 수행할 사항은 다음과 같다.

표 2-4-38 ADDIE 모형의 수행 절차

절차	설명
분석(Analysis)	• 학습자 특성, 학습 내용, 학습 환경 등을 종합적으로 분석 • 교육 요구사항을 명확히 파악하고, 학습 목표 설정의 기초를 마련하는 것이 중요
설계(Design)	• 분석 결과를 바탕으로 구체적인 학습 목표를 설정하고, 교수 전략과 평가 방법을 결정 • 전체적인 교육과정의 구조를 설계하는 것이 핵심
개발 (Development)	• 설계 단계에서 계획한 내용을 바탕으로 실제 교육 자료와 도구 제작 • 다양한 멀티미디어 요소를 활용하여 효과적인 학습 콘텐츠를 개발하는 능력 요구
실행 (Implementation)	• 개발된 교육 프로그램을 실제 학습 환경에 적용 • 학습자들에게 필요한 지원 제공, 학습 진행 상황 모니터링
평가 (Evaluation)	• 교육 프로그램의 효과성을 평가하고 개선점 도출 • 형성평가와 총괄평가를 구분하여 실시 • 평가 결과를 전체 과정의 개선에 활용하는 능력 필요

④ ADDIE 모형은 이러닝 콘텐츠 개발뿐만 아니라 다양한 교육 설계 상황에서 폭넓게 활용되고 있으므로, 교수 설계자가 반드시 숙지해야 할 핵심 모형이다.

⑤ 이러닝 콘텐츠 개발 절차를 ADDIE 모형을 기반으로 진행할 경우, 다음과 같이 콘텐츠 개발을 수행할 수 있다.

그림 2-4-3 ADDIE 모형을 적용한 이러닝 콘텐츠 개발 절차

⑥ ADDIE 모형을 적용한 이러닝 콘텐츠 개발 절차의 상세 설명은 다음과 같다.

㉠ 콘텐츠 개발 계획 수립 및 분석(Analysis): 이러닝을 통해서 해결하고자 하는 학습목적을 달성하는 데 필요한 학습 콘텐츠를 체계적으로 계획하는 단계이다.

표 2-4-39 **콘텐츠 개발 계획 수립 및 분석 단계에서 수행하는 활동**

활동명	설명
요구분석	• 거시적 관점에서 경영환경 및 교육 대상 조직의 동향, 조직의 경영상의 교육 요구 등에 대해 분석
학습자 분석	• 학습자의 일반적인 특성 학습 스타일, 학습에 대한 선호도, 선수학습 내용 이해 수준 등 조사
학습 환경 분석	• 학습자가 활용할 수 있는 컴퓨터 하드웨어, 소프트웨어, 네트워크 및 기타 인터넷 환경, 학습공간, 학습 가능 시간 등 조사
학습 내용 분석	• 개발 목적에 따른 학습 주제 선정, 각 주제 관련한 학습 영역 분류
프로젝트 목표 설정	• 상위 4개 분석 결과를 종합한 구체적 학습 목표 설정

ⓒ 콘텐츠 설계(Design): 전 단계에서 도출된 개발 목표를 달성하기 위한 설계 수행 및 구체화 작업을 진행하는 단계이다.

표 2-4-40 **콘텐츠 설계 단계에서 수행하는 활동**

활동명	설명
설계 개요서 작성	• 콘텐츠의 설계 전략 및 개발 전략 문서화
내용 설계	• 학습 목표에 맞추어 교육 내용을 선정 • 전체적으로 교육 내용의 구조를 작성
교수학습전략 설계	• 교수자와 학습자가 실제 수업을 위해 수행할 구체적인 교육 활동 설계
학습흐름도 작성	• 학습 시작부터 마무리까지 학습 흐름 구성도 작성
원고작성 가이드 설계	• 내용 전문가가 과정 기획 방향 및 의도에 맞게 효과적으로 원고를 작성할 수 있도록 가이드라인 제시
스토리보드 설계	• 화면 구성, 화면 단위의 내용 제시 분량과 위치, 메뉴의 내용과 제시 위치, 진행 방법 등과 같은 상세 내용을 화면 단위로 설계

ⓒ 콘텐츠 개발(Development): 전 단계에서 설계된 스토리보드를 기반으로 실제 산출물인 이러닝 학습 콘텐츠를 생성하는 단계이다.

표 2-4-41 **콘텐츠 개발 단계에서 수행하는 활동**

활동명	설명
설계안 검토	• 설계 개요서, 학습흐름도, 스토리보드 등에 대해 재검토
프로토타입 개발	• 설계 과정에서 산출된 설계서를 바탕으로 실제 개발될 학습 콘텐츠의 1차시 분량의 프로토타입 개발
개발 일정 계획 검토	• 개발한 콘텐츠의 유형별로 개발 일정 구체화
개발 수행	• 필요한 콘텐츠 개발
파일럿 테스트	• 테스트를 통하여 진행 과정과 결과물에 대한 평가 수행

㉣ 검수 및 포팅(Implementation): 개발된 콘텐츠를 이러닝 시스템에 등록(포팅)하여 실제 운영되는 학습 환경에서 검수를 진행하는 단계이다.

표 2-4-42 검수 및 포팅 단계에서 수행하는 활동

활동명	설명
검수	• 이러닝 학습 시스템에 등록하기 전 콘텐츠 오류가 없는지 확인
포팅	• 개발된 이러닝 콘텐츠에 오류가 없을 때, 오류가 수정된 최종 결과물에 실행 파일 및 필요 스크립트 작성 • 작성된 최종 결과물을 학습 관리 시스템(LMS) 또는 학습 콘텐츠 관리 시스템(LCMS)에 등록

㉤ 평가(Evaluation): 이러닝 학습 시스템에 등록된 콘텐츠에 대해 전반적으로 평가를 진행하여 운영을 위해 오류가 없는지 확인하는 단계이다.

표 2-4-43 평가 단계에서 수행하는 활동

활동명	설명
평가 계획 작성	• 개발 목표 및 학습 목표를 기반으로 평가 항목 및 내용 작성
평가 진행	• 평가 계획에 따른 평가를 진행 • 콘텐츠 수정이 필요할 경우 수정 작업 진행
사용성 테스트 실시	• 학습자가 실제 학습하는 상황에서 내용 적합성, 메뉴 및 기능의 사용 편리성, 난이도 적합성에 대해 평가
평가 결과 처리	• 평가 실시 후 결과 처리 및 보고

2) ASSURE 교수 매체 모형

① 현대 교육 현장에서는 과거와는 다르게 다양한 교수 매체의 등장과 활용이 증가하면서, 이를 효과적으로 선택하고 활용할 수 있는 체계적인 모형의 필요성이 대두되었다.

② 기술 발전과 멀티미디어 교육의 확산을 통해 다양한 교육 매체의 활용이 가능해지면서, 이를 효과적으로 통합할 수 있는 설계 모형이 요구되었다.

③ ASSURE라는 명칭은 각 단계의 영문 첫 글자를 조합한 것으로, 학습자 분석(Analyze learners), 목표 진술(State objectives), 교수 방법, 교수 매체, 자료의 선정(Select method, media & materials), 매체와 자료의 활용(Utilize media & materials), 학습자 참여 요구(Require learners participation), 평가와 수정(Evaluate & revise materials)을 의미하여, 다음과 같은 특징을 가지고 있다.

표 2-4-44 ASSURE 교수 매체 모형의 주요 특징

특징	설명
학습자 중심성	• 모형의 첫 단계가 학습자 분석으로 시작되어, 학습자의 특성과 요구를 교육 설계의 핵심에 두고 있음 • 개별화된 학습 경험을 제공하는 데 중점을 둠
매체 활용 강조	• 교수 방법, 매체, 자료의 선정과 활용에 특별한 비중을 두어, 다양한 교육 기술과 매체의 효과적인 통합을 촉진
실용성	• 교실 수준의 교수설계에 적합하도록 개발되어, 개별 교사나 소규모 교육 환경에서도 쉽게 적용할 수 있는 실용적인 모형
체계성	• 6단계의 논리적 순서를 따라 교육을 설계하도록 안내하여, 체계적인 접근 가능
참여 유도 강조	• 학습자의 적극적인 참여를 독려하는 단계를 포함하여, 능동적 학습 촉진
평가와 개선의 순환	• 마지막 단계에서 평가와 수정을 강조하여, 지속적인 품질 개선 가능
목표 지향성	• 명확한 학습 목표 설정을 강조하여, 모든 교육 활동이 목표 달성을 향해 정렬
상호작용 촉진	• 학습자와 교수자, 학습자와 학습 내용, 학습자 간의 다양한 상호작용을 고려한 설계 강조

④ ASSURE 모형의 수행 절차는 다음과 같이 6단계로 구성되며, 교수설계 시 각 단계의 목적과 주요 활동을 이해하고 적용할 수 있어야 한다.

표 2-4-45 ASSURE 모형의 수행 절차

절차	설명
학습자 분석	• 학습자의 일반적 특성, 사전 지식수준, 학습 스타일 등 분석 • 학습자에 대한 정확한 이해가 교육 효과성 제고의 기반임을 인식해야 함
목표 진술	• 구체적이고 측정 가능한 학습 목표를 설정 • SMART 원칙(구체성, 측정 가능성, 달성 가능성, 관련성, 시간제한)에 따른 목표 설정 방법 숙지
교수 방법, 매체, 자료 선정	• 학습 목표 달성에 적합한 교수 방법, 매체, 학습 자료를 선택 • 다양한 교수 방법과 매체의 특징을 이해하고, 상황에 맞게 선택할 수 있는 능력 요구
매체와 자료 활용	• 선정된 매체와 자료를 효과적으로 활용할 수 있도록 준비, 실행 • 기술적 문제에 대비하고, 학습 환경을 최적화하는 방법 숙지
학습자 참여 유도	• 다양한 활동을 통해 학습자의 적극적인 참여를 촉진 • 상호작용 전략과 참여 유도 기법을 이해하고 적용
평가와 수정	• 학습 효과를 평가하고, 그 결과를 바탕으로 교육과정을 개선 • 다양한 평가 방법과 개선 전략을 숙지하고, 지속적인 품질 향상을 위한 방법 이해

3) Bates의 ACTIONS 모형

① 원격교육 운영 활성화를 위해서 Bates의 ACTIONS 모형을 적용하며, ACTIONS 모형은 교육 기술을 선택할 때, 단순한 기술적 측면이 아닌 교육적, 경제적, 조직적 요소를 종합적으로 고려하는 실용적인 모델이다.

② 학습자 접근성, 비용, 교수학습 효과성, 상호작용, 조직적 지원, 참신성, 신속성 등 7가지 요소를 평가하여 최적의 기술을 선택하도록 돕는다.

③ ACTIONS는 Access(접근, 수신, 접속), Cost(비용), Teaching&learning(교수&학습), Interactivity&user-friendliness(상호작용과 학습자 친화), Organization issue(조직 문제), Novelty(참신성), Speed(신속성)의 약어로써 원격교육의 매체 선정 기준이다. 이러한 기준의 충족은 시스템의 신뢰성 확보와 밀접하며, 신뢰성 확보는 곧 시스템 활성화와 직결되는 요소이기도 하다.

④ ACTIONS 모델의 기준은 교육 기술을 평가하는 중요한 요소로 작용하며, 다음과 같은 특징을 가진다.

표 2-4-46 7가지 핵심 평가 기준(ACTIONS)

요소	설명
A (Access, 접근성)	• 학습자가 기술에 쉽게 접근할 수 있는가? • 기술적 장벽은 없는가?
C (Cost, 비용)	• 해당 기술의 도입 및 유지 비용은 적절한가? • 교육 기관의 예산과 맞는가?
T (Teaching and Learning, 교수 및 학습 효과성)	• 기술이 학습 목표 달성에 효과적인가? • 교수법과 잘 맞는가?
I (Interactivity and User-friendliness, 상호작용성과 사용자 친화성)	• 학습자와 교수자 간 상호작용을 촉진하는가? • 사용이 쉬운가?
O (Organizational Issues, 조직적 문제)	• 기술 도입 및 운영이 원활한가? • 기술 지원이 충분한가?
N (Novelty, 참신성)	• 기존의 방법보다 새로운 학습 경험을 제공하는가? • 혁신적 요소가 있는가?
S (Speed, 신속성)	• 콘텐츠 개발과 전달이 빠르게 이루어지는가? • 변화에 적응하기 쉬운가?

4) 블렌디드 러닝

① 블렌디드 러닝(Blended Learning)은 전통적인 대면 수업을 대표하는 오프라인 학습과 비대면 수업을 대표하는 온라인 학습의 장점을 효과적으로 결합하여 유연하고 효과적인 교육 환경을 제공하는 방식이다.

② 블렌디드 러닝은 현대 교육 환경에서 그 중요성이 점차 증대되고 있으며, 이러닝 콘텐츠 개발자가 숙지해야 할 교육 방법론으로, 다음과 같은 특징을 가지고 있다.

표 2-4-47 블렌디드 러닝의 주요 특징

특징	설명
학습 환경 통합	• 온라인과 오프라인 학습 환경을 유기적으로 결합하여, 각 환경의 장점 최대화
유연성	• 학습자의 필요와 상황에 따라 학습 시간, 장소, 속도를 조절할 수 있는 유연한 학습 경험 제공
개인화	• 학습자의 특성과 학습 스타일에 맞춘 개별화된 학습 경로 설계
상호작용 강화	• 온라인상의 다양한 도구와 오프라인 대면 활동을 통해 학습자-교수자, 학습자-학습자 간 상호작용 촉진
자원 활용 최적화	• 온라인과 오프라인의 다양한 학습 자원을 효과적으로 활용하여 학습 효과 극대화
학습 지속성	• 온라인 학습을 통해 지속적인 학습 참여와 복습 가능
비용 효율성	• 오프라인 교육의 비용을 줄이면서도 교육의 질 유지

③ 블렌디드 러닝의 수행 절차는 학습 환경과 목적에 따라 상이하지만, 일반적으로 다음과 같은 단계로 진행한다.

표 2-4-48 블렌디드 러닝의 수행 절차

수행 절차	설명
학습 목표 설정	• 학습자가 성취해야 할 명확한 목표를 설정 • 오프라인 수업과 온라인 수업에서 다룰 내용을 구분 • 각 방식이 어떻게 목표를 달성하는 데 이바지할지 계획
학습 설계 및 계획	• 오프라인 수업과 온라인 학습의 조합 방법에 대한 설계 진행 • 학습 활동의 순서, 시간 배분, 평가 방법 등 계획 • 오프라인 수업에서는 토론, 실습, 질문을 중심으로 학습 진행 • 온라인에서는 콘텐츠 전달, 자기 주도 학습, 과제 수행 등 담당
콘텐츠 제작 및 준비	• 오프라인 수업에서 사용할 수업 자료 및 교구 마련 • 온라인 학습에 필요한 동영상 강의, 보조교재 등 자료 준비

수행 절차	설명
학습 플랫폼 및 기술 준비	• 학습 관리 시스템(LMS)이나 온라인 학습 플랫폼 선택 • 학습자가 사용할 기술 도구 및 네트워크 환경 점검 • 학습자가 플랫폼을 쉽게 이용하도록 안내 자료, 사전 교육 제공
수업 실행	• 학습 계획에 맞춰 블렌디드 러닝 수업을 시작 • 오프라인 수업과 온라인 학습이 연계되도록 진행 • 학습자는 온라인에서 자율적으로 학습, 오프라인 수업에서 이를 확장하거나 보완하는 방식으로 학습
피드백 및 상호작용	• 오프라인 수업에서는 실시간 피드백을 제공 • 온라인 학습에서는 학습 관리 시스템을 통해 즉각적인 피드백이나 교 · 강사와 상호작용 수행 • 토론 게시판, 온라인 퀴즈 등을 통해 학습 성과 확인 • 부족한 학습 성과 부분은 개선할 수 있도록 지원
학습 평가	• 학습자들이 목표를 얼마나 성취했는지 평가 • 평가는 과제, 시험, 퀴즈, 프로젝트 등 다양한 방식으로 진행 • 온라인과 오프라인 환경에서 각각의 평가 방식 활용
결과 분석 및 피드백	• 학습자들의 성과를 분석하여 무엇이 잘 이루어졌는지, 개선이 필요한 부분은 무엇인지 피드백을 줌 • 학습자가 성취도를 확인 후 필요한 경우 보충 학습 진행
수정 및 개선	• 첫 과정 실행 후, 수업의 효과성을 분석하고 개선할 부분 반영 • 블렌디드 러닝은 지속해서 피드백을 받아 학습 경험을 향상하는 것이 중요함

④ 블렌디드 러닝은 현대 교육 환경에서 점차 보편화되고 있는 방식으로, 이러닝 콘텐츠 개발자는 블렌디드 러닝의 특성과 설계 원리를 정확히 이해하고 적용할 수 있어야 한다.

⑤ 블렌디드 러닝의 특성과 설계 원리를 기초로 하여 온라인 및 오프라인 학습 과정을 설계할 때 고려해야 할 사항은 다음과 같다.

표 2-4-49 블렌디드 러닝 설계 시 고려사항

고려사항	설명
학습 비율 결정	• 학습 목표와 내용에 따른 온라인-오프라인 학습 비율 결정
유기적 연계 방안 수립	• 온라인과 오프라인 학습 활동의 유기적 연계 방안 수립 필요
학습 환경 / 특성 반영	• 각 학습 환경의 특성을 고려한 적절한 교수-학습 전략 수립
적절한 도구 선택 및 활용	• 학습 관리 시스템(LMS) 등 적절한 기술 도구의 선택과 활용
학습 평가 방법 설계	• 온라인과 오프라인 환경에서의 학습 평가 방법 설계

⑥ 효과적인 블렌디드 러닝 설계는 학습자가 온라인 및 오프라인 학습 방법을 주도적으로 선택함으로써 학습자의 참여를 증진하고, 학습 효과를 극대화하는 데 이바지할 수 있다.

5) 플립 러닝

① 플립 러닝(Flipped Learning)은 온라인으로 기본 개념을 학습하고 오프라인에서 심화 토론과 문제 해결 활동을 진행하는 학습 방식이며, 특징은 다음과 같다.

표 2-4-50 플립 러닝의 특징

특징	설명
교육 방식 전환	• 전통적인 교육 방식을 완전히 뒤집는 학습 방식
사전 학습	• 교수자의 강의를 동영상 또는 읽기 자료로 제작하여 학습자들이 수업 전에 가정에서 학습하도록 안내
협력 학습활동 수행	• 강의실 수업에서는 사전에 학습한 내용을 바탕으로 다른 학습자들과 협력적인 환경에서 학습활동 수행 • 학습자는 강의실에서 토의 및 토론, 문제 풀이, 실험 실습, 프로젝트 수행 등의 학습활동에 주로 참여

② 플립 러닝은 블렌디드 러닝과 유사한 점은 있으나, 플립 러닝은 수업 전에 온라인 방식의 이론 학습이 요구되며 토론, 협력 학습과 같은 오프라인 학습활동을 필수적으로 결합하는 것이 두 교수법의 차이점이다.

③ 플립 러닝은 온라인과 오프라인 학습을 같이 진행하므로 오프라인 학습으로 진행하는 전통적 수업 방식과 차이점이 존재한다.

표 2-4-51 플립 러닝과 전통적 수업의 차이점

구분	플립 러닝	전통적 수업 방식
수업 전	개별적 강의 수강	과제 수행, 예습
수업 중	다양한 학습활동	강의 수강
수업 후	학습 점검, 성찰	과제 수행, 복습
수업 방식	선수학습 후 문제 풀이, 심화, 응용	강의 중심, 지식 전달
주안점	학습의 체화	정보 지식 습득
학습자 태도	능동적	수동적
교수자 역할	학습 조력자, 코치, 멘토	지식 전달자
핵심 요소	학습자의 책임감, 시간 관리	교수의 강의력
수업 분위기	자율적, 적극적	통제적, 수동적

④ 플립 러닝 기반의 이러닝 학습 시스템 운영 시 교육의 효과성 향상을 위해 이러닝 운영 방식과 오프라인 집합 교육의 연계 운영이 적합한 교육 분야를 선정한 다음 학습 시스템을 운영하고 확대할 필요가 있다.

적중 예상문제

01 다음은 이러닝 콘텐츠를 개발하는 데 필요한 자원의 목록이다. 해당 자원이 인적 자원인 경우 O, 인적 자원이 아닌 경우 X를 표시하시오.

순번	자원	O / X
①	콘텐츠 개발자	
②	사용자 경험	
③	내용 전문가	
④	프로그래밍 언어	

정답

① : O　　② : X　　③ : O　　④ : X

ⓔ 해설

- 사용자 경험(User eXperience)은 기술적 자원이다.
- 내용 전문가는 인적 자원이다.

02 다음 지문을 읽고, 이것이 뜻하는 교수학습 방식의 명칭을 적으시오.

> 이 교수학습 방식은 전통적인 수업 방식을 뒤집어, 학습자가 먼저 온라인을 통해 개념을 학습한 후, 교실에서 심화 토론과 문제 해결 활동을 진행하는 형태로 이루어진다. 이는 학습자가 수업 전 자기 주도적으로 학습하고, 수업 중에는 적극적으로 참여하며 협력적인 활동을 통해 학습을 심화할 수 있도록 설계된 방식이다. 교수자는 단순한 지식 전달자가 아니라 학습 촉진자로서의 역할을 수행하며, 학습자 중심의 환경을 조성하는 것이 특징이다.

정답

Flipped Learning(플립 러닝 또는 플립드 러닝)

---

03 다음 보기에서 설명하고 있는 내용을 용어로 작성하시오.

> 이러닝 콘텐츠를 개발하는 과정 중 마지막 단계인 최종 점검 및 검수가 완료된 것으로, 이러닝 학습 시스템에 등록하여 학습자에게 제공할 수 있는 수준으로 완성된 콘텐츠이다.

정답

개발 최종 산출물

---

04 다음 빈칸에 들어갈 내용으로 옳은 것을 보기에서 고르시오.

> 시뮬레이션형, 사례제시형, 개인교수형, 토론학습형, 반복학습형, 교육용 게임형

콘텐츠 유형	서비스 대상
(㉠)	• 학습에 대해 흥미를 느끼기 어려운 초등학생 또는 중학생 • 기초 수준 학습자 또는 주의 집중이 어려운 학습자
(㉡)	• 특정 주제, 과목에 대해 집중적으로 학습이 필요한 학습자 • 독립적으로 개별 학습을 원하는 학습자
(㉢)	• 실습과 경험이 중요한 고등교육 및 전문교육 학습자
(㉣)	• 사회적 상호작용과 협동 학습을 원하는 학습자 • 의사소통 및 비판적 사고 능력을 키우고자 하는 학습자
(㉤)	• 실제 사례를 통해 전문지식 또는 업무 역량을 향상하고자 하는 학습자
(㉥)	• 학습한 내용의 숙달을 원하는 학습자 • 학습 진도에 따라 학습 속도를 조절하기를 원하는 학습자

| ㉠ : 교육용 게임형 | ㉡ : 개인교수형 | ㉢ : 시뮬레이션형 |
| ㉣ : 토론학습형 | ㉤ : 사례제시형 | ㉥ : 반복학습형 |

05 다음 보기에서 설명하고 있는 프로젝트 위험 관리 방법을 작성하시오.

> • 위험의 원인을 제거하여 발생 가능성을 없앤다.
> • 모든 위험을 제거할 수 없다.

회피(Avoid/Avoidance)

해설

위험 관리 방안	설명
활용	• 불확실성을 줄여 기회가 반드시 일어나도록 함
공유	• 기회 실현에 가장 효과적인 제3자와 이익 공유
강화	• 기회 발생 확률이나 영향력을 높이는 것
회피	• 위험의 원인을 제거하여 발생 가능성을 없앰 • 모든 위험을 제거할 수 없으나, 회피할 수 있음
전가	• 위험의 영향력과 대응책임을 제3자에게 이전
완화	• 위험 발생 가능성과 영향력을 허용 수준 이내로 낮춤
수용	• 위험을 그대로 두거나 받아들임
에스컬레이션	• 위험을 보고할 사람을 결정하고 개인 혹은 관련 부서에 상세 정보 전달

06 다음은 ADDIE 모형을 통해 이러닝 콘텐츠를 개발하는 절차이다. ㉠~㉤에 들어갈 내용으로 적절한 활동을 작성하시오.

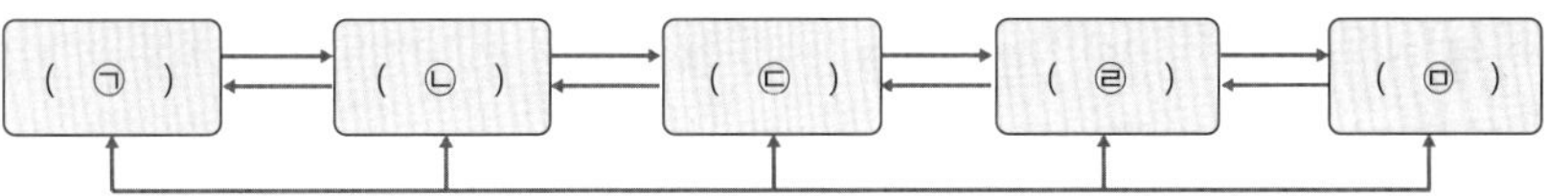

㉠ :

㉡ :

㉢ :

㉣ :

㉤ :

정답

㉠ : 분석(Analysis) ㉡ : 설계(Design) ㉢ : 개발(Development)

㉣ : 실행(Implementation) ㉤ : 평가(Evaluation)

07 다음 보기에서 설명하고 있는 이러닝 콘텐츠 인력을 작성하시오.

- 콘텐츠 디자이너, 프로그래머로 구분한다.
- 콘텐츠 디자이너는 내용 전문가가 작성한 원고에 디자인 요소를 결합하여 콘텐츠의 심미성과 가독성을 향상한다.
- 콘텐츠 프로그래머는 내용 전문가가 작성한 원고에 상호작용 요소와 애니메이션 적용, 형성 평가 구현 등의 작업을 수행한다.

정답

콘텐츠 개발자

e 해설

인력	역할
콘텐츠 개발자	• 콘텐츠 디자이너, 프로그래머로 구분 • 콘텐츠 디자이너는 내용 전문가가 작성한 원고에 디자인 요소를 결합하여 콘텐츠의 심미성, 가독성 향상 • 콘텐츠 프로그래머는 내용 전문가가 작성한 원고에 상호작용 요소 및 애니메이션 적용, 형성 평가 구현 등의 작업 수행
영상 제작자	• 스토리보드를 기반으로 이러닝 콘텐츠의 제작, 촬영, 편집 등의 작업 수행 • 이러닝 콘텐츠의 품질 개선을 위해 작업의 보강 가능

08 다음은 시뮬레이션형 이러닝 콘텐츠를 제작하는 데 필요한 투입 자원의 목록이다. 아래의 자원 목록을 참고하여 작성하시오.

> 시뮬레이션 내용 전문가, 3D 모델링 소프트웨어, 시뮬레이션 시나리오, 3D VR 개발자, 3D 그래픽 디자이너, 3D 모델

자원	투입 자원 종류
인적 자원	(㉠), (㉡), (㉢)
기술적 자원	(㉣)
콘텐츠 자원	(㉤), (㉥)

정답

㉠ : 시뮬레이션 내용 전문가 ㉡ : 3D VR 개발자 ㉢ : 3D 그래픽 디자이너
㉣ : 3D 모델링 소프트웨어 ㉤ : 시뮬레이션 시나리오 ㉥ : 3D 모델

해설

자원	투입 자원 종류
인적 자원	• 시뮬레이션 내용 전문가, 콘텐츠 전문가, 3D VR 개발자, 3D 그래픽 디자이너
기술적 자원	• 시뮬레이션 소프트웨어, 3D 모델링 소프트웨어
콘텐츠 자원	• 시뮬레이션 시나리오, 3D 모델, 애니메이션 및 상호작용 요소

09 버지의 원격교육 교수자 역할 모델에서 교수자의 주요 역할 4가지를 작성하시오.

정답

교육적 역할, 사회적 역할, 관리적 역할, 기술적 역할

 **해설**

구성요소	설명
교육적 역할	• 학습 과정을 촉진하고 지적 자극 제공
사회적 역할	• 학습자 간 상호작용을 촉진, 우호적 학습 환경 조성
관리적 역할	• 학습 과정과 환경을 조직하고 관리
기술적 역할	• 학습자가 기술적 도구를 활용할 수 있도록 지원

10 다음은 켈러(Keller)의 ARCS 동기 설계 모델의 네 가지 주요 요소에 대한 설명과 전략이다. 각 설명에 해당하는 요소의 명칭을 빈칸에 쓰시오.

> a. (　　　): 학습 경험에 대한 긍정적인 감정과 지속적인 학습 의지를 갖게 하는 것이다.
>
> 　전략: 내재적 강화 제공, 적절한 피드백과 인정 제공이다.
>
> b. (　　　): 학습자의 호기심을 자극하고 흥미를 유발하는 것이다.
>
> 　전략: 시청각 자료 활용, 예상치 못한 이벤트 제공이다.
>
> c. (　　　): 학습자가 성공할 수 있다는 믿음을 갖게 하는 것이다.
>
> 　전략: 명확한 목표와 평가 기준 제공, 다양한 난이도의 과제 제공이다.
>
> d. (　　　): 학습 내용과 학습자의 개인적 목표, 경험, 관심사를 연결하는 것이다.
>
> 　전략: 학습 목표의 유용성 제시, 구체적인 예시 활용이다.

정답

a. 만족감(Satisfaction)
b. 주의 집중(Attention)
c. 자신감(Confidence)
d. 관련성(Relevance)

해설

켈러의 ARCS 동기 설계 모델은 학습 동기를 유발하고 유지하는 데 중요한 네 가지 요소를 제시한다. 주의 집중(Attention)은 학습자의 관심을 끌고 유지하는 것으로, 다양한 교수 방법과 자료를 활용하여 달성할 수 있다. 관련성(Relevance)은 학습 내용이 학습자의 삶과 어떻게 연관되는지를 보여주는 것이다. 자신감(Confidence)은 학습자가 과제를 성공적으로 완수할 수 있다는 믿음을 갖게 하는 것으로, 적절한 난이도의 과제 제공이 중요하다. 만족감(Satisfaction)은 학습 결과에 대한 긍정적인 피드백과 보상을 통해 형성된다. 이 네 요소를 균형 있게 고려하여 교육을 설계하면 학습자의 동기를 효과적으로 유발하고 유지할 수 있다. 각 요소는 서로 연관되어 있으며, 학습 과정 전반에 걸쳐 지속해서 고려되어야 한다.

11 다음은 커크패트릭(Kirkpatrick)의 4단계 교육 평가 모형의 각 단계에 대한 설명이다. 왼쪽의 설명
과 오른쪽의 평가 단계를 올바르게 연결하시오.

〈설명〉	〈평가 단계〉
(가) 교육 프로그램이 조직이나 사회에 미친 최종적인 영향을 평가하는 것이다.	① 반응(Reaction)
(나) 학습한 내용을 실제 업무나 생활에 적용하는 정도를 평가하는 것이다.	② 학습(Learning)
(다) 학습자의 교육 프로그램에 대한 즉각적인 반응과 만족도를 평가하는 것이다.	③ 행동(Behavior)
(라) 교육을 통해 습득한 지식, 기술, 태도의 변화를 평가하는 것이다.	④ 결과(Results)

정답

(가) · ④ 결과(Results)
(나) · ③ 행동(Behavior)
(다) · ① 반응(Reaction)
(라) · ② 학습(Learning)

해설

커크패트릭의 4단계 교육 평가 모형은 교육 프로그램의 효과성을 체계적으로 평가하기 위한 프레임워크로, 다음과 같은 4단계로 구성된다. 반응(Reaction) 단계에서는 학습자들의 교육 프로그램에 대한 즉각적인 반응과 만족도를 평가하며, 주로 교육 내용, 강사, 학습 환경 등에 대한 학습자의 의견을 수집한다. 학습(Learning) 단계에서는 교육을 통해 학습자들이 실제로 지식, 기술, 태도를 습득했는지를 평가하며, 주로 테스트, 퀴즈, 과제 등을 통해 학습 성과를 측정한다. 행동(Behavior) 단계에서는 학습자들이 교육에서 배운 내용을 실제 업무나 일상생활에 얼마나 적용하는지를 평가하며, 주로 관찰, 인터뷰, 성과 평가 등을 통해 행동 변화를 측정한다. 결과(Results) 단계에서는 교육 프로그램이 조직이나 사회에 미친 최종적인 영향을 평가하며, 생산성 향상, 비용 절감, 품질 개선 등과 같은 조직의 핵심 성과 지표를 통해 교육의 영향을 측정한다.

학습 시스템의 특성 분석

E-learning Service Manager

이러닝 학습 시스템은 LMS(Learning Management System)라고 불리며, 이러닝 학습자의 학습 과정을 관리하고 지원하는 데 중점을 둔 시스템이다. 이러닝 학습을 원활하게 지원하기 위해서는 학습 시스템의 특성을 분석하는 것이 중요하다.

Chapter 01 학습 시스템의 이해

1 ||| 학습 시스템의 필요성

1) 학습 시스템의 개요

① 이러닝을 위한 학습 시스템은 LMS(Learning Management System)라고 불리며, 이러닝 학습자의 학습 과정을 관리하고 지원하는 데 중점을 둔 시스템이다.

② 이러닝 학습 콘텐츠를 중점적으로 관리하기 위한 시스템은 LCMS(Learning Contents Management System)라고 하며, 학습 콘텐츠를 제작하고 관리하는 데 중점을 둔 시스템이다.

그림 3-1-1 LMS와 LCMS의 관계

2) 학습 시스템의 필요성

이러닝 학습자를 위한 LMS는 학습자의 학습 주기에서 발생할 수 있는 어려움과 문제점을 최소화하고, 체계적인 학습 방법과 방향을 제시할 수 있다는 점에서 필요하다. 또한, 이러닝 운영자 및 콘텐츠 관리자를 위한 LCMS는 이러닝 콘텐츠의 품질을 향상하고 콘텐츠의 제작, 생성 및 관리 효율성을 극대화하는 데 필요하다.

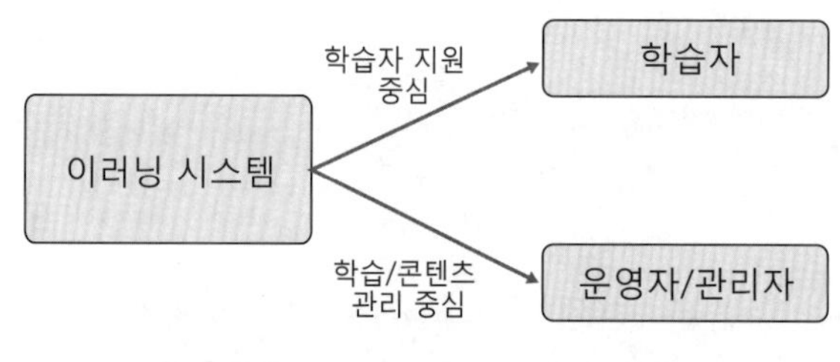

그림 3-1-2 이러닝 학습 시스템의 필요성

① 학습 관리 시스템(LMS)의 필요성

이러닝 학습 관리 시스템인 LMS는 학습자 지원 중심의 시스템이며, 학습자의 체계적인
관리를 위해서 필요하다.

표 3-1-1 학습 관리 시스템(LMS)의 필요성

필요성	설명
체계적 학습 과정 관리	• 학습자들이 접근할 수 있는 모든 교육과정을 한 곳에서 관리하고 제공하는 역할 수행 • 구조화된 교육과정을 제공하여 체계적이고 일관된 시스템 운영 업무 수행
학습자 진행 상황 추적	• 학습자 자신이 학습 과정의 진행 상황을 쉽게 추적 가능 • 필요시 추가 학습이 필요한 부분 파악 가능
학습자의 상호작용	• 학습자의 이러닝 콘텐츠 학습과 다양한 문제 해결 등을 위해 다른 학습자, 교수자 등과 협업 또는 협동을 통해 상호작용 촉진
평가, 피드백 제공	• 학습자들에게 정기적인 평가를 제공하고, 즉각적인 피드백을 통해 학습 성과를 개선
맞춤형 학습	• 학습자의 학습 스타일을 인공지능 또는 빅데이터 분석 등의 기술을 통해 분석하고 도출된 결과를 활용하여 학습자 개인별 최적화된 학습 방법과 경로를 제공 • 학습자의 요구에 따라 학습 과정을 온디맨드(On-demand) 형태로 구성하여 맞춤형 학습 커리큘럼 제공 가능
접근성 향상	• 학습자가 원하는 시간과 장소에서 접속해서 학습을 진행함으로써 학습 시스템 접근성 향상

② 학습 콘텐츠 관리 시스템(LCMS)의 필요성

이러닝 학습 콘텐츠 관리 시스템인 LCMS는 학습 콘텐츠 관리 중심의 시스템이며, 이러닝
콘텐츠의 체계적인 관리를 위해서 필요하다.

표 3-1-2 학습 콘텐츠 관리 시스템(LCMS)의 필요성

필요성	설명
콘텐츠 제작 효율성 향상	• LCMS의 콘텐츠 저장소에서 다양한 콘텐츠 재사용 가능 • 콘텐츠 재사용을 통하여 이러닝 콘텐츠의 제작 효율성 향상
콘텐츠 재사용 및 표준화	• 콘텐츠를 재사용하기 위해서 일련의 표준화 작업을 통하여 콘텐츠 재사용성을 향상 • 선별된 콘텐츠만을 재사용하므로 제작하는 이러닝 학습 콘텐츠 품질 또한 기대할 수 있음

필요성	설명
대규모, 대용량 관리	• 기관, 기업의 경우 대규모, 대용량의 콘텐츠 관리 필요 • 대규모, 대용량 콘텐츠를 체계적으로 분류하고 저장 • 데이터 필요시 신속하게 접근할 수 있음
협업, 버전 관리	• 대규모 이러닝 콘텐츠 개발 프로젝트의 특징은 다수의 콘텐츠 개발자가 참여하고, 개발 단계에 따른 형상 관리가 중요함 • 다수의 인원이 참여하는 만큼 협업과 커뮤니케이션이 중요함
검색 효율성 향상	• LCMS에 이러닝 콘텐츠를 포함하여 자원 등록 시 해당 콘텐츠와 자원을 표현하는 데이터인 메타데이터를 등록 • 메타데이터는 자원들을 표현하기 위한 데이터로, 자원 검색 시 대용량의 데이터를 검색하는 것이 아닌 저용량의 메타데이터를 검색하여 검색 효율성 향상

3) 학습 시스템의 차이점

이러닝 학습 시스템으로 구분할 수 있는 LMS와 LCMS는 관리 대상에 따라 다음과 같은 차이점이 있다.

표 3-1-3 LMS와 LCMS의 차이점

구분	LMS	LCMS
관리 대상	이러닝 학습 관리	이러닝 콘텐츠 관리
관리 수준	조직 수준	문서 수준
주요 관심사	관리자, 학습 방법론, 학사 계획, 의사소통 등	이러닝 콘텐츠, 유지보수, 호환성, 발행 등
주요 사용자	학습 관리자, 강사, 행정관리자	교수설계자, 콘텐츠 설계자, 프로젝트 관리자
학습자 간 협업	주요 관심 사항	부차적 관심 사항
학습자 정보 관리	가능	가능
타 시스템과 학습정보 공유	가능	불가능
일정 관리	가능	불가능
역량 매핑, 기술 차이 분석	가능	불가능
콘텐츠 재사용	불가능	가능
평가문항 생성 및 관리	가능	가능

구분	LMS	LCMS
콘텐츠 개발 프로세스 관리 도구 제공	불가능	가능
학습자 인터페이스로 콘텐츠 제공	불가능	가능

2 /// 학습 시스템의 구조

1) 학습 시스템의 기능 구조

① 이러닝 학습 시스템의 기능 구조는 학습에 필요한 기능을 시스템에 구현한 것으로, 요구사항 분석과 시스템 설계 단계를 거쳐 구현이 완료된 기능이다.

② LMS의 기능은 크게 사용자, 학습 시스템, 백 오피스로 구분할 수 있으며, 백 오피스(Back-office)는 서비스를 제공하는 데 필요한 기능을 포함하는 프로그램이다.

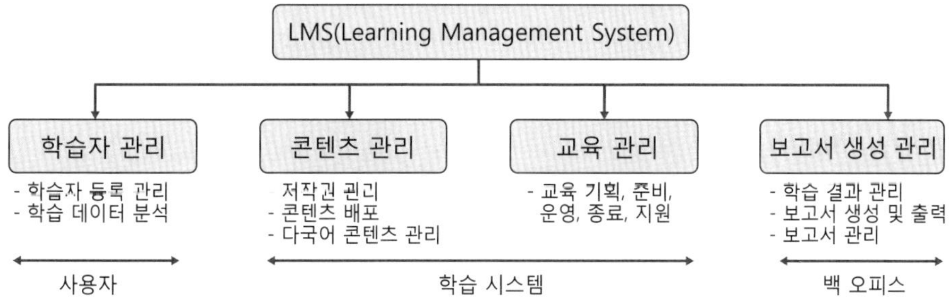

그림 3-1-3 이러닝 학습 시스템의 기능 구조 관계

표 3-1-4 이러닝 학습 시스템의 기능요소

기능요소	설명
학습자 등록 관리	• 학습자의 계정 생성, 수정, 탈퇴 등을 관리하는 기능
학습 데이터 분석	• 학습자의 학습 이력 데이터를 기반으로 하여 분석하는 기능
저작권 관리	• 콘텐츠에 대한 저작권 정보 및 사용에 관한 규정 관리 • 크리에이티브 커먼즈 라이선스(CCL) 등 사용으로 저작권 관리
콘텐츠 배포	• 학습 과정의 콘텐츠 배정, 접근 제어, 접근 기간 등을 설정하여 콘텐츠에 대한 접근을 제어하는 기능

기능요소	설명
다국어 콘텐츠 관리	• 콘텐츠의 내용을 i18n(국제화), l10n(현지화) 적용하여 한 콘텐츠의 개발을 통해 외국인 학습자까지 포용할 수 있는 기능 ＊ i18n은 internationalization의 약자 ＊ l10n은 localization의 약자
교육 기획	• 이러닝 학습 과정의 정보, 콘텐츠, 설문, 평가 등의 학습 프로세스를 기획하는 기능
교육 운영	• 이러닝 학습자의 학습 진도율과 커뮤니케이션 등의 업무를 수행하는 기능
교육 지원	• 교육과정에서 학습자의 문의를 효과적으로 해결하는 기능 • 공지사항, 질의응답, 자주 묻는 질문 등
학습 결과 관리	• 학습자의 학습 결과를 관리하는 기능 • 학습 이력, 출석, 과정 평가 등의 결과 관리
보고서 생성/출력	• 학습자의 학습 결과를 정형화된 양식을 통해 보고서 생성 또는 출력
보고서 관리	• 생성된 보고서를 출력했을 경우, 파일철에 일정 기간 보관하여 봉인 • 전자파일 형태로 출력한 경우, 보고서가 유출 또는 유실되지 않도록 각별한 관리 필요

2) 학습 시스템의 구조

학습 시스템은 시스템이 동작하는 데 필요한 요구사항에 대해 구현한 결과물로, 다양한 기술이 연계되어 시스템을 구성한다.

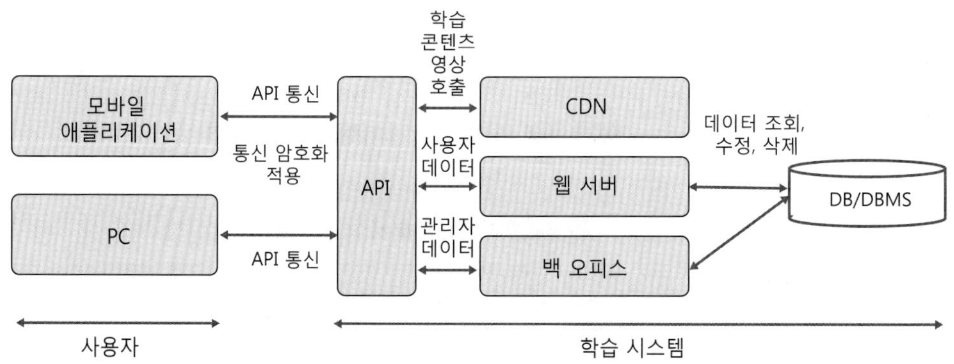

그림3-1-4 이러닝 학습 시스템의 구조 예시

구성요소	설명
모바일 애플리케이션	• 안드로이드, iOS 등 모바일 환경에서 이러닝 학습 시스템에 접속하여 학습을 진행하기 위한 애플리케이션
PC	• 웹 브라우저 프로그램을 이용하여 이러닝 학습 시스템에 접속하고, HTML5, Javascript, CSS 등을 통해 웹 화면 구성
API	• Application Programming Interfaces의 약자로, 이러닝 시스템과 통신하기 위한 인터페이스
통신 암호화	• 모바일 애플리케이션, PC와 이러닝 학습 시스템 API 간 송수신되는 데이터에 대하여 노출되지 않도록 안전한 암호화를 적용하여 통신 수행
CDN	• Contents Delivery Network의 약자로, 학습자에게 가장 가까운 서버로 이러닝 학습 콘텐츠를 복사하여 저장하는 서버 • 학습자와 서버의 물리적인 거리가 가까울수록 콘텐츠 전송 비용 감소
웹 서버	• 웹 브라우저 프로그램을 통해 학습 시스템 접속 시 시스템과 관련된 파일을 제공하는 서버 프로그램 • 서버 장애 발생 시 이러닝 학습 시스템에 접근이 불가능하므로 주기적인 모니터링 필요
백 오피스	• 이러닝 학습 시스템을 원활하게 운영하기 위한 부가 기능을 제공하는 프로그램
DB/DBMS	• DB는 데이터베이스의 약자로, 학습자 정보, 학습 이력, 시스템 접근 정보 등을 저장하는 프로그램 • DBMS는 데이터베이스 관리 시스템으로, 구축된 데이터베이스에 대하여 다수의 사용자가 효과적으로 접근하게 해주는 프로그램

3) 학습 시스템의 데이터 구조

① 학습 시스템의 데이터 구조는 다양한 데이터에 대하여 저장과 관리를 쉽게 하기 위한 구조이다.

② 학습 시스템의 데이터 구조는 데이터가 저장되는 틀인 개체(Entity)와 이들 간의 관계(Relationship)를 설정하는 개체-관계 다이어그램(ERD; Entity-Relationship Diagram)을 통해 데이터 구조를 설계한다.

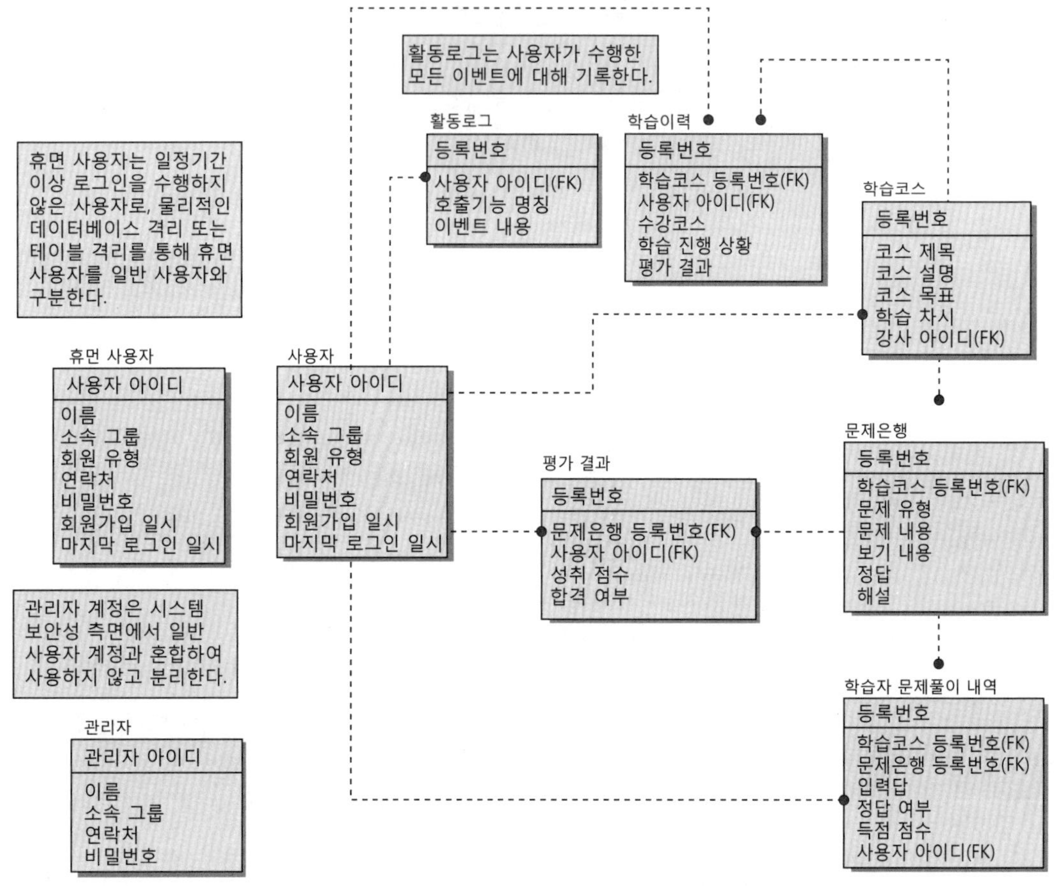

그림 3-1-5 이러닝 학습 시스템의 논리적인 데이터 구조 예시

③ 이러닝 학습 시스템의 데이터 구조의 예시를 통해 구성요소를 도출하며, 시스템 구축 시 기능 요구사항에 따라 데이터 구조의 설계 결과가 달라질 수 있다.

표 3-1-6 이러닝 학습 시스템 데이터 구조의 구성요소

구성요소	설명
사용자	• 이러닝 학습 시스템을 이용하는 학습자 데이터
휴면 사용자	• 장기간 학습 시스템에 접속하지 않아 별도로 격리되는 사용자 데이터
관리자	• 이러닝 학습 시스템의 백 오피스에 접속하기 위한 데이터 • 사용자와 별도로 구분하여 시스템 해킹 영향 최소화
활동 로그	• 이러닝 학습 사용자가 수행한 모든 이벤트 로그를 저장
학습 이력	• 학습자가 수행한 학습 이력에 대한 데이터
학습코스	• 이러닝 학습 시스템에서 학습자에게 제공하기 위한 학습 과정

구성요소	설명
문제은행	• 학습코스별로 학습자의 학습 이해도에 대한 평가를 수행하기 위해 등록하는 문제 데이터
학습자 문제 풀이 내역	• 문제은행에 등록된 문제에 대하여 학습자가 풀은 데이터
평가 결과	• 학습자의 문제 풀이 내역을 기반으로 학습코스에 대한 평가 결과를 표시하는 데이터

4) 학습 시스템의 콘텐츠 구조

① 학습 시스템의 콘텐츠 구조는 학습 콘텐츠를 조직하고 제공하기 위하여 설계되는 구조이다.

② 콘텐츠 구조는 학습자가 쉽게 콘텐츠에 접근하고 사용할 수 있게 설계되며, 외부 시스템에서 API 호출을 통해 콘텐츠를 제공할 수 있도록 체계적으로 설계한다.

③ 아래의 예시는 이러닝 학습 시스템의 학습 과정에 대한 API를 호출했을 때 JSON 포맷으로 반환되는 콘텐츠 구조 예시이다.

```json
{
  "course": {
    "course_id": "COURSE001",
    "title": "데이터 사이언스 입문",
    "description": "데이터 사이언스의 기본을 다루는 포괄적인 강좌입니다.",
    "instructor": "홍길동",
    "modules": [
      {
        "module_id": "MODULE001",
        "title": "모듈 1: 데이터 사이언스 소개",
        "description": "데이터 사이언스의 개요, 중요성, 응용 분야 설명",
        "lessons": [
          {
            "lesson_id": "LESSON001",
            "title": "레슨 1.1: 데이터 사이언스란?",
            "content_type": "video",
```

```
            "duration": "15m",
            "resources": [
                {
                    "resource_id": "RESOURCE001",
                    "type": "video",
                    "title": "비디오: 데이터 사이언스 소개",
                    "url": "https://example.com/videos/intro-to-ds"
                }
            ]
        }
      ]
    }
  ]
}
```

④ JSON(JavaScript Object Notation) 포맷은 인간이 읽기 쉽고, 기계가 해석하고 생성하기 쉬운 데이터 포맷이며, 경량화된 데이터 교환 형식으로 구조가 간단하다.

표 3-1-7 이러닝 학습 시스템 콘텐츠 구조의 구성요소

구성요소	설명
학습코스	• 학습코스에 필요한 요소들을 포괄하는 객체
코스 아이디	• 학습코스를 식별하는 아이디
제목	• 학습코스의 제목
설명	• 학습코스를 설명하는 간단한 문장
교수자명	• 학습코스에 대해 강의를 진행하는 교수자 이름
학습 모듈	• 학습 모듈 식별 아이디, 제목, 설명, 강의 목록에 대한 정보를 포함하는 객체

⑤ 위에서 나열된 학습 시스템의 구조들을 기반으로 학습 시스템의 기술 요소를 도출할 수 있다.

1) 학습 시스템의 기술 요소

① 학습 시스템의 기술 요소는 학습 시스템의 구조를 도출한 다음, 해당 시스템 구조에 적합한 기술을 사용한다.

② 학습 시스템을 침해하여 학습자의 개인정보와 중요 정보를 유출하려는 외부 공격자에 대해서 대비할 수 있는 적절한 보안 기술의 사용과 대응체계를 마련해야 한다.

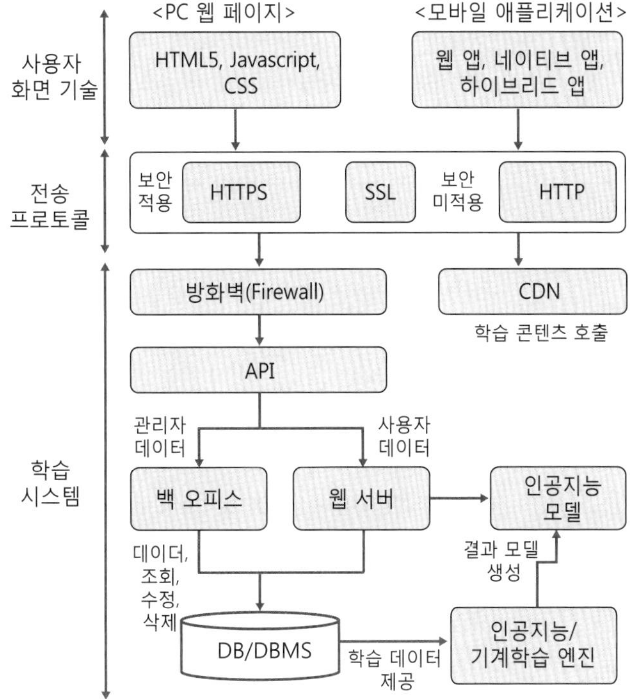

그림 3-1-6 이러닝 학습 시스템의 기술 구성요소 예시

표 3-1-8 이러닝 학습 시스템의 기술 요소

기술 요소	설명
웹 앱	• 모바일 웹 페이지를 모바일 애플리케이션에서 단순 구동할 수 있도록 제작한 애플리케이션 • 스마트폰 하드웨어 기능에 대한 접근이 제한적임
하이브리드 앱	• 모바일 웹 페이지에서 스마트폰의 하드웨어 기능을 동시에 사용할 수 있도록 제작한 애플리케이션

기술 요소	설명
네이티브 앱	• 특정 모바일 운영체제에 맞게 개발한 모바일 애플리케이션 • Java, Kotlin, Swift, Objective-C 등의 프로그래밍 언어 사용
HTML5	• 웹 페이지의 구조를 정의하는 마크업 언어 • HTML의 최신 버전으로, 문서의 콘텐츠를 요소로 구성하고, 웹 사이트의 기본 골격 형성
Javascript	• 웹 페이지에 동적인 기능과 상호작용을 추가하는 스크립트 언어
CSS	• CSS는 웹 페이지의 스타일을 지정하는 스타일 시트 언어 • HTML에 디자인을 적용하여 색상, 폰트, 레이아웃 등 정의
HTTP/HTTPS	• Hyper Text Transfer Protocol의 약자 • HTTP: HTML 페이지를 전송하는 프로토콜 • HTTPS: HTTP 프로토콜에 SSL을 적용하여 보안성을 강화한 프로토콜로, 데이터 전송 시 제3자가 내용을 확인할 수 없음
SSL	• Secure Sockets Layer의 약자로, 인터넷에서 데이터를 안전하게 전송하기 위해 사용하는 프로토콜
방화벽	• 외부로부터 불법 침입과 내부의 불법 정보 유출을 방지하고, 내/외부 네트워크의 상호 간 영향을 차단하기 위한 솔루션
CDN	• 대용량의 콘텐츠를 인터넷 사용자 근처에 미리 옮겨 놓고, 사용자들에게 신속하게 배달하는 서비스
API	• 학습 시스템에서 제공하는 기능을 URL 주소 형태로 제공 • 모바일 애플리케이션, PC 웹 사이트에서 URL 주소 호출로 데이터 요청 수행
웹 서버	• Apache, Nginx, Apache Tomcat 등 이러닝 학습 시스템을 구동하고 학습자에게 서비스하기 위한 서버
DB/DBMS	• MySQL, Oracle 등의 데이터베이스 관리 소프트웨어를 이용하여 이러닝 학습 시스템에 필요한 데이터베이스 관리 수행
인공지능/ 기계학습 엔진	• 학습자의 개인별 맞춤 서비스를 제공하기 위하여 데이터베이스로부터 학습 데이터를 받아 인공지능, 기계학습 모델 구축
인공지능 모델	• 구축된 인공지능 및 기계학습 모델을 활용하여 이러닝 학습자에게 맞춤형 개인화 서비스 제공

2) 학습 시스템의 데이터 기술 요소

① 학습 시스템의 데이터 기술 요소는 학습 시스템에서 발생하는 데이터를 효과적으로 처리하기 위한 기술로, 데이터베이스 관련 기술, 데이터 분석 관련 기술, 데이터 보안 관련 기술로 구분할 수 있다.

② 데이터 보안 관련 기술의 경우, 데이터 유출 사고 발생 시 특정 학습자 개인정보를 보호할
   수 있도록 가명처리 또는 익명처리가 필요하다.

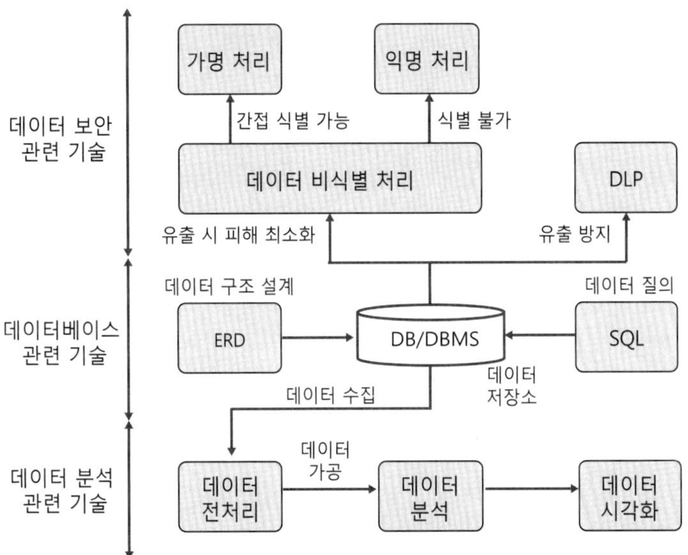

그림 3-1-7 이러닝 학습 시스템의 데이터 기술 구성요소 예시

표 3-1-9 학습 시스템의 데이터 기술 요소

기술 요소	설명
DBMS	• 데이터 구조를 설계하여 구축한 데이터베이스 • 데이터 질의 언어의 대상
SQL	• Structured Query Language의 약자로, 데이터베이스에서 사용자가 원하는 데이터를 질의, 조작하기 위해 사용하는 언어
ERD	• Entity-Relationship Diagram의 약자로, 이러닝 학습 시스템 구축 시 필요로 하는 요구사항으로부터 데이터 저장 요소를 도출 • 도출된 요소들을 데이터베이스에 저장할 수 있도록 설계 작업을 수행한 결과물 • 추상적인 개념적 설계부터 논리적인 설계, 실제 데이터베이스에 구축하기 위한 물리적 설계의 3단계 설계를 수행
데이터 전처리	• 데이터를 분석하고 시각화하기 전, 데이터를 가공하는 단계 • 누락 값 제거, 데이터 범주화 등 기법 적용
데이터 분석	• 데이터의 관계를 분석하여 유의미한 결과 도출 • 대표적인 분석 방법은 상관관계 분석이 있으며, 데이터 분석 목적에 따라 다양한 분석 방법을 사용

기술 요소	설명
데이터 시각화	• 분석한 데이터를 일반인도 쉽게 이해할 수 있도록 시각화하여 대상들 간의 숨겨진 관계를 파악하고 인사이트 획득
DLP	• Data Loss Prevention의 약자로, 외부 공격자 또는 악의적인 내부자로부터 데이터의 유출을 방지하는 솔루션
가명처리	• 개인정보와 유사하지만, 추가적인 정보가 없이는 특정 개인을 직접 식별할 수는 없는 정보
익명처리	• 개인을 식별할 수 없는 정보로, 개인과의 연결성을 완전히 없앤 정보

3) 학습 시스템의 콘텐츠 기술 요소

학습 시스템의 콘텐츠 기술 요소는 콘텐츠 표현, 콘텐츠 보안 등으로 구성되며, 특히 이러닝 학습 콘텐츠가 무단으로 사용되는 것을 방지하기 위해 보안에 각별한 주의를 기울여야 한다.

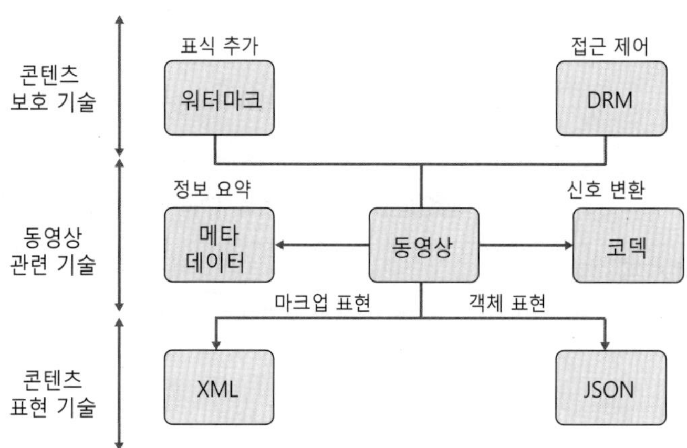

그림 3-1-8 이러닝 학습 시스템의 콘텐츠 기술 구성요소 예시

표 3-1-10 학습 시스템의 콘텐츠 기술 요소

기술 요소	설명
JSON	• JavaScript Object Notation의 약자 • "키":"값"으로 구성되는 객체형 표기법
XML	• eXtensible Markup Language의 약자 • 여는 태그와 닫는 태그의 마크업을 통해 콘텐츠를 표기

기술 요소	설명
동영상 코덱 (Codec)	• 음성 또는 영상의 신호를 디지털 신호로 변환하는 코더(Coder)와 그 반대로 변환시켜 주는 디코더(Decoder)의 합성어 • 이러닝 콘텐츠의 원활한 동영상 재생을 위해서 콘텐츠 제작 시부터 보편적인 코덱 사용 필요
메타데이터	• 동영상의 정보를 요약하여 표시하는 데이터 • 파일명, 확장자, 포맷, 길이 등 표시
워터마크	• 콘텐츠에 이미지 등을 첨가하여 해당 콘텐츠에 저작권자를 식별하고 복제방지와 불법복제 콘텐츠를 추적할 수 있는 기법
DRM	• Digital Rights Management의 약자 • 이러닝 학습 콘텐츠를 안전하게 관리 및 보호하고 부여된 권한 정보에 따라 콘텐츠의 이용을 통제하는 기술

Chapter 02 학습 시스템의 표준

1 ||| 학습 시스템의 표준

1) 학습 시스템의 표준 간 관계

① 이러닝 학습 시스템을 구축할 때, 학습 시스템 간 이식성, 호환성 등을 보장하기 위해 각 표준을 적용할 수 있다.

② 이러닝 학습 시스템에 표준이 필요한 이유는 다음과 같다.

표 3-2-1 이러닝 학습 시스템에 표준이 필요한 이유

필요 이유	설명
호환성	• 이러닝 학습 시스템, 콘텐츠가 다양한 하드웨어, 소프트웨어, 운영체제 등에서 문제없이 작동하게 하기 위함
이식성	• 이러닝 학습 시스템, 콘텐츠를 다른 플랫폼, 환경, LMS 등으로 쉽게 이전하거나 배포할 수 있게 하기 위함

③ 이러닝 학습 시스템의 다양한 영역에서 표준이 필요하며, 이들 간의 관계는 다음과 같다.

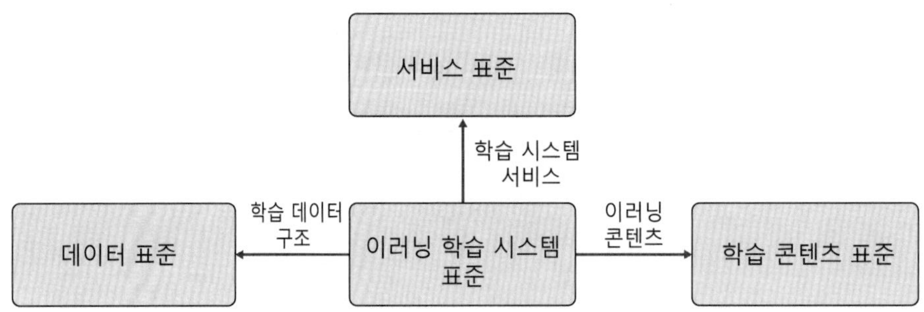

그림 3-2-1 학습 시스템의 표준 간 관계

2) 학습 시스템 표준의 종류

학습 시스템 표준의 종류는 크게 서비스, 데이터, 학습 콘텐츠 등으로 구분할 수 있으며, 종류별로 표준을 주도하는 단체가 다르다.

표 3-2-2 이러닝 학습 시스템 표준의 종류

표준	설명
서비스 표준	• 이러닝 학습 시스템의 운영, 관리, 통합 지원 • 학습 도구 상호 운용성, 품질 관리, 시험 공정성, 보안성 보장
데이터 표준	• 이러닝 학습 시스템에서 생성, 저장, 관리되는 학습 데이터 구조와 관리 방법 제시 • 학습 객체 메타데이터, 학습 경험 기록, 데이터 보호 제시
학습 콘텐츠 표준	• 이러닝 콘텐츠의 생성, 패키징, 전달 및 품질 관리 규정 포함 • 이러닝 학습 콘텐츠의 재사용성, 호환성, 교육적 유효성 보장

2 /// 학습 시스템의 서비스 표준

1) 학습 시스템의 서비스 표준 관계

이러닝 학습 시스템 서비스를 기준으로 하였을 때, 학습자, 콘텐츠와 상호작용, 학습 도구 등과 관련된 표준이 존재한다.

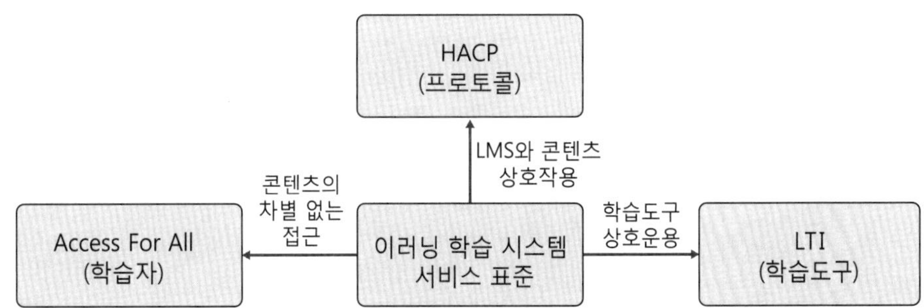

그림 3-2-2 이러닝 학습 시스템의 서비스 표준 관계

2) 학습 시스템의 서비스 표준 종류

① 이러닝 학습 시스템 서비스의 표준은 다양한 단체에서 제정하였으며, 일부 표준은 다른 분야의 이러닝 학습에 관련된 것도 존재한다.

표 3-2-3 이러닝 학습 시스템의 서비스 표준 종류

표준	설명
IMS LTI	• 학습 도구 상호 운용성(Learning Tools Interoperability) • 학습 도구와 LMS 간의 통합을 위한 표준 • 다양한 애플리케이션과 시스템 간의 상호 운용성 보장
AICC HACP	• Aviation Industry CBT Committee HTTP-Based Communication Protocol • LMS와 콘텐츠 간의 상호작용을 위한 프로토콜 표준
Access For All	• 학습 콘텐츠의 접근성을 보장하기 위한 표준 • 학습자의 개별적 접근 요구사항을 충족하는 방법 제시

② 특히 학습자에게는 차별 없는 콘텐츠를 제공하기 위하여 노력해야 하며, 이러닝 학습 콘텐츠의 기획, 설계 단계부터 고려할 수 있어야 한다.

3 ||| 학습 시스템의 데이터 표준

1) 학습 시스템의 데이터 표준 관계

이러닝 학습 시스템 데이터를 기준으로 하였을 때, 학습 데이터의 교환, 메타데이터, 학습 경험과 관련된 표준이 존재한다.

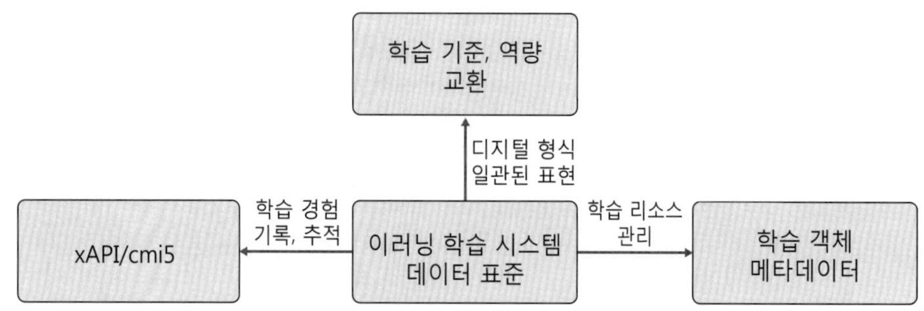

그림 3-2-3 이러닝 학습 시스템의 데이터 표준 관계

2) 학습 시스템의 데이터 표준 종류

① 이러닝 학습 시스템 데이터의 표준은 시스템 간 교환되는 데이터와 데이터를 표현하기 위한 메타데이터, 학습 경험 추적에 관련된 표준이 존재한다.

표 3-2-4 이러닝 학습 시스템의 데이터 표준 종류

표준	설명
IMS Global CASE	• 역량 및 학습 기준 교환(Competencies and Academic Standards Exchange) • 교육 시스템 간 학습 기준과 역량을 디지털 형식으로 일관되게 표현하고 교환할 수 있도록 지원하는 표준
IEEE LOM	• 학습 객체 메타데이터(Learning Object Metadata) • 학습 객체에 대한 메타데이터를 정의하는 표준 • 학습 자원의 검색, 관리, 재사용 지원
xAPI	• Experience API, Tin Can API • 학습 경험의 데이터를 기록하고 추적하는 표준 • 다양한 학습 활동의 포괄적 데이터 수집
cmi5	• 이러닝 환경에서 학습 활동을 추적하고 기록하기 위한 표준 • xAPI를 기반으로 SCORM 표준 기능을 확장하고 대체하기 위한 표준

② 이러닝 학습 시스템을 이용하는 사용자 경험의 총체인 UX(User eXperience)가 중요해지면서 학습자의 학습 경험 시 발생하는 데이터를 수집하고 저장하여 분석하는 것이 중요하다.

4 ||| 학습 시스템의 콘텐츠 표준

1) 학습 시스템의 콘텐츠 표준 관계

이러닝 학습 시스템 콘텐츠를 기준으로 하였을 때, 콘텐츠, 시험 및 평가, 학습 성과 인증과 관련된 표준이 존재한다.

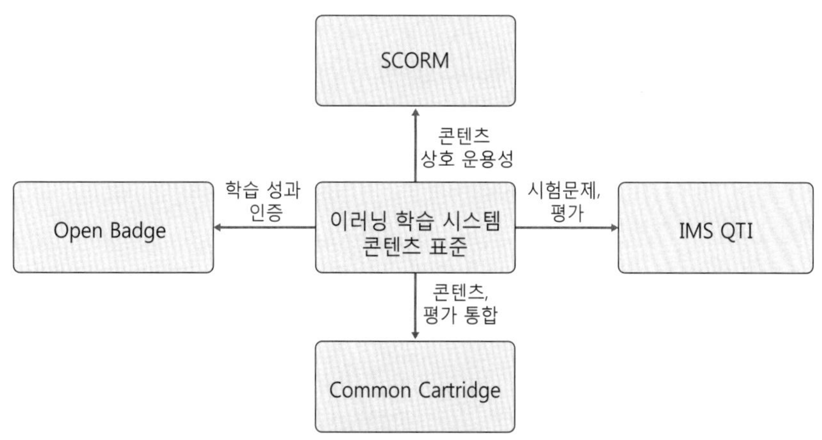

그림 3-2-4 이러닝 학습 시스템의 콘텐츠 표준 관계

2) 학습 시스템의 콘텐츠 표준 종류

이러닝 학습 시스템 콘텐츠는 이러닝 학습자가 학습을 수행하는 대상이며, 학습자의 학습 경험을 향상하기 위하여 준수해야 하는 표준이다.

표 3-2-5 이러닝 학습 시스템의 콘텐츠 표준 종류

표준	설명
SCORM	• 공유 가능한 콘텐츠 객체 참조 모델(Sharable Content Object Reference Model) • 이러닝 콘텐츠의 패키징, 전달 및 실행 표준화 • 다양한 LMS에서 콘텐츠의 상호 운용성 보장
Open Badge	• 학습 콘텐츠 및 성과 인증에 관련된 표준 • 디지털 배지를 통해 개인의 성취, 기술, 역량을 인증 • 배지를 웹상에서 쉽게 공유할 수 있음
IMS QTI	• 시험 문제 및 평가 상호 운용성(Question and Test Interoperability) • 시험 문제, 평가도구 간 호환성을 보장하는 평가 콘텐츠 표준
Common Cartridge	• 학습 콘텐츠와 평가를 통합하여 다양한 LMS에서 재사용을 가능하게 하는 콘텐츠 포맷 표준

Chapter 03 학습 시스템의 개발

1 ││││ 학습 시스템의 기술적 구조

1) 학습 시스템의 기술적 구조

① 이러닝 학습 시스템은 학습자가 발생시키는 트래픽, 학습 콘텐츠의 대용량 등의 요인으로 인하여 기술적인 구조 설계가 필요하다. 따라서 이러닝 학습 시스템에 대하여 기술적으로 구조를 설계할 때는 이와 같은 요인들을 충분히 분석하여 설계해야 한다.

② 시스템 간 상호 영향을 최소화하도록 설계하는 방법으로 3-tier architecture 설계 방법을 고려할 수 있다.

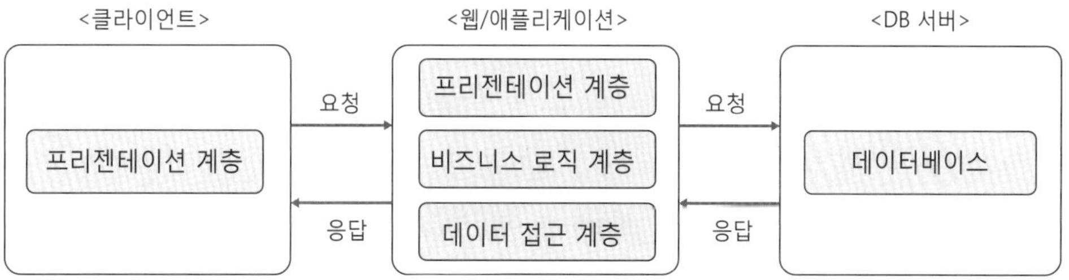

그림 3-3-1 이러닝 학습 시스템의 설계 방법

③ 이러닝 학습 시스템을 3-tier architecture 방식으로 설계 시, 각 tier별로 필요한 기술을 도출할 수 있다.

㉠ 클라이언트의 기술 요소

- 클라이언트 기술 요소는 사용자 인터페이스를 개발하는 데 필요한 기술이다.

- 이러한 기술 요소는 프론트엔드(Front-end) 기술로 불리며, 이러닝 학습자의 사용자 인터페이스, 경험 등을 향상하기 위한 기술이다.

표 3-3-1 클라이언트 기술 요소

기술 요소	설명
SPA	• Single Page Application의 약자 • 웹 서버로부터 완전한 새로운 페이지를 불러오지 않고 현재의 페이지를 동적으로 다시 작성
SPA 프레임워크	• React, Angular, Vue.js 등과 같은 자바스크립트 라이브러리를 통해 SPA를 구현함으로써 사용자 인터페이스의 반응성 향상
자원 최적화	• 사용자 화면에 표시되는 이미지, 오디오 등의 용량 최적화 • 학습자가 사용하는 데이터 용량을 줄임으로써 학습자 화면에 더욱 빠른 콘텐츠 표시 가능
반응형 디자인	• 사용자 화면의 너비에 따라 서로 다른 화면 디자인 표현 • PC 웹 사이트, 태블릿, 모바일 디자인으로 구현

- 웹 페이지의 이동에 따른 불편함을 최소화하고자 단일 페이지 애플리케이션 등의 기술을 통해 개발을 수행할 수 있다.

ⓛ 웹/애플리케이션 서버의 기술 요소

- 웹/애플리케이션 서버의 기술 요소는 이러닝 학습 시스템의 핵심 로직과 데이터의 입출력 등을 개발하는 데 필요한 기술이다.
- 이러한 기술 요소는 백엔드(Back-end) 기술로 불리며, 사용자 인터페이스에서 발생하는 요청을 처리하고 응답한다.

표 3-3-2 웹/애플리케이션 서버 기술 요소

기술 요소	설명
프로그래밍 언어	• C#, Java, PHP, Python, Rust 등 웹 애플리케이션을 개발하기 위해 사용하는 언어
서버 프레임워크	• 스프링 프레임워크 등 웹 애플리케이션을 효율적으로 개발하기 위해 컴포넌트, 모듈 등의 형태로 제공되는 라이브러리
웹 서버	• Apache, Apache Tomcat 등 웹 애플리케이션을 구동시키기 위한 프로그램 • 개발자가 작성한 코드를 그대로 실행하는 웹 서버와 컴파일 과정을 거쳐서 실행하는 웹 애플리케이션 서버로 구분

- 백엔드 기술은 이러닝 학습 시스템의 핵심이 되므로, 외부 공격으로 인한 피해를 최소화하고자 보안성을 충분히 고려하여 개발하는 시큐어 코딩(Secure Coding)을 적용하여 개발해야 한다.

ⓒ DB 서버의 기술 요소

- DB 서버의 기술 요소는 이러닝 학습 시스템을 운영하는 데 필요한 데이터, 학습자 데이터 등을 관리하는 데 필요한 기술이다.

표 3-3-3 DB 서버 기술 요소

기술 요소	설명
DBMS	• 데이터베이스를 관리하기 위한 소프트웨어 • MSSQL, Oracle, MYSQL, MariaDB, PostgreSQL 등
NoSQL	• Not Only SQL의 약자 • 전통적인 DBMS와는 다르게 데이터를 저장하고 관리 • 빅데이터, 실시간 웹 애플리케이션, 클라우드에서 많이 사용
DB 튜닝	• DB의 성능 개선을 위해 수행하는 작업 • DB의 색인 조건, 설정값 변경 등을 통해 성능 개선
암호화	• DB 내 노출되지 않아야 하는 데이터에 대해 수행 • 복원되지 않는 일방향 암호화, 복원될 수 있는 양방향 암호화 등의 방법으로 데이터 암호화 수행

- 만약 이러닝 학습 시스템이 장기간 운영되어 데이터베이스의 용량이 커지게 될 경우, 학습 시스템의 성능에 영향을 줄 수 있으므로 개선 작업을 수행해야 한다.
- DB 서버 기술은 주요 공격 대상으로, 데이터베이스에 접근할 수 있는 계정을 제한해야 한다.

2) 학습 시스템의 현황

이러닝 학습 시스템과 관련된 현황은 학습자 편의성과 개발 트렌드, 법/규제 등으로 구분할 수 있다. 이러닝 학습 시스템의 현황을 파악하고 있으면 학습자의 요구사항, 시스템 개선사항, 법/규제 대응의 미흡으로 인한 손실을 예방할 수 있다.

① 이러닝 학습자 편의성 현황

이러닝 학습자 편의성에 대한 현황은 이러닝 학습 콘텐츠를 다양하게 이용하고 학습 경험을 증가시키기 위한 방향으로 이동하고 있다.

표 3-3-4 이러닝 학습자 편의성 현황

현황	설명
모바일 최적화	• 학습자가 휴대하기 쉬운 모바일 기기를 통해 언제 어디서나 학습 콘텐츠에 접근하기 쉽게 변화 • 이를 위해 모바일 기기에 최적화된 학습 시스템의 디자인과 모바일 애플리케이션 개발을 고려
상호작용 요소 강화	• 멀티미디어 처리 기술 발전으로 인하여 이러닝 학습 콘텐츠에 멀티미디어와 상호작용의 결합으로 학습자의 학습 경험 강화
VR/AR/MR 적용	• 가상현실 기술을 활용하여 이러닝 학습 콘텐츠의 실재감을 향상함으로써 학습자의 학습 경험의 개선 및 다양화

② 이러닝 학습 시스템 개발 트렌드 현황

이러닝 학습 시스템 개발 트렌드 현황은 기존의 프로그래밍 언어인 Java를 포함하여 다양한 언어로 이러닝 학습 시스템 개발을 진행하고 있다. 또한, 개인 맞춤형 서비스를 제공하기 위하여 인공지능을 도입하여 서비스함으로써 학습자를 보다 스마트하게 지원하고 있다.

표 3-3-5 이러닝 학습 시스템 개발 트렌드 현황

현황	설명
인공지능 개발 및 적용	• 누적된 학습 데이터를 통하여 인공지능 모델을 개발하고 개인 맞춤형 서비스를 제공하기 위하여 이러닝 학습 시스템에 적용
프로그래밍 언어 변화	• Java를 포함하여 Python, Javascript를 통하여 이러닝 학습 시스템을 개발

③ 이러닝 학습 시스템 법/규제 현황

이러닝 학습 시스템과 관련된 법/규제 및 인증제도의 현황은 학습 시스템을 이용하는 학습자의 권리를 안전하게 보호하기 위하여 지속해서 개정되고 있어 주기적으로 개정되는 내용의 확인이 필요하다.

표 3-3-6 이러닝 학습 시스템 법/규제 현황

현황	설명
개인정보 보호법	• 이러닝 학습자의 개인정보를 수집할 때, 필수 사항과 선택 사항을 구분하여 수집 • 개인정보를 처리하는 방법을 명시하는 개인정보처리방침 수립 및 공개 필요
정보통신망법	• 정보통신망 이용촉진 및 정보보호 등에 관한 법률 • 이러닝 학습자에게 문자 메시지를 발송할 때 이러닝 사업자의 발신 번호가 변조되고 조작되지 않도록 조치 필요

현황	설명
위치정보법	• 위치정보의 보호 및 이용 등에 관한 법령 • 이러닝 학습 시스템에 접근하는 학습자의 위치정보를 수집하기 위해서는 학습자의 동의를 받아야 함
ISMS/ ISMS-P	• 일정 규모 및 매출액이 발생한 이러닝 사업자는 정보보호 및 개인정보 보호 관리 체계 인증을 받아야 함 • 이러닝 학습 시스템에서 인증을 받으려는 대상에 따라 인증 기준이 상이함
EU GDPR	• 유럽 연합 역내의 개인정보를 보호하기 위해 시행하는 규칙 • 이러닝 학습 시스템이 유럽 지역으로 진출을 염두에 두었을 때 적용되는 규정
CBPR	• Cross Border Privacy Rule의 약자 • 아시아 · 태평양 지역의 프라이버시 보호 원칙을 기반으로 기업의 개인정보 보호 체계를 평가, 인증하는 글로벌 인증제도 • 아시아 · 태평양 지역으로 진출 시 고려할 수 있는 제도

2 /// 학습 시스템의 사용자 요구사항

1) 학습 시스템의 사용자 요구사항의 명세화

① 이러닝 학습 시스템의 사용자 요구사항의 명세화는 구축할 학습 시스템에 어떤 서비스 또는 기능이 필요한지, 시스템의 동작과 개발에 대한 제약사항을 설정하는 과정이다.

② 이러닝 학습 시스템의 사용자 요구사항을 명세화하는 과정은 다음과 같다.

표 3-3-7 이러닝 학습 시스템의 사용자 요구사항 명세화 과정

과정	설명
요구사항 추출	• 이러닝 학습 시스템의 요구사항을 정의 • 요구사항과 관련된 참여자를 식별 • 초기 이러닝 학습 시스템 요구사항 추출
요구사항 분석	• 요구사항을 모델링하고 중요도 순으로 우선순위를 구분한 다음, 최종 요구사항 선정
요구사항 명세	• 이러닝 학습 시스템의 요구사항에 대한 명세 기준을 정의한 다음 작성하며, 요구사항을 추적할 수 있는 정보 관리
요구사항 검증	• 요구사항 명세의 내용과 구조를 검증하고 기준선을 설정
요구사항 변경 관리	• 이러닝 학습 요구사항에 대하여 변경, 추적, 버전에 대한 제어

③ 요구사항의 명세화를 통해 작성되는 요구사항 명세서는 사용자, 시스템 요구사항 상세를 모두 포함하여 시스템 개발자가 구현해야 할 것에 대한 공식적인 문서이므로, 요구사항의 변경 시 공식적인 절차를 거쳐 변경관리를 할 수 있어야 한다.

④ 만약 요구사항 명세서를 작성하지 않고 시스템 개발을 진행할 경우, 목표한 기간 내에 이러닝 학습 시스템 개발 프로젝트를 완료할 수 없는 위험이 존재한다. 따라서 개발 프로젝트를 완료하기 위해서는 요구사항의 명세화 범위를 정해서 프로젝트를 진행해야 한다.

2) 학습 시스템의 사용자 요구사항의 명세화 범위

이러닝 학습 시스템의 사용자 요구사항은 해당 시스템이 동작하는 방법과 설계의 기초이며, 학습 시스템이 정확하게 구현되었는지 판단하는 기준이다. 또한, 요구사항의 명세화 범위를 명확히 하기 위해 요구사항을 기능적 요구사항과 비기능적 요구사항으로 분류한다.

① 학습 시스템의 사용자를 위한 기능적 요구사항

– 기능적 요구사항은 이러닝 학습 시스템에서 동작해야 할 기능을 나열한 요구사항으로, 기능의 작동 여부로 요구사항이 충족되었는지 확인할 수 있다.

표 3-3-8 이러닝 학습 시스템 사용자를 위한 기능적 요구사항 예시

요구사항	요구사항 상세 설명
학습자 계정 등록	• 학습자는 자신의 계정으로 로그인하고, 프로필을 관리하며, 학습 진행 상황 확인 • 운영자, 관리자는 신규 학습자 등록 또는 기존 학습자 관리
강의 콘텐츠 등록	• LMS에 다양한 형태의 학습 콘텐츠 업로드 및 관리 • 교수자, 강사는 신규 강의를 생성, 수정, 삭제 수행
학습 진행도 평가	• 학습자 자신의 학습 진행 상황을 시각적으로 확인 • 학습 평가를 위한 퀴즈나 과제를 제공, 자동으로 평가 결과를 기록하여 학습자가 자신의 학습 성과를 확인
커뮤니케이션 및 협업	• 학습자 간 또는 학습자와 강사 간 커뮤니케이션 지원 • 그룹 프로젝트를 위해 협업 도구를 제공하여 학습자들이 공동으로 작업할 수 있는 환경 제공
알림 및 일정 관리	• 학습자에게 강의 및 시험 일정, 과제 제출 기한 등 알림 제공 • 학습자 개인의 일정 관리 기능을 통해 학습 계획을 세우고, 중요한 일정을 미리 준비할 수 있도록 지원

② 학습 시스템의 사용자를 위한 비기능적 요구사항

비기능적 요구사항은 이러닝 학습 시스템의 운영과 관련된 기준을 정의하는 요구사항이며, 시스템 속성이나 학습 시스템 기능에 대한 제약사항 등을 기술한다.

표 3-3-9 이러닝 학습 시스템 사용자를 위한 비기능적 요구사항 예시

요구사항	요구사항 상세 설명
성능 및 확장성	• 동시에 사용자가 접속하여 강의를 시청하거나 퀴즈를 응시하는 등의 트래픽 발생 시 성능 저하 없이 원활하게 작동 • 사용자 증가 또는 추가 기능이 필요할 경우 쉽게 확장 필요
보안	• 학습자의 개인정보와 학습 데이터를 보호하기 위해 시스템은 강력한 인증 및 권한 관리 메커니즘을 제공 • 방화벽, 데이터 암호화, 정기적인 보안 업데이트, 그리고 침입 탐지 시스템 등을 갖추어야 함
가용성 및 신뢰성	• LMS는 최소한 99.9%의 가용성을 유지하여 사용자가 언제든지 학습 콘텐츠에 접근할 수 있어야 함 • 이러닝 학습 시스템 장애 발생 시 신속하게 복구할 수 있도록 백업 및 복구 계획을 마련해야 함
사용자 경험 및 접근성	• LMS는 직관적이고 사용하기 쉬워야 하며, 다양한 학습자도 접근할 수 있도록 접근성 표준 준수 필요 • 모든 기능은 웹 브라우저, 모바일에서 같게 작동
호환성	• 다양한 운영체제, 브라우저, 및 기기에서 일관되게 작동 • 기존 LMS나 다른 외부 시스템과 쉽게 통합될 수 있어야 함

3 /// 학습 시스템의 개발 프로세스 명세화

1) 학습 시스템의 개발 프로세스

① 이러닝 학습 콘텐츠의 개발은 ADDIE 모형을 토대로 개발하지만, 이러닝 학습 시스템의 개발 프로세스는 일반적으로 소프트웨어 개발 프로세스를 따른다.

② 소프트웨어 개발 프로세스 중 개발 단계를 순차적으로 진행하는 특징을 지닌 폭포수 모델의 진행 절차는 다음과 같다.

그림 3-3-2 학습 시스템을 개발하기 위한 폭포수 모델의 진행 절차 예시

③ 소프트웨어 개발 및 테스트의 프로세스를 정형화한 모델 중 하나인 V&V 모델은 소프트웨어를 개발 시 검증(Verification)하고, 개발 결과물에 관해 확인(Validation)하는 과정을 모형화한 것이다.

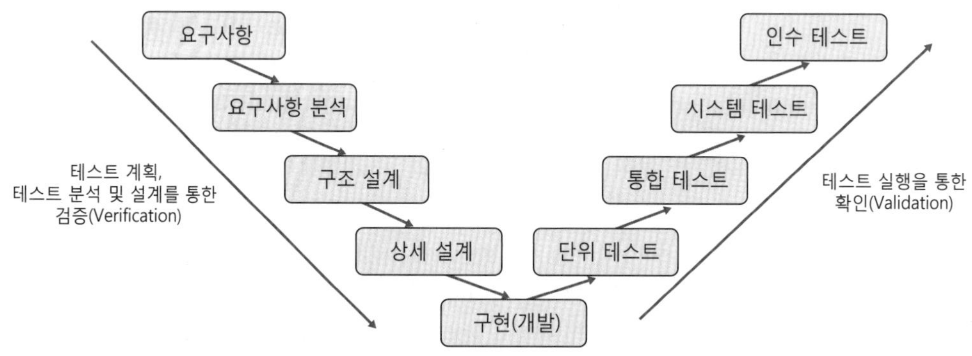

그림 3-3-3 소프트웨어 개발 및 테스트 모델인 V&V(Verification and Validation) 모델

2) 학습 시스템의 개발 프로세스 명세화

소프트웨어 개발 프로세스와 개발 및 테스트 모델인 V&V 모델을 기반으로 이러닝 학습 시스템의 개발 프로세스를 명세화하면 다음과 같다.

표 3-3-10 V&V 모델을 기반으로 한 이러닝 학습 시스템의 개발 프로세스

프로세스	설명
요구사항	• 프로젝트의 시작 단계로, 이러닝 학습 시스템의 이해관계자와 협력하여 시스템이 수행해야 할 기능과 조건 정의
요구사항 분석	• 요구사항을 분석하여 시스템이 구현할 수 있고 일관성 여부 확인
구조 설계	• 시스템의 전체 구조를 설계하는 단계로, 시스템을 모듈이나 서브 시스템으로 나누고 이들 간 관계 정의
상세 설계	• 구조 설계에서 정의된 각 모듈에 대해 구체적인 설계를 수행 • 모듈 내부 구조, 데이터 흐름, 알고리즘, 인터페이스 등 설계
구현(개발)	• 설계 문서에 따라 소프트웨어 기능 개발, 각 모듈을 작성하여 시스템 완성
단위 테스트	• 시스템을 구성하는 모듈의 구현 정보 및 상세 설계 정보를 이용하여 각 모듈이 올바른 기능을 수행하는지 판별
통합 테스트	• 모듈 간 인터페이스를 테스트하는 것을 주목적으로 소프트웨어 시스템 통합
시스템 테스트	• 모듈들을 통합하여 완전한 시스템이 구성될 때 테스터가 수행
인수 테스트	• 사용자 관점에서 요구사항에 맞게 개발되었는지를 확인

프로세스	설명
유지보수	• 이러닝 학습 시스템을 사용 중에 발생하는 오류를 수정하고 사용자의 요구사항을 수정하여 시스템의 수행 능력 향상 • 유지보수 비용과 시스템 구축 비용을 비교하여 유지보수 비용이 과도할 경우 시스템 재구축을 고려할 수 있음

4 ||| 이러닝 업무 특성을 반영한 시스템 개발 방안

1) 이러닝 업무의 워크플로 특성

이러닝 업무의 흐름인 워크플로(Workflow)는 LMS에서 제공하는 학습 콘텐츠와 이를 통해 학습하는 학습자의 상호작용의 특징이 존재한다. 이러한 특징을 고려한 이러닝 업무의 워크플로의 특성은 다음과 같다.

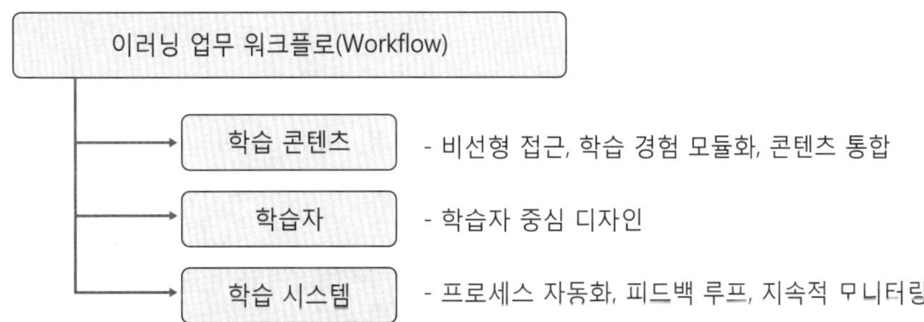

그림 3-3-4 이러닝 업무의 워크플로 특성 간 관계

표 3-3-11 이러닝 업무의 워크플로 특성

특성	설명
비선형적 접근	• 학습자가 학습하는 콘텐츠는 반드시 순차적으로 접근하는 것이 아닌 비선형, 반복적으로 접근
학습 경험 모듈화	• 학습 콘텐츠와 활동이 모듈화되어 제공 • 학습 모듈은 독립적으로 설계되며, 학습자가 필요에 따라 선택하여 학습
콘텐츠 통합	• 다양한 형태의 멀티미디어 콘텐츠를 통합하여 제공 • 각 콘텐츠는 학습 효과를 극대화할 수 있도록 적절하게 배치
학습자 중심 디자인	• 학습자의 필요와 경험을 최우선으로 고려하여 워크플로가 설계되고 운영 • 학습자의 학습 경로를 개인화하고, 각자의 학습 스타일에 맞게 학습 환경 조정

특성	설명
프로세스 자동화	• 학습 진도 추적, 퀴즈 및 시험 채점, 성적 관리, 학습자 알림 등의 업무를 자동화된 방식으로 처리할 수 있음 • 관리자의 업무 부담 감소 및 워크플로 효율성 증가
피드백 루프	• 학습자 피드백을 통해 콘텐츠 개선, 학습 성과 분석 • 교육 전략 조정 및 시스템 운영 중 발생하는 이슈 해결
지속적 모니터링	• 학습자의 활동, 성과를 지속해서 모니터링하고 분석하는 기능 탑재 • 학습자의 학습 진행 상황을 파악하고, 필요시 추가적인 지원이나 피드백 제공

2) 이러닝 시스템 개발 방안

이러닝 업무 특성을 반영한 시스템 개발 방안을 도출하기 위해서는 이러닝 업무에 최적화된 전략적인 접근이 먼저 필요하다.

① 이러닝 시스템을 개발하기 위한 전략 수립

- 이러닝 업무에 최적화된 시스템을 개발하기 위해서는 이러닝 업무의 강점, 약점, 기회, 위협을 분석하는 SWOT 분석을 토대로 전략을 도출할 수 있다.
- SWOT 분석은 분석할 대상에 대하여 강점, 약점, 기회, 위협의 요소로 구분하고, 각 요소의 결합을 통해 전략을 수립하는 분석 방법이다.

표 3-3-12 이러닝 시스템 개발 전략을 수립하기 위한 SWOT 분석

	강점(Strength)	약점(Weakness)
기회(Opportunity)	• SO 전략 • 강점을 극대화하여 기회를 얻음	• WO 전략 • 약점을 회피하면서 기회를 얻음
위협(Threats)	• ST 전략 • 강점을 활용하여 위협을 회피	• WT 전략 • 약점을 최소화하고 위협을 회피

- 이러닝 업무의 특성을 반영하여 SWOT 분석을 수행한 결과로 도출한 전략의 예시는 다음과 같다.

표 3-3-13 SWOT 분석 결과로 수립할 수 있는 이러닝 시스템 개발 전략 예시

전략	설명
SO 전략	• 학습자 맞춤 학습 경로를 제공하는 개인화된 학습 경험 제공 • 글로벌 확장으로 다양한 언어와 문화에 맞는 시스템 개발

전략	설명
WO 전략	• 학습자의 동기 부여 어려움을 보완하기 위해 게이미피케이션 요소와 실시간 피드백 시스템을 도입하여 학습자 참여도 향상 • 학습자와 교수자 및 강사 간 상호작용 강화
ST 전략	• 인공지능 기반 맞춤형 학습 추천 시스템 등을 통한 차별화된 기능 개발
WT 전략	• 정기적 시스템 업데이트 및 유지보수 강화 • 규제 준수와 법적 대응을 통해 위험 최소화

– 이러닝 시스템 개발 전략을 결정하였으면, 해당 전략에 대하여 구체적인 방법을 기술하는 방안을 수립한다.

② 이러닝 시스템을 개발하는 방안 수립

– 이러닝 시스템을 개발하기 위한 대략적인 방향이 설정되었다면, 개발 방안 수립 과정은 시스템 구축 시 필요한 구체적인 기능에 대한 요구사항 도출, 사용 기술 등을 구체적으로 나열한다.

표 3-3-14 도출된 전략에 기반한 이러닝 시스템 개발 방안 예시

개발 방안	설명
학습자 중심의 개인화된 학습 경험 제공	• 데이터 수집 시스템을 구축하고 러닝 애널리틱스를 도입하여 학습자의 학습 데이터를 수집하고 분석 • 인공지능 기반 추천 시스템의 개발과 학습 경로 설정 기능 구현을 통해 학습자 맞춤형 학습 경로 제공 • 게이미피케이션 요소를 통합하고 실시간 피드백 시스템을 도입하여 학습자 참여도 향상 기능 구현
최신 기술 도입 및 유지보수 강화	• 인공지능과 머신러닝을 적용하여 학습자의 행동을 예측할 수 있는 모델을 개발하여 학습자의 학습 성과 예측 • 챗봇, 가상 튜터 서비스를 개발하여 학습자에게 24시간 지원하고, 자주 묻는 질문과 문의 사항에 대하여 자동 답변 수행
정보보안 및 개인정보보호 강화	• 이러닝 시스템에 전송되는 모든 데이터를 암호화하여 전송함으로써 데이터 유출 방지 • 학습자 로그인 시 아이디와 비밀번호를 통한 학습자 계정 인증에 추가로 OTP, 간편 인증 수단을 추가한 다단계 인증으로 학습자 계정을 안전하게 보호 • 이러닝 시스템에 대하여 정기적으로 침투 테스트를 시행하고, 테스트의 결과로 발견된 보안 취약점을 신속히 수정 • 개인정보처리방침 수립 및 공개를 통하여 학습자 개인정보를 보호하고 있음을 표시

개발 방안	설명
정기적 관리자 교육 및 지원	• 관리자 교육용 콘텐츠 및 매뉴얼을 개발하여 이러닝 시스템의 효과적인 사용 방법과 이해 향상
학습자 지원	• 실시간 지원 채널 운영과 학습자 커뮤니티를 구축하여 지속해서 학습자가 이러닝 시스템을 이용할 수 있도록 지원

- 위의 예시는 SWOT 분석을 기반으로 도출된 전략에 대하여 이러닝 시스템을 개발하는 방안에 대한 예시이다.
- 이러닝 시스템을 개발하는 방법까지 도출되었다면, 실제 이러닝 시스템을 구축하기 위한 첫 단계인 개발 환경 설정을 진행한다.

5 /// 시스템 개발 환경 설정

1) 시스템 개발 환경의 종류

① 이러닝 시스템을 개발하기 위해서는 사전에 환경 분석을 수행할 필요가 있다.

② 환경 분석을 수행하는 이유는 개발할 시스템이 이러닝 업무의 워크플로와 특성에 대한 반영 여부를 판단하고, 시스템을 개발하기 위해 수립한 방안이 실제로 개발할 수 있는지 등의 타당성을 분석하기 위함이다.

③ 이러닝 시스템을 개발하는 환경은 크게 자체 개발인 인 하우스 방식과 아웃소싱 방식으로 구분할 수 있다.

그림 3-3-5 이러닝 시스템 개발 환경의 관계

표 3-3-15 이러닝 시스템 개발 방식의 종류

개발 방식	설명
인 하우스 (In-house)	• 회사 내부에서 개발팀을 구성하여 소프트웨어나 기술 솔루션을 직접 개발하는 방식 • 모든 개발 작업이 회사 내부에서 이루어짐
아웃소싱 (Outsourcing)	• 회사 외부의 개발 업체나 개발자에게 소프트웨어 개발 작업을 의뢰하는 방식 • 개발 업체나 프리랜서가 이러닝 시스템 요구사항에 맞추어 시스템 개발

④ 이러닝 시스템을 개발하는 방식을 이해했다면 다음은 실제 시스템을 개발하기 위한 환경을 설정한다.

⑤ 만약 아웃소싱 방식으로 이러닝 시스템을 개발할 경우, 의뢰자인 이러닝 시스템 관리자는 시스템을 개발하기 위한 환경 제공에 적극적으로 협조해야 한다.

2) 시스템 개발 환경 설정

① 이러닝 시스템을 개발하기 위해서는 개발 환경에 대한 사전 조사가 필요하다.

② 시스템 개발 환경 설정 종류는 다음과 같다.

표 3-3-16 이러닝 시스템 개발 환경 설정 종류

환경 설정	설명
운영체제 선택	• 가용할 수 있는 운영체제 라이선스 보유 여부에 따라 선택 • 윈도 서버, 유닉스는 유료 라이선스 보유 필요 • 리눅스는 오픈 소스 운영체제로 자유로운 사용 가능
프로그래밍 언어 선택	• C, Java, Javascript, Python 등 이러닝 시스템을 효율적으로 개발하기 위한 언어 선택 • 개발자의 해당 언어 숙련도에 따라 언어가 달라질 수 있음
데이터베이스 설정	• 데이터베이스를 관리할 소프트웨어를 선택 • 데이터베이스 또한 운영체제와 동일하게 유료 라이선스, 오픈소스 소프트웨어를 선택하여 사용할 수 있음 • Oracle, MSSQL, MySQL, MariaDB, PostgreSQL 등 선택
개발 도구 선택	• 개발 생산성을 극대화하기 위하여 통합 개발 환경(IDE) 프로그램 선택 • Visual Studio, Eclipse, Intellij 등 다양한 프로그램 선택 가능
형상관리	• 개발 코드에 대한 버전 관리를 수행하기 위하여 Git, SVN 등의 기술 선택 • SVN은 회사 내 자체 서버에 설치하여 형상 및 버전 관리 수행 • Git의 경우 회사 내 자체 서버에 설치하거나 GitHub의 회원 가입을 통해 프로젝트 소스 코드에 대한 형상관리 수행
서버 아키텍처 선택	• 서버가 존재할 시 서버에 직접 구축할 수 있는 아키텍처 고려 • 서버가 존재하지 않을 경우, 비용 효율성을 고려하여 클라우드 컴퓨팅 아키텍처 고려
테스트 환경 설정	• 개발자의 컴퓨터에 JUnit, PHPUnit 등을 설치하여 단위 테스트를 실행할 수 있는 환경 설정 • Selenium 등의 자동화 도구를 사용하여 자동화된 테스트 수행 • Apache Jmeter를 통해 개발한 이러닝 시스템에 대하여 성능 테스트 수행 가능

환경 설정	설명
코드 통합 및 배포	• 지속적 통합(CI)과 지속적 배포(CD)를 합쳐서 CI/CD라 부르며, GitHub Action, Jira, Travis CI 등을 통해 테스트 자동화, 코드 통합, 배포까지 일련의 과정에 대하여 자동화 수행
성능 및 모니터링 환경	• 애플리케이션 성능 모니터(APM) 프로그램을 통해 개발 중인 시스템에 대한 성능을 모니터링 할 수 있는 환경 설정
프론트엔드 환경 설정	• 사용자 화면 인터페이스를 개발하고 최적화하기 위한 프론트엔드 라이브러리 및 프레임워크 선택 • Angular, Vue.js, React, SASS 등 선택
백엔드 환경 설정	• 이러닝 시스템의 비즈니스 로직을 구현하고 프론트엔드의 요청을 처리할 수 있는 기능을 개발할 수 있도록 환경 설정 • Spring Framework, Django, Flask, Node.js 등 선택

③ 인하우스 개발 환경에서는 개발 참여 인력의 역할에 따라 공통으로 사용하는 기술과 역할에 특화된 기술로 구분하여 환경을 설정할 수 있다.

④ 반면에 아웃소싱의 개발 환경은 개발 작업을 대행하는 업체 또는 개발자가 주로 사용하는 기술에 대한 의존성이 발생할 수 있으므로, 유지보수와 같은 작업의 지원이 가능한지 반드시 확인해야 한다.

Chapter 04 학습 시스템 운영

1) 학습 시스템 운영의 개요

① 이러닝 학습 시스템 운영은 크게 학습자의 학습 활동을 지원하기 위해 학습자를 모니터링하는 것과 학습 시스템을 운영하기 위해 관리하는 것으로 구분할 수 있다.

② 이러닝 학습 시스템 운영은 이러닝 학습 환경에서 학습자와 교수자 간 상호작용을 지원하고, 학습 과정에 필요한 자료를 적시에 제공하며, 학습자의 학습 활동을 관리하고 모니터링하는 일련의 과정이다.

③ 학습자의 학습 환경의 안정적인 운영뿐만 아니라, 이러닝 학습 시스템 또한 원활하게 운영될 수 있도록 관리하는 행위이다.

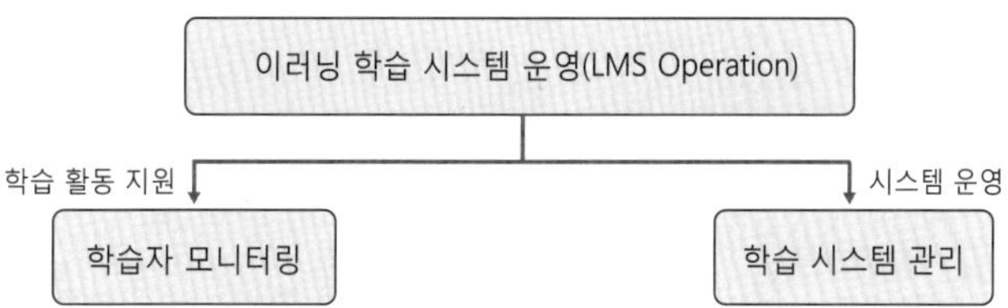

그림 3-4-1 이러닝 학습 시스템 운영의 구분

2) 학습 시스템 운영의 특징

학습 시스템 운영은 학습자 측면과 시스템 측면에서 특징을 구분할 수 있으며, 학습자의 경우 학습을 원활히 진행할 수 있도록 지원하고, 시스템의 경우 안정성, 보안성 등을 유지할 수 있도록 관리한다.

① 학습자 측면의 학습 시스템 운영의 특징

학습자 측면의 학습 시스템 운영은 학습 시스템의 접근성, 학습 경험, 피드백 등의 특징을 가지고 있다.

표 3-4-1 학습자 측면의 학습 시스템 운영의 특징

특징	설명
접근성 및 편의성	• 언제 어디서나 다양한 장치를 통해 학습 시스템에 접근 • 시간과 장소에 구애받지 않고 학습 진행
맞춤형 학습 경험	• 학습자의 진도, 성과 등을 바탕으로 맞춤형 학습 콘텐츠 제공 • 학습자에게 개인화된 학습 경로를 제공하여 학습 효과 극대화
즉각적 피드백 및 평가	• 퀴즈, 과제 등 다양한 학습 활동의 즉각적인 피드백 제공 • 학습자는 자신의 학습 상태를 실시간으로 파악하고 개선 • 성적 및 학습 진도에 대한 즉각적인 평가로 학습 동기 유발

② 시스템 측면의 학습 시스템 운영의 특징

- 시스템 측면의 학습 시스템 운영은 안정성, 보안성, 확장성 및 유연성 등의 특징을 가지고 있다.

표 3-4-2 시스템 측면의 학습 시스템 운영의 특징

특징	설명
안정성 및 성능	• 학습자가 동시 접속을 보장하도록 안정적인 서버 환경 제공 • 시스템의 성능을 지속해서 최적화하여 빠른 로딩 속도와 원활한 학습 환경 유지
보안성 및 데이터 보호	• 학습자의 개인정보와 학습 데이터를 안전하게 보호하기 위한 강력한 보안 체계 필요 • 데이터 암호화, 접근 제어, 정기적인 보안 업데이트 등을 통해 시스템의 보안성 유지
확장성 및 유연성	• 학습자의 수가 증가하거나 신규 기능이 필요할 때 시스템을 쉽게 확장하거나 유연하게 변경할 수 있어야 함 • 클라우드 컴퓨팅 기반의 인프라를 통해 확장성 확보 및 플러그인 또는 모듈화를 통해 다양한 기능 추가 가능

- 클라우드 컴퓨팅 기반의 인프라를 통해 이러닝 학습 시스템을 확장할 때, 시스템 부하에 따라 자동으로 확장하고 축소할 수 있는지 확인하여 불필요한 시스템 자원 과다 사용에 따른 비용을 최소화할 수 있어야 한다.
- 학습자 측면과 시스템 측면의 학습 시스템 운영의 특징을 기반으로 원활한 이러닝 학습 시스템 운영을 할 수 있도록 프로세스를 결정한다.

1) 학습 시스템 운영 프로세스

① 이러닝 학습 시스템의 운영 프로세스는 학습자와 교수자 및 운영자의 두 측면으로 구분할 수 있으며, 각 측면에서 수행되는 프로세스는 서로 영향을 주고받는 관계에 있다.

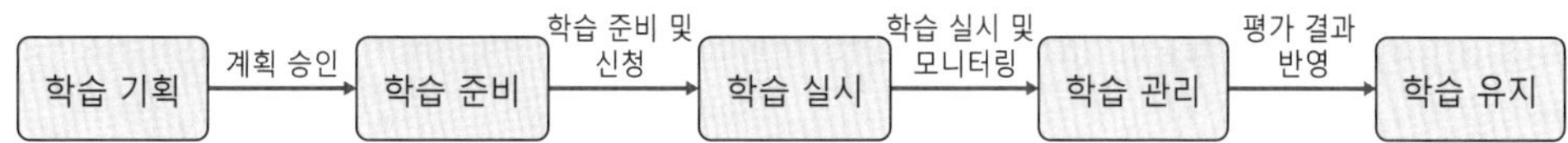

그림 3-4-2 학습 시스템의 전체 운영 프로세스

② 이러닝 학습 시스템 운영 전체 프로세스의 상세 내용은 다음과 같다.

표 3-4-3 이러닝 학습 시스템 운영 전체 프로세스의 상세 설명

프로세스	설명
학습 기획	• 이러닝 학습 과정의 전체적인 목표와 방향을 설정 • 학습 대상 분석, 학습 목표 설정, 이러닝 학습 콘텐츠의 주제와 범위 결정 등 포함
학습 준비	• 학습 기획에서 수립된 계획을 실행하기 위한 사전 준비 • 학습자와 교수자 계정 생성, 학습 자료 시스템 업로드 등의 학습 과정에 필요한 작업 진행
학습 실시	• 이러닝 학습 과정이 운영되고 학습자들이 학습 활동에 참여 • 이러닝 학습 콘텐츠가 학습자에게 제공되고, 학습자는 이를 통해 지식을 습득하며 학습 진도를 관리
학습 관리	• 학습 실시 중에 발생하는 다양한 학습 활동과 학습자의 진행 상황을 모니터링하고 조정 • 학습자의 학습 성취를 평가하고, 학습 데이터를 분석하여 학습자의 문제점을 파악하고 개선
학습 유지	• 학습이 완료된 후에도 학습자의 지속적인 학습 동기와 학습 환경을 유지하도록 독려 • 이러닝 학습 시스템과 콘텐츠의 최신 상태를 유지하기 위해 정기적인 업데이트 및 보완 • 학습자가 필요할 때 언제든지 학습 자료에 접근할 수 있도록 지원

③ 학습자와 교수자 및 운영자의 두 측면에서 학습 시스템 운영 프로세스에서 수행하는 내용은 서로 다르므로 구분이 필요하다.

2) 학습자와 운영자 간 학습 시스템 운영 프로세스의 차이점

학습자와 운영자 및 교수자 간 학습 시스템 운영 프로세스는 큰 흐름에서는 같지만, 해당 프로세스 안에서 수행하는 내용은 다르다.

① 학습자 측면의 학습 시스템 운영 프로세스

- 학습자 측면의 학습 시스템 운영 프로세스는 학습 기획 단계가 없으며, 학습 준비, 학습 실시, 학습 관리, 학습 유지 4단계로 구성된다.

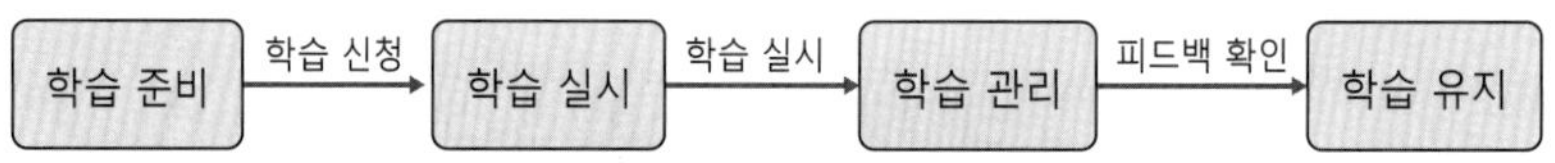

그림 3-4-3 학습자 측면의 학습 시스템 운영 프로세스

- 학습자 측면의 이러닝 학습 시스템 운영 프로세스 상세 내용은 다음과 같다.

표 3-4-4 학습자 측면의 이러닝 학습 시스템 운영 프로세스 상세 설명

프로세스	설명
학습 준비	• 이러닝 학습을 진행하기 위하여 학습 신청 수행
학습 실시	• 학습자가 실제로 학습을 진행하며 자신의 학습 진도를 확인 • 필요시 운영자 또는 교수자에게 질문하거나 토론에 참여하여 다른 학습자와 상호작용 수행
학습 관리	• 형성 평가 등의 결과에 대한 학습 성적 피드백 확인 • 해당 학습 과정의 반복 또는 심화 학습 결정
학습 유지	• 학습 완료 후에도 다시 접근하여 복습하거나 추가 학습 수행

② 운영자 및 교수자 측면의 학습 시스템 운영 프로세스

- 운영자 및 교수자 측면의 이러닝 학습 시스템 운영 프로세스는 학습 실시 과정에서 학습자의 학습을 지원하는 활동이 주를 이룬다.

그림 3-4-4 운영자 및 교수자 측면의 학습 시스템 운영 프로세스

- 운영자 및 교수자 측면의 이러닝 학습 시스템 운영 프로세스 상세 내용은 다음과 같다.

프로세스	설명
학습 기획	• 이러닝 과정의 전체적인 목표와 방향 설정 • 교수자는 학습자가 달성해야 할 학습 결과를 명확히 정의하고, 이를 바탕으로 교육 전략과 콘텐츠 설계
학습 준비	• 학습 콘텐츠를 제작 및 LMS에 업로드, 시스템을 구성하고 학습자 계정 생성 • 학습자에게 필요한 기술적 지원을 제공하고, 학습 환경 조성
학습 실시	• 운영자는 LMS의 기술적 문제 관리, 학습 환경이 원활하게 운영될 수 있도록 지원 • 교수자는 실시간 수업이나 토론에 참여하고, 학습자들의 질문에 답변하거나 추가 자료 제공
학습 관리	• 운영자는 시스템의 성능을 모니터링하고 문제를 해결하여, 학습 관리가 원활하게 이루어지도록 지원 • 교수자는 학습자의 성과를 평가하고 피드백을 제공하며, 학습 진행 상황 모니터링
학습 유지	• 운영자는 시스템의 지속적인 유지보수를 통해 이러닝 환경을 항상 최신 상태로 유지 • 교수자는 학습자가 지속해서 학습할 수 있도록 후속 학습 기회를 제공하거나, 학습 자료를 업데이트

③ 학습자와 운영자 및 교수자 측면의 학습 시스템 운영 프로세스 차이점

- 학습자와 운영자 및 교수자 측면에서 프로세스의 차이점은 학습 시스템 프로세스를 기준으로 차이점을 구분할 수 있다.

표 3-4-6 이러닝 학습 시스템 운영 프로세스 차이점

프로세스	학습자 측면	운영자 및 교수자
학습 기획	• 해당 사항 없음	• 학습 목표와 전략 수립 • 교육 콘텐츠 개발 계획 수립 • 평가 기준 설정
학습 준비	• 학습 시스템 접근 준비 • 사전 오리엔테이션 참석	• 학습 콘텐츠 제작, LMS 설정 • 학습자 계정 생성, 환경 구성 • 기술적 지원 제공
학습 실시	• 이러닝 학습 콘텐츠 학습 • 과제 수행, 평가 참여 • 토론 및 상호작용	• 학습자 지도, 피드백 제공 • 학습 활동 촉진 • 시스템 운영, 기술 지원
학습 관리	• 학습 진행 상황 관리 • 성적, 피드백 검토 • 자기 주도적 학습 계획 조정	• 학습자 성과 평가 • 성적 관리, 출석 체크 • 학습 기록 분석, 피드백 제공
학습 유지	• 학습 자료 복습, 추가 학습 • 새로운 학습 기회 탐색	• 시스템 유지보수, 업데이트 • 학습 자료 업데이트 • 학습 방법 및 콘텐츠 개선

– 운영자 및 교수자는 이러닝 학습 시스템을 효율적으로 운영하기 위하여 운영 기술을 숙지하고 있어야 한다.

3 /// 학습 시스템 운영 기술

1) 학습 시스템 운영 기술의 필요성

이러닝 학습 시스템을 운영하기 위해 기술이 필요한 이유는 단순하게 학습 시스템을 유지하는데 그치지 않고, 학습자의 학습 경험을 최적화하고 학습 환경을 지속해서 발전시키는 데 필요하다.

표 3-4-7 이러닝 학습 시스템 운영 기술의 필요성

필요성	설명
학습자의 학습 경험 향상	• 학습자들이 긍정적이고 몰입도 높은 학습 경험을 할 수 있도록 지원
효율적 자원 관리	• 자원의 효율적 관리는 비용 절감과 함께 시스템의 성능을 극대화하는 데 기여 • 특히 클라우드 컴퓨팅 환경에서 효율적인 자원 관리를 수행하여 자원 낭비에 따른 비용을 최소화할 수 있어야 함
데이터 기반 의사결정 지원	• 학습 데이터를 수집하고 분석하여 교육기관이나 기업이 데이터 기반으로 의사결정을 내릴 수 있도록 지원 • 학습자 성과, 참여도, 학습 경향 등을 분석하여, 이러닝 학습 과정의 전략을 개선하거나 새로운 학습 과정 설계 수행
지속적 개선, 업데이트	• 이러닝 학습 시스템과 콘텐츠의 정기적인 유지보수, 업데이트, 피드백 수집 등을 통해 이러닝 환경을 항상 최신 상태로 유지

2) 학습 시스템 운영 기술 요소

이러닝 학습 시스템 운영 시 필요한 기술은 이러닝 학습 콘텐츠를 운영하는 기술과 이러닝 학습 시스템을 운영하는 기술로 구분할 수 있다. 구분한 이러닝 학습 시스템 운영 기술의 관계는 다음과 같이 표현할 수 있다.

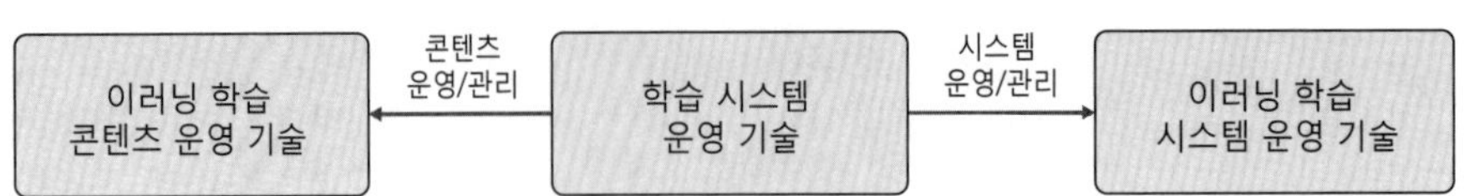

그림 3-4-5 이러닝 학습 시스템 운영 기술의 관계

① 이러닝 학습 콘텐츠 운영 기술 요소

- 이러닝 학습 콘텐츠 운영 기술 요소는 학습 콘텐츠의 제작, 관리, 배포, 평가와 관련된 기술들을 포함한다.
- 해당 운영 기술은 학습자가 학습할 자료를 효과적으로 제공하고, 이를 통해 학습 성과를 극대화하는 데 중점을 둔다.

표 3-4-8 이러닝 학습 콘텐츠 운영 기술 요소

기술 요소	설명
콘텐츠 제작	• 콘텐츠 저작 도구, 비디오 제작 및 편집 소프트웨어를 사용하여 콘텐츠를 제작
콘텐츠 관리 시스템 (CMS)	• 이러닝 학습 콘텐츠를 조직화하고 저장하여 버전 관리 수행 • 워드프레스 등의 CMS 프로그램을 사용하여 관리
콘텐츠 배포	• 이러닝 학습 콘텐츠를 LMS에 업로드하여 학습자에게 배포 • CDN 기술을 이용하여 글로벌 및 지역별 학습자에게 빠르게 콘텐츠 제공
평가, 피드백	• 학습자들의 콘텐츠 학습 후, 시험이나 과제를 통해 학습 성취를 평가하고 피드백 제공 • 피드백 제공 시 인공지능 모델을 활용하여 학습자들의 성취 데이터의 유사도를 분석해서 유의미한 결과를 도출할 수 있음

② 이러닝 학습 시스템 운영 기술 요소

- 이러닝 학습 시스템 운영 기술 요소는 이러닝 학습 시스템 및 관련 기술 인프라 구성, 유지보수, 관리, 정보보안 등의 기술들을 포함한다.
- 해당 운영 기술은 학습자들이 안정적이고 신뢰할 수 있는 이러닝 시스템 환경에서 학습할 수 있도록 운영하는 데 중점을 둔다.

표 3-4-9 이러닝 학습 시스템 운영 기술 요소

기술 요소	설명
학습 관리 시스템 (LMS)	• 이러닝 학습 환경에서 학습자, 교수자, 관리자 간 학습 활동을 관리하고 조율 • 학습자의 학습 경험을 체계적으로 관리하고, 학습 목표를 달성할 수 있도록 지원
인프라 관리	• 시스템을 안정적, 효율적으로 운영할 수 있도록 지원 • 인프라의 종류는 서버, 네트워크, 데이터베이스 등 존재 • 서버 자원 증설, 네트워크 구성 및 최적화, DB 성능 개선 등

기술 요소	설명
보안 관리	• 시스템 안전성을 확보하고, 학습자 및 조직 데이터 보호 • 방화벽 적용, 침입 탐지, 통신 및 비밀번호 암호화, 2단계 인증, 접근 제어 등 수행
데이터 백업	• 주기적으로 데이터를 백업하여 시스템 장애, 데이터 손상, 해킹 등의 사고 대비 • 전체, 차등, 증분 백업 등의 기법으로 데이터 백업 수행 • 백업된 데이터에 대하여 데이터 복구 업무 수행
데이터 분석	• 누적된 학습자의 학습 데이터를 분석하여 신규 이러닝 학습 과정 설계, 학습자의 학습 지원 방안 등을 도출하는 데 필요 • 데이터 간 상관관계 분석, 데이터 시각화 등 기법 활용
유지보수, 업데이트	• 정기적으로 시스템을 유지 보수하여 장애, 결함 발생 최소화 • 패치 관리 시스템(PMS)을 도입하여 시스템의 주기적인 업데이트를 수행하여 미발견된 취약점 등을 대비
시스템 모니터링	• 시스템의 성능을 관리하는 관제 시스템을 통해 서버의 자원 사용 현황, 트래픽, 응답 시간 등을 점검하여 문제 발생 시 신속하게 대응
성능 최적화	• 시스템의 반응 속도와 처리 능력 극대화 • 성능 최적화 대상은 서버, 네트워크, 데이터베이스 등이 있음 • 데이터베이스 튜닝, 캐싱 설정, 로드 밸런싱, 불필요 프로세스 제거 등의 업무 수행

– 학습 시스템을 운영하면서 발생할 수 있는 리스크를 식별하고 해결할 수 있는 역량 또한 갖추어야 한다.

4 ／／／ 학습 시스템 운영 리스크와 해결 방안

1) 학습 시스템 운영 리스크의 종류

이러닝 학습 시스템을 운영하면서 발생할 수 있는 리스크(Risk)의 종류는 크게 이러닝 학습 콘텐츠, 이러닝 학습 시스템, 이러닝 학습자 측면으로 구분할 수 있으며, 이들 간의 관계는 다음과 같다.

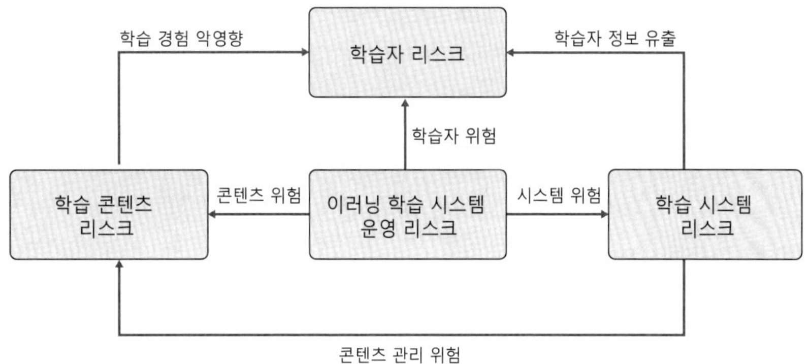

그림 3-4-6 이러닝 학습 시스템 운영 리스크의 관계

① 이러닝 학습 콘텐츠 운영 리스크

이러닝 학습 콘텐츠의 운영 리스크는 학습 콘텐츠 자체의 리스크와 학습 시스템으로부터 발생하는 리스크가 존재한다.

표 3-4-10 이러닝 학습 콘텐츠 운영 리스크 종류

리스크	설명
콘텐츠 품질 저하	• 학습 콘텐츠의 품질이 낮거나 콘텐츠 내용에 대한 문제 • 부정확한 정보, 비효율적 교육 방법, 오류가 포함된 콘텐츠 등
콘텐츠 접근성 문제	• 특정 학습자들이 콘텐츠에 접근할 수 없는 문제 예 시각, 청각 장애인 등을 위한 콘텐츠 접근성 문제
콘텐츠 업데이트 부족	• 학습 콘텐츠가 최신 정보를 반영하지 않는 문제 • 학습의 실효성 저하로 인한 학습 경험 문제 발생
콘텐츠 저작권 침해	• 학습 콘텐츠에 저작권이 있는 자료를 무단으로 사용하는 문제 • 주로 멀티미디어 자료인 이미지, 오디오 등에서 발생
콘텐츠 보호 미흡	• 이러닝 학습 콘텐츠에 적절한 기술적 보호 조치가 수행되지 않아 인가된 콘텐츠 제공 대상이 아닌 비인가 된 대상까지 콘텐츠가 제공될 수 있는 문제 발생
콘텐츠 배포 오류	• 학습 콘텐츠가 LMS에 제대로 업로드되지 않거나 배포 과정에서 오류가 발생하는 등의 문제 • 학습자가 학습 콘텐츠를 적시에 이용할 수 없는 문제 발생

② 이러닝 학습 시스템 운영 리스크

이러닝 학습 시스템 운영 리스크는 학습 시스템의 잠재적인 결함으로 인하여 발생하는 위험으로, 학습자와 학습 콘텐츠에 영향을 준다.

표 3-4-11 이러닝 학습 시스템 운영 리스크 종류

리스크	설명
시스템 장애	• LMS, 서버, 네트워크 등에서 발생하는 장애로 인하여 학습 시스템이 작동하지 않아 학습자의 학습 활동에 대한 중단 발생
보안 위협	• 부적절한 보안 정책 설정, 보안을 고려하지 않은 시스템 구축 등으로 인하여 발생하는 이러닝 학습 시스템, 이러닝 학습 콘텐츠, 학습자 데이터가 위협을 받을 수 있는 문제 발생
데이터 손실	• 데이터 백업 실패나 시스템 오류로 인해 중요한 학습 데이터가 손실될 경우, 복구 불가능한 학습 기록 손실 발생 가능
성능 저하	• 학습 시스템이 느리게 동작하거나 불안정할 경우, 학습자들은 불편함을 느끼고 학습 경험이 저하될 수 있는 문제 발생
유지보수 미비	• 정기적인 유지보수와 업데이트가 이루어지지 않을 경우, 시스템의 안정성, 보안성, 신뢰성 저하 문제 발생
법/규제 미준수	• 개인정보보호법 등의 규제를 준수하지 못하는 경우 처벌 또는 벌금 부과 문제 발생

③ 이러닝 학습자 운영 리스크

– 이러닝 학습자 운영 리스크는 이러닝 학습 시스템을 운영하는 과정에서 발생할 수 있는 리스크이며, 학습자의 학습과 관련한 다양한 위험 요인이 존재한다.

표 3-4-12 이러닝 학습자 운영 리스크 종류

리스크	설명
학습 참여 저하	• 이러닝 학습 환경에서 학습자의 학습 성과가 저하되는 문제 • 자기 주도적 학습 부족, 외부 방해 요소 등의 이유로 발생
학습 기회 불균형	• 학습자들이 필요한 학습 콘텐츠를 적절히 활용하지 못하거나 특정 콘텐츠에 대한 접근이 제한될 경우 발생할 수 있는 문제 • 학습자에게 학습 기회의 불균형 문제 초래
의사소통 부족	• 학습자와 교수자 간의 의사소통이 원활하지 않거나 학습자 간 상호작용이 부족할 경우 발생할 수 있는 문제 • 학습자가 양질의 학습 경험을 얻을 수 없는 문제 발생
피드백 부족	• 학습자가 학습 과정에서 적절한 피드백을 받지 못해 학습 성과가 떨어질 수 있는 문제
기술적 어려움	• 학습자가 학습 시스템 사용에 어려움을 겪거나 기술적인 문제로 인해 학습을 진행하는 데 있어 발생하는 문제

2) 학습 시스템 운영 리스크 해결 방안

이러닝 학습 운영과 관련한 리스크는 다양하게 발생할 수 있으며, 이러닝 학습 콘텐츠, 이러닝 학습 시스템, 이러닝 학습자 측면에서 발생할 수 있는 리스크에 대한 해결 방안은 다음과 같다.

① 이러닝 학습 콘텐츠 운영 리스크 해결 방안

이러닝 학습 콘텐츠의 운영 리스크를 해결하는 방안은 콘텐츠의 내용을 주기적으로 검토하고, 학습자의 접근성을 향상해야 한다.

표 3-4-13 이러닝 학습 콘텐츠 운영 리스크 해결 방안

해결 방안	설명
콘텐츠 품질 개선	• 이러닝 학습 콘텐츠에 대하여 정기적인 전문가 검토와 내용 업데이트를 통하여 콘텐츠의 품질을 개선 • 학습 콘텐츠 내용 검토 시 학습자의 피드백 또한 활용
콘텐츠 접근성 확보	• 이러닝 학습 콘텐츠가 웹 콘텐츠인 경우, 웹 접근성 표준을 준수하여 콘텐츠를 제작 • 다양한 이러닝 학습자들이 사용하는 기기에 대하여 호환성 테스트를 수행함으로써 콘텐츠가 제대로 표시되는지 확인
주기적 콘텐츠 업데이트	• 이러닝 학습 콘텐츠를 최신 상태로 유지하기 위해 정기 또는 수시로 업데이트 일정을 수립하고 실행 • 학습 콘텐츠의 유효기간 등을 설정하여 유효기간 만료 전에 업데이트가 필요함을 알리는 알림 시스템 도입
콘텐츠 저작권 준수	• 이러닝 학습 콘텐츠에 사용되는 다양한 자료들의 라이선스 관계를 명확히 파악하여 학습 콘텐츠에 사용 • 주기적인 저작권 교육을 통한 저작권 침해 문제 예방
콘텐츠 보호 강화	• 이러닝 학습 콘텐츠에 워터마크, DRM 등의 콘텐츠 보호 기술을 적용하여 인가된 학습 콘텐츠 사용자만 콘텐츠를 이용할 수 있도록 조치 수행
콘텐츠 배포 테스트	• 이러닝 학습 콘텐츠를 배포하기 전에 배포 테스트를 수행함으로써 배포 시 발생할 수 있는 오류를 발견하고 수정

② 이러닝 학습 시스템 운영 리스크 해결 방안

이러닝 학습 시스템의 운영 리스크를 해결하기 위한 주요 방안은 예방 및 대비, 개선, 준수 등의 방법이 있다.

표 3-4-14 이러닝 학습 시스템 운영 리스크 해결 방안

해결 방안	설명
시스템 장애 대비	• 이중화 시스템, 고가용성의 시스템 구축과 이러닝 학습 시스템의 연속성을 보장할 수 있도록 연속성 계획 수립 및 모의훈련 등을 통하여 시스템 장애를 대비
보안성 개선	• 적절한 보안 정책 설정, 침입 탐지 및 방지 시스템을 도입하고, 시큐어 코딩, 학습자와 운영자 및 관리자 다중 인증을 통해 학습 시스템을 안전하게 이용할 수 있도록 보안성 개선
데이터 손실 최소화	• 주기적인 데이터 백업을 통해 데이터 손실 시 빠르게 복구하고, 복구 절차가 제대로 수행되는지 테스트 수행 • 백업 데이터의 무결성을 검증하여 데이터 손상 여부 판단
콘텐츠 유출 방지	• 데이터 유출 방지(DLP) 등의 솔루션을 도입하여 이러닝 학습 콘텐츠가 외부 공격으로 인하여 유출되지 않도록 방지
성능 개선	• 이러닝 학습 시스템이 구동되는 서버의 성능을 지속해서 모니터링할 수 있는 프로그램 사용 • 시스템에 네트워크 부하를 분산하기 위하여 로드 밸런싱과 캐시를 사용하여 자주 참조하는 자원에 대한 빠른 제공 수행 • 데이터베이스 조회 쿼리 실행 시 일정 시간 이상 수행되지 못하는 슬로우 쿼리 등의 문제점 확인 및 수정
주기적 유지보수 수행	• 정기적인 유지보수와 업데이트를 수행하여 시스템의 안정성, 보안성, 신뢰성 확보 • 심각성, 긴급성 등의 요인으로 긴급 유지보수 및 업데이트 수행 가능
법/규제 준수	• 법, 규제를 준수할 수 있도록 정기적으로 법률 자문하고 법적 요구사항을 충족할 수 있도록 관리 • 이러닝 학습 콘텐츠가 저작권을 침해하지 않도록 저작권 관리 시스템 도입

③ 이러닝 학습자 운영 리스크 해결 방안

이러닝 학습자의 운영 리스크를 해결하는 방안은 학습자의 학습 환경과 의사소통의 개선, 기술적인 지원을 통한 어려움 해결 방법 등이 있다.

표 3-4-15 이러닝 학습자 운영 리스크 해결 방안

해결 방안	설명
학습 참여 유도	• 이러닝 학습 콘텐츠에 대하여 게이미피케이션 및 상호작용 요소를 도입하여 학습자의 흥미와 동기 부여 강화 • 개인화된 학습 경험 제공으로 학습자의 수준에 맞는 학습 경로를 제시하여 학습 참여 유도

해결 방안	설명
학습 콘텐츠 접근 개선	• 모든 학습자가 필요한 이러닝 학습 콘텐츠에 동등하게 접근할 수 있도록 자원 접근성 개선
의사소통 개선	• 실시간 커뮤니케이션 도구를 도입하여 학습자와 교수자 간 소통 강화 • 학습자 커뮤니티를 활성화하여 학습자 간 의사소통을 할 수 있도록 유도
피드백 개선	• 피드백을 자동화하여 학습자가 즉각적인 피드백을 받을 수 있도록 개선 • 피드백 시 인공지능을 활용하여 개선 가능
기술적 지원	• 학습자 친화적인 인터페이스와 경험을 제공하여 직관적으로 학습 시스템을 사용할 수 있도록 개선 • 다양한 운영체제와 기기에서 이러닝 학습 시스템이 원활하게 작동할 수 있도록 호환성 최적화 • 헬프데스크 등을 통하여 학습자의 기술적 문제 해결

적중 예상문제

01 다음 보기의 설명을 참고하여 빈칸을 채우시오.

구분	설명
(㉠)	• 학습 콘텐츠의 관리, 전달, 추적, 평가 등을 포함하여 학습 과정을 관리하는 시스템
(㉡)	• 학습 콘텐츠의 제작, 저장, 관리 및 재사용을 지원하는 시스템

정답

㉠ LMS(Learning Management System)
㉡ LCMS(Learning Contents Management System)

02 다음 보기에서 설명하고 있는 기술 용어를 작성하시오.

> 모바일 애플리케이션, PC의 웹 브라우저와 이러닝 학습 시스템의 API 간 송수신되는 데이터에 대하여 노출되지 않도록 안전한 (   )을(를) 적용하여 통신을 수행한다.

정답

암호화(Encryption)

03 다음 보기에서 설명하고 있는 콘텐츠 보호 기술을 작성하시오.

> 콘텐츠에 이미지 등을 첨가하여 해당 콘텐츠에 저작권자를 식별하고 복제방지와 불법복제 콘텐츠를 추적할 수 있는 기법이다.

정답

워터마크(Watermark)

04 다음은 이러닝 학습 시스템의 표준에 대한 설명이다. 빈칸에 알맞은 표준을 작성하시오.

표준	설명
(㉠)	• 이러닝 학습 시스템의 운영, 관리, 통합 지원 • 학습 도구 상호 운용성, 품질 관리, 시험 공정성, 보안성 보장
(㉡)	• 이러닝 학습 시스템에서 생성, 저장, 관리되는 학습 데이터 구조와 관리 방법 제시 • 학습 객체 메타데이터, 학습 경험 기록, 데이터 보호 제시
(㉢)	• 이러닝 콘텐츠의 생성, 패키징, 전달 및 품질 관리 규정 포함 • 이러닝 학습 콘텐츠의 재사용성, 호환성, 교육적 유효성 보장

정답

㉠ : 서비스 표준
㉡ : 데이터 표준
㉢ : 학습 콘텐츠 표준

05 이러닝 학습 시스템에서 표준이 필요한 이유를 간단히 작성하시오.

정답

- 이러닝 학습 시스템, 콘텐츠가 다양한 하드웨어, 소프트웨어, 운영체제 등에서 문제없이 작동하게 하기 위함이다.
- 이러닝 학습 시스템, 콘텐츠를 다른 플랫폼, 환경, LMS 등으로 쉽게 이전하거나 배포할 수 있게 하기 위함이다.

해설

필요 이유	설명
호환성	• 이러닝 학습 시스템, 콘텐츠가 다양한 하드웨어, 소프트웨어, 운영체제 등에서 문제없이 작동하게 하기 위함
이식성	• 이러닝 학습 시스템, 콘텐츠를 다른 플랫폼, 환경, LMS 등으로 쉽게 이전하거나 배포할 수 있게 하기 위함

06 다음 빈칸에 알맞은 이러닝 학습 시스템의 표준을 작성하시오.

표준	설명
(㉠)	• 학습 콘텐츠의 접근성을 보장하기 위한 표준 • 학습자의 개별적 접근 요구사항을 충족하는 방법 제시
(㉡)	• 학습 경험의 데이터를 기록하고 추적하는 표준 • 다양한 학습 활동의 포괄적 데이터 수집
(㉢)	• 이러닝 콘텐츠의 패키징, 전달 및 실행 표준화 • 다양한 LMS에서 콘텐츠의 상호 운용성 보장

정답

㉠ : Access For All

㉡ : xAPI

㉢ : SCORM

07 다음 보기에서 설명하는 내용을 용어로 작성하시오.

> • 사용자 화면의 너비에 따라 서로 다른 화면 디자인으로 표현한다.
> • PC 웹 사이트, 태블릿, 모바일 디자인으로 구현한다.

정답

반응형 디자인(Responsive Design)

e 해설

보기에서 설명하고 있는 용어는 반응형 디자인으로, 클라이언트 기술 요소 중 하나이다.

08 다음은 이러닝 학습 시스템의 사용자 요구사항이다. 각각 요구사항을 기능적 요구사항과 비기능적 요구사항으로 구분하시오.

> 학습자 계정 등록, 강의 콘텐츠 등록, 학습 진행도 평가, 커뮤니케이션 및 협업, 알림 및 일정 관리, 성능 및 확장성, 보안성, 가용성 및 신뢰성, 사용자 경험 및 접근성, 호환성

구분	요구사항
기능적 요구사항	
비기능적 요구사항	

구분	요구사항
기능적 요구사항	• 학습자 계정 등록, 강의 콘텐츠 등록, 학습 진행도 평가, 커뮤니케이션 및 협업, 알림 및 일정 관리
비기능적 요구사항	• 성능 및 확장성, 보안성, 가용성 및 신뢰성, 사용자 경험 및 접근성, 호환성

해설

- 기능적 요구사항은 이러닝 학습 시스템에서 동작해야 할 기능을 나열한 요구사항으로, 기능의 작동 여부로 요구사항이 충족되었는지 확인할 수 있다.
- 비기능적 요구사항은 이러닝 학습 시스템의 운영과 관련된 기준을 정의하는 요구사항이며, 시스템 속성이나 학습 시스템 기능에 대한 제약사항 등이다.

09 이러닝 학습 시스템의 개발 프로세스는 일반적으로 소프트웨어 개발 프로세스를 따른다. 다음 단계를 올바른 순서로 나열하시오.

가. 설계
나. 유지보수
다. 개발(구현)
라. 요구사항 분석
마. 테스트

정답: 라 → 가 → 다 → 마 → 나

10 다음 보기에서 설명하고 있는 개발 환경 방식을 기술하시오.

> - 회사 내부에서 개발팀을 구성하여 이러닝 시스템을 직접 개발하는 방식이다.
> - 모든 개발 작업이 회사 내부에서 이루어진다.

정답

인 하우스(In-house)

해설

보기의 내용은 인 하우스 개발 방식이다.

개발 환경	설명
인 하우스 (In-house)	• 회사 내부에서 개발팀을 구성하여 소프트웨어나 기술 솔루션을 직접 개발하는 방식 • 모든 개발 작업이 회사 내부에서 이루어짐
아웃소싱 (Outsourcing)	• 회사 외부의 개발 업체나 개발자에게 소프트웨어 개발 작업을 의뢰하는 방식 • 개발 업체나 프리랜서가 이러닝 시스템 요구사항에 맞추어 시스템 개발

11 다음 보기에서 설명하고 있는 것을 작성하시오.

> 학습자와 교수자 간 상호작용을 지원하고, 학습 과정에 필요한 자료를 적시에 제공하며, 학습자의
> 학습 활동을 관리하고 모니터링하는 일련의 과정이다.
> 또한, 학습자의 개인정보와 학습 데이터가 안전하게 보호되고 있는지 주기적으로 확인해야 하며,
> 학습자의 수가 급격히 증가할 때를 대비해서 시스템이 안정적으로 서비스를 제공하는지 모니터링
> 이 필요하다.

정답

이러닝 학습 시스템 운영

e 해설

- 이러닝 학습 시스템 운영은 이러닝 학습 환경에서 학습자와 교수자 간 상호작용을 지원하고, 학습 과정에 필
요한 자료를 적시에 제공하며, 학습자의 학습 활동을 관리하고 모니터링하는 일련의 과정이다.
- 학습자의 학습 환경의 안정적인 운영뿐만 아니라, 이러닝 학습 시스템 또한 원활하게 운영될 수 있도록 관리
하는 행위이다.

12 다음은 이러닝 학습 시스템의 운영 프로세스를 나열한 것이다. 순서에 맞게 배치하시오.

> 학습 준비, 학습 유지, 학습 관리, 학습 실시, 학습 기획

(㉠) → (㉡) → (㉢) → (㉣) → (㉤)

정답

㉠ : 학습 기획　　㉡ : 학습 준비　　㉢ : 학습 실시　　㉣ : 학습 관리　　㉤ : 학습 유지

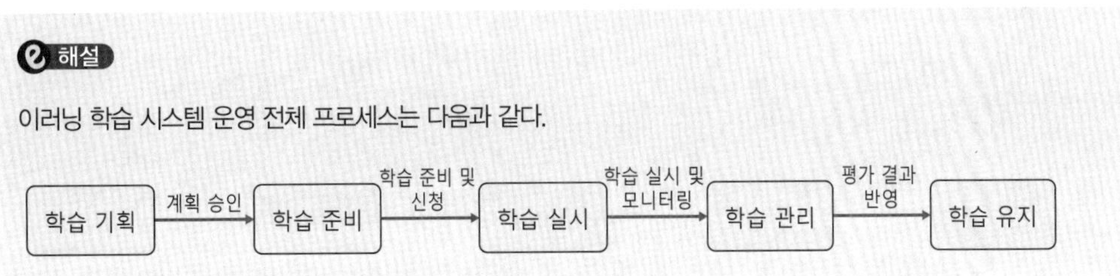

13 다음 보기에서 설명하고 있는 이러닝과 관련된 용어를 기술하시오.

> • 이러닝 학습 환경에서 학습자, 교수자, 관리자 간 학습 활동을 관리하고 조율한다.
> • 학습자의 학습 경험을 체계적으로 관리하고, 학습 목표를 달성할 수 있도록 지원한다.

정답

학습 관리 시스템(LMS)

14 다음은 이러닝 학습 시스템의 운영 리스크와 해결 방안이다. 제시된 리스크와 해결 방안을 옳게 연결하시오.

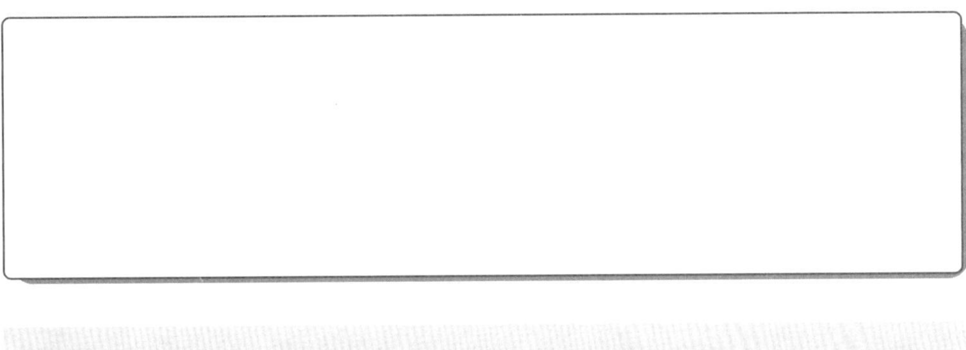

리스크	해결 방안
콘텐츠 저작권 침해 •	• 이러닝 학습 시스템의 연속성을 보장할 수 있도록 연속성 계획 수립 및 모의훈련 수행
시스템 장애 •	• 백업 데이터의 무결성을 검증하여 데이터 손상 여부 판단
학습 참여 저하 •	• 게이미피케이션 및 상호작용 요소를 도입하여 학습자의 흥미와 동기부여 강화
데이터 손실 •	• 주기적인 저작권 교육을 통한 저작권 침해 문제 예방

리스크	해결 방안
콘텐츠 저작권 침해	이러닝 학습 시스템의 연속성을 보장할 수 있도록 연속성 계획 수립 및 모의훈련 수행
시스템 장애	백업 데이터의 무결성을 검증하여 데이터 손상 여부 판단
학습 참여 저하	게이미피케이션 및 상호작용 요소를 도입하여 학습자의 흥미와 동기부여 강화
데이터 손실	주기적인 저작권 교육을 통한 저작권 침해 문제 예방

해설

리스크	해결 방안	설명
콘텐츠 저작권 침해	콘텐츠 저작권 준수	• 이러닝 학습 콘텐츠에 사용되는 다양한 자료들의 라이선스 관계를 명확히 파악하여 학습 콘텐츠에 사용 • 주기적인 저작권 교육을 통한 저작권 침해 문제 예방
시스템 장애	시스템 장애 대비	• 이중화 시스템, 고가용성의 시스템 구축과 이러닝 학습 시스템의 연속성을 보장할 수 있도록 연속성 계획 수립 및 모의훈련 등을 통하여 시스템 장애를 대비
학습 참여 저하	학습 참여 유도	• 이러닝 학습 콘텐츠에 대하여 게이미피케이션 및 상호작용 요소를 도입하여 학습자의 흥미와 동기부여 강화 • 개인화된 학습 경험 제공으로 학습자의 수준에 맞는 학습 경로를 제시하여 학습 참여 유도
데이터 손실	데이터 손실 최소화	• 주기적인 데이터 백업을 통해 데이터 손실 시 빠르게 복구하고, 복구 절차가 제대로 수행되는지 테스트 수행 • 백업 데이터의 무결성을 검증하여 데이터 손상 여부 판단

이러닝 운영 준비

E-learning Service Manager

원활한 이러닝 학사 과정을 운영하기 위해서는 체계
적인 운영 준비가 필요하다. 이러닝 학습 특성에 맞는
운영 환경을 분석하여 교육과정을 개설하고, 과정이
원활하게 진행되기 위한 학사 일정을 수립하여 학습
자가 수강 등록한 내역에 대한 관리가 필요하다.

Chapter 01 운영 환경 분석

1 /// 학습 시스템 점검

1) 이러닝 서비스를 위한 학습 시스템 점검 항목

① 이러닝 시스템을 운영하기 위하여 사전에 환경 분석을 수행하며, 교육과정을 개설하기 전에 이러닝 학습 시스템을 점검하고 해결한다.

② 학습자가 학습을 원활히 수행하기 위해서는 학습 시스템이 이러닝 서비스 형태로 제공되어야 하며, 학습 시스템의 점검에 대한 범위는 다음과 같다.

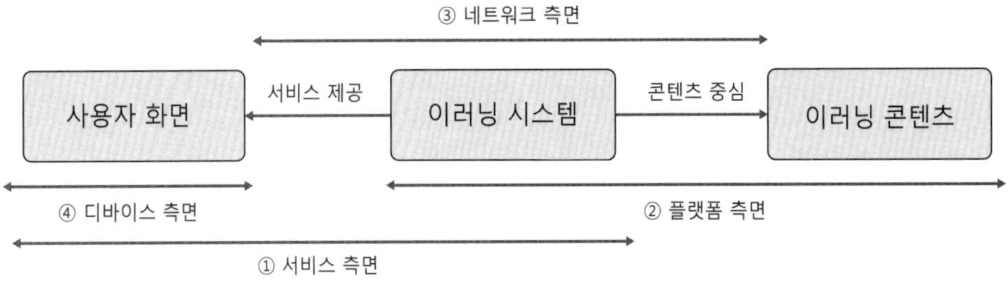

그림 4-1-1 이러닝 서비스를 위한 학습 시스템 점검 범위

③ 학습자에게 제공되는 이러닝 서비스에 대한 학습 시스템을 점검하는 범위는 서비스, 플랫폼, 네트워크, 디바이스 측면으로 구분할 수 있으며 항목은 다음과 같다.

㉠ 서비스 측면의 이러닝 서비스를 위한 학습 시스템 점검 항목

서비스 측면의 이러닝 서비스를 위한 학습 시스템은 서비스를 받는 사용자가 사용하는 화면, 학습 시스템의 기능으로 구분하여 점검할 수 있다.

표 4-1-1 서비스 측면의 이러닝 서비스를 위한 학습 시스템 점검 항목

점검 항목	설명
사용자 화면	• 학습 화면이 직관적이고, 사용자 경험을 충분하게 제공할 수 있는지 확인 • 사용자 친화적 디자인, 콘텐츠 가독성, 반응형 디자인 등

점검 항목	설명
화면 접근성	• 장애가 있거나 다양한 디바이스를 사용하는 사용자들이 학습 시스템에 접근할 수 있는지 확인 • 웹 접근성, 스크린 지원, 대체 텍스트 제공 등
학습 시스템 기능	• 제공되는 학습 시스템이 학습자들이 원활하게 사용할 수 있는지 확인 • 학습 콘텐츠 재생, 과제 제출, 학습 진도 및 평가 등

ⓛ 플랫폼 측면의 이러닝 서비스를 위한 학습 시스템 점검 항목

플랫폼 측면의 이러닝 서비스를 위한 학습 시스템은 이러닝 서비스를 제공하는 사업자가 이러닝 학습 시스템과 학습자를 보호하기 위하여 점검해야 한다.

표 4-1-2 플랫폼 측면의 이러닝 서비스를 위한 학습 시스템 점검 항목

점검 항목	설명
시스템 보안	• 이러닝 시스템, 학습자 개인정보를 포함한 데이터 등을 보호할 수 있는지 점검 • 보안 인증서 적용, 학습자 및 관리자 인증, 데이터 백업 및 복구 등
시스템 성능	• 이러닝 서비스를 원활히 제공하기 위하여 시스템이 빠르고 안정적으로 작동할 수 있는지 확인 • 시스템 응답 시간, 트래픽 처리, 서버 부하 분산 등
콘텐츠 오류	• 제공하는 이러닝 학습 콘텐츠를 다양한 학습자들이 오류 없이 이용할 수 있는지 확인 • 콘텐츠 손상, 제공 주소 누락 등

ⓒ 네트워크 측면의 이러닝 서비스를 위한 학습 시스템 점검 항목

네트워크 측면의 이러닝 서비스를 위한 학습 시스템은 학습 콘텐츠가 학습자한테 안정적으로 전달되기 위해서 네트워크를 이용하므로 이에 대한 점검이 필요하다.

표 4-1-3 네트워크 측면의 이러닝 서비스를 위한 학습 시스템 점검 항목

점검 항목	설명
네트워크 성능	• 이러닝 학습 콘텐츠를 안정적으로 학습자한테 전송할 수 있는 네트워크 성능 확인 • 네트워크 회선 대역폭, 업로드 및 다운로드 등
인프라 구성	• 이러닝 콘텐츠를 안정적으로 제공할 수 있는 시스템의 기반 구성도 확인 • 클라우드 컴퓨팅, 서버 부하 분산, CDN 구성 등
네트워크 보안	• 이러닝 학습 시스템에 대하여 수행되는 불법적인 공격을 방어하기 위한 보안 설정 확인 • 방화벽, DDoS(분산 서비스 거부) 대응, 통신 암호화 등

ⓔ 디바이스 측면의 이러닝 서비스를 위한 학습 시스템 점검 항목

디바이스 측면의 이러닝 서비스를 위한 학습 시스템은 학습 시스템에서 요구하는 환경과 학습자의 디바이스 환경이 서로 다르기에 발생하므로 이에 대한 점검이 필요하다.

표 4-1-4 디바이스 측면의 이러닝 서비스를 위한 학습 시스템 점검 항목

점검 항목	설명
디바이스 호환성	• 다양한 디바이스에서 학습 시스템이 실행되는지 여부 확인 • 운영체제, 브라우저, 화면 크기, 해상도, 디바이스 성능 등
콘텐츠 호환성	• 이러닝 학습 콘텐츠가 학습자 디바이스에서 재생 가능한지 아닌지 확인 • 미디어 파일 포맷, 파일 크기, 리소스 호환성 등
다중 디바이스 사용 가능성	• 학습자가 PC, 모바일 등 여러 디바이스를 동시에 사용해도 학습 연속성을 보장할 수 있는지 확인 • 이전 학습 위치 기억 및 저장, 클라우드 동기화 등

2) 이러닝 서비스를 위한 학습 시스템의 문제점 해결 방안

학습자에게 제공되는 이러닝 서비스에 대한 학습 시스템을 네 가지의 범위로 문제점을 점검하여 발생한 문제점을 해결하는 방법 또한 네 가지의 범위로 구분하여 해결할 수 있다.

① 서비스 측면의 이러닝 서비스를 위한 학습 시스템의 문제점 해결 방안

- 서비스 측면의 이러닝 서비스를 위한 학습 시스템에서 점검된 문제점에 대해서는 다음과 같은 해결 방안을 통해 해결할 수 있다.
- 서비스 측면에서 발생하는 문제점에 대해서는 주로 학습자가 사용하는 학습 시스템의 화면과 내용이 되므로, 이에 대한 해결이 주를 이룬다.

표 4-1-5 서비스 측면의 이러닝 서비스를 위한 학습 시스템 문제점 해결 방안

점검 항목	해결 방안
사용자 화면	• 사용자 친화적인 인터페이스의 개선을 통해 양질의 경험을 얻을 수 있도록 해결
화면 접근성	• 웹 접근성 준수 및 키보드 내비게이션, 스크린 리더 기능을 추가하여 문제 해결
학습 시스템 기능	• 학습 콘텐츠 재생문제 개선, 학습 진도 관리 및 통계 등의 기능을 제공하여 문제 해결

② 플랫폼 측면의 이러닝 서비스를 위한 학습 시스템의 문제점 해결 방안

- 플랫폼 측면의 이러닝 서비스를 위한 학습 시스템에서 점검된 문제점에 대해서는 다음과 같은 해결 방안을 통해 해결할 수 있다.
- 플랫폼 측면에서 발생하는 문제점에 대해서는 주로 이러닝 사업자가 제공하는 학습 시스템의 구성이 문제가 되므로, 이에 대한 해결이 주를 이룬다.

표 4-1-6 플랫폼 측면의 이러닝 서비스를 위한 학습 시스템 문제점 해결 방안

점검 항목	해결 방안
시스템 보안	• 데이터 암호화, 사용자 인증 강화, 정기적 업데이트 수행 등을 통해 시스템 보안성 향상
시스템 성능	• 시스템에 대하여 과도한 부하 발생 시 이를 효율적으로 분산시킬 수 있는 부하 분산 시스템 등을 도입하여 시스템 성능 개선
콘텐츠 오류	• 미디어 파일 형식 통일, 콘텐츠 검수 시스템 도입, 사용자 피드백 시스템 구축 등을 통하여 이러닝 학습 콘텐츠 오류가 발생할 수 있는 문제 최소화

③ 네트워크 측면의 이러닝 서비스를 위한 학습 시스템의 문제점 해결 방안

- 네트워크 측면의 이러닝 서비스를 위한 학습 시스템에서 점검된 문제점에 대해서는 다음과 같은 해결 방안을 통해 해결할 수 있다.
- 네트워크 측면에서 발생하는 문제점에 대해서는 주로 이러닝 학습 시스템에서 학습자로 전달되는 과정이 문제가 되므로, 이에 대한 해결이 주를 이룬다.

표 4-1-7 네트워크 측면의 이러닝 서비스를 위한 학습 시스템 문제점 해결 방안

점검 항목	해결 방안
네트워크 성능	• 데이터가 전송되는 통로인 대역폭을 확장하거나 최적화 수행 등을 하여 네트워크 성능 개선
인프라 구성	• 네트워크의 장애 발생 시에도 안정적인 이러닝 학습 시스템을 제공하기 위하여 네트워크에 대해 이중화 등을 수행하여 안정성을 확보
네트워크 보안	• 침입 탐지 시스템, 침입 방지 시스템, 방화벽, 네트워크 접근 제어 등의 솔루션을 도입하여 외부 공격에 대응

④ 디바이스 측면의 이러닝 서비스를 위한 학습 시스템의 문제점 해결 방안

- 디바이스 측면의 이러닝 서비스를 위한 학습 시스템에서 점검된 문제점에 대해서는 다음과 같은 해결 방안을 통해 해결할 수 있다.
- 디바이스 측면에서 발생하는 문제점에 대해서는 주로 이러닝 학습 시스템을 이용하는 학습자가 사용하는 장치가 문제가 되므로, 이에 대한 해결이 주를 이룬다.

 디바이스 측면의 이러닝 서비스를 위한 학습 시스템 문제점 해결 방안

점검 항목	해결 방안
디바이스 호환성	• 이러닝 학습 시스템이 디바이스 별로 구동되는 서로 다른 운영체제에서 실행되는지 확인하여 문제점 해결
콘텐츠 호환성	• 표준화된 파일 포맷(MP4 확장자), 모든 브라우저에서 콘텐츠 재생 테스트 등을 수행하여 콘텐츠의 최대 호환성 확보
다중 디바이스 사용 가능성	• 학습자의 학습 데이터를 이러닝 시스템에 저장하여 어떤 디바이스에서도 학습 시스템에 접속하여 학습을 지속할 수 있게 학습 시스템의 기능 수정을 통하여 문제 해결

2 ||| 학습 관리 시스템 점검

1) 이러닝 운영을 위한 학습 관리 시스템 점검

① 이러닝 시스템을 운영하기 위하여 학습 관리 시스템을 점검할 경우, 시스템의 기능이 정상적으로 작동하는지, 비기능적인 요소들이 잘 반영이 되었는지 확인하여야 한다.

② 학습 관리 시스템의 기능적인 요소와 비기능적인 요소의 확인을 위해서는 시스템의 구축 시 도출하였던 기능 요구사항 및 비기능 요구사항을 대조하거나 시스템 매뉴얼 등을 참고하여 점검할 수 있도록 한다. 또한, 이러닝 학습 관리 시스템을 서비스 형태로 받는 경우, 서비스 제공자가 명시한 기능이 정상적으로 작동하는지 기능 점검을 수행한다.

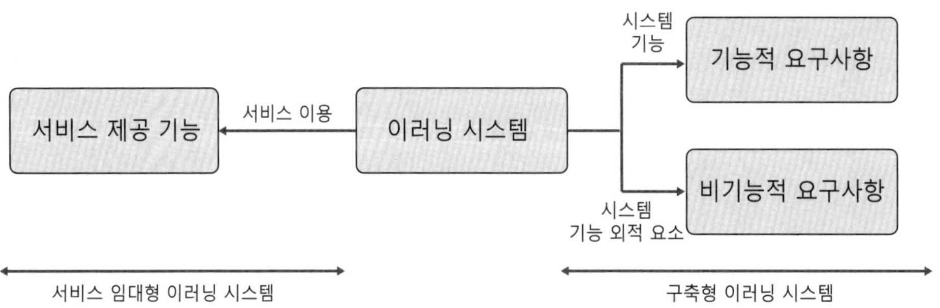

 이러닝 운영을 위한 학습 시스템 점검 범위

㉠ 기능적 측면의 이러닝 운영을 위한 학습 관리 시스템 점검 항목

기능적 측면에서 이러닝 운영을 위한 학습 관리 시스템은 학습자가 이용하는 서비스와 관리자 및 운영자, 교수자가 이용하는 LMS에 대한 기능을 점검한다.

표 4-1-9 기능적 측면의 이러닝 운영을 위한 학습 관리 시스템 점검 항목

점검 항목	설명
학습 콘텐츠 관리	• 다양한 유형의 이러닝 학습 콘텐츠를 쉽게 업로드, 수정, 삭제할 수 있는 기능 확인
사용자 관리	• 사용자 권한의 구분, 관리, 사용자 등록, 수정, 삭제, 학습 진도 및 활동 추적 기능 확인
학습자 지원	• 학습자에게 다양한 커뮤니케이션 도구를 제공하여 학습 환경을 원활하게 유지할 수 있는지 확인

ⓛ 비기능적 측면의 이러닝 운영을 위한 학습 관리 시스템 점검 항목

비기능적 측면에서 이러닝 운영을 위한 학습 시스템은 학습자가 이용하는 서비스와 관리자 및 운영자, 교수자가 이용하는 LMS에 대한 기능 외적 요소를 점검한다.

표 4-1-10 비기능적 측면의 이러닝 운영을 위한 학습 관리 시스템 점검 항목

점검 항목	설명
성능	• LMS에 대규모 사용자가 동시에 접속하더라도 빠른 응답 속도와 안정성을 유지할 수 있는지 확인
가용성	• 장애나 서버 오류가 발생할 때 빠르게 복구할 수 있는 백업 시스템이나 복구 계획의 여부 확인
호환성	• 다양한 브라우저, 운영체제, 디바이스에서 LMS가 원활하게 작동하는지 확인

ⓒ 서비스 제공 측면의 이러닝 운영을 위한 학습 관리 시스템 점검 항목

- 서비스 제공 측면에서 이러닝 운영을 위한 학습 관리 시스템은 이러닝 시스템을 서비스 형태로 임대하여 학습자에게 제공한다.
- 이러닝 운영을 위한 학습 관리 시스템을 점검할 때 이러닝 시스템을 서비스 형태로 제공하는 사업자가 제시하는 기능 목록을 점검하여 서비스를 받는 이러닝 학습 시스템에 대하여 기능 검증을 수행해야 한다.

표 4-1-11 서비스 제공 측면의 이러닝 운영을 위한 학습 관리 시스템 점검 항목

점검 항목	설명
지속적인 지원, 업데이트	• 서비스 제공자가 시스템을 정기적으로 업데이트하고 새로운 기능을 추가하는지 확인
서비스 안정성	• 제공되는 시스템의 서비스 수준을 확인하고, 제공자가 시스템 장애 발생 시 이를 해결하기 위한 보상 방안을 제공하는지 확인
비용, 과금 체계	• 비용 구조가 투명하고, 사용량에 따른 합리적인 과금이 이루어지는지 점검 • 서비스 이용 시 추가 비용이 발생할 수 있는 요소들을 명확히 이해하고 점검

2) 이러닝 운영을 위한 학습 관리 시스템의 문제점 해결 방안

① 이러닝 시스템을 운영하기 위하여 학습 시스템을 점검하여 발견한 문제점에 대해서는 문제의 심각성과 영향도에 따라 해결해야 할 문제에 대한 우선순위를 지정할 수 있다.

② 지정된 우선순위를 기반으로 이러닝 운영을 위한 학습 관리 시스템의 문제점을 효율적으로 해결하여 이러닝 운영에 차질이 없도록 진행한다.

㉠ 기능적 측면의 이러닝 운영을 위한 학습 관리 시스템의 문제점 해결 방안

기능적 측면의 이러닝 운영을 위한 학습 관리 시스템에서 점검하고 도출한 문제점을 해결하기 위해서는 수립한 해결 방안에 따라 시스템의 수정이 필요하다. 만약 시스템의 수정이 어려울 때, 다른 해결 방안을 마련하여 수행한다.

표 4-1-12 기능적 측면의 이러닝 운영을 위한 학습 관리 시스템의 문제점 해결 방안

점검 항목	해결 방안
학습 콘텐츠 관리	• 콘텐츠의 분류와 검색 기능 제공, 다양한 콘텐츠 파일 형식 지원, 콘텐츠의 업데이트 편의성 제공 등 수행
사용자 관리	• 역할 기반 접근 제어, 학습자 진도 및 성과 추적, 개인정보 보호 등 수행
학습자 지원	• 학습자와 소통할 수 있는 게시판 등 기능 제공, 학습 피드백 제공, 리마인더 기능 제공

㉡ 비기능적 측면의 이러닝 운영을 위한 학습 관리 시스템의 문제점 해결 방안

비기능적 측면의 이러닝 운영을 위한 학습 관리 시스템에서 점검하고 도출한 문제점을 해결하기 위해서는 해결된 사항을 지속해서 관찰하고 모니터링하여 문제점이 해결되었는지 확인한다.

표 4-1-13 비기능적 측면의 이러닝 운영을 위한 학습 관리 시스템의 문제점 해결 방안

점검 항목	해결 방안
성능	• 이러닝 학습 관리 시스템의 서버 성능 최적화와 부하 분산을 수행한 다음 성능 테스트 및 모니터링을 수행하여 지속해서 성능을 측정
가용성	• 이러닝 학습 관리 시스템의 장애 발생 시 자동 장애 복구 시스템 구축, 정기적인 백업 및 복구를 계획하고 모의 훈련 수행을 통해 실제로 수행되는지 확인
호환성	• 다양한 웹 브라우저 및 운영체제와 호환되는지 테스트를 수행하고, 다양한 파일 형식과 미디어가 호환되는지 확인

ⓒ 서비스 제공 측면의 이러닝 운영을 위한 학습 관리 시스템의 문제점 해결 방안

서비스 제공 측면에서 이러닝 운영을 위한 학습 관리 시스템에서 점검하고 도출한 문제점을 해결하기 위해서는 이러닝 서비스 제공 사업자에게 해당 내용을 전달하여 문제점을 해결한다.

표 4-1-14 서비스 제공 측면의 이러닝 서비스를 위한 학습 시스템의 문제점 해결 방안

점검 항목	해결 방안
지속적인 지원, 업데이트	• 정기적 업데이트 수행 내역과 문서화된 지원 프로세스 등을 확인하여 서비스 제공자가 실제 업무를 수행하는지 확인
서비스 안정성	• 이러닝 서비스 제공 계약 시 계약서 내용대로 서비스를 제공할 수 있는지 확인 • 이러닝 서비스의 실시간 모니터링 시스템을 확인함으로써 문제 발생 시 즉각적인 대응을 수행할 수 있는지 확인
비용, 과금 체계	• 서비스 이용료에 대하여 명확한 세부 내역을 확인할 수 있는지 점검하고, 추가적인 비용이 과도하게 발생하는지를 확인

3 /// 학습 지원 도구 점검

1) 이러닝 학습 지원 도구 점검

① 이러닝 학습 지원 도구는 이러닝 학습 시스템에 탑재되어 시스템 운영자 또는 관리자가 이러닝 학습자의 학습을 지원할 수 있는 도구이다.

② 이러닝 학습 시스템에 탑재된 프로그램 또는 이러닝 학습 시스템에 탑재되지 않는 프로그램으로 구분하여 점검할 수 있다.

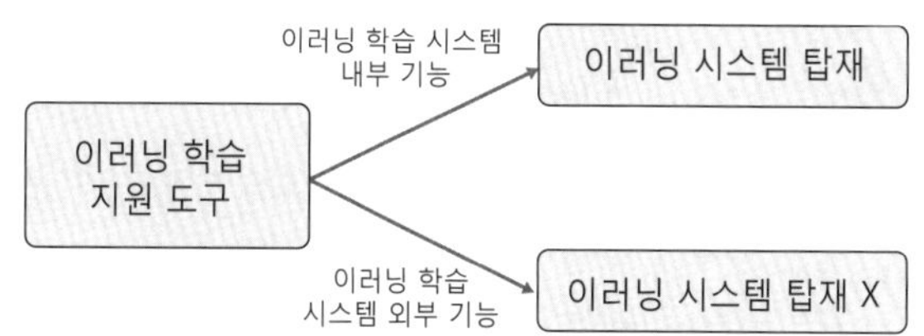

그림 4-1-3 이러닝 학습 지원 도구 점검 범위

㉠ 이러닝 학습 시스템에 탑재된 학습 지원 도구 점검 항목

이러닝 학습 시스템에 탑재된 학습 지원 도구에 대한 점검은 이러닝 학습 시스템에서 해당 프로그램 및 기능 작동 여부를 통해 점검할 수 있다.

표 4-1-15 이러닝 학습 시스템에 탑재된 학습 지원 도구 점검 항목

점검 항목	설명
학습 진도 추적 도구	• 학습 평가의 정확성, 채점 평가에 대한 오류 테스트, 평가 결과 피드백 기능 등의 점검
학습자 평가 도구	• 학습 진도 정확성 테스트, 학습 완료 조건 확인, 데이터 동기화 등 기능 점검
커뮤니티 게시판	• 학습자 상호작용 분석, 사용성 평가, 검색 기능 테스트 등 기능 점검

ⓛ 이러닝 학습 시스템에 탑재되지 않는 학습 지원 도구 점검 항목

이러닝 학습 시스템에 탑재되지 않는 학습 지원 도구에 대한 점검은 별도 프로그램으로 존재하므로, 해당 프로그램을 구동시켜 기능 작동 여부를 통해 점검할 수 있다.

표 4-1-16 이러닝 학습 시스템에 탑재되지 않는 학습 지원 도구 점검 항목

점검 항목	설명
Zoom	• LMS와 연동 여부 확인, 동시 접속 테스트, 화면 기록 및 공유 기능 등 점검
Google Drive	• 파일 업로드 및 다운로드, 접근 권한, 파일 버전 관리 기능 등 점검
Canva	• 작업 내보내기 및 공유, 디바이스 호환성, 협업 기능 등 점검

2) 이러닝 학습 지원 도구의 문제점 해결 방안

① 이러닝 학습 지원 도구의 문제점을 해결하는 방법은 이러닝 학습 시스템에 탑재 여부에 따라 해결하는 방법이 다르다.

㉠ 이러닝 학습 시스템에 탑재된 학습 지원 도구의 문제점 해결 방안

이러닝 학습 시스템에 탑재된 학습 지원 도구에 대한 문제점은 학습 시스템에서 제공하는 기능의 수정 및 개선을 통해 문제점을 해결할 수 있다.

표 4-1-17 이러닝 학습 시스템에 탑재된 학습 지원 도구의 문제점 해결 방안

점검 항목	해결 방안
학습 진도 추적 도구	• 학습 진도 데이터의 동기화 문제 해결, 시스템 로그 파일 분석 등의 방법을 통해 학습 진도 추적을 원활히 할 수 있도록 시스템 기능 수정
학습자 평가 도구	• 학습자 평가에 대하여 평가 문제 구성을 재검토, 평가 시 동시 접속자로 인한 성능 저하를 줄이기 위해 성능 최적화 수행
커뮤니티 게시판	• 학습자의 커뮤니티 게시판 이용을 원활히 하기 위한 사용자 인터페이스 및 경험 개선, 검색 기능 강화, 알림 및 푸시 활용, 교 · 강사의 상호작용 유도 개입 등 수행

ⓛ 이러닝 학습 시스템에 탑재되지 않는 학습 지원 도구 점검 항목

- 이러닝 학습 시스템에 탑재되지 않는 학습 지원 도구에 대한 문제점은 해당 프로그램과 관련된 기능의 점검을 통해 문제점을 해결할 수 있다.

표 4-1-18 이러닝 학습 시스템에 탑재되지 않는 학습 지원 도구의 문제점 해결 방안

점검 항목	해결 방안
Zoom	• 원활한 실시간 화상 강의를 위한 네트워크 연결 상태 및 서비스 연동 상태 점검 등으로 문제 해결
Google Drive	• 구글 드라이브의 이용 가능한 용량 확인, 업로드 및 다운로드 파일 크기 확인, 네트워크 속도 최적화, 파일 접근 권한 설정 등으로 문제 해결
Canva	• 디바이스 호환성 테스트, 파일 형식 변환, 파일 손상 방지 등으로 문제 해결

- 프로그램 장애 발생 시 문제점을 단기간에 해결할 수 없는 사항일 경우, 대안 프로그램을 준비하여 이러닝 학습자의 학습 진행에 차질이 없도록 대비한다.

4 /// 멀티미디어 기기 콘텐츠 구동 점검

1) 멀티미디어 기기의 콘텐츠 구동 확인

① 이러닝 학습을 위한 멀티미디어 기기는 이러닝 학습자가 학습을 진행하기 위해 사용하는 기기로, 이러닝 학습자가 원활한 학습을 진행하기 위해서는 멀티미디어 기기에서 이러닝 학습 콘텐츠를 구동할 수 있는지 확인해야 한다.

② 멀티미디어 기기에서 구동되는 콘텐츠를 확인하는 범위는 멀티미디어 기기, 콘텐츠, 이러닝 학습 시스템으로 구분할 수 있다.

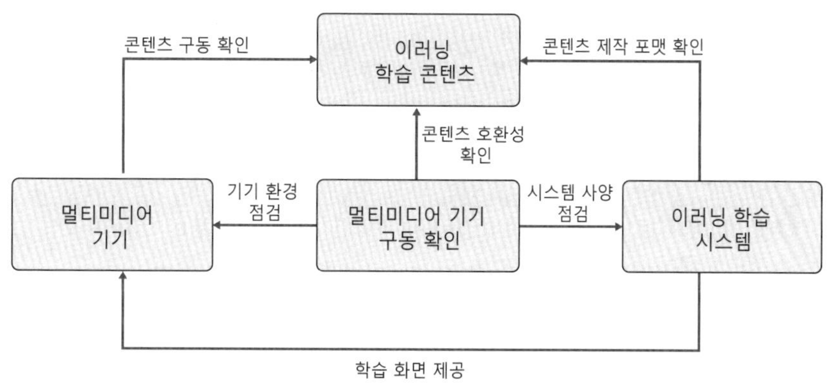

그림 4-1-4 멀티미디어 기기 콘텐츠 구동 확인 범위

㉠ 멀티미디어 기기 측면에서 콘텐츠 구동 확인 방법

멀티미디어 기기 측면에서 이러닝 학습 콘텐츠를 구동하는 방법은 기기 성능, 운영체제,
인터넷 연결 등을 확인하여 콘텐츠 구동이 원활히 수행될 수 있는지 확인한다.

표 4-1-19 멀티미디어 기기의 콘텐츠 구동 확인 방법

구동 확인 방법	설명
멀티미디어 기기 성능 확인	• 멀티미디어 기기가 이러닝 학습 콘텐츠를 원활히 구동할 수 있는 사양인지 확인
인터넷 연결 상태 확인	• 인터넷에 연결할 수 있고, 이러닝 학습 관리 시스템에 접속할 수 있는지 확인
운영체제, 브라우저 호환성 확인	• 멀티미디어 기기의 운영체제, 브라우저가 이러닝 학습 콘텐츠를 지원하는 최신 버전인지 확인

㉡ 이러닝 학습 콘텐츠 측면에서 멀티미디어 기기의 콘텐츠 구동 확인 방법

이러닝 학습 콘텐츠 측면에서 멀티미디어 기기의 콘텐츠 구동을 확인하려면 콘텐츠
파일의 정보 확인과 실제로 구동을 해 보아야 한다.

표 4-1-20 이러닝 학습 콘텐츠 측면에서 멀티미디어 기기 콘텐츠 구동 확인 방법

점검 항목	설명
파일 형식, 코덱 호환성	• 멀티미디어 기기에서 콘텐츠 파일 형식 지원 여부 확인 • 기기에 설치된 코덱이 콘텐츠와 호환되는지 여부 확인
콘텐츠 크기, 로딩 시간	• 이러닝 학습 콘텐츠 크기가 지나치게 커서 로딩이 오래 걸리거나 멀티미디어 기기에 저장이 어려운지 확인
멀티미디어 요소 작동 확인	• 이러닝 학습 콘텐츠 재생 시 영상이 버벅거리거나 오디오 밀림 현상 등의 콘텐츠 재생 문제 확인

㉢ 이러닝 학습 시스템 측면에서 멀티미디어 기기 콘텐츠 구동 확인 방법

이러닝 학습 시스템 측면에서 멀티미디어 기기의 콘텐츠 구동을 확인하려면 이러닝
학습 시스템이 멀티미디어 콘텐츠를 적절하게 제공하는지 확인해야 한다.

표 4-1-21 이러닝 학습 시스템 측면에서 멀티미디어 기기 콘텐츠 구동 확인 방법

점검 항목	설명
LMS 시스템 호환성	• 다양한 이러닝 학습용 멀티미디어 기기를 통해 LMS가 정상적으로 작동하는지 기기 호환성 점검
응답 시간, 로딩 속도	• 멀티미디어 기기별로 LMS가 제공하는 콘텐츠를 불러오는 속도의 차이가 발생할 수 있으므로 콘텐츠 제공 시 일정 수준의 응답 시간 및 로딩 속도 보장 여부 점검
플러그인, 외부 모듈 지원	• LMS에서 특정 멀티미디어 콘텐츠를 재생시키기 위해서 별도의 플러그인 및 프로그램을 실행할 수 있는지 확인

2) 멀티미디어 기기별 콘텐츠 구동 확인 차이점

멀티미디어 기기별 콘텐츠 구동을 확인하는 방법 중 멀티미디어 기기 측면과 이러닝 학습 콘텐츠 측면의 차이점은 다음과 같다.

표 4-1-22 멀티미디어 기기별 콘텐츠 구동 확인 차이점

구분	멀티미디어 기기 측면	학습 콘텐츠 측면
멀티미디어 기기 성능 확인	• 멀티미디어 기기의 CPU, 메모리 등 성능을 확인하여 학습 콘텐츠 구동 여부 점검	• 학습 콘텐츠가 기기 성능에 맞게 최적화되어 있는지 확인
운영체제, 브라우저 호환성	• 운영체제 및 브라우저가 최신 버전이며 호환성에 문제가 없는지 확인	• 학습 콘텐츠 파일 형식이 다양한 운영체제 및 브라우저에서 지원되는지 확인
인터넷 연결 상태 확인	• 멀티미디어 기기의 인터넷 연결 상태를 점검하여 학습 콘텐츠 다운로드 이상 여부 확인	• 학습 콘텐츠 다운로드 및 스트리밍 시 데이터 크기와 연결 속도가 적절한지 점검

5 /// 교육과정별 콘텐츠 점검

1) 교육과정별 콘텐츠 점검

이러닝 학습을 위한 교육과정별 콘텐츠를 점검하는 항목은 이러닝 콘텐츠를 기준으로 다음과 같이 구분할 수 있으며, 해당 콘텐츠를 점검하기 위해서는 학습 시스템에 입력된 교육과정을 참고하여 점검한다.

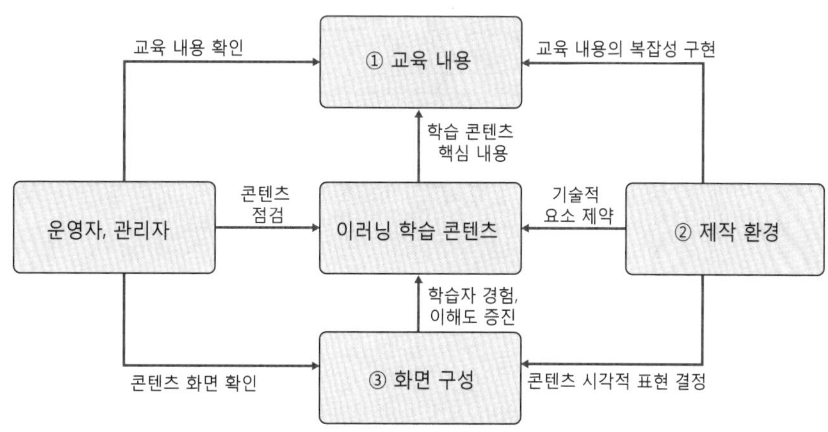

그림 4-1-5 이러닝 학습 콘텐츠와 콘텐츠 제작 환경 관계

표 4-1-23 교육과정별 콘텐츠 점검 항목

점검 항목	설명
교육 내용	• 이러닝 콘텐츠의 제작 목적성, 교육 목표 부합 여부 점검 • 내레이션의 학습자 수준 및 과정의 성격 부합 여부 점검 • 학습 핵심 정보의 콘텐츠 화면 내 표시 여부 점검 • 학습 목표에 부합한 내용인지 콘텐츠의 구성 여부 점검
제작 환경	• 콘텐츠 호환성, 로딩 속도, 다양한 기기, 브라우저 표시 등 점검 • 촬영 대상자의 목소리 크기, 의상, 메이크업 등 적절성 점검 • 최종 납품 콘텐츠의 영상 포맷 호환성을 고려한 점검 • 콘텐츠 제작 시 카메라 앵글의 무난한지 점검
화면 구성	• 자막, 그래픽 작업 시 오·탈자 여부 점검 • 영상 및 내레이션의 오디오 싱크(Sync) 점검 • 영상의 목적에 맞는 오디오의 사용 점검 • 이러닝 콘텐츠 화면이 적절한 도구를 사용했는지 점검

2) 교육과정별 콘텐츠 수정 요청 방안

① 이러닝 학습을 위한 교육과정별 콘텐츠에서 수정 요청이 발생할 경우, 수정 사항을 정리하여 프로젝트 관리자에게 전달한다.

② 프로젝트 관리자는 수정 요청사항을 확인하여 우선순위를 지정하고, 이러닝 학습 콘텐츠 개발에 관련된 인원들에게 전달한다.

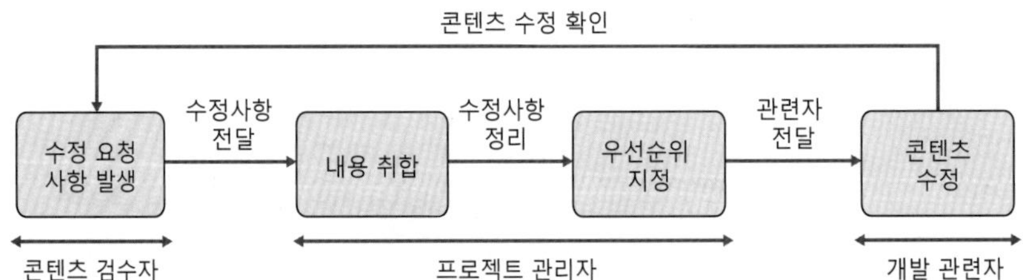

그림 4-1-6 이러닝 학습을 위한 교육과정별 콘텐츠 수정 요청 절차

표 4-1-24 교육과정별 콘텐츠 수정 요청 절차

절차	설명
콘텐츠 수정 요청사항 발생	• 콘텐츠를 수정하기 위하여 요청사항을 구분하고, 수정 요청을 접수
콘텐츠 수정 사항 정리	• 콘텐츠를 수정하기 위한 수정 요청 내용을 분석하고 문제 유형을 분류 하여 수정이 제한된 일정 내 가능한지 검토
콘텐츠 수정 우선순위 지정	• 중요한 사항부터 수정하기 위하여 우선순위 기준을 설정하고 부여한 다음 콘텐츠 수정에 필요한 일정 조정
콘텐츠 수정	• 콘텐츠의 수정 작업을 진행하고 테스트한 다음 수정이 완료된 콘텐츠 의 재확인 진행

③ 교육과정별 콘텐츠 수정 요청 절차에 따른 방안은 다음과 같다.

표 4-1-25 교육과정별 콘텐츠 수정 요청 절차에 따른 수정 요청 방안

절차	수정 요청 방안
콘텐츠 수정 요청사항 발생	• 콘텐츠 수정 요청 양식에 수정 요청의 종류, 콘텐츠에서 발생한 구체 적인 문제와 발생 위치 등을 작성하여 공식적인 수정 요청 경로를 통해 요청사항 전달
콘텐츠 수정 사항 정리	• 접수한 수정 요청에 대한 분석을 수행 • 수정 요청사항의 실현 가능성 점검 • 수정 요청 유형에 따라 담당자 배정
콘텐츠 수정 우선순위 지정	• 수정 요청에 대한 우선순위 지정 기준 설정 • 콘텐츠 수정 작업을 진행할 일정 계획 수립
콘텐츠 수정	• 수정 작업에 배정된 담당자는 콘텐츠 수정 작업 진행 • 수정된 콘텐츠의 테스트 진행 및 수정 요청자에 결과 전달

④ 교육과정별 콘텐츠의 수정이 완료되었으면 교육과정 개설을 통해 이러닝 학습 콘텐츠를
등록한다.

Chapter 02 교육과정 개설

1 ||| 교육과정의 특성

1) 학습 교육과정의 특성

① 이러닝 학습 과정 관리자는 이러닝 학습자에게 제공 예정인 학습 과정을 개설하기 전에 해당 학습 교육과정의 특성을 도출한 다음 적절한 분석 기법을 통해 분석한다.

표 4-2-1 이러닝 학습 교육과정의 특성

특성	설명
학습자 주도 학습	• 학습자가 주도적으로 학습을 관리할 수 있는 환경을 제공하여 자기 주도 학습 능력을 향상하는 데 기여
유연성	• 시간과 장소의 제약 없이 학습할 수 있으며, 학습자가 자신의 일정에 맞추어 학습 속도와 학습 시간 조절
상호작용성	• 교수자와 학습자 간, 또는 학습자들 간의 상호작용을 위한 토론 게시판, 채팅, 화상 회의 등 제공
접근성 향상	• 장애인, 원격지에 거주하는 사람, 시간상 바쁜 사람 등 다양한 학습자에게 평등한 교육 기회 제공
다양한 학습 콘텐츠	• 텍스트, 이미지, 동영상 등 다양한 형식의 콘텐츠 제공 • 멀티미디어 자료를 통해 학습자가 더 생동감 있게 학습 • 이론 강의뿐만 아니라 실습, 토론, 사례 연구 등도 포함될 수 있어 종합적인 학습 경험 제공
지속적 갱신	• 디지털 환경의 특성상 빠른 속도로 내용이 변화하므로 교육과정 또한 지속해서 업데이트 필요

② 학습 교육과정의 특성을 파악하여 개설할 학습 교육과정이 필요로 하는 사항을 도출한다.

2) 학습 교육과정의 특성 분석

이러닝 학습 교육과정의 특성을 효과적으로 도출하여 학습 과정을 개설하기 위한 분석 기법은 다음과 같다.

표 4-2-2 이러닝 학습 교육과정의 특성 분석 기법

기법	설명
설문 조사	• 학습자의 만족도, 학습 경험, 콘텐츠에 대한 의견을 수집하여 개선 방안 모색
러닝 애널리틱스	• 학습자의 학습 데이터를 기반으로 학습 행동을 분석하고 학습 효과 예측
사례 연구	• 특정 학습자 그룹 또는 개별 학습자가 이러닝 과정에서 어떤 경험을 했는지 심층적으로 분석
상관관계 분석	• 학습 시간, 콘텐츠 유형, 상호작용 빈도 등의 특정 변수가 학습 성과에 미치는 영향 분석

2 학습 관리 시스템과 교육과정

1) 학습 관리 시스템 교육과정의 등록 절차

① 이러닝 학습 관리 시스템에서 교육과정을 등록하는 과정은 이러닝 학습자에게 더욱 체계적인 학습 구조를 제시할 수 있다.

② 학습 관리 시스템 운영자 및 관리자에게는 교육과정 개설 시 누락되는 요소를 방지하여 교육과정을 개설할 기회를 제공한다.

③ 이러닝 학습 관리 시스템 교육과정의 등록 절차는 다음과 같다.

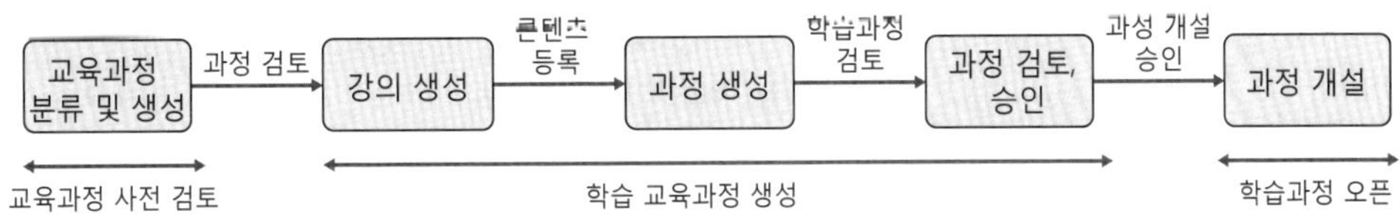

그림 4-2-1 이러닝 학습 관리 시스템에서 교육과정의 등록 절차

표 4-2-3 이러닝 학습 관리 시스템 교육과정의 등록 절차

절차	설명
교육과정 분류 및 생성	• 교육과정의 범주화 수행 • 교육 주제, 대상 등에 따라 적절히 분류
강의 생성	• 교육과정을 구성하는 개별 강의 생성 • 강의 제목, 내용 등을 입력하여 강의 내용 설정
과정 생성	• 생성된 강의를 취합하여 교육과정 설계 • 과정 이름, 설명, 학습 목표 등을 작성하여 과정 구성

절차	설명
과정 검토, 승인	• 교육과정 개설 전, 구성된 과정에 대하여 검토 승인 수행 • 과정의 내용 및 학습 적절성 등 검토
과정 개설	• 학습자들이 해당 학습 교육과정을 수강할 수 있도록 오픈 • 학습 기간, 수강 방법, 수강 인원 등의 정보를 설정하여 학습자들에게 노출

2) 학습 관리 시스템 교육과정의 세부 차시 등록 절차

① 이러닝 학습 관리 시스템의 교육과정을 등록하였다면 세부 차시를 등록하여 학습자들이 실제로 학습할 수 있는 콘텐츠를 등록하여야 한다.

② 이러닝 학습 관리 시스템 교육과정의 등록 절차는 다음과 같다.

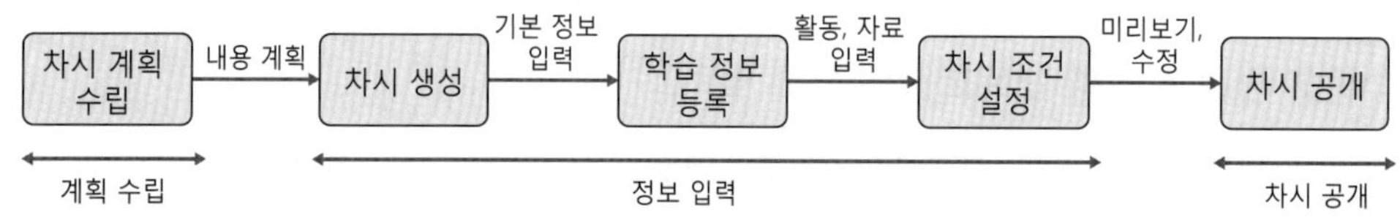

그림 4-2-2 이러닝 학습 관리 시스템에서 교육과정의 세부 차시 등록 절차

표 4-2-4 이러닝 학습 관리 시스템 교육과정의 세부 차시 등록 절차

절차	설명
차시 계획 수립	• 학습 교육과정의 목표와 흐름에 따라 차시 내용 계획 • 차시별 주제, 학습 목표, 차시 순서 등 설정
차시 생성	• 해당 학습 과정에 신규 차시 추가 • 차시 제목, 설명, 진행 시간 등의 정보 추가
학습 정보 등록	• 학습 자료 등록, 학습 활동 설정 등을 통해 학습에 필요한 정보 입력
차시 조건 설정	• 학습자가 학습을 진행하는 학습 차시의 순서, 평가, 완료 조건 등의 정보 설정 후 등록 • 입력한 차시 정보에 대하여 미리 보기 후 오류 발견 시 수정
차시 공개	• 차시 등록 후 해당 차시를 학습자에게 공개 • 해당 학습 과정에 차시가 등록됨을 알리고, 학습자가 학습할 수 있도록 안내

1) 학습 관리 시스템의 사전 자료 종류

이러닝 학습 관리 시스템에서 활용할 수 있는 사전 자료의 종류는 학습 사전 자료, 시스템 사전 자료로 구분할 수 있으며, 각 자료는 학습 단계별 원활한 운영을 진행하기 위해 사전에 이러닝 학습 시스템에 등록한다.

① 학습 관리 시스템의 학습 사전 자료

- 학습 관리 시스템의 학습 사전 자료는 LMS를 이용하는 학습자들에게 원활한 학습 경험을 제공하는 데 필요한 자료이다.
- 학습 과정은 크게 학습 전, 학습 중으로 구분할 수 있으며, 해당 과정에 따라 제공되는 학습 사전 자료의 종류가 다르다.

표 4-2-5 학습 관리 시스템의 학습 사전 자료 종류

학습 과정	사전 자료
학습 전	• 학습자가 학습을 시작하기 전에 참고하는 자료 • 공지사항, 강의 계획서, 선행 학습 자료 등 제공
학습 중	• 학습자가 원활한 학습 진행을 위해 참고하는 자료 • 강의 자료, 실습 자료, 외부 참고자료 등 제공

② 학습 관리 시스템의 시스템 사전 자료

- 학습 관리 시스템의 시스템 사전 자료는 LMS를 이용하는 관리자 및 운영자, 교·강사들에게 원활한 시스템 운영을 수행하는 데 필요한 자료이다.
- 시스템 사전 자료는 LMS를 운영하는 모든 과정에서 참고하며, 사전 자료가 주어지면 학습 관리 시스템의 오·작동을 예방할 수 있다.

표 4-2-6 학습 관리 시스템의 시스템 사전 자료 종류

운영 과정	사전 자료
운영 전	• 학습 관리 시스템을 원활히 운영하기 위해 숙지하는 자료 • 시스템 설치, 설정 가이드, 관리자 매뉴얼 등
운영 중	• 학습 관리 시스템 운영 중 문제 해결과 관련 자료 • 문제 해결 가이드, 시스템 유지보수 매뉴얼, 콘텐츠 가이드 등

2) 학습 관리 시스템의 사전 자료 등록 절차

① 학습 관리 시스템의 사전 자료를 등록하기 위해서는 LMS에 등록하는 과정이 필요하다.

② 학습 사전 자료와 시스템 사전 자료는 등록 시 자료 등록 위치에 따라 구분하여 등록한다.

그림 4-2-3 이러닝 학습 관리 시스템의 사전 자료 등록 절차

표 4-2-7 이러닝 학습 관리 시스템의 사전 자료 등록 절차

절차	설명
자료 준비	• 등록하려는 사전 자료 준비 • 자료의 파일 형식 및 LMS 지원 여부 확인
시스템 로그인	• 자료를 등록하기 위하여 관리자 계정으로 로그인 • 콘텐츠 제작 권한을 가진 계정으로 로그인
자료 등록	• 사전 자료를 등록하기 위하여 등록할 위치 선택 • 등록 위치에 따라 학습 사전 자료, 시스템 사전 자료를 구분하여 등록
자료 접근 / 권한 설정	• 등록된 자료에 대하여 공개 여부, 접근 권한 설정
자료 관리	• 등록된 자료에 대한 수정 및 업데이트 수행

4 ||| 학습 관리 시스템과 과정 평가 문항

1) 학습 교육과정별 평가 문항의 종류

① 학습자의 학습 성취를 올바르게 측정하기 위하여 교육과정별로 평가 문항을 개발하는 것은 중요하다.

② 평가 문항을 개발하기 위한 과정 평가의 종류는 다음과 같다.

표 4-2-8 학습 교육과정별 평가 종류

평가 종류	설명
진단평가	• 학습 시작 전 학습자의 지식수준, 능력 등 파악 • 학습자에 따른 학습 계획 수립에 활용

평가 종류	설명
형성평가	• 학습 과정 중 학습자의 학습 진행 상황을 파악 • 학습 이해도 평가 및 부족 부분에 대한 피드백 보완
총괄평가	• 학습자의 학습 목표 달성을 종합적으로 평가 • 학습 과정의 종료 시점에 수행

③ 학습 교육과정별로 평가 문항의 종류를 구분하고, 평가 문항 개발 시 적절한 유형을 선택하고 개발하여 학습자의 학습 성취를 평가한다.

표 4-2-9 학습 교육과정별 평가 문항의 종류

문항 종류	설명
객관식	• 정답이 명확하게 결정되는 형태의 문항 • 평가 결과가 명확하고 평가하기 쉬움
주관식	• 학습자가 자기 생각을 서술하거나 답변을 작성해야 하는 형태의 문항 • 정답이 정해져 있지 않으며, 학습자의 사고 능력 평가 용이
다지선다	• 여러 개의 선택지 중 한 개를 고르는 객관식 문항 유형 • 선택지가 여러 개일 수 있음
진위형	• 주어진 문제에 대해 참 또는 거짓으로 답하는 문항 • 지식 확인, 개념 이해 평가는 쉬우나, 분별력은 부족함
연결형	• 두 개의 항목 집합을 주고, 서로 관련된 항목들을 연결하는 문항 • 주로 개념 간 관계를 평가하거나 학습자의 기억 평가
단답형	• 학습자가 짧은 답을 작성해야 하는 형태의 문항 • 특정 사실, 개념 이해 평가에 활용
서술형	• 학습자가 긴 답변을 논리적으로 작성해야 하는 형태의 문항 • 학습자의 견해, 논리적 사고를 설명할 수 있음

2) 학습 관리 시스템의 교육과정별 평가 문항 등록 절차

① 학습 관리 시스템에서 교육과정별 평가 문항을 등록하기 위해서는 평가 문항의 유형과 제목, 내용, 배점 점수 등의 문항 정보를 입력하여 등록한다.

그림 4-2-4 이러닝 학습 관리 시스템의 교육과정별 평가 문항 등록 절차

② 교육과정별 평가 문항 등록 시 교육과정과 문항 종류에 따라 문항의 내용, 채점 방식이 상이하므로 이를 고려하여 문항을 개발하고 등록해야 한다.

표 4-2-10 학습 관리 시스템의 교육과정별 평가 문항 등록 절차

절차	설명
평가 문항 생성	• 학습자가 응시할 평가 문항 생성 • 평가 제목, 유형, 응시 시간 등 설정
문항 유형 선택	• 학습자 평가에 포함될 문항의 유형 선택 • 학습자의 평가를 공정하게 하기 위한 최적의 방법 선택
문항 내용 작성	• 학습자가 응시할 평가 문항 정보 입력 • 문항 제목, 문항 내용, 정답, 배점 정보 등 설정
평가 문항 설정, 옵션 조정	• 문항 세부 설정을 통해 문항 난이도, 피드백 등 설정 • 문항 순서 무작위 출제 등의 기능 설정
평가 문항 등록, 미리 보기	• 학습자를 위한 평가 문항 작성 완료 시, 해당 내용을 등록하고 미리 보기 등을 통해 실제 표시될 평가 문항 내용 확인 • 평가 문항 내용 확인이 된 경우, 공개하여 학습자가 평가를 응시할 수 있도록 안내

Chapter 03 학사 일정 수립

1 /// 학사 일정 수립

1) 개별 학사 일정의 특징

개별 학사 일정은 학습자의 개인적인 요구와 상황, 목표에 맞게 맞춤화된 학습 계획을 수립하는 특징이 있다.

표 4-3-1 개별 학사 일정의 특징

특징	설명
맞춤형 학습 진도	• 개개인의 학습 속도에 맞춰 일정 조정 가능 • 정해진 학기나 기간에 얽매이지 않고 유연하게 목표 달성
자기 주도 학습	• 개별 학사 일정은 자기 주도 학습을 촉진 • 자기 주도 학습을 통한 학습자의 시간 관리 능력 및 학습 계획 수립 능력 강화
유연한 학습 환경	• 학습자가 시간과 장소에 구애받지 않고 학습 가능 • 여유 시간에 학습을 진행할 수 있는 환경 제공
진도 추적 및 목표 재설정	• 학습자가 개별 진도에 맞춰 학습 일정 및 목표 재설정 가능 • LMS에서 학습자의 진도를 추적하거나, 학습자 자신이 학습 목표 및 일정 수정

2) 개별 학사 일정 수립 절차

개별 학사 일정의 특징으로부터 도출한 연간 학사 일정을 기준으로 한 개별 학사 일정을 수립하는 과정은 다음과 같다.

표 4-3-2 연간 학사 일정을 기준으로 한 개별 학사 일정 수립 절차

절차	설명
기초 진단평가	• 학습자의 현재 능력을 평가하여 필요한 학습량 분석
학습 스타일 분석	• 학습자의 성향을 파악하고, 학습 시간대를 분석하여 학습 스타일에 맞춘 일정 구성
맞춤형 일정 설계	• 학습자의 전체 일정을 넓은 범위에서 설정 • 월간, 주간 일정 세부화를 통하여 학습자가 수행해야 할 주요 이벤트 설정
학습 자원 제공	• 학습자 맞춤 개별 학습 자료를 준비하고 학습 도구 및 플랫폼 설정을 통해 학습자에게 맞춤형 자원 제공
학습 평가 계획 및 주기 설정	• 조정된 학습자 맞춤 일정에 따른 평가 계획 수립 • 평가 결과에 따른 피드백 제공
유연성 확보 및 일정 조정	• 학습자가 예기치 못한 상황에 대응하기 위하여 대체 가능한 유연한 일정 조정 계획 수립
학습 평가 및 일정 재조정	• 주기적으로 학습자의 학습 성취 평가 수행 • 학습자의 초기 학습 목표와 현재 학습 상황의 차이를 분석하여 학습 목표에 맞는 일정 재조정 수행

2 ||| 학사 일정 공지

1) 원활한 학사 진행을 위한 협업 부서 간 학사 일정 공지 절차

① 이러닝 시스템 운영자 및 관리자는 협업 부서 또는 유관 부서와 협의를 통하여 원활한 학사 진행을 위한 준비를 수행한다.

② 협업 부서의 원활한 학사 진행을 위한 공지 절차는 커뮤니케이션과 관련된 절차와 관련이 깊으며, 사전 협의를 통하여 일정을 조율한다.

표 4-3-3 원활한 학사 진행을 위한 협업 부서 학사 일정 공지 절차

절차	설명
사전 협의	• 학사 일정의 주요 사항을 사전에 협의하고 확인
공문 발송	• 일정에 대한 각 부서의 역할과 책임을 명시한 내용을 공문으로 발송
회의 및 피드백	• 협업 부서 간 주기적인 회의나 피드백을 통해 일정 조정 및 변경 사항을 확인하고 반영

2) 교 · 강사의 사전 운영 준비를 위한 학사 일정 공지 절차

① 사전 운영 준비는 이러닝 학습 과정이 학사 일정 동안 원활히 운영될 수 있도록 실제 과정을 운영하는 교 · 강사가 준비하는 과정이다.

② 이러닝 시스템 운영자 및 관리자는 학사 일정의 수립 후 실제 과정을 운영하는 교 · 강사들에게 해당 과정의 운영 준비를 위하여 사전에 학사 일정을 공지한다.

표 4-3-4 교 · 강사의 사전 운영 준비를 위한 학사 일정 공지 절차

절차	설명
개별 이메일, 내부 공지	• 학사 일정, 평가 기간, 주요 마감일 등을 명확히 전달
오리엔테이션	• 학사 일정과 관련된 세부 사항을 설명하는 오리엔테이션 또는 워크숍 진행
지속적 업데이트 수행	• 중요 일정 변경 시 즉각적으로 업데이트 정보를 바로 전달

3) 학습자의 사전 학습 준비를 위한 학사 일정 공지 절차

① 이러닝 시스템 운영자 및 관리자는 학습자가 학습을 원활히 진행할 수 있도록 학사 일정을 숙지하고 준비하는 기간을 사전에 안내하여 학사 일정을 놓치는 일이 없도록 한다.

② 학습자를 위한 학사 일정 공지는 학사 일정 중 꾸준하게 발생하므로 지속적인 상담 지원이 필요하다.

표 4-3-5 학습자의 사전 학습 준비를 위한 학사 일정 공지 절차

절차	설명
LMS 및 이메일 공지	• 중요 학사 일정인 개강, 종강, 과제 제출 마감일 등에 대한 주요 일정 공지
모바일 알림	• 모바일로 쉽게 접근할 수 있도록 알림을 설정
FAQ 제공	• 자주 묻는 질문, 답변을 통해 학습 일정 혼선 최소화
상담 지원	• 학습자들의 궁금한 사항에 대해 문의할 수 있도록 상담 지원 채널 운영

1) 학사 일정 신고를 위한 서식의 구성요소

① 학사 일정 신고를 하기 위해서는 서식을 갖춘 문서를 통하여 신고한다.

② 신고 서류는 기관에 따라 다르지만, 서식의 기본 구성요소는 다음과 같다.

표 4-3-6 학사 일정 신고를 위한 서식 구성요소

구성요소	설명
학사 일정 계획서	• 학기 시작 및 종료일, 중간고사 및 기말고사 일정, 휴강일 등 학사 전체 일정 계획을 작성한 문서
교육과정 운영 계획서	• 이러닝 과정에 대한 구체적인 교육과정 및 운영 계획을 작성한 문서
인증 관련 서류	• 이러닝 프로그램이 공인된 교육 기준을 준수하는지 확인하기 위한 인증 관련 서류
교·강사 명단	• 강의 담당자의 자격 증명서와 이력을 포함한 명단 파일
기타 필수 서류	• 법령 및 해당 기관에서 요구하는 추가적인 서류 • 사업자 등록증 사본, 과정 운영 보고서, 현장 사진 등

2) 주요 관계 기관 신고 절차

① 기관에 학사 일정을 신고하기 위해서는 기관별로 제시하는 접수일이 상이하므로, 기관 일정에 맞추어 마감일 전에 서식을 작성하여 신청할 수 있도록 한다.

② 학사 일정과 관계된 기관에 신고하는 절차는 다음과 같다.

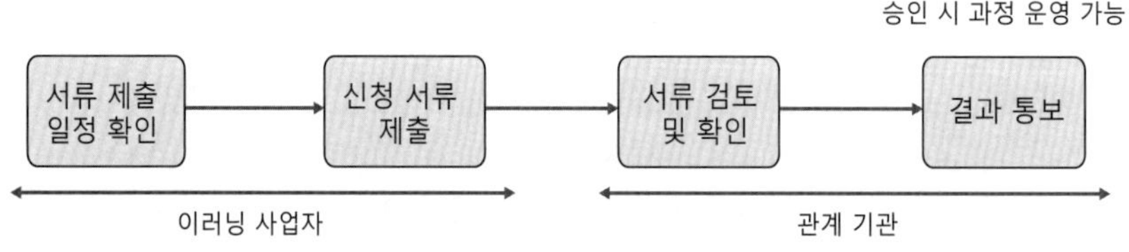

그림 4-3-1 이러닝 학습 관리 시스템의 교육과정별 평가 문항 등록 절차

표 4-3-7 학사 일정과 관계된 기관 신고 절차

절차	설명
서류 제출 일정 확인	• 학사 일정 신고와 관련된 서류를 제출하기 위하여 지속해서 기관의 서류 접수 일정 확인
신청 서류 제출	• 기관에 학사 일정 및 이러닝 운영 과정 계획 서류 제출 • 서류 신청 시 우편, 이메일 등 전송 제출 가능한 방법 확인 후 제출
서류 검토 및 확인	• 기관이 제출한 서류를 검토 후 이러닝 교육과정이 법적 요건을 충족하는지 확인 • 과정 적합성, 교육 내용 적절성, 학사 일정, 강의 시간 등 검토
결과 통보	• 기관의 검토 완료 후 승인 여부를 통보받음 • 승인 시 일정에 따라 이러닝 과정을 운영 가능

③ 관계 기관 신고 시 신청 서류의 누락, 내용 미비 등의 문제로 기관의 승인을 얻지 못하는 경우, 이러닝 학사 운영에 중대한 차질이 발생할 수 있으므로, 일정 확인과 신청 서류를 꼼꼼하게 확인하여야 한다.

Chapter 04 수강 신청 관리

1 ||| 수강 신청과 수강 승인

1) 교육과정별 수강 신청 절차

① 교육과정별 수강 신청은 학습자가 신청하며, 신청한 과정에 대하여 운영자 및 관리자의 승인 후 수강 신청이 완료된다.

② 교육과정에 따라 수강 정정 기간이 별도로 존재할 수 있으므로, 수강 신청 후 정정이 필요하면 해당 기간 내에 반드시 수강 신청 내역을 정정한다.

표 4-4-1 교육과정별 수강 신청 확인 절차

절차	설명
시스템 로그인	• 수강 신청을 하기 위하여 이러닝 시스템의 계정정보를 입력하여 로그인 수행
교육과정 탐색	• 수강을 원하는 교육과정 검색 • 교육 목표, 강사 정보, 커리큘럼, 수강 기간, 수강료 등 확인
수강 신청	• 수강하고자 하는 과정을 선택한 후, '수강 신청' 또는 '신청하기' 버튼을 클릭하여 수강 신청 • 유료 과정일 경우, 결제가 필요할 수 있음
신청 확인	• 수강 신청 완료 시, 신청이 완료되었다는 메시지를 확인할 수 있음 • 신청 완료 시 신청 내역에 대한 이메일 수신
수강 상태 확인	• 마이페이지 등에서 수강 상태에 따라 학습을 진행할 수 있는지 확인

③ 수강 상태는 이러닝 시스템 운영자 및 관리자의 승인 처리 여부에 따라 변경될 수 있다.

2) 교육과정별 수강 신청 승인 처리 절차

① 수강 신청 승인은 교육과정별로 수강 신청한 학습자에 대하여 운영자 및 관리자가 학습자 또는 교육과정에서 발생할 수 있는 다양한 요건을 검토하여 승인하는 과정이다.

② 만약 학습자가 신청한 수강 정보에 대해 정정을 요청할 경우, 수강 신청 정정 기간 내에 발생한 요청인지 확인 후, 변경 사항에 대하여 승인 처리를 수행한다.

표 4-4-2 교육과정별 수강 신청 승인 처리 절차

절차	설명
시스템 로그인	• 이러닝 관리자 시스템에 로그인하여 수강 신청 목록 페이지 접근
수강 신청 목록 확인	• 과정별 또는 날짜별로 신청 목록 필터링 후 수강 신청 대기 목록 확인
신청자 정보 검토	• 신청자 정보를 확인하고 누락된 정보가 있는지 확인 • 유료 과정의 경우 결제 상태 확인 후 미결제 시 결제 안내
수강 자격 검토	• 교육과정이 특정 자격 또는 선행 조건이 필요할 시 수강 신청자가 해당 조건을 충족하는지 확인
수강 신청 승인 처리	• 자동 또는 수동으로 관리자 및 운영자가 수강 신청 처리
신청자 승인 알림 발송	• 수강 신청 승인 시 수강 신청자에게 이메일, 문자 메시지, 이러닝 시스템 내 알림 등을 통해 신청 승인 안내

③ 교육과정의 문제로 인하여 교육과정이 폐강되거나 수강 신청자의 자격이 불충분하여 수강 신청이 취소되는 등의 이슈가 발생한 경우, 바로 학습자가 인지할 수 있도록 다양한 방법을 통하여 안내한다.

2 /// 교육과정 입과

1) 교육과정별 수강 승인된 학습자의 입과 안내 절차

① 교육과정별 수강 승인된 학습자의 입과를 안내하는 절차는 다음과 같다. 입과 절차의 경우, 입과 안내문에서 입과 안내 절차 전체 또는 일부를 설명한다.

표 4-4-3 교육과정별 수강 신청 승인 처리 절차

절차	설명
수강 승인 확인 안내	• 수강 승인에 관한 확인 메시지를 이메일 발송 또는 플랫폼 내 알림 기능을 통해서 수강 신청이 승인되었음을 알림
교육과정 입과 정보 제공	• 주로 이메일, SMS, 또는 플랫폼 내 공지사항 등을 통해 학습자에게 입과 안내 정보 제공 • 학습 시작 방법, 학습 일정, 준비 사항, 강의 진행 방식 등
지원, 문의 안내	• 교육 관련 문의 또는 기술 지원에 대한 사항 안내

절차	설명
학습 동기부여, 유의사항 안내	• 교육 목표를 달성하기 위한 동기부여 제공과 과정 중 주의해야 할 사항 안내
추가 알림, 리마인더 발송	• 교육과정 시작 전 주기적인 공지를 통하여 학습자가 교육 일정을 놓치지 않도록 안내
커뮤니케이션 채널 안내	• 학습자가 학습 과정 진행 중 궁금한 사항을 질문할 수 있도록 게시판 이용 등 방법 안내

2) 교육과정별 수강 승인된 학습자의 입과 안내 방법

교육과정에 따라 수강 정정 기간이 별도로 존재할 수 있다.

표 4-4-4 교육과정별 수강 승인된 학습자의 입과 안내 방법

안내 방법	설명
이메일	• 가장 일반적인 방법으로, 수강 승인 후 학습자에게 중요한 정보를 이메일로 발송
SMS	• 즉각적인 알림을 위해 문자 메시지를 사용하여 학습자의 휴대전화로 간단한 정보 전달
시스템 알림	• 이러닝 학습 시스템 내 알림 시스템을 통해 학습자가 로그인하면 중요한 안내 사항을 직접 확인
푸시 메시지	• 앱 기반의 이러닝 학습 시스템을 사용하는 경우 앱 푸시 알림을 통해 중요한 사항을 학습자에게 알림 • 앱 푸시 알림을 놓칠 가능성이 있으므로 이러닝 학습 시스템 알림과 병행
우편물	• 오프라인 방법으로, 특별한 교육 자료나 교재가 필요한 경우 우편으로 안내 자료 발송
전화	• 직접적인 커뮤니케이션 방법으로, 중요한 안내나 기술적인 문제가 발생했을 때 안내

1) 운영 예정 학습 과정에 대한 운영자 정보 등록 절차

① 운영 예정 학습 과정에 대한 운영자 정보를 등록하기 위해서는 이러닝 학습 관리자 시스템에 로그인하여 정보를 등록한다.

표 4-4-5 운영 예정 학습 과정에 대한 운영자 정보 등록 절차

절차	설명
시스템 로그인	• 운영자를 등록할 수 있는 계정으로 이러닝 학습 관리자 시스템에 로그인하여 운영자 정보 등록 메뉴 진입
운영자 정보 등록	• 운영자 이름, 이메일, 연락처 등 정보 입력
운영자 권한 설정	• 운영자가 운영 업무를 수행할 해당 학습 과정에 대한 권한 설정 • 학습 과정 콘텐츠 수정, 학습자 관리, 알림 및 공지 발송 등

② 운영자 정보 등록 시 운영자 개인정보를 과도하게 노출할 수 있는 정보를 입력하지 않도록 한다.

2) 개설된 학습 과정에 대한 교 · 강사 지정 절차

① 개설된 학습 과정에 대하여 교 · 강사를 지정할 때, 이러닝 시스템 운영자 및 관리자가 학습 과정 관리 메뉴에서 해당 과정에 대하여 교 · 강사를 지정 또는 수정할 수 있다.

표 4-4-6 개설된 학습 과정에 대한 교 · 강사 지정 절차

절차	설명
시스템 로그인	• 교 · 강사를 지정할 수 있는 계정으로 이러닝 학습 관리자 시스템에 로그인하여 학습 과정 관리 페이지 이동
학습 과정 선택	• 교 · 강사를 지정하기 위하여 학습 과정을 선택하여 정보 수정 페이지 진입
교 · 강사 선택 또는 추가	• LMS에 교 · 강사가 등록된 경우, 강사 목록에서 선택 • 교 · 강사가 등록되지 않은 경우, 새 강사를 추가
역할, 권한 설정	• 교 · 강사가 학습 과정에서 수행할 역할 선택 • 강사, 조교, 과정 관리자 등 선택

② 개설된 학습 과정에 대한 교 · 강사 지정 시 정확하게 지정하였는지 미리 보기 등의 기능을 통하여 확인한다.

1) 학습 과목별 수강 변경 사항의 종류

① 학습자의 수강 신청 후, 여러 가지 사유로 인하여 수강 변경을 수행해야 하는 경우가 존재한다.

② 수강 변경 사항의 종류를 정확하게 숙지하고 있어야 수강 변경 사항에 대한 사후 처리 또한 정확하게 수행할 수 있으며, 이러닝 시스템 운영 결과 보고서 또한 명확하게 작성할 수 있다.

표 4-4-7 학습 과목별 수강 변경 사항의 종류

종류	설명
수강 취소	• 학습자의 개인 사정, 강의 불만족, 다른 과목으로 변경 희망 등으로 인하여 학습자가 수강을 포기하는 경우
수강 과목 변경	• 학습자의 관심 변화 등으로 인하여 학습자가 다른 과목으로 수강 변경을 요청하는 경우
수강 연기	• 학습자의 개인적 사정으로 학습을 중단하고 수강을 일정 기간 연기하는 경우 • 이후에 다시 수강을 원하는 경우 수강을 재개할 수 있음
수강 상태 변경	• 학습 진도에 따른 상태 변경 등으로 학습자의 수강 상태를 변경하는 경우

2) 학습 과목별 수강 변경 사항 사후 처리

① 이러닝 학습 시스템에서 수강 변경에 대한 사후 처리는 학습자, 학습 과정의 특성에 맞게 진행되어야 한다.

표 4-4-8 학습 과목별 수강 변경 사항 사후 처리 절차

절차	설명
수강 변경 요청 접수	• LMS 또는 이러닝 운영자, 관리자에게 수강 변경 요청 접수 • 고객센터, 이메일, 문서 제출 등으로 요청 유형, 사유 접수
요청 검토 및 확인	• 수강 변경 요청을 검토하여 요청이 적합한지 확인 • 학습 진행 상황, 기한, 규정 등을 확인하여 취소, 변경 등 가능 여부 확인
변경 처리	• 학습자 수강 상태정보에 대한 변경 수행 • 수강 취소, 과목 변경, 연기, 재개 등 변경 처리
학습자 상태, 기록 업데이트	• 변경된 사항에 따라 학습자의 상태를 LMS에 반영 • 학습 진도 기록 유지 또는 삭제, 평가 기록 관리 등
추가 사항 처리	• 유료 학습 과정일 경우, 환불이 필요할 경우 환불 처리 진행 • 관리자 또는 담당자에게 수강 변경 사항 보고 및 모니터링 수행

② 이러닝 학습 과목별 수강 변경 사항 사후 처리는 학습자가 불편함을 느끼지 않도록 신속하게 처리할 수 있도록 한다.

01 다음은 이러닝 학습 관리 시스템을 점검하는 항목이다. ㉠~㉢에 알맞은 점검 항목을 작성하시오.

점검 항목	설명
(㉠)	LMS에 대규모 사용자가 동시에 접속하더라도 빠른 응답 속도와 안정성을 유지할 수 있는지 확인
(㉡)	장애나 서버 오류가 발생할 때 빠르게 복구할 수 있는 백업 시스템이나 복구 계획의 여부 확인
(㉢)	다양한 브라우저, 운영체제, 디바이스에서 LMS가 원활하게 작동하는지 확인

정답

㉠ : 성능　　　㉡ : 가용성　　　㉢ : 호환성

02 다음 보기에서 설명하고 있는 멀티미디어 기기의 콘텐츠 구동 점검 사항을 작성하시오.

> 이러닝 학습을 위한 멀티미디어 기기가 이러닝 학습 콘텐츠를 원활히 구동할 수 있는 사양인지 확인한다.

정답

멀티미디어 기기 성능 확인

구동 확인 방법	설명
멀티미디어 기기 성능 확인	• 멀티미디어 기기가 이러닝 학습 콘텐츠를 원활히 구동할 수 있는 사양인지 확인
인터넷 연결 상태 확인	• 인터넷에 연결할 수 있고, 이러닝 학습 관리 시스템에 접속할 수 있는지 확인
운영체제, 브라우저 호환성 확인	• 멀티미디어 기기의 운영체제, 브라우저가 이러닝 학습 콘텐츠를 지원하는 최신 버전인지 확인

03 다음은 이러닝 환경 준비 시 이러닝 콘텐츠 점검 항목과 그 내용에 대한 설명이다. ㉠~㉢에 알맞은 점검 항목을 작성하시오.

점검 항목	점검 내용
(㉠)	• 이러닝 콘텐츠의 제작 목적성, 교육 목표 부합 여부 점검 • 내레이션의 학습자 수준 및 과정의 성격 부합 여부 점검 • 학습 핵심 정보의 콘텐츠 화면 내 표시 여부 점검 • 학습 목표에 부합한 내용인지 콘텐츠의 구성 여부 점검
(㉡)	• 콘텐츠 호환성, 로딩 속도, 다양한 기기, 브라우저 표시 등 점검 • 촬영 대상자의 목소리 크기, 의상, 메이크업 등 적절성 점검 • 최종 납품 콘텐츠의 영상 포맷 호환성을 고려한 점검 • 콘텐츠 제작 시 카메라 앵글이 무난한지 점검
(㉢)	• 자막, 그래픽 작업 시 오·탈자 여부 점검 • 영상 및 내레이션의 오디오 싱크(Sync) 점검 • 영상의 목적에 맞는 오디오의 사용 점검 • 이러닝 콘텐츠 화면이 적절한 도구를 사용했는지 점검

정답

㉠ : 교육 내용　　㉡ : 제작 환경　　㉢ : 화면 구성

04 이러닝 학습 교육과정의 특성을 4개 작성하시오.

정답

학습자 주도 학습, 유연성, 상호작용성, 접근성 향상

e 해설

이러닝 학습 교육과정의 특성은 다양하며, 이 중 4개를 작성하면 된다.

특성	설명
학습자 주도 학습	• 학습자가 주도적으로 학습을 관리할 수 있는 환경을 제공하여 자기 주도 학습 능력을 향상하는 데 기여
유연성	• 시간과 장소의 제약 없이 학습할 수 있으며, 학습자가 자신의 일정에 맞추어 학습 속도와 학습 시간 조절
상호작용성	• 교수자와 학습자 간, 또는 학습자들 간의 상호작용을 위한 토론 게시판, 채팅, 화상 회의 등 제공
접근성 향상	• 장애인, 원격지에 거주하는 사람, 시간상 바쁜 사람 등 다양한 학습자에게 평등한 교육 기회 제공
다양한 학습 콘텐츠	• 텍스트, 이미지, 동영상 등 다양한 형식의 콘텐츠 제공 • 멀티미디어 자료를 통해 학습자가 더 생동감 있게 학습 • 이론 강의뿐만 아니라 실습, 토론, 사례 연구 등도 포함될 수 있어 종합적인 학습 경험 제공
지속적 갱신	• 디지털 환경의 특성상 빠른 속도로 내용이 변화하므로 교육과정 또한 지속해서 업데이트 필요

05 다음 보기에서 설명하는 학습 관리 시스템 교육과정의 등록 절차를 설명하시오.

> • 학습자들이 해당 학습 교육과정을 수강할 수 있도록 오픈한다.
> • 학습 기간, 수강 방법, 수강 인원 등의 정보를 설정하여 학습자들에게 노출한다.

정답

과정 개설

e 해설

절차	설명
교육과정 분류	• 교육과정의 카테고리화 수행 • 교육 주제, 대상 등에 따라 적절히 분류
강의 생성	• 교육과정을 구성하는 개별 강의 생성 • 강의 제목, 내용 등을 입력하여 강의 내용 설정
과정 생성	• 생성된 강의를 취합하여 교육과정 설계 • 과정 이름, 설명, 학습 목표 등을 작성하여 과정 구성
과정 검토, 승인	• 교육과정 개설 전, 구성된 과정에 대하여 검토 승인 수행 • 과정의 내용 및 학습 적절성 등 검토
과정 개설	• 학습자들이 해당 학습 교육과정을 수강할 수 있도록 오픈 • 학습 기간, 수강 방법, 수강 인원 등의 정보를 설정하여 학습자들에게 노출

06 다음 보기는 학습 교육과정별 평가 문항의 종류이다. ㉠~㉤에 들어갈 내용을 작성하시오.

문항 종류	설명
(㉠)	• 정답이 명확하게 결정되는 형태의 문항 • 평가 결과가 명확하고 평가하기 쉬움
(㉡)	• 학습자가 자기 생각을 서술하거나 답변을 작성해야 하는 형태의 문항 • 정답이 정해져 있지 않으며, 학습자의 사고 능력 평가 용이

(㉢)	• 주어진 문제에 대해 참 또는 거짓으로 답하는 문항 • 지식 확인, 개념 이해 평가는 쉬우나, 분별력은 부족함
(㉣)	• 두 개의 항목 집합을 주고, 서로 관련된 항목들을 연결하는 문항 • 주로 개념 간 관계를 평가하거나 학습자의 기억 평가
(㉤)	• 학습자가 긴 답변을 논리적으로 작성해야 하는 형태의 문항 • 학습자의 견해, 논리적 사고를 설명할 수 있음

정답

㉠ : 객관식 　㉡ : 주관식 　㉢ : 진위형 　㉣ : 연결형 　㉤ : 서술형

07 다음은 연간 학사 일정을 기준으로 한 개별 학사 일정 수립 절차이다. ㉠~㉥에 들어갈 내용으로 적절한 절차를 작성하시오.

절차	설명
기초 진단평가	• 학습자의 현재 능력을 평가하여 필요한 학습량 분석
(㉠)	• 학습자의 성향을 파악하고, 학습 시간대를 분석하여 학습 스타일에 맞춘 일정 구성
(㉡)	• 학습자의 전체 일정을 넓은 범위에서 설정 • 월간, 주간 일정 세부화를 통하여 학습자가 수행해야 할 주요 이벤트 설정
(㉢)	• 학습자 맞춤 개별 학습 자료를 준비하고 학습 도구 및 플랫폼 설정을 통해 학습자에게 맞춤형 자원 제공
(㉣)	• 조정된 학습자 맞춤 일정에 따른 평가 계획 수립 • 평가 결과에 따른 피드백 제공
(㉤)	• 학습자가 예기치 못한 상황에 대응하기 위하여 대체 가능한 유연한 일정 조정 계획 수립
(㉥)	• 주기적으로 학습자의 학습 성취 평가 수행 • 학습자의 초기 학습 목표와 현재 학습 상황의 차이를 분석하여 학습 목표에 맞는 일정 재조정 수행

> 학습 자원 제공, 학습 평가 계획 및 주기 설정, 맞춤형 일정 설계, 학습 평가 및 일정 재조정, 유연성 확보 및 일정 조정, 학습 스타일 분석

정답

㉠ : 학습 스타일 분석 　㉡ : 맞춤형 일정 설계 　㉢ : 학습 자원 제공
㉣ : 학습 평가 계획 및 주기 설정 　㉤ : 유연성 확보 및 일정 조정 　㉥ : 학습 평가 및 일정 재조정

08 다음은 이러닝 학사 일정을 공지하기 위해 공지 대상과 내용을 설명한 것이다. 공지 대상과 공지 절차를 옳게 연결하시오.

공지 대상	공지 절차
협업 부서 •	• 개별 이메일 및 내부 공지, 오리엔테이션, 지속적 업데이트 수행
교 · 강사 •	• 사전 협의, 공문 발송, 회의 및 피드백
학습자 •	• LMS 및 이메일 공지, 모바일 알림, FAQ 제공, 상담 지원

정답

공지 대상	공지 절차
협업 부서	개별 이메일 및 내부 공지, 오리엔테이션, 지속적 업데이트 수행
교 · 강사	사전 협의, 공문 발송, 회의 및 피드백
학습자	LMS 및 이메일 공지, 모바일 알림, FAQ 제공, 상담 지원

(협업 부서 — 사전 협의, 공문 발송, 회의 및 피드백 / 교 · 강사 — 개별 이메일 및 내부 공지, 오리엔테이션, 지속적 업데이트 수행 / 학습자 — LMS 및 이메일 공지, 모바일 알림, FAQ 제공, 상담 지원)

ℓ 해설

원활한 학사 진행을 위한 협업 부서 간 학사 일정 공지 절차는 다음과 같다.

절차	설명
사전 협의	• 학사 일정의 주요 사항을 사전에 협의하고 확인
공문 발송	• 일정에 대한 각 부서의 역할과 책임을 명시한 내용을 공문으로 발송
회의 및 피드백	• 협업 부서 간 주기적인 회의나 피드백을 통해 일정 조정 및 변경 사항을 확인하고 반영

교 · 강사의 사전 운영 준비를 위한 학사 일정 공지 절차는 다음과 같다.

절차	설명
개별 이메일, 내부 공지	• 학사 일정, 평가 기간, 주요 마감일 등을 명확히 전달
오리엔테이션	• 학사 일정과 관련된 세부 사항을 설명하는 오리엔테이션 또는 워크숍 진행
지속적 업데이트 수행	• 중요 일정 변경 시 즉각적으로 업데이트 정보를 바로 전달

학습자의 사전 학습 준비를 위한 학사 일정 공지 절차는 다음과 같다.

절차	설명
LMS 및 이메일 공지	• 중요 학사 일정인 개강, 종강, 과제 제출 마감일 등에 대한 주요 일정 공지
모바일 알림	• 모바일로 쉽게 접근할 수 있도록 알림을 설정
FAQ 제공	• 자주 묻는 질문, 답변을 통해 학습 일정 혼선 최소화
상담 지원	• 학습자들의 궁금한 사항에 대해 문의할 수 있도록 상담 지원 채널 운영

09 다음은 학사 일정 신고를 위한 서식의 구성요소이다. ㉠~㉤에 들어갈 내용으로 적절한 구성요소를 작성하시오.

구성요소	설명
(㉠)	• 학기 시작 및 종료일, 중간고사 및 기말고사 일정, 휴강일 등 학사 전체 일정 계획을 작성한 문서
(㉡)	• 이러닝 과정에 대한 구체적인 교육과정 및 운영 계획을 작성한 문서
(㉢)	• 이러닝 프로그램이 공인된 교육 기준을 준수하는지 확인하기 위한 서류
(㉣)	• 강의 담당자의 자격 증명서와 이력을 포함한 명단 파일
(㉤)	• 법령 및 해당 기관에서 요구하는 추가적인 서류 • 사업자 등록증 사본, 과정 운영 보고서, 현장 사진 등

학사 일정 계획서, 기타 필수 서류, 교 · 강사 명단, 인증 관련 서류, 교육과정 운영 계획서

정답

㉠ : 학사 일정 계획서
㉡ : 교육과정 운영 계획서
㉢ : 인증 관련 서류
㉣ : 교 · 강사 명단
㉤ : 기타 필수 서류

10 다음 보기는 이러닝 학습 시스템에서 교육과정별로 수강 신청을 수행하기 위한 절차이다. 절차를 순서대로 작성하시오.

시스템 로그인, 수강 신청, 수강 상태 확인, 신청 확인, 교육과정 탐색

시스템 로그인, 교육과정 탐색, 수강 신청, 신청 확인, 수강 상태 확인

e 해설

절차	설명
시스템 로그인	• 수강 신청을 하기 위하여 이러닝 시스템의 계정정보를 입력하여 로그인 수행
교육과정 탐색	• 수강을 원하는 교육과정 검색 • 교육 목표, 강사 정보, 커리큘럼, 수강 기간, 수강료 등 확인
수강 신청	• 수강하고자 하는 과정을 선택한 후, '수강 신청' 또는 '신청하기' 버튼을 클릭하여 수강 신청 • 유료 과정일 경우, 결제가 필요할 수 있음
신청 확인	• 수강 신청 완료 시, 신청이 완료되었다는 메시지를 확인할 수 있음 • 신청 완료 시 신청 내역에 대한 이메일 수신
수강 상태 확인	• 마이페이지 등에서 수강 상태에 따라 학습을 진행할 수 있는지 확인

11 다음은 이러닝 교육과정별 수강 승인된 학습자의 입과 안내 방법이다. ㉠~㉤에 들어갈 내용으로 적절한 것을 작성하시오.

안내 방법	설명
(㉠)	• 가장 일반적인 방법으로, 수강 승인 후 학습자에게 중요한 정보를 전자 우편으로 발송
(㉡)	• 즉각적인 알림을 위해 문자 메시지를 사용하여 학습자의 휴대폰으로 간단한 정보 전달
(㉢)	• 이러닝 학습 시스템 내 알림을 통해 학습자가 로그인하면 중요한 안내 사항을 직접 확인
(㉣)	• 모바일 앱 기반의 이러닝 학습 시스템을 사용하는 경우 알림을 통해 중요한 사항을 학습자에게 알림 • 알림을 놓칠 가능성이 있으므로 이러닝 학습 시스템과 병행
(㉤)	• 오프라인 방법으로, 특별한 교육 자료나 교재가 필요한 경우 안내 자료 발송
(㉥)	• 직접적인 커뮤니케이션 방법으로, 중요한 안내나 기술적인 문제가 발생했을 때 안내

㉠ : 이메일　　　　㉡ : SMS　　　　㉢ : 시스템 알림

㉣ : 푸시 메시지　　㉤ : 우편물　　　㉥ : 전화

12 다음은 이러닝 학습 시스템에서 학습자가 수강 변경을 요청하는 종류이다. ㉠~㉣에 들어갈 내용으로 적절한 것을 작성하시오.

종류	설명
(㉠)	• 학습자의 개인 사정, 강의 불만족, 다른 과목으로 변경 희망 등으로 인하여 학습자가 수강을 포기하는 경우
(㉡)	• 학습자의 관심 변화 등으로 인하여 학습자가 다른 과목으로 수강 변경을 요청하는 경우
(㉢)	• 학습자의 개인적 사정으로 학습을 중단하고 수강을 일정 기간 연기하는 경우 • 이후에 다시 수강을 원하는 경우 수강을 재개할 수 있음
(㉣)	• 학습 진도에 따른 상태 변경 등으로 학습자의 수강 상태를 변경하는 경우

정답

㉠ : 수강 취소
㉡ : 수강 과목 변경
㉢ : 수강 연기
㉣ : 수강 상태 변경

이러닝 운영지원 도구 관리

Chapter 01 운영지원 도구 분석

1 /// 운영지원 도구의 종류

1) 과정 운영에 필요한 운영지원 도구의 종류

이러닝 학습 과정 운영에 필요한 운영지원 도구는 핵심 지원 도구, 보조 지원 도구로 구분할 수 있다.

그림 5-1-1 이러닝 학습 과정 운영에 필요한 운영지원 도구의 구분

① 이러닝 학습 과정 운영에 필요한 핵심 운영지원 도구

이러닝 학습 과정 운영에 필요한 핵심 운영지원 도구는 학습 과정의 운영에 필수적으로 필요한 도구들로, 학습자의 학습 과정과 성과를 직접 지원하는 도구이다.

표 5-1-1 이러닝 학습 과정 운영에 필요한 핵심 운영지원 도구

도구	설명
LMS	• 학습 자료 제공, 학습 진행 상황 추적, 학습자 관리 등 제공
콘텐츠 개발 도구	• 다양한 형식의 이러닝 학습 콘텐츠 제작
평가 도구	• 학습자의 성취도를 평가하고 피드백 제공
커뮤니케이션 도구	• 화상 회의, 실시간 채팅, 포럼 등을 통해 강사와 학습자가 실시간으로 소통할 수 있게 도와주는 도구

② 이러닝 학습 과정 운영에 필요한 보조 운영지원 도구

이러닝 학습 과정 운영에 필요한 보조 운영지원 도구는 학습 과정 운영을 간접적으로 지원하는 도구들로, 학습 환경을 개선하거나 학습 효율성을 높이는 데 이바지하는 도구이다.

표 5-1-2　이러닝 학습 과정 운영에 필요한 보조 운영지원 도구

도구	설명
프로젝트 관리 도구	• 이러닝 과정의 기획, 개발, 운영 단계의 업무 관리
데이터 분석 도구	• 학습자의 학습 패턴을 분석하고 성과 측정 • 학습자 참여도, 학습 시간, 학습 성취도를 분석해 향후 교육과정 개선에 활용
일정 관리 도구	• 학습자의 학습 일정을 관리하고 알림을 설정할 수 있는 도구
학습 자원 관리 도구	• 학습에 필요한 자료를 저장하고 공유할 수 있는 도구

2) 과정 운영에 필요한 운영지원 도구의 특성

이러닝 학습 과정 운영에 필요한 운영지원 도구의 특성은 운영지원 도구에 따라 특성 또한 구분된다.

① 이러닝 학습 과정 운영에 필요한 핵심 운영지원 도구의 특성

이러닝 학습 과정 운영에 필요한 핵심 운영지원 도구는 학습 과정의 운영에 필수적인 특성을 보인다.

표 5-1-3　이러닝 학습 과정 운영에 필요한 핵심 운영지원 도구의 특성

특성	설명
통합성	• 핵심 운영지원 도구를 한 시스템에서 통합적으로 운영
자동화성	• 학습자 평가 과정을 자동화하고, 평가 결괴를 즉시 제공하어 효율적인 평가 관리 지원
즉시성	• 학습자와 실시간으로 소통할 수 있어 즉각적인 피드백 및 상호작용 가능

② 이러닝 학습 과정 운영에 필요한 보조 운영지원 도구의 특성

이러닝 학습 과정 운영에 필요한 보조 운영지원 도구는 학습 과정의 운영에 있어 핵심 운영지원 도구를 더욱 쉽게 사용할 수 있도록 지원하는 특성을 보인다.

표 5-1-4　이러닝 학습 과정 운영에 필요한 보조 운영지원 도구의 특성

특성	설명
가시성	• 업무 진행 상태를 시각적으로 한눈에 볼 수 있어 업무 효율성 증가
예측 가능성	• 데이터를 바탕으로 향후 학습자의 성과나 학습 흐름 예측
일정 통합 관리	• 학습자 및 강사의 학습 일정을 통합적으로 관리하고, 여러 일정 중복 회피
공유성	• 학습 자료의 쉬운 공유, 권한 설정으로 파일 보안 유지 가능

1) 학습자의 원활한 학습을 지원하기 위한 도구의 요구사항

① 이러닝 학습지원 도구를 분석하기 위해서는 학습자의 원활한 학습을 지원하기 위한 요구사항을 도출해야 한다.

② 이러닝 학습지원 도구의 요구사항 도출은 학습자가 더욱 효율적으로 학습할 수 있도록 필수적으로 정리해야 하는 사항이다.

③ 이러한 요구사항은 학습자의 경험을 개선하고, 학습 효과를 극대화하며, 학습 도구의 사용을 원활하게 하기 위한 요소들을 포함한다.

표 5-1-5 이러닝 학습자의 원활한 학습을 지원하기 위한 도구의 요구사항

요구사항	설명
사용성	• 학습지원 도구가 학습자와 강사 모두 쉽게 사용할 수 있도록 직관적이고 사용자 친화적인 인터페이스를 제공
호환성	• 학습지원 도구가 다음과 같은 환경에 호환되도록 지원 • 다양한 운영체제 지원, 브라우저 호환성, LMS 통합성 등
확장성	• 학습지원 도구는 학습자의 증가나 추가 기능 요구에 맞추어 확장
실시간 상호작용	• 학습자와 강사 간 실시간 상호작용을 원활하게 지원 • 실시간 채팅, 화상 회의, 화면 공유, 공동 작업 등
성능	• 학습지원 도구가 신속하고 안정적으로 작동
모바일 접근성	• 학습자가 언제 어디서나 학습할 수 있도록 모바일 기기에서 접근성을 보장
지원 및 유지보수	• 학습지원 도구 사용 중 발생할 수 있는 문제 해결 지원

④ 학습지원 도구의 요구사항으로 정보보안, 개인정보 보호, 데이터 분석 등의 추가 요구사항이 발생할 수 있다.

2) 학습자의 원활한 학습을 지원하는 데 필요한 도구 분석

학습자의 원활한 학습을 지원하기 위해 운영지원 도구를 분석하는 요소는 여러 단계에 걸쳐 체계적으로 이루어져야 한다.

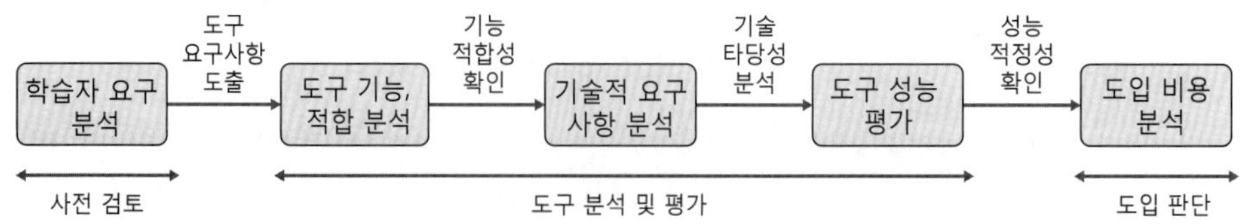

그림 5-1-2 학습자의 원활한 학습을 지원하는 데 필요한 도구 분석 절차

| 표 5-1-6 | 학습자의 원활한 학습을 지원하는 데 필요한 도구 분석 절차 |

절차	설명
학습자 요구사항 분석	• 학습자의 원활한 학습을 지원하기 위해 요구사항을 분석 • 설문 조사, 사용자 행동 분석, 인터뷰, 포커스 그룹 등으로 요구사항을 도출하고 분석
도구 기능 및 적합성 분석	• 학습지원 도구가 학습자 요구를 얼마나 충족하는지 분석 • 기능 분석, 적합성 평가, 사용자 친화성 등 적합 여부 판단
기술적 요구사항 분석	• 학습지원 도구의 기술적 조건을 평가하여 도입 여부 검토 • 시스템 요구사항, 호환성, 통합성, 보안성 등
도구 성능 평가	• 학습지원 도구가 원활하게 작동하고 학습자에게 긍정적인 학습 경험을 제공하는지 평가 • 속도, 반응성, 안정성, 확장성 등 지표 평가
도입 비용 분석	• 학습지원 도구의 도입 및 운영에 따른 비용을 분석하고, 이를 통해 경제적 타당성 평가 • 도입 비용, 운영 및 유지보수 비용, 투자 대비 수익률(ROI) 등 평가

3 ||| 운영지원 적용 방법

1) 운영지원 도구별 사용 특성

① 이러닝 운영지원 도구는 학습자와 교육자 간의 효율적인 소통, 자료 제공, 평가 및 피드백을 제공하기 위해 다양한 기능을 제공한다.

② 운영지원 도구는 다양한 프로그램과 시스템이 존재하며, 주요 도구별 사용 특성에 따라 이러닝 시스템에서 사용할 운영지원 도구 또한 달라진다.

| 표 5-1-7 | 이러닝 운영지원 도구별 사용 특성 |

운영지원 도구	사용 특성
LMS	• 이러닝 교육과정 전체를 관리하고 운영
화상 회의 도구	• 원격 학습 환경에서 필수적인 실시간 소통 수단 제공
콘텐츠 저작 도구	• 인터랙티브한 이러닝 학습 콘텐츠 제작 도구
학습자 평가 도구	• 이러닝 학습자에 대한 평가를 온라인으로 진행하는 도구
커뮤니케이션 도구	• 이러닝 학습자 간의 토론 및 소통을 위한 도구 • 실시간 및 비실시간 커뮤니케이션 지원
협업 도구	• 이러닝 학습자들이 공동 작업을 통해 과제를 수행하고 아이디어를 공유할 수 있는 환경 제공

2) 운영지원 도구의 적용 방법 도출

이러닝 운영지원 도구의 적용 방법은 학습 과정 목적, 학습자 수준, 콘텐츠 유형에 따라 달라지며, 도구를 효율적으로 사용할 수 있는 적용 방법을 도출해야 한다.

표 5-1-8 이러닝 운영지원 도구의 적용 방법

운영지원 도구	적용 방법
LMS	• 강좌 설계, 학습 진행 추적, 평가 관리, 소통 관리 등 목적을 위해 적용
화상 회의 도구	• 수업 계획, 실시간 상호작용, 강의 녹화, 화면 공유 등 목적을 위해 적용
콘텐츠 저작 도구	• 콘텐츠 제작, 모듈화, 상호작용 강화, LMS 연계 등 목적을 위해 적용
학습자 평가 도구	• 평가 방식 다양화, 시간제한 및 문제은행, 자동 채점, 부정행위 방지 등 정확한 학습자 평가 목적을 위해 적용
커뮤니케이션 도구	• 그룹 토론 활성화, 실시간 질의응답, 알림 기능 활용 등 목적을 위해 적용
협업 도구	• 실시간 공동 작업, 협업, 작업 기록 등 목적을 위해 적용

Chapter 02

운영지원 도구 선정

1 ||| 운영지원 도구 선정

1) 이러닝 운영 과정 특성에 적합한 운영지원 도구의 특성

이러닝 운영 과정에는 다양한 특성이 있으며, 이에 적합한 운영지원 도구는 각 과정의 특성을 효과적으로 지원할 수 있는 기능을 갖추어야 한다.

표 5-2-1 이러닝 운영 과정 특성에 적합한 운영지원 도구의 특성

특성	설명
비대면 학습 환경	• 학습자의 학습이 시간과 장소에 구애받지 않음
자기 주도 학습	• 학습자가 필요한 자료를 스스로 찾아 학습 • 관리자의 개입 없이도 학습을 이어갈 수 있는 환경 제공
학습자 간 상호작용	• 비대면 학습 환경에서 학습자 간 협업과 토론 수행
평가 및 피드백	• 이러닝 학습자의 성취도를 지속해서 평가하고 개선
개인화된 학습	• 이러닝 학습자마다 학습 속도와 이해 수준이 상이함 • 학습자 각자에게 맞춤형 학습 경로 제공

2) 이러닝 운영 과정 특성에 적합한 운영지원 도구 선정 방법

① 이러닝 운영 과정은 다양한 학습 과정이 운영되며, 학습 과정별 특성에 적합한 운영지원 도구를 선정한다.

② 이러닝 학습 과정의 유형은 다음과 같이 구분할 수 있다.

표 5-2-2 이러닝 학습 과정의 유형

유형	설명
자기 주도 학습	• 학습자가 스스로 학습 목표를 설정하고, 학습 계획을 세우며, 필요한 자료를 찾아 학습하는 방식
협업 기반 학습	• 학습자들이 팀을 이루어 협력하고, 서로의 의견을 공유하며 문제를 해결하는 학습 방식

유형	설명
실시간 학습	• 학습자가 같은 시간에 온라인에서 동시에 수업에 참여하는 학습 방식
모바일 학습	• 스마트폰이나 태블릿 같은 휴대용 디바이스를 통해 이루어지는 학습 방식
게임 기반 학습	• 학습 과정에 게임 요소를 포함하여 학습자의 흥미와 몰입을 유도하는 학습 방식

③ 이러닝 학습 과정의 유형에 따라 특성에 적합한 운영지원 도구를 다음과 같이 선정할 수 있다.

표 5-2-3 이러닝 학습 과정별 특성에 적합한 운영지원 도구 선정

유형	운영지원 도구 선정
자기 주도 학습	• 유연성, 진도 추적 및 성과 관리, 자동 피드백 등 기능 지원 • Moodle, Quizlet, Coursera 등을 운영지원 도구로 선정
협업 기반 학습	• 실시간 협업, 토론 및 소통 등 기능 지원 • Google Docs, Trello, Miro 등을 운영지원 도구로 선정
실시간 학습	• 실시간 화상 회의, 화면 공유 및 강의 녹화 등 기능 지원 • Zoom, OBS Studio 등을 운영지원 도구로 선정
모바일 학습	• 모바일 최적화, 오프라인 학습지원 등 기능 지원 • TalentLMS, Duolingo, EdApp 등을 운영지원 도구로 선정
게임 기반 학습	• 게임 요소, 인터랙티브 콘텐츠 등 기능 지원 • Classcraft, Quizizz, Minecraft Education Edition 등을 운영지원 도구로 선정

2 /// 운영지원 도구 문서화

1) 선정된 운영지원 도구의 사용 방법 정리

① 운영지원 도구로 선정된 프로그램을 학습자, 교 · 강사, 운영자 및 관리자가 불편함 없이 원활하게 사용하기 위해서는 사용 방법을 정리하여 안내해야 한다.

② 운영지원 도구 사용법에 대해 정리하는 방법은 다음과 같다.

표 5-2-4 운영지원 도구 사용법의 정리 방법

정리 방법	설명
커뮤니티 운영	• 도구 사용자 간의 정보 공유와 상호 지원을 촉진하여, 도구 사용에 대한 문제를 해결

정리 방법	설명
비디오 영상 촬영	• 비디오 튜토리얼을 통해 사용자가 실제로 도구를 어떻게 사용하는지 시각적으로 표시
매뉴얼 작성	• 도구의 기능과 사용 절차를 상세하게 설명 • 처음 사용하는 사람도 쉽게 이해할 수 있는 문서로 작성

③ 도구 사용법에 대한 정리 방법은 다양하나, 내용을 쉽고 빠르게 확인하기 위하여 주로 사용하는 정리 방법은 매뉴얼 작성이 있다.

2) 선정된 운영지원 도구 사용법의 매뉴얼 내용

① 운영지원 도구로 선정된 프로그램을 어떻게 사용하는지 문서 형태로 작성하는 매뉴얼(Manual)은 체계화된 구조와 문장 설명, 이해를 돕기 위한 그림과 표 등을 사용하여 작성한다.

② 매뉴얼은 사용자들이 쉽게 이해할 수 있도록 명확하고 체계적으로 작성한다.

표 5-2-5 운영지원 도구 사용법의 매뉴얼 구성요소

구성요소	설명
목차	• 매뉴얼의 각 섹션과 페이지 번호를 나열 • 매뉴얼 전체 내용 구조를 쉽게 파악할 수 있도록 설명
소개	• 매뉴얼의 목적과 대상 독자를 설명 • 해당 매뉴얼이 제공하는 정보의 개요를 간략하게 설명
주요 기능	• 도구의 전반적인 개요와 핵심 기능을 간략히 설명 • 사용자들이 도구의 목적과 주요 기능 이해
인터페이스 설명	• 화면 구성, 버튼의 역할, 메뉴 구조 등을 시각적으로 설명 • 사용자가 도구의 레이아웃을 쉽게 이해할 수 있도록 설명
기능별 사용법	• 도구의 주요 기능에 대해 단계별 사용법을 제공 • 기능을 어떻게 사용하는지 구체적 절차를 포함하여 설명
트러블슈팅 가이드	• 도구 사용 중 자주 겪을 수 있는 문제와 해결 방법 제시
기술 지원 및 문의처	• 도구 사용 중 발생하는 문제나 궁금한 점에 대해 도움을 받을 수 있는 고객 지원 정보 제공 • 이메일 주소, 전화번호, 온라인 채팅, 웹사이트 링크 등 포함

1) 선정된 운영지원 도구의 특성 파악 방법

① 선정된 운영지원 도구의 특성을 파악하는 것은 이러닝 학습을 효과적으로 지원하기 위하여 도구를 적재적소에 사용하기 위함이다.

표 5-2-6 선정된 운영지원 도구의 특성 파악 방법

방법	설명
매뉴얼 검토	• 주요 기능과 사용 절차, 지원 플랫폼 및 기술 사양, 설치 및 설정 방법 등 파악
사용자 화면, 경험 분석	• 사용자 친화적인 인터페이스 여부, 주요 기능 접근성, 도구 사용 용이성 등 파악
기능 목록 평가	• 콘텐츠 제작 및 관리 기능, 협업 및 커뮤니케이션 기능, 학습 진도 추적 및 평가 도구 등 파악
사용자 피드백	• 기술 지원 품질과 신속성, 실제 사용자가 느끼는 도구의 효율성과 성능 등 파악
비교 분석	• 도구 간 기능 차이점, 학습 환경 최적화 도구 여부, 비용 대비 효과 파악 등

2) 선정된 운영지원 도구의 특성에 따른 적용 방안

① 선정된 운영지원 도구의 특성 파악 결과를 통해 이러닝 학습 시스템의 운영을 지원하기 위한 적용 방안을 도출할 수 있다.

② 만약 선정된 운영지원 도구의 특성이 이러닝 학습 환경에 적합하지 않을 시, 운영지원 도구를 다시 선정하여 이러닝 학습 환경에 적합한 도구를 사용한다.

표 5-2-7 선정된 운영지원 도구의 특성에 따른 적용 방안

적용 방안	설명
기능 분석 후 적용	• LMS, 협업 도구, 실시간 강의 도구 등 각 도구의 핵심 기능을 이러닝 학습 과정과 연계 • LMS의 모듈화 기능을 활용하여 학습자들이 단계적으로 학습할 수 있도록 콘텐츠를 구조화
사용자 친화적 적용	• 도구의 직관적인 인터페이스를 제공하여 학습자가 인터페이스의 혼란 없이 학습을 진행할 수 있도록 설계
사용자 피드백 적용	• 도구의 주요 문제점을 해결하거나 보완할 수 있는 추가 기능을 제공하는 보조 도구 선택 • 사용자가 자주 지적한 불편함을 해결하기 위해 도구의 사용자 맞춤형 설정 제공
비교 분석 후 적용	• 단일 도구로 모든 요구를 충족할 수 없는 경우, 여러 도구를 조합하여 사용 • MS나 협업 도구에 플러그인이나 API를 연동하여 다른 도구와의 호환성 향상

Chapter 03 운영지원 도구 관리

1 ||| 운영지원 도구 개선

1) 운영지원 도구 사용 문제점 정리

운영지원 도구를 사용하는 과정에서 발생할 수 있는 문제점은 운영지원 도구 사용 전, 사용 중, 사용 후로 구분하여 문제점을 정리할 수 있다.

① 운영지원 도구 사용 전 문제점 정리

- 운영지원 도구 사용 전 문제점은 이러닝 학습 운영지원이라는 목적에 맞는 적합한 도구를 선택하는 것이 어려울 수 있다.
- 다양한 도구들이 제공하는 기능을 사전에 숙지하지 못한다면 잘못된 운영지원 도구를 사용할 가능성이 커진다.

표 5-3-1 운영지원 도구 사용 전 문제점

문제점	설명
도구 선택 어려움	• 다양한 도구 중 요구사항을 구체적으로 정의하지 못하여 도구를 선택하는 데 어려움이 발생하는 문제 • 잘못된 도구의 선택은 구매비용 낭비의 결과로 이어짐
기술적 요구사항 불충족	• 도구의 기술적 요구사항을 충족하지 못할 경우, 도구 설치나 사용이 어려울 수 있는 문제
사용자 교육 부족	• 도구 사용법에 대한 사전 교육이 부족하여 사용자가 도구의 기능을 제대로 활용할 수 없는 문제

② 운영지원 도구 사용 중 문제점 정리

운영지원 도구 사용 중 문제점은 이러닝 학습 시스템의 운영지원을 수행하면서 실제 사용상의 어려움으로 인하여 발생하는 문제점이다.

표 5-3-2 운영지원 도구 사용 중 문제점

문제점	설명
기능 복잡성, 사용 어려움	• 도구의 기능이 지나치게 복잡하거나 인터페이스가 직관적이지 않아 사용자가 도구를 제대로 활용하지 못하는 어려움
성능 저하	• 성능이 저하되거나 오류가 발생하면 학습이나 강의 진행이 중단될 수 있는 문제
호환성 문제	• 도구가 다양한 기기나 운영체제에서 원활하게 작동하지 않아 사용자가 도구를 사용하는 데 어려움을 겪을 수 있는 문제

③ 운영지원 도구 사용 후 문제점 정리

운영지원 도구 사용 후의 문제점은 이러닝 학습 시스템의 과정이 완료되면서 운영지원이 완료되는 시점에서 발생하는 문제점이다.

표 5-3-3 운영지원 도구 사용 후 문제점

문제점	설명
데이터 저장, 보안 문제	• 도구 사용 후 학습 데이터가 제대로 저장되지 않거나, 개인정보 보호가 미흡할 시 발생할 수 있는 문제
성과, 분석 기능 부족	• 학습자의 성과를 분석하는 기능이 부족하거나, 평가 결과를 제대로 제공하지 않을 때 발생할 수 있는 문제
사후 지원 부족	• 도구 사용 후에 발생하는 데이터 복구, 추가 피드백 등에 대한 사후 지원이 부족하여 도구 사용자가 어려움을 겪는 문제

2) 운영지원 도구 문제 개선점 정리

운영지원 도구를 사용하는 과정에서 발생한 문제점을 운영지원 도구 사용 전, 사용 중, 사용 후의 각 단계에서 문제를 해결할 수 있는 개선점을 도출할 수 있다.

① 운영지원 도구 사용 전 문제점 개선

운영지원 도구를 사용하기 전에 발생하는 문제점에 대해 개선할 수 있는 사항은 이러닝 학습 시스템에 운영지원 도구를 도입하기 전 충분한 검토를 통해 문제점 대부분을 개선할 수 있다.

표 5-3-4 운영지원 도구 사용 전 문제점 개선

문제점	개선 사항
도구 선택 어려움	• 운영지원 도구를 사용하는 데 있어 명확한 기준을 수립하고, 해당 도구를 실제로 사용할 실무자들에게 파일럿 테스트 등을 수행

문제점	개선 사항
기술적 요구사항 불충족	• 이러닝 학습 시스템에서 운영지원 도구에 대하여 사전 시스템 점검 도구를 통해 기술적 요구사항 충족 여부 확인 • 기술적 요구사항 불충족 시 대체 방안 수립
사용자 교육 부족	• 도구 사용자를 위한 사전 교육 및 튜토리얼 제공 • 초기 사용자 온라인 교육을 통하여 기본 사용법 설명

② 운영지원 도구 사용 중 문제점 개선

운영지원 도구를 사용하는 중에 발생하는 문제점은 운영지원 도구의 기술 지원, 기능 수정 등을 통하여 문제점을 개선하면서 운영 업무를 수행한다.

표 5-3-5 운영지원 도구 사용 중 문제점 개선

문제점	개선 사항
기능 복잡성, 사용 어려움	• 간소화된 사용자 인터페이스 제공 및 단계별 사용 안내를 통하여 도구의 복잡한 기능을 쉽게 사용할 수 있도록 개선
성능 저하	• 운영지원 도구를 실행하는 서버 자원을 추가하고, 오류 보고 기능을 통해 성능 저하를 대응할 수 있도록 개선
호환성 문제	• 다양한 운영체제를 지원할 수 있는 크로스 플랫폼 지원 및 브라우저 호환성 개선

③ 운영지원 도구 사용 후 문제점 개선

- 운영지원 도구를 사용 후에 발생하는 문제점을 개선하기 위해서는 도구 사용자의 지속적인 관심과 노력이 필요하다.
- 기존에 누적된 이러닝 학습 데이터 또한 영향을 받는 문제점이며, 문제점의 누적으로 사고 발생 시 피해가 크기 때문에 사고가 발생하지 않도록 사전에 문제점을 개선하여 위험을 감소시켜야 한다.

표 5-3-6 운영지원 도구 사용 후 문제점 개선

문제점	개선 사항
데이터 저장, 보안 문제	• 주기적인 자동 백업 및 복구 실행으로 문제점 개선 • 데이터 암호화 등 보안 기능 강화를 통해 문제점 개선
성과, 분석 기능 부족	• 학습자의 학습 성과를 효율적으로 분석하기 위한 대시보드를 제공하고, 학습 결과 보고서 생성을 자동화하여 문제점 개선
사후 지원 부족	• 사후 지원 시스템 요청 및 사용자 피드백을 수집하고 반영하여 운영 지원 도구 문제점 개선

1) 운영지원 도구별 개선 전략 수립

① 운영지원 도구별 개선 방안을 정확하게 도출하기 위해서는 개선 전략을 수립해야 한다.

② 운영지원 도구별 개선 전략을 수립하는 절차는 다음과 같다.

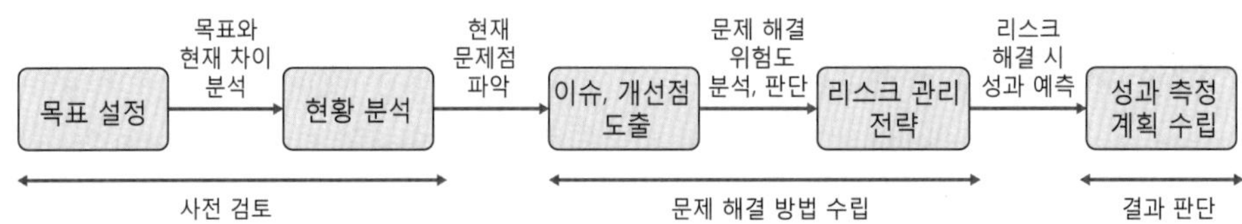

그림 5-3-1 운영지원 도구별 개선 전략 수립 절차

표 5-3-7 운영지원 도구별 개선 전략 수립 절차

절차	설명
목표 설정	• 이러닝 운영지원 도구 개선의 목적이 무엇인지 명확히 설정 **예** 사용자 만족도 향상, 운영 효율성 증대, 비용 절감 등
현황 분석	• 현재 사용 중인 운영지원 도구를 평가하고, 사용자 및 다른 운영지원 도구를 분석
이슈, 개선점 도출	• 현황 분석을 통해 현재 사용 중인 운영지원 도구 이슈 식별 • 도출된 이슈들을 중요도, 긴급성 등에 따라 우선순위를 설정하여 빠르게 해결해야 할 문제부터 개선
리스크 관리 전략 수립	• 도구 개선 시 발생할 수 있는 잠재적 위험 식별 • 리스크 발생 시 대응하는 방법을 미리 계획
성과 측정 계획 수립	• 수립된 전략을 통해 도출될 방안이 실제로 효과가 있는지 성과 측정 계획 수립 • 사용자 피드백, 데이터를 기반으로 지속해서 개선할 수 있도록 체계 구축

2) 운영지원 도구별 개선 방안 도출

운영지원 도구별 개선 방안은 학습자, 교·강사, 이러닝 시스템 관리자 및 운영자 측면에서 개선 방안을 도출할 수 있다.

① 학습자를 위한 운영지원 도구별 개선 방안

학습자를 위한 운영지원 도구별 개선 방안으로는 이러닝 학습자의 학습, 학습 콘텐츠, 학습 경험 데이터를 수집하여 이러닝 시스템을 강화하는 방향 등으로 개선할 수 있다.

개선 방안	설명
개인 맞춤형 학습지원	• AI 기반 학습 진단, 추천 시스템을 통해 학습자의 성취 수준과 학습 성향 분석 • 학습자 맞춤형 콘텐츠 제공으로 학습 효과 극대화
인터랙티브 콘텐츠 제공	• VR, AR, 게임화된 학습 콘텐츠 등을 활용하여 학습자의 흥미 유발 및 몰입감 증대
피드백 시스템 강화	• 실시간 피드백 시스템을 통해 학습자가 자신의 학습 진행 상황을 즉시 확인

② 교 · 강사를 위한 운영지원 도구별 개선 방안

교 · 강사를 위한 운영지원 도구별 개선 방안으로는 편의 기능 제공, 교 · 강사 역량 강화를 통한 이러닝 시스템 편의 기능 개선 등이 있다.

표 5-3-9 교 · 강사를 위한 운영지원 도구별 개선 방안

개선 방안	설명
교수 설계 자동화	• AI 기반 교수 설계 도구를 활용, 수업 준비 시간 단축 및 효과적인 수업 설계 지원
교사 역량 강화 연수	• 교육 연수를 통해 교 · 강사의 디지털 역량 강화, 최신 교육 기술을 효과적으로 활용할 수 있도록 지원
협업 도구 제공	• 교 · 강사 간 협업을 촉진하는 도구 제공으로 공동 수업 설계 및 자료 공유 활성화

③ 이러닝 시스템 관리자 및 운영자를 위한 운영지원 도구별 개선 방안

이러닝 시스템 관리자 및 운영자를 위한 운영지원 도구별 개선 방안으로는 이러닝 시스템 안정화, 데이터 분석을 통하여 운영 편의성 개선 등이 있다.

표 5-3-10 이러닝 시스템 관리자 및 운영자를 위한 운영지원 도구별 개선 방안

개선 방안	설명
시스템 안정성 강화	• 시스템 성능 모니터링 도구의 기능 추가를 통해 이러닝 시스템의 자원 상황을 지속해서 점검하여 신속한 문제 대응
데이터 분석, 관리	• 이러닝 학습 데이터의 시각화, 연관 관계 분석 등을 통해 학습자의 학습 패턴 파악 및 이러닝 시스템의 지속적 개선
보안 강화	• 개인정보 및 데이터 보호를 위하여 운영지원 도구에 보안 기능을 강화하고 이러닝 시스템을 안전하게 보호

3) 운영지원 도구별 개선 방안 도출 시 주의사항

운영지원 도구별 개선 방안을 도출하였을 때, 해당 개선 방안이 비용 타당성, 규모 적절성, 실현 가능성의 차원에서 운영지원 도구별로 개선할 수 있는지 검토가 필요하다.

표 5-3-11 운영지원 도구별 개선 방안 도출 시 주의사항

주의사항	설명
비용 타당성	• 개선할 운영지원 도구에 대하여 비용이 발생할 시, 해당 비용을 지출하는 것에 타당한 사유가 존재해야 함 예 운영 도구의 기술 지원, 유지보수, 기능 업그레이드 등
규모 적절성	• 개선할 운영지원 도구의 규모가 적절한지 확인해야 함 예 운영지원 도구 중 화상 회의 도구를 교체
실현 가능성	• 운영지원 도구를 개선하는 것이 예산 비용, 개선 규모 등을 종합적으로 검토하여 실현 가능한지 검토해야 함 예 학습자 평가 도구를 교체할 시 발생하는 비용, 현재 운영 중인 LMS에 대한 영향도, 수행 인력 등을 고려하여 실현 가능성 검토

3 ||| 운영지원 도구 개선 방안 적용

1) 도출된 운영지원 도구 개선 방안의 적용 절차

① 운영지원 도구 개선 방안을 업무에 적용하기 위하여 운영지원 도구 사용의 문제점 정리, 개선점 도출, 개선 전략 수립, 방안 도출의 4단계를 거쳐 개선 방안을 마련하였다.

② 도출된 운영지원 도구 개선 방안에 대하여 실제로 운영지원 업무에 적용하는 절차는 다음과 같다.

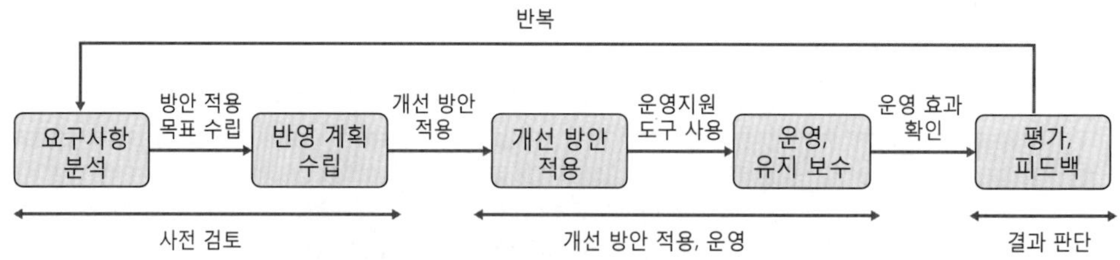

그림 5-3-2 운영지원 도구 개선 방안의 적용 절차

표 5-3-12 운영지원 도구 개선 방안의 적용 절차

절차	설명
요구사항 분석	• 운영지원 업무에 반영하기 위한 요구사항을 분석 • 운영지원 업무에 적용할 목표 수립
반영 계획 수립	• 운영지원 업무 개선에 가장 적합한 방안 선정 • 반영 시 필요 인력, 예산 기술 자원 등 할당
개선 방안 적용	• 수립된 계획을 토대로 운영지원 도구 개선 방안을 적용 • 적용 시 실패할 수 있으므로 롤백하는 방법 마련 필요
운영 및 유지보수	• 적용된 개선 방안이 실제로 잘 동작하는지 운영 • 운영지원 도구의 지속적인 개선 및 유지보수를 통해 안정성 유지
평가 및 피드백	• 적용한 개선 방안이 실제로 효과를 발휘하였는지 평가 • 평가 피드백을 반영하여 추가적인 개선 방안 도출 및 적용

2) 도출된 운영지원 도구 개선 방안의 적용 시 고려사항

도출된 운영지원 도구 개선 방안을 운영지원 업무에 적용할 때 발생할 수 있는 예외사항에 대해 고려해야 한다.

표 5-3-13 도출된 운영지원 도구 개선 방안의 적용 시 고려사항

절차	고려사항
요구사항 분석	• 이해관계자 간 의견 조율 및 정확한 요구사항에 대한 파악이 중요
반영 계획 수립	• 제한된 예산 및 자원 내에서 개선 방안 적용 • 개선 방안 적용 시 중요 순으로 우선순위를 설정하여 적용
개선 방안 적용	• 기술적 한계로 인해 발생할 수 있는 이슈에 대해 대체 방안 마련 • 운영지원 업무 반영 시 충분한 테스트 및 검증 수행 필요
운영 및 유지보수	• 지원 도구 운영 시 발생하는 문제를 신속히 모니터링 후 해결 • 지원 도구의 유지보수 시 발생할 수 있는 비용 고려
평가 및 피드백	• 개선 방안의 업무 반영 효과를 객관적으로 평가하기 위한 평가 기준 설정 필요 • 운영지원 도구 사용자의 피드백을 효과적으로 반영하기 위한 체계 필요

적중 예상문제

01 다음은 이러닝 학습 과정 운영에 필요한 운영지원 도구의 목록이다. 운영지원 도구를 구분에 맞게 배치하시오.

> LMS, 콘텐츠 개발 도구, 평가 도구, 프로젝트 관리 도구, 데이터 분석 도구, 일정 관리 도구

유형	설명
핵심 운영지원 도구	(㉠), (㉡), (㉢)
보조 운영지원 도구	(㉣), (㉤), (㉥)

정답

㉠ : LMS 　㉡ : 콘텐츠 개발 도구 　㉢ : 평가 도구

㉣ : 프로젝트 관리 도구 　㉤ : 데이터 분석 도구 　㉥ : 일정 관리 도구

해설

이러닝 학습 과정 운영에 필요한 핵심 운영지원 도구는 다음과 같다.

도구	설명
LMS	• 학습 자료 제공, 학습 진행 상황 추적, 학습자 관리 등 제공
콘텐츠 개발 도구	• 다양한 형식의 이러닝 학습 콘텐츠 제작
평가 도구	• 학습자의 성취도를 평가하고 피드백 제공
커뮤니케이션 도구	• 화상 회의, 실시간 채팅, 포럼 등을 통해 강사와 학습자가 실시간으로 소통할 수 있게 도와주는 도구

이러닝 학습 과정 운영에 필요한 보조 운영지원 도구는 다음과 같다.

도구	설명
프로젝트 관리 도구	• 이러닝 과정의 기획, 개발, 운영 단계의 업무 관리
데이터 분석 도구	• 학습자의 학습 패턴을 분석하고 성과 측정 • 학습자 참여도, 학습 시간, 학습 성취도를 분석해 향후 교육과정 개선에 활용
일정 관리 도구	• 학습자의 학습 일정을 관리하고 알림을 설정할 수 있는 도구
학습 자원 관리 도구	• 학습에 필요한 자료를 저장하고 공유할 수 있는 도구

02 다음은 학습자의 원활한 학습을 지원하는 데 필요한 도구를 분석하는 절차이다. ㉠에 들어갈 활동을 작성하시오.

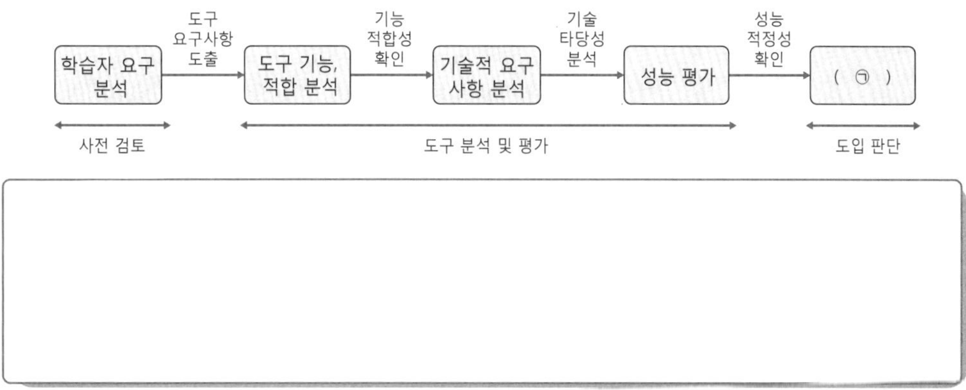

정답

㉠ : 도입 비용 분석

e 해설

절차	설명
학습자 요구사항 분석	• 학습자의 원활한 학습을 지원하기 위해 요구사항을 분석 • 설문 조사, 사용자 행동 분석, 인터뷰, 포커스 그룹 등으로 요구사항을 도출하고 분석
도구 기능 및 적합성 분석	• 학습지원 도구가 학습자 요구를 얼마나 충족하는지 분석 • 기능 분석, 적합성 평가, 사용자 친화성 등 적합 여부 판단
기술적 요구사항 분석	• 학습지원 도구의 기술적 조건을 평가하여 도입 여부 검토 • 시스템 요구사항, 호환성, 통합성, 보안성 등
도구 성능 평가	• 학습지원 도구가 원활하게 작동하고 학습자에게 긍정적인 학습 경험을 제공하는지 평가 • 속도, 반응성, 안정성, 확장성 등 지표 평가
도입 비용 분석	• 학습지원 도구의 도입 및 운영에 따른 비용을 분석하고, 이를 통해 경제적 타당성 평가 • 도입 비용, 운영 및 유지보수 비용, 투자 대비 수익률(ROI) 등 평가

03 다음은 운영지원 도구와 적용 방법이다. 운영지원 도구와 적용 방법을 옳게 연결하시오.

운영지원 도구	적용 방법
LMS •	• 이러닝 학습자들이 공동 작업을 통해 과제를 수행하고 아이디어를 공유할 수 있는 환경 제공
화상 회의 도구 •	• 원격 학습 환경에서 필수적인 실시간 소통 수단 제공
협업 도구 •	• 이러닝 교육과정 전체를 관리하고 운영

정답

운영지원 도구	적용 방법
LMS	이러닝 학습자들이 공동 작업을 통해 과제를 수행하고 아이디어를 공유할 수 있는 환경 제공
화상 회의 도구	원격 학습 환경에서 필수적인 실시간 소통 수단 제공
협업 도구	이러닝 교육과정 전체를 관리하고 운영

LMS ↔ 이러닝 교육과정 전체를 관리하고 운영
협업 도구 ↔ 이러닝 학습자들이 공동 작업을 통해 과제를 수행하고 아이디어를 공유할 수 있는 환경 제공
화상 회의 도구 ↔ 원격 학습 환경에서 필수적인 실시간 소통 수단 제공

e 해설

운영지원 도구	적용 방법
LMS	• 강좌 설계, 학습 진행 추적, 평가 관리, 소통 관리 등 목적을 위해 적용
화상 회의 도구	• 수업 계획, 실시간 상호작용, 강의 녹화, 화면 공유 등 목적을 위해 적용
콘텐츠 저작 도구	• 콘텐츠 제작, 모듈화, 상호작용 강화, LMS 연계 등 목적을 위해 적용
학습자 평가 도구	• 평가 방식 다양화, 시간제한 및 문제은행, 자동 채점, 부정행위 방지 등 정확한 학습자 평가 목적을 위해 적용
커뮤니케이션 도구	• 그룹 토론 활성화, 실시간 질의응답, 알림 기능 활용 등 목적을 위해 적용
협업 도구	• 실시간 공동 작업, 협업, 작업 기록 등 목적을 위해 적용

04 다음은 이러닝 운영 과정 특성에 적합한 운영지원 도구의 특성에 대한 설명이다. 어떤 특성을 설명하는지 특성을 작성하시오.

> • 학습자가 필요한 자료를 스스로 찾아 학습할 수 있는 특성이다.
>
> • 관리자의 개입 없이도 학습을 이어갈 수 있는 환경을 제공한다.

정답

자기 주도 학습

해설

특성	설명
비대면 학습 환경	• 학습자의 학습이 시간과 장소에 구애받지 않음
자기 주도 학습	• 학습자가 필요한 자료를 스스로 찾아 학습 • 관리자의 개입 없이도 학습을 이어갈 수 있는 환경 제공
학습자 간 상호작용	• 비대면 학습 환경에서 학습자 간 협업과 토론 수행
평가 및 피드백	• 이러닝 학습자의 성취도를 지속해서 평가하고 개선
개인화된 학습	• 이러닝 학습자마다 학습 속도와 이해 수준이 상이함 • 학습자 각자에게 맞춤형 학습 경로 제공

05 다음은 선정된 운영지원 도구의 사용과 관련된 정리 방법에 대한 설명이다. 보기의 내용이 어떤
정리 방법을 설명하고 있는지 작성하시오.

> • 도구의 기능과 사용 절차를 상세하게 설명한다.
> • 처음 사용하는 사람도 쉽게 이해할 수 있는 문서로 작성한다.

정답

매뉴얼 작성

해설

정리 방법	설명
커뮤니티 운영	• 도구 사용자 간의 정보 공유와 상호 지원을 촉진하여, 도구 사용에 대한 문제를 해결
비디오 영상 촬영	• 비디오 튜토리얼을 통해 사용자가 실제로 도구를 어떻게 사용하는지 시각적으로 표시
매뉴얼 작성	• 도구의 기능과 사용 절차를 상세하게 설명 • 처음 사용하는 사람도 쉽게 이해할 수 있는 문서로 작성

06 다음은 선정된 운영지원 도구의 특성 파악 방법에 대한 설명이다. 보기의 내용은 어떤 방법인지
작성하시오.

> 도구 간 기능 차이점, 학습 환경 최적화 도구 여부, 비용 대비 효과 파악 등을 분석하는 방법이다.

비교 분석

해설

방법	설명
매뉴얼 검토	• 주요 기능과 사용 절차, 지원 플랫폼 및 기술 사양, 설치 및 설정 방법 등 파악
사용자 화면, 경험 분석	• 사용자 친화적인 인터페이스 여부, 주요 기능 접근성, 도구 사용 용이성 등 파악
기능 목록 평가	• 콘텐츠 제작 및 관리 기능, 협업 및 커뮤니케이션 기능, 학습 진도 추적 및 평가 도구 등 파악
사용자 피드백	• 기술 지원 품질과 신속성, 실제 사용자가 느끼는 도구의 효율성과 성능 등 파악
비교 분석	• 도구 간 기능 차이점, 학습 환경 최적화 도구 여부, 비용 대비 효과 파악 등

07 다음은 운영지원 도구 사용 시 발생할 수 있는 문제점에 대한 설명이다. 어떤 문제점에 대한 설명인지 작성하시오.

> 도구가 다양한 기기나 운영체제에서 원활하게 작동하지 않아 사용자가 도구를 사용하는 데 어려움을 겪을 수 있는 문제

호환성 문제

해설

문제점	설명
기능 복잡성, 사용 어려움	• 도구의 기능이 지나치게 복잡하거나 인터페이스가 직관적이지 않아 사용자가 도구를 제대로 활용하지 못하는 어려움
성능 저하	• 성능이 저하되거나 오류가 발생하면 학습이나 강의 진행이 중단될 수 있는 문제점
호환성 문제	• 도구가 다양한 기기나 운영체제에서 원활하게 작동하지 않아 사용자가 도구를 사용하는 데 어려움을 겪을 수 있는 문제점

08 다음은 운영지원 도구별 개선 전략을 수립하는 절차이다. 보기에서 설명하는 내용은 어떤 내용인지 작성하시오.

> 이러닝 운영지원 도구 개선의 목적이 무엇인지 명확히 설정한다.
> 예 사용자 만족도 향상, 운영 효율성 증대, 비용 절감 등

정답

목표 설정

해설

절차	설명
목표 설정	• 이러닝 운영지원 도구 개선의 목적이 무엇인지 명확히 설정 예 사용자 만족도 향상, 운영 효율성 증대, 비용 절감 등
현황 분석	• 현재 사용 중인 운영지원 도구를 평가하고, 사용자 및 다른 운영지원 도구를 분석
이슈, 개선점 도출	• 현황 분석을 통해 현재 사용 중인 운영지원 도구 이슈 식별 • 도출된 이슈들을 중요도, 긴급성 등에 따라 우선순위를 설정하여 빠르게 해결해야 할 문제부터 개선
리스크 관리 전략 수립	• 도구 개선 시 발생할 수 있는 잠재적 위험 식별 • 리스크 발생 시 대응하는 방법을 미리 계획
성과 측정 계획 수립	• 수립된 전략을 통해 도출될 방안이 실제로 효과가 있는지 성과 측정 계획 수립 • 사용자 피드백, 데이터를 기반으로 지속해서 개선할 수 있도록 체계 구축

09 다음은 도출된 운영지원 도구 개선 방안의 적용 절차에 대한 설명이다. 보기의 내용이 어떤 절차를 설명하고 있는지 작성하시오.

- 적용한 개선 방안이 실제로 효과를 발휘하였는지 평가한다.
- 피드백에 대하여 추가적인 개선 방안을 도출하고 적용한다.

정답

평가 및 피드백

해설

절차	설명
요구사항 분석	• 운영지원 업무에 반영하기 위한 요구사항을 분석 • 운영지원 업무에 적용할 목표 수립
반영 계획 수립	• 운영지원 업무 개선에 가장 적합한 방안 선정 • 반영 시 필요 인력, 예산 기술 자원 등 할당
개선 방안 적용	• 수립된 계획을 토대로 운영지원 도구 개선 방안을 적용 • 적용 시 실패할 수 있으므로 롤백하는 방법 마련 필요
운영 및 유지보수	• 적용된 개선 방안이 실제로 잘 동작하는지 운영 • 운영지원 도구의 지속적인 개선 및 유지보수를 통해 안정성 유지
평가 및 피드백	• 적용한 개선 방안이 실제로 효과를 발휘하였는지 평가 • 평가 피드백을 반영하여 추가적인 개선 방안 도출 및 적용

이러닝 과정을 운영할 때 학습자의 학습을 위한 활동을 원활하게 진행할 수 있도록 지원하는 것이 중요하다. 이러닝 운영자나 관리자의 시각에서 학습 환경을 지원하고, 학습자에게 학습 활동을 안내하고 촉진하는 것과 학습자가 수강 시 발생할 수 있는 오류에 대해 효과적으로 관리하는 것이 중요하다.

PART 06

이러닝 운영 학습활동 지원

Chapter 01

학습 환경 지원

1 /// 학습자의 학습 환경 지원

1) 학습자의 학습 환경 확인

이러닝 학습자의 학습 환경을 확인하는 것은 학습자가 이러닝 학습 진행 시 발생할 수 있는 다양한 문제를 해결하여 학습활동을 원활히 하기 위하여 파악하는 첫 단계이다. 이러닝 학습자의 학습 환경은 크게 PC와 모바일 환경으로 구분할 수 있다.

① 디바이스별 학습자의 학습 환경 확인 방법

- 이러닝 학습자는 주로 PC와 모바일 환경에서 학습하기 때문에 이러닝 운영자의 학습활동 지원 시 학습자의 학습 환경을 먼저 파악하는 것이 중요하다.
- 학습자의 학습 환경을 확인하기 위해서는 원격지원 프로그램 등을 사용하여 확인하며, 사용이 불가피할 경우, 학습자에게 확인 요청을 할 수 있다.
- 학습자가 PC를 사용하여 학습하는 경우, 학습자의 학습 환경을 확인하는 방법은 다음과 같다.

표 6-1-1 PC를 사용하는 학습자의 학습 환경 확인 방법

확인 방법	설명
운영체제 확인	• MS 윈도 10 또는 11, macOS, 리눅스 등 다양한 운영체제에서 동작하는지 확인 • 리눅스의 경우 우분투(Ubuntu), CentOS 등 다양한 버전으로 구분되기 때문에 가능한 세부적인 명칭까지 파악 필요
웹 브라우저 확인	• MS Edge, Chrome, 웨일 등 웹 브라우저의 종류 확인 • 웹 브라우저의 최신 버전 여부 확인
확장 프로그램	• 웹 브라우저에 설치하는 확장 프로그램 설치 여부 확인 • 확장 프로그램 충돌 시 학습 환경 오류 발생 가능
사양 확인	• 이러닝 학습 콘텐츠를 원활히 이용할 수 있는지 사양 확인 • 최소 사양 미달 시, 사양 업그레이드 또는 제한된 학습 콘텐츠 이용 방법 등 안내
디스크 용량 확인	• 이러닝 학습 콘텐츠 임시 저장 시 디스크를 사용할 수 있으므로, 학습자의 PC가 충분한 디스크 용량을 확보하고 있는지 확인

– 학습자가 모바일을 사용하여 학습하는 경우, 학습자의 학습 환경을 확인하는 방법은
다음과 같다.

표 6-1-2 모바일을 사용하는 학습자의 학습 환경 확인 방법

확인 방법	설명
운영체제 확인	• 스마트폰 제조사 및 안드로이드, iOS 운영체제 확인
운영체제 버전 확인	• 운영체제 버전에 따라 이러닝 학습 시스템 모바일 애플리케이션 구동 문제가 발생할 수 있으므로 확인
화면 크기, 해상도	• 학습 시스템이 스마트폰 및 태블릿 기기를 제한적으로 지원하여 학습 화면이 정확하게 표시되지 않을 수 있으므로 확인
모바일 기능 확인	• 터치, 제스처 등의 기능 확인
네트워크 확인	• 모바일 데이터, 와이파이를 통하여 이러닝 학습 시스템 연결 확인
스피커 확인	• 모바일 디바이스의 볼륨 조절 기능 조작을 통해 콘텐츠 오디오를 들을 수 있는지 확인

② 디바이스별 학습자의 학습 환경 확인 시 주의사항

– PC, 모바일 장치별 학습자의 학습 환경 확인 시 다양한 요인으로 인하여 문제가 발생할
수 있으므로 주의해야 한다.

표 6-1-3 디바이스별 학습자의 학습 환경 확인 시 주의사항

주의사항	설명
네트워크 연결	• 유선 네트워크의 IP 주소 획득을 통한 연결 확인 • 무선 네트워크일 경우 Wi-Fi 라우터 연결 여부 확인
운영체제	• 운영체제 종류 및 버전에 따라 프로그램 실행이 가능하거나 불가능할 수 있으므로 확인 필요
소프트웨어 업데이트	• 운영체제, 웹 브라우저, 학습 전용 프로그램 등의 업데이트를 통해 최신 버전인지 아닌지 확인
기기 성능	• 학습을 위한 기기 성능이 이러닝 콘텐츠를 충분히 구동할 수 있는지 사양 확인 • CPU, RAM 등의 사양이 이러닝 학습 시스템이 요구하는 최소 사양 이상인지 확인
프로그램 충돌	• 웹 브라우저 확장 프로그램의 중복 설치, 과도한 보안 모듈 등의 설치로 인해 이러닝 학습에 지장을 초래할 수 있음 • 충돌 예상이 되는 프로그램을 사용하지 않음으로써 해결

– 같은 디바이스로 학습자가 학습을 수행하여도 설치된 프로그램에 따라서 학습 환경이
달라질 수 있으므로 학습 환경 확인 시 주의가 필요하다.

2) 학습자의 질문 및 요청사항 대처

① 이러닝 학습자가 질문하는 내용은 학습에 관련된 내용부터 학습 장애에 대한 지원까지 다양한 내용이 될 수 있다.

② 이러닝 학습자의 질문 및 요청사항을 효과적으로 대처하기 위해서는 다음과 같은 절차를 수행한다.

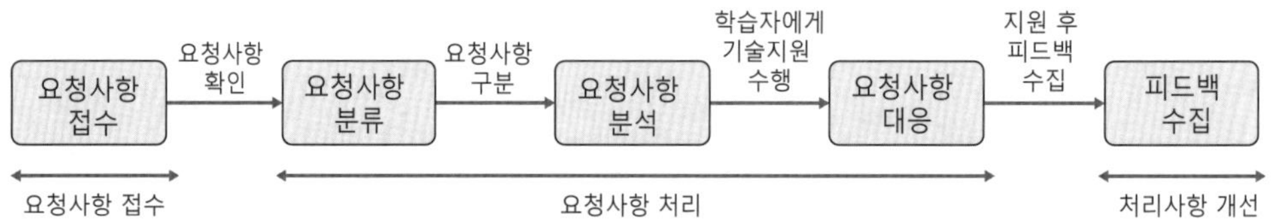

그림 6-1-1 이러닝 학습자의 질문 및 요청사항을 대처하는 절차

표 6-1-4 이러닝 학습자의 질문 및 요청사항을 대처하는 절차

절차	설명
요청사항 접수	• 학습자의 질문 및 요청사항을 접수 • 이러닝 학습 시스템(LMS)에서 접수하여 시스템에 등록
요청사항 분류	• 이러닝 학습 관리자 및 운영자는 학습자가 접수한 질문 및 요청사항을 기능별로 분류
요청사항 분석	• 분류한 요청사항을 자세히 읽고, 어떻게 대응할지 결정 • 구체적인 내용일 경우 대응을 하기 쉬워지므로 최대한 학습자에게 요청사항을 구체적이고 상세하게 요청
요청사항 대응	• 학습자에게 요청사항에 대한 대응 수행 • 대응 방법은 단순 게시판 응답 또는 원격 기술 지원을 통한 프로그램 오류 해결 및 이러닝 학습 시스템 프로그램 설치 등이 될 수 있음
피드백 수집	• 일련의 요청사항 대응 과정을 통해 학습자의 피드백을 수집하고 고객 경험을 개선하기 위한 데이터 분석 수행

③ 학습자의 질문 및 요청사항은 VoC(Voice of Customers)의 특성을 보이므로, 요청사항을 접수하여 처리하는 일련의 과정을 신속하고 불편함 없게 처리하여 고객 경험(CX; Customer eXperience)을 향상할 수 있도록 노력한다.

1) 학습자의 학습 환경 원격지원

① 이러닝 학습자의 학습 환경에 대한 문제에 대응하는 방법 중 편리한 방법은 원격지원을 수행하는 방법이다.

② 이러닝 원격지원을 수행하기 위해서는 학습자가 원격지원을 이러닝 학습 시스템 관리자 및 운영자에게 요청한다.

③ 원격지원 요청을 받은 이러닝 학습 시스템 관리자 및 운영자는 학습자의 학습 환경을 살펴보면서 문제점을 해결하기 위하여 대응한다.

④ 위의 과정을 도식화하면 다음과 같다.

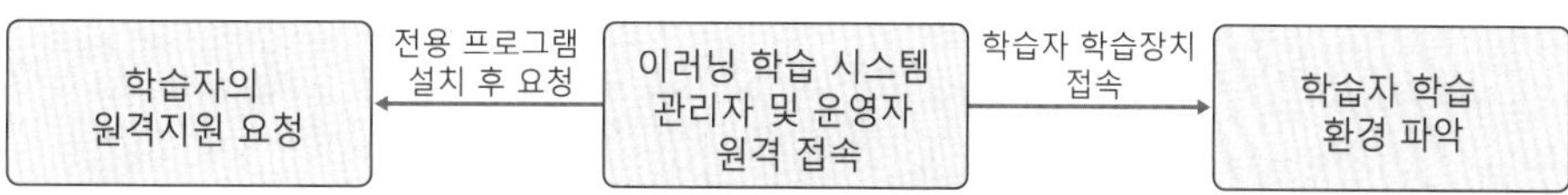

그림 6-1-2 학습자의 학습 환경 원격지원 절차

표 6-1-5 학습자의 학습 환경 원격지원 절차

절차	설명
원격지원 요청	• 학습자가 학습 환경의 문제점을 해결하기 위해 이러닝 학습 시스템 관리자 및 운영자에게 원격지원 요청 • 원격지원을 가능하게 하도록 전용 프로그램 설치 수행
원격 접속	• 학습자가 설치한 전용 프로그램을 통해 이러닝 학습 시스템 관리자 및 운영자가 학습자의 디바이스로 원격 접속 수행
학습 환경 파악	• 관리자 및 운영자가 학습자의 디바이스에 원격 접속을 수행하여 문제점을 해결하기 위하여 학습 환경 파악

2) 원격지원 시 발생하는 문제 대응하기

이러닝 학습 시스템 관리자 및 운영자가 원격지원 시 발생하는 문제에 대응하기 위해서는 문제점을 분석하고 대응하는 절차를 수행한다.

① 원격지원 시 발생하는 문제 분석하기

이러닝 학습 시스템 관리자 및 운영자가 원격지원 시 발생하는 문제를 분석하기 위해서는 학습자 환경 분석과 학습자 디바이스의 현재 상황을 분석해야 한다.

표 6-1-6 원격지원 시 발생하는 문제 분석 방법

분석 방법	설명
학습자 환경 분석	• 학습자가 이러닝 학습을 진행하는 환경을 분석 • PC, 모바일 등의 장치, 네트워크 환경 등 분석
학습 장치 현재 상황 분석	• 현재 학습자의 학습 장치의 사양과 설치된 프로그램을 분석하여 이러닝 학습 시스템과 충돌이 발생하는 요인 분석

② 대응 방안을 수립하여 문제 대응하기

이러닝 학습 시스템 관리자 및 운영자가 원격지원 시 발생하는 문제에 대하여 대응 방안을 수립하고 대응을 수행하는 방법은 다음과 같이 구분할 수 있다.

표 6-1-7 원격지원 대응 방안을 수립하여 문제에 대응하는 방법

대응 방법	설명
공식적 대응	• 정식적인 해결 방법으로, 검증된 소프트웨어 사용 또는 지원 방법 등을 통해 문제에 대응하는 방법
비공식적 대응	• 정식적인 해결 방법이 아닌 것으로, 검증되지 않은 소프트웨어를 사용하거나 임시적 해결 방법 등을 통해 문제에 대응하는 방법 • 임시로 문제를 해결한 경우, 정식적인 해결 방법을 찾아 매뉴얼화한 다음 학습자에게 안내해야 함

Chapter 02 학습활동 안내

1 /// 학습 절차 안내

1) 학습 시작 시 학습 절차 안내하기

① 이러닝 학습 시작 시 학습자에게 학습 절차를 안내하는 것은 학습자가 학습 진행을 위해 숙지해야 할 사항, 문제 발생 시 지원을 요청하는 방법 등을 안내한다.

② 학습자에게 이러닝 학습의 흐름을 이해시키기 위해서는 명확하고 간결한 설명이 필요하다.

③ 이러닝 학습 시작 시 학습 절차를 안내하는 과정은 다음과 같다.

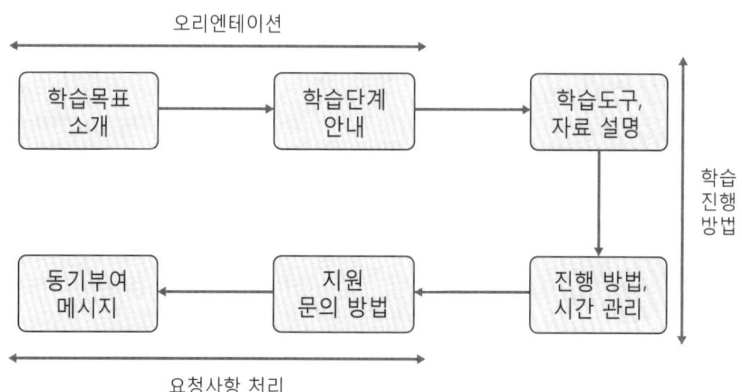

그림 6-2-1 이러닝 학습 시작 시 학습 절차를 안내하는 과정

표 6-2-1 이러닝 학습 시작 시 학습 절차를 안내하는 과정

과정	설명
학습 목표 소개	• 이러닝 학습을 통해 무엇을 얻을 수 있는지 간단히 설명 • 학습 목표에 과정 학습을 통해 배울 수 있는 내용을 명시
학습 단계 안내	• 학습 진행 단계를 간단히 설명 • 오리엔테이션, 모듈별 학습, 평가 및 피드백, 학습 완료 등 단계 설명
학습 도구 및 자료 설명	• 이러닝 학습에 사용할 학습 도구 소개 • 학습에 필요한 자료 접근, 다운로드 방법을 구체적으로 안내

과정	설명
진행 방법 및 시간 관리 안내	• 학습자가 자율적으로 학습을 관리할 수 있도록 시간 계획과 일정 제시 • 예상 학습 시간 및 학습 완료에 필요한 기간 제시
지원 및 문의 방법	• 학습 중 문의 사항 발생 시, 답변을 받는 방법 안내 • FAQ, 이메일 등을 통해 문의하는 방법 설명
학습 동기부여 메시지	• 학습 시작 시 동기부여 메시지를 전달하여 학습자가 흥미를 갖고 참여할 수 있도록 유도

2) 학습 절차 안내 시 유의사항

이러닝 학습자에게 학습 절차를 안내할 시, 학습 절차와 관련되어 도출할 수 있는 유의사항을 준수한다.

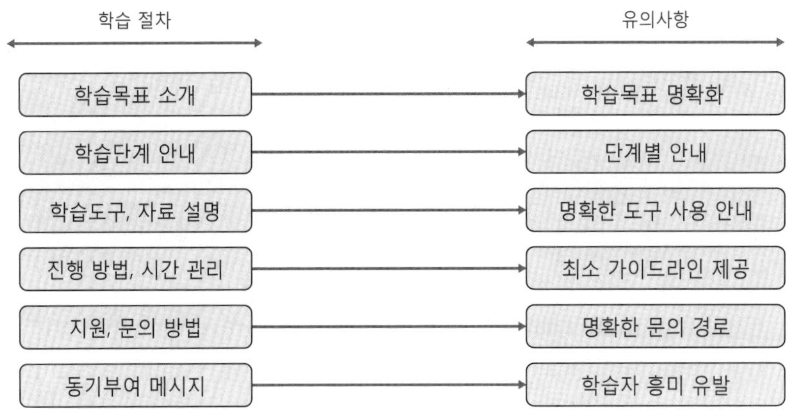

그림 6-2-2 학습 절차 안내 시 유의사항

표 6-2-2 학습 절차 안내 시 유의사항

유의사항	설명
학습 목표 명확화	• 이러닝 학습 목표를 명확하게 설정하고, 어려운 단어 사용을 피해 학습자가 쉽게 이해할 수 있도록 설명
단계별 안내	• 너무 복잡한 학습 절차 대신 단계별로 쉽게 안내 • 학습자가 각 단계를 이해하고 진행할 수 있도록 절차를 순차적으로 설명
명확한 도구 사용 안내	• 학습자가 자주 사용할 도구부터 설명 • 학습자의 수준을 고려하여 도구 사용법을 명확하게 안내
최소 가이드라인 제공	• 학습자가 학습 과정을 따라가는 데 필요한 최소한의 가이드라인 제공 • 시간 관리가 어려운 학습자를 위해 권장 학습 시간 또는 일정 제시

유의사항	설명
명확한 문의 경로 제시	• 학습자가 어려움을 겪을 때 쉽게 도움을 받을 수 있도록 명확한 문의 경로와 지원 방법 제시
학습자 흥미 유발	• 학습 보상 체계를 강조하여 학습자가 목표를 설정하고 달성할 수 있도록 유도

2 / 학습자의 필수 학습활동 안내

1) 학습자에게 과제 수행 방법 안내하기

① 이러닝 학습자의 필수 학습활동 중 하나인 과제 수행에 대한 방법을 안내하기 위해서는 학습자가 쉽게 따라 할 수 있도록 구체적인 절차와 가이드를 제공해야 한다.

② 학습자에게 과제 수행을 올바르게 수행하도록 안내하기 위한 내용은 다음과 같다.

표 6-2-3 학습자에게 과제 수행 방법을 안내하는 항목

항목	설명
과제 목적, 목표 설명	• 과제를 수행하는 목적과 학습자가 이를 통해 얻을 수 있는 학습 목표를 설명
과제 세부 지침 제공	• 과제의 요구사항을 상세히 설명 • 과제 주제, 작성 내용, 참고 자료, 제출 방법 등 설명
평가 기준 설명	• 학습자가 좋은 평가 결과를 얻기 위한 평가 기준을 명확히 설명 • 과제 완성도, 창의성, 문제 해결 능력, 기한 준수 등 제시
마감일 설정	• 과제를 제출해야 하는 마감 기한을 명확하게 제시 • 학습자가 시간 관리를 효율적으로 할 수 있도록 지원
제출 절차 안내	• 학습자가 기술적인 문제 없이 과제를 제출하는 방법을 구체적으로 설명 • 과제 제출 플랫폼 사용법, 제출 가능한 파일, 이름 형식 등
참고 자료 제공	• 학습자가 과제 수행 방법을 쉽게 이해할 수 있도록 과제 예시나 샘플 제공

③ 학습자의 필수 학습활동을 정확하게 평가하기 위해서는 명확한 평가 기준의 수립이 필요하며, 이를 학습자에게 안내할 수 있어야 한다.

2) 학습자에게 평가 기준 안내하기

① 이러닝 학습자에게 평가 기준을 안내하는 과정은 학습자가 과제나 시험에서 무엇을 요구하는지 명확히 이해하여 평가를 준비할 수 있도록 돕는다.

② 학습자에게 평가 기준을 안내할 때, 평가 항목의 구체적인 수준을 지정한 루브릭(Rubric)을 제공함으로써 학습자가 어느 수준의 성취를 보여야 하는지 알 수 있도록 한다.

③ 학습자의 정확한 평가를 수행하기 위하여 안내하는 평가 기준의 내용은 다음과 같다.

표 6-2-4 학습자에게 평가 기준을 안내하는 항목

항목	설명
평가 목적 설명	• 평가의 목적과 학습 목표와의 연결성 설명 • 학습한 것을 실제로 어떻게 적용했는지에 대한 확인 강조
평가 기준 세부 설명	• 평가 항목별로 구체적인 평가 기준 설명 • 평가 기준의 요소인 득점, 항목별 비중 등을 명확히 설명
루브릭 제공	• 학습자가 어느 수준의 성취를 보여야 하는지 알 수 있도록 점수를 세분화한 기준 • 각 평가 항목을 점수별 구체적인 수준 설명 • 점수의 분포는 1점에서 5점까지 분포
항목의 중요성 강조	• 평가 항목이 어느 정도의 비중을 차지하는지 설명
피드백 방법 안내	• 학습자에게 평가 후 제공될 피드백에 관해 설명 • 학습 성취 및 개선 부분에 대한 안내
기대 사항 명확화	• 학습자 평가를 통해 무엇을 기대하는지 명확히 설명 • 학습자가 평가에서 좋은 결과를 얻을 수 있는 방향 제시

3 ||| 학습자의 보조 학습활동 안내

1) 학습자에게 상호작용 방법 안내하기

① 이러닝 학습 진행 시 학습자의 참여를 유도하고 상호작용을 활성화하기 위해서 다양한 상호작용 방법을 제시하여 학습 효과를 높이고, 학습자가 학습 과정에서 더 몰입할 수 있도록 한다.

② 학습자에게 교·강사, 이러닝 학습 시스템 관리자 및 운영자와 상호작용을 할 수 있도록 안내하는 방법의 종류는 다음과 같다.

표 6-2-5 이러닝 학습자에게 상호작용을 위한 안내 종류

안내 종류	설명
토론	• 학습자들 간의 의견 공유 수행 • 특정 주제에 대해 질문을 올리거나, 다른 학습자의 질문에 답변하며 상호작용 수행

안내 종류	설명
채팅	• 실시간으로 교·강사 또는 다른 학습자와 대화 가능 • 빠른 피드백이나 짧은 질문에 대한 답을 실시간으로 받을 수 있음
퀴즈 및 평가	• 학습자가 수업 내용을 이해했는지 확인하기 위한 활동 • 즉각적인 피드백을 통해 자신이 학습한 내용을 복습하고 강화 가능
협력 과제	• 학습자들이 조를 편성하고 협력하여 과제를 완수하는 방식 • 학습자 간 협력과 커뮤니케이션을 촉진 • 협력 프로젝트를 통해 문제 해결 능력 강화
가상 교실	• 실시간으로 강사와 학습자가 소통할 수 있는 라이브 세션 또는 웹 세미나(Webinar) 형태의 상호작용 방식 • 강의 중 실시간 질문 또는 동료 학습자들과 의견교환 가능
동료 검토	• 학습자들이 서로의 과제를 평가하고 피드백을 주고받는 방식 • 동료 평가를 통해 상호 간 학습 결과물을 비교 및 개선점 발견 가능
게임화 요소	• 배지, 점수, 순위 등을 통해 학습 동기를 유발하고 경쟁적인 요소를 도입하여 상호작용 촉진

2) 학습자에게 자료등록 방법 안내하기

① 이러닝 학습 시스템에서 자료를 등록하는 방법은 자료의 종류와 학습 플랫폼에 따라 다를 수 있다. 따라서 이러닝 학습자들이 자료를 효율적으로 등록할 수 있도록 명확하게 안내하는 것이 중요하며, 이러닝 학습자에게 자료등록 방법을 안내할 때 다양한 방법을 사용할 수 있다.

② 학습자에게 학습 과제 등의 자료를 등록할 수 있도록 안내하는 방법의 종류는 다음과 같다.

표 6-2-6 이러닝 학습자에게 자료등록을 위한 안내 종류

안내 종류	설명
파일 업로드	• 학습자가 문서, PDF, 이미지, 동영상 등의 파일을 직접 업로드하는 방식 • 과제 제출, 프로젝트 파일 공유 등에 사용
텍스트 입력	• 텍스트 입력 양식에 문자열을 입력하여 제출하는 방식 • 간단한 문장, 코멘트 등을 제출할 때 유용
링크 공유	• 외부 사이트나 클라우드 스토리지(Google Drive, Dropbox 등)에 저장된 자료를 URL 형식으로 제출하는 방식 • 대용량 파일이나 협업 도구에서 만든 자료 공유 시 사용
문서작성 도구 활용	• 학습 플랫폼 내에서 제공하는 문서작성 도구를 사용하여 내용을 작성하여 제출하는 방식
설문 응답	• 설문지 형식을 통해 자료를 제출하는 방식 • 주관식 답변, 의견 조사, 간단한 과제 제출 등에 사용

Chapter 03 학습활동 촉진

1 ||| 학습 진도 관리

1) 운영계획서의 이해와 작성 방법

이러닝 학습자의 학습활동 촉진의 목적으로 학습 진도를 관리하기 위해서는 운영계획서를 기반으로 관리 업무를 수행해야 한다. 운영계획서를 기반으로 관리 업무를 수행하기 위해서는 계획서의 이해와 문서작성이 필요하다.

① 운영계획서의 이해

- 운영계획서를 이해하기 위해서는 이러닝 학습 과정 운영 시 학습 과정의 흐름, 목표, 평가 방법, 일정, 자원 등을 포함하여 전반적인 운영 내용을 포함한다.
- 운영계획서를 이해하기 위해서는 해당 문서에 포함되는 항목을 이해해야 한다.

표 6-3-1 운영계획서에 포함되는 항목 내용

항목 내용	설명
학습 목표, 목적 분석	• 운영계획서의 핵심은 학습의 목표와 목적임 • 학습활동이 무엇을 목표로 하고 있으며, 학습자가 성취도를 얼마나 달성해야 하는지 파악
일정, 학습 단계 분석	• 운영계획서에는 학습활동의 일정과 진도 계획이 포함 • 학습자가 어떤 순서로 학습을 진행해야 하고, 각 단계에 필요한 시간을 어떻게 관리해야 하는지 파악
평가 방식 이해	• 학습자는 운영계획서에서 평가 기준과 평가 방식을 이해할 수 있어야 함 • 평가 항목, 평가 비율, 각 평가 요소가 무엇을 의미하는지 분석하고, 피드백 방식을 확인하여 학습 진도 조절 시 반영
학습 자료, 자원 확인	• 운영계획서에 포함된 학습 자료 및 지원 자원 목록 확인 • 각 단계에서 필요한 교재, 비디오 자료, 추가 읽기 자료 등을 파악해서 학습을 효율적으로 진행하기 위한 계획 수립
지원 시스템, 문의 방법	• 학습자는 학습 중 문제가 발생했을 때 도움을 받을 수 있는 지원 시스템 명시

– 운영계획서는 템플릿 양식으로 갖춰져 있을 수가 있으므로, 해당 문서를 참고하면
이러닝 학습활동 흐름의 전반적인 이해를 도울 수 있다.

② 운영계획서의 작성 방법

– 운영계획서가 어떤 항목으로 구성되는지를 이해한 다음에는 학습활동을 원활하게
운영하고 관리하기 위해 체계적으로 작성해야 한다.
– 운영계획서 작성 시, 운영계획서에 포함되어야 하는 주요 항목은 가능한 누락이 없도록
작성하며, 주요 항목을 제외한 보조적인 내용은 주요 항목에서 언급하지 않은 내용 중
중요한 부분을 작성한다.

표 6-3-2 운영계획서의 작성 방법

작성 방법	설명
학습 목표, 성과 설정	• 학습자가 과정을 통해 무엇을 성취해야 하는지 구체적으로 명시 • SMART 목표 설정 방법을 활용하여 실현 가능한 목표 수립
학습 일정, 진도 계획 수립	• 학습활동을 일정에 따라 세분화하고, 단계별 목표를 명확히 제시 • 학습 기간을 여러 단위로 분할, 기간마다 학습할 내용, 과제, 평가 등을 일정표로 작성
평가 기준, 방식 설정	• 학습자의 학습 성취도를 평가할 수 있는 평가 방식을 결정하고, 구체적인 평가 기준을 운영계획서에 포함 • 평가 항목별로 점수 비율을 설정하고, 각 평가 항목의 구체적인 기대 사항과 평가 방법을 명시
학습 자료, 자원 구성	• 학습자가 사용할 교재, 참고 자료, 온라인 자료 등을 명시하고, 자료에 접근하는 방법과 활용법 설명 • 필요한 자료 목록을 작성하고, 각 자료가 어느 학습 단계에서 어떻게 사용될 것인지 설명
지원 시스템 구성	• 학습자가 필요할 때 도움을 받을 수 있는 지원 방법을 명확히 제시 • 튜터, 기술 지원, 커뮤니티 포럼, 실시간 채팅 등 학습 지원 도구를 운영계획서에 포함
커뮤니케이션 계획	• 학습자와 주기적으로 소통할 계획 수립 • 학습과 관련된 전파 사항, 과제 제출 기한 안내, 평가 피드백 등의 전달 방법 명시

– 만약 계획서 작성을 완료한 다음 내용의 수정이 필요할 경우, 버전 관리를 수행하여
운영계획서의 변경 이력 사항을 추적할 수 있도록 보관한 다음 수정 작업을 진행한다.
– 특히 운영계획서에서 작성하는 학습 일정에 따른 학습자의 진도 관리는 매우 중요한
사항으로, 학습자의 진도를 관리할 수 있는 구체적인 방법 또한 마련해야 한다.

2) 운영계획서 일정에 따른 학습 진도 관리

① 이러닝 학습 운영계획서의 일정 수립 시에 가장 중요한 사항은 계획한 일정대로 학습자의 학습 진도가 진행되고 있는지를 파악하는 것이 중요하다.

② 학습자의 학습 진도 관리가 중요한 이유는 학습자가 학습 목표를 달성하도록 보장하고, 성취한 목표를 운영계획서상에 설정한 기준대로 평가함으로써 학습 결과를 정확하게 획득할 수 있기 때문이다.

③ 운영계획서의 일정에 따른 학습자의 학습 진도를 관리하는 기법은 다음과 같다.

표 6-3-3 운영계획서 일정에 따른 학습 진도 관리 기법

진도 관리 기법	설명
간트 차트, 학습 일정표	• 학습 진도를 시각적으로 관리할 수 있는 간트 차트나 학습 일정표를 사용하여 진도 상태 파악
학습 체크리스트	• 학습자가 스스로 진도를 관리 • 각 학습 목표를 완료했는지 스스로 확인
마일스톤	• 학습 과정에서 중요한 중간 목표지점을 설정 • 마일스톤을 단계적으로 달성함으로써 학습자가 점진적으로 학습 목표에 도달

2 /// 학습자 관리

1) 학습자의 과제 평가 참여를 위한 독려 방법

① 이러닝 학습 시스템을 운영하는 관리자 및 운영자는 학습자가 이러닝 학습을 원활하게 진행하기 위해서 다양하게 독려해야 할 경우가 발생한다.

② 이러닝 학습자가 학습 진행 시 과제 평가의 참여가 저조한 경우, 운영계획서에 계획한 사항과 달라질 수 있으며, 학습 과정 관리 또는 운영 계획의 실패로 이어질 수 있으므로 이러한 문제에 대하여 신속한 대응이 필요하다.

③ 학습자가 과제 평가를 참여하게 만들기 위해서는 다음과 같이 다양한 방법으로 독려한다.

독려 방법	설명
동기부여, 중요성 강조	• 과제 평가가 왜 중요한지, 학습 과정에서 어떤 가치를 제공하는지 명확히 설명
명확한 과제 평가 기준 제공	• 평가 기준을 명확히 제시하여 학습자들이 평가에 대한 두려움을 덜고, 평가 과정의 진행 방법 안내
피드백 가치 강조	• 학습자에게 평가 과정 피드백이 매우 중요하다고 강조
종료일 안내	• 평가 종료일을 주기적으로 안내하여 학습자들이 평가에 참여할 수 있도록 시간 관리 지원

④ 학습자가 과제 평가에 참여하지 않아 페널티를 주어 강제적으로 평가에 참여하게 만드는 것보다, 능동적으로 과제 평가에 참여할 수 있도록 긍정적인 효과를 강조한다.

2) 학습자와 상호작용 활성화를 위한 독려 방법

① 이러닝 학습 시스템 관리자 및 운영자, 교 · 강사가 학습자와 상호작용을 활성화하는 것은 이러닝 환경에서 학습의 질을 높이고, 학습자들이 학습 과정에 적극적으로 참여하게 하는 중요한 요소이다.

② 학습자가 과제 평가를 참여하게 만들기 위해서는 다음과 같이 다양한 방법으로 독려한다.

표 6-3-5 학습자와 상호작용 활성화를 위한 독려 방법

독려 방법	설명
목표 기반 상호작용 유도	• 학습자가 명확한 목표를 가지고 상호작용에 참여하도록 유도
게임화 요소 도입	• 게임화 요소를 도입하여 학습자들의 참여를 장려하고, 상호작용을 자연스럽게 유도 • 배지, 포인트, 순위표 등을 활용
상호작용을 평가에 연계	• 상호작용 활동을 성적에 반영하여 학습자들이 상호작용을 더 적극적으로 참여하게 유도
상호작용 보상 제공	• 상호작용에 적극적으로 참여하는 학습자들에게 보상을 제공하여 동기부여를 강화

③ 상호작용을 평가에 연계하거나 보상을 제공하는 것은 학습자의 관심과 흥미를 끌 수 있으나, 과도할 경우 오히려 학습자의 학습 의욕을 떨어트릴 수 있으므로 주의가 필요하다.

3) 학습자의 학습 의욕을 고취하는 방법

① 이러닝 학습자의 학습 성과를 향상하기 위해서는 학습 의욕을 고취하는 방법이 필요하다.

② 학습자의 자발적인 학습 참여 의욕을 불러일으켜 학습에 몰입하고, 적극적인 참여를 유도하는 방법은 다음과 같다.

표 6-3-6 학습자의 학습 의욕을 고취하는 방법

방법	설명
명확한 학습 목표 설정	• 학습자가 자신이 무엇을 배우고 성취할 것인지 명확하게 이해할 수 있도록 구체적인 학습 목표를 설정
개별화된 학습 경험 제공	• 학습자의 개인적 필요나 관심사에 맞춘 맞춤형 학습 경험을 제공하여 학습에 대한 동기를 강화
학습 성취 인정	• 학습자가 학습 과정에서 얻은 성취를 인정하고 긍정적인 피드백을 제공
유의미한 학습 실제 연계	• 학습자가 학습 내용이 실제 상황에 적용될 수 있음을 인식하도록 유도

③ 학습자의 학습 의욕을 증진하는 것은 학습활동 참여로 이어지기 때문에 이를 위한 적절한 동기부여 방법이 매우 중요하다.

4) 학습활동 참여를 위한 학습 동기부여 방법

① 이러닝 학습자의 학습활동 참여를 촉진하기 위해서는 다양한 학습 동기부여 방법을 통해 학습자가 지속해서 학습에 몰입하고 적극적으로 참여할 수 있도록 돕는 것이 중요하다.

표 6-3-7 학습자의 학습활동 참여를 위한 학습 동기부여 방법

방법	설명
자율성 부여	• 학습자에게 자율성을 부여하면, 자신이 학습을 통제하고 있다는 느낌을 받으며 더 열심히 참여할 가능성 증가
실생활 문제 해결 (PBL)	• 학습자가 실제 문제를 해결하는 과정을 통해 학습에 대한 흥미를 유도하고 동기부여 유도
긍정적 경쟁 요소 도입	• 학습자 간 건강한 경쟁을 유도하여 동기부여를 극대화 • 경쟁을 통해 학습에 대한 참여도를 높이고 성취감 자극

② 과도하거나 충분하지 않은 동기부여 방법은 학습자의 참여에 악영향을 끼칠 수 있으므로 학습자의 상황에 적절한 동기부여 방법을 적용한다.

③ 학습자의 학습활동 참여를 위하여 체계적인 동기부여 방법을 수립하여 적용할 경우, 다양한 동기부여 이론을 참고하여 적용할 수 있다.

1) 학습에 필요한 온라인 커뮤니티 활동 지원

① 이러닝 학습에서 온라인 커뮤니티 활동은 학습자들 간의 상호작용을 촉진하고, 학습 과정에 대한 참여와 몰입을 높이는 중요한 요소이다.

② 이러닝 학습에 필요한 온라인 커뮤니티 활동을 지원하는 것은 학습자의 학습 동기를 강화하고 학습 성과를 향상할 수 있다.

표 6-3-8 이러닝 학습에 필요한 온라인 커뮤니티 활동 지원 방법

지원 방법	설명
커뮤니티 목적 설정	• 온라인 커뮤니티의 목적을 명확히 설정 • 학습자들이 커뮤니티 활동에서 얻을 수 있는 것을 제시
커뮤니티 규칙 설정	• 커뮤니티를 원활하게 운영하기 위한 명확한 규칙과 가이드라인 설정 • 모두가 편안하게 참여할 수 있는 환경 조성
멘토링 프로그램 지원	• 멘토링을 통해 학습자들이 개별 지원을 받도록 지원 • 커뮤니티 내 적극적인 활동 유도
추가 자료 공유	• 커뮤니티 내 학습과 관련된 유용한 자료나 추가 콘텐츠 공유 • 학습자가 정보를 얻고 학습에 몰입할 수 있도록 지원

③ 온라인 커뮤니티 활동 지원은 이러닝 학습자의 학습 과정 시 발생할 수 있는 질의에 대하여 신속하게 응답할 수 있다.

2) 학습 과정 시 신속한 질의응답 방법

① 이러닝 학습자가 학습 과정 시 발생하는 궁금한 사항 또는 학습 시스템의 문제 등을 질의하는 내용에 대해 신속하게 대응하지 않으면 학습자의 학습 동기가 저하될 수 있다.

② 이러닝 학습 시스템 관리자 및 운영자는 학습자가 학습 과정 시 발생할 수 있는 질의 사항에 대하여 신속하게 응답하는 방법을 마련해야 한다.

③ 학습 과정 시 발생하는 질의에 대하여 신속하게 응답하는 방법은 다음과 같다.

표 6-3-9 학습 과정 시 발생하는 질의에 대한 신속한 응답 방법

방법	설명
비상 응답체계 설정	• 학습자의 질의 등록 시 시스템 관리자 및 운영자에게 앱 푸시 알림, SMS 등을 발송할 수 있게 전송 • 이러닝 학습 시스템의 장애 발생 등의 긴급한 건에 대해서만 발송할 수 있도록 조정
실시간 채팅	• 이러닝 학습 시스템에 실시간 채팅 기능을 제공하여 학습자가 질문을 바로 할 수 있는 기능 제공
챗봇 도입	• 학습자들의 질문에 대해 로봇 형태의 소프트웨어가 즉각적인 응답 제공 • 24시간 운영할 수 있으며, 고객센터 운영 시간(Office hour)이 아니어도 학습자의 질의에 대해 신속하게 응답 가능

④ 특히 비상 응답체계 설정 시, 비상 상황이 아님에도 불구하고 오·발송되는 메시지로 인하여 관리자 및 운영자에게 불필요한 스트레스를 발생시키지 않도록 주의한다.

3) 학습자의 학습활동 참여 어려움 파악 및 해결 방법

이러닝 학습자의 학습활동 참여가 어려운 이유에는 다양한 요인이 존재한다. 이러한 학습자의 학습활동 참여가 어려운 이유를 체계적으로 파악, 분석하고 해결하여 학습자의 학습활동 참여를 유도해야 한다.

표 6-3-10 이러닝 학습자의 학습활동 참여가 어려운 이유

이유	설명
동기 부족	• 학습자가 학습 목표나 중요성을 충분히 인식하지 못하거나 학습 내용이 학습자의 목표와 연결되지 않는 등의 문제
학습 일정 관리 문제	• 학습자 개인 사정으로 인해 학습 일정 관리가 어려워 학습활동에 참여할 여유가 없는 문제
내용 이해 부족	• 학습자가 학습 내용이나 개념의 이해 부족으로 인해 과제 수행이나 평가에 참여가 어려운 문제
기술적 문제	• 인터넷 연결 문제나 이러닝 학습 플랫폼 사용의 어려움 등으로 인해 발생하는 기술적인 문제

① 이러닝 학습자의 학습활동 참여에 대한 어려움 파악 방법

– 이러닝 학습자의 학습활동 참여의 어려움을 파악하기 위해서는 학습자가 이러닝 학습 시스템에서 활동한 결과로 생성된 다양한 데이터를 추적하고 분석한다.

표 6-3-11 이러닝 학습자의 학습활동 참여에 대한 어려움 파악 방법

파악 방법	설명
학습활동 데이터 분석	• 학습 관리 시스템(LMS)을 통해 학습자의 학습활동 데이터를 분석하여 학습 참여 패턴을 파악
커뮤니케이션 활동 분석	• 학습자들이 질문을 자주 하거나 커뮤니케이션에 소극적일 경우, 학습활동 참여에 어려움을 겪고 있을 수 있다고 판단할 수 있음
설문 조사	• 익명 설문 조사를 통해 직접 학습자가 어떤 부분에서 어려움을 겪고 있는지 의견을 수집할 수 있음
학습 환경 분석	• 학습자의 기술적 문제나 학습 환경이 학습 참여에 영향을 미치고 있는지 분석

- 학습자의 학습활동 참여가 어려운 이유를 파악할 시 학습 과정의 어려움으로 인해 활동 참여가 어려운지, 학습 환경의 문제로 인하여 활동 참여가 어려운지 명확하게 구분할 수 있어야 한다.
- 이를 명확하게 구분한 다음 학습자의 학습활동 참여의 어려움을 해결할 방법을 도출한다.

② 이러닝 학습자의 학습활동 참여에 대한 어려움 해결 방법

- 이러닝 학습자의 학습활동 참여에 어려운 이유를 파악하였다면 파악한 내용에 따라 적절한 해결 방법을 도출하여 문제점을 해결한다.

표 6-3-12 이러닝 학습자의 학습활동 참여에 대한 어려움 해결 방법

해결 방법	설명
동기부여 전략 강화	• 학습 목표를 더 명확히 하여 학습자의 성장과 어떻게 연결되는지 강조
학습 일정 관리 도구 제공	• 이러닝 학습자에게 학습 일정 관리 도구를 제공하여 일정을 체계적으로 관리할 수 있도록 지원
기술 지원 강화	• 학습자에게 기술 지원을 제공하고 이러닝 학습 플랫폼 사용법을 충분히 안내
개별 상담, 지원 제공	• 외부 요인이나 개인적인 문제로 학습 참여가 어려운 학습자에게 개별 상담을 제공하여 맞춤형 지원 수행

- 학습자의 학습활동 참여에 대한 어려운 문제점을 해결할 때는 가능하면 해당 문제점에 대해서만 해결하도록 한다.
- 해당 문제점을 해결하기 전과 해결 후에 대한 학습자의 피드백을 수집하여 추후 다른 학습자한테서 유사하게 발생할 수 있는 문제점에 대한 해결 방법으로 활용한다.

Chapter 04 수강 오류 관리

1 ||| 수강 오류 관리

1) 수강 오류의 종류

① 이러닝 학습 시스템에서 개설된 학습 과정에 대해 수강 신청 시 발생할 수 있는 오류는 학습자의 학습 경험을 방해하는 중대한 원인이 될 수 있다.

② 이러닝 학습 시스템에서 발생할 수 있는 수강 오류의 종류는 다음과 같다.

표 6-4-1 이러닝 학습 시스템에서 발생할 수 있는 수강 오류의 종류

오류 종류	설명
학습자 계정 오류	• 수강 신청 시 학습자의 계정에서 발생하는 문제 • 계정 인증 실패, 계정 잠금 문제 등
수강 신청 기한 오류	• 수강 신청 기간이 정확히 설정되지 않거나 시스템 오류로 인해 학습자가 기한 내에 등록하지 못하는 문제 • 기한 만료, 기한 설정, 조기 마감 오류 등
과정 선택, 등록 오류	• 학습자가 원하는 학습 과정을 선택하고 등록하는 과정에서 발생하는 문제 • 중복 신청, 등록 제한, 선수 과목 오류 등
결제 오류	• 유료 과정 수강 신청 시 결제 과정에서 발생하는 문제 • 결제 실패, 이중 결제, 환불 처리, 결제 내역 확인 오류 등
수강 정원 초과 오류	• 특정 과정에 수강 인원 제한이 있는 경우 발생 • 수강 정원, 대기자 명단, 정원 초과 후 신청 허용 오류 등
수강 승인, 권한 오류	• 수강 신청 후 승인 절차가 필요한 경우 발생하는 오류 • 승인 대기 상태 지속, 수강 권한 부여 오류 등

③ 수강 오류의 종류는 다양한 원인으로 인해 발생할 수 있으며, 단순한 기능 오류가 아닌 복합적인 문제일 수 있으므로 발생한 오류의 원인을 구체적으로 분석한 다음에 오류에 대응한다.

2) 수강 오류 대응 방법

① 이러닝 학습 시스템에서 발생하는 수강 오류에 대하여 대응하는 방법은 다음과 같다.

표 6-4-2 이러닝 학습 시스템에서 발생한 수강 오류의 대응 방법

오류 종류	대응 방법
학습자 계정 오류	• 비밀번호 재설정 기능으로 학습자 계정 비밀번호 재설정 • 비밀번호 오입력 시 증가하는 계정 잠금 횟수의 초기화를 통하여 학습자가 다시 로그인할 수 있도록 조치
수강 신청 기한 오류	• 수강 신청 기한을 정확히 설정하거나 자동으로 신청 기한을 연장할 수 있는 등의 옵션을 지정
과정 선택, 등록 오류	• 학습 과정 검색 시 오류가 발생하지 않도록 검색 기능 강화 • 중복 수강 신청을 방지하는 기능 추가
결제 오류	• 주기적인 결제 시스템 모니터링을 통해 결제 실패 또는 이중 결제가 발생하는 문제에 대응 • 환불 요청 시 자동으로 환불이 진행되는 시스템 도입
수강 정원 초과 오류	• 수강 정원 실시간 업데이트를 통해 수강 가능한 인원을 정확히 표시 • 수강 가능한 인원 초과 시 추가 인원을 받지 않도록 방지
수강 승인, 권한 오류	• 수강 신청 시 자동 승인될 수 있도록 시스템 개선 • 수강 신청에 대해 승인 시 즉시 알림을 전송하여 학습을 진행할 수 있도록 안내

② 수강 오류의 종류에 따라 대응하는 방법을 공지사항으로 작성하여 안내함으로써 학습자가 수강 오류 발생 시 대응하는 방법을 숙지하여 원활한 학습을 진행할 수 있도록 한다.

2 ||| 학습활동 오류 관리

1) 학습활동 시 발생하는 오류의 종류

① 이러닝 학습활동 시 학습자가 겪을 수 있는 학습활동 오류는 다양하며, 오류의 경중에 따라 심각한 경우 학습을 진행할 수 없는 문제가 발생할 수 있다.

② 이러닝 학습활동 시 발생할 수 있는 오류의 종류는 다음과 같다.

오류 종류	설명
기술적 오류	• 학습자가 플랫폼이나 기기 문제로 인해 학습활동에 참여하지 못하는 경우 발생하는 오류
콘텐츠 접근 오류	• 학습자가 이러닝 학습 콘텐츠나 자료에 접근할 수 없는 경우 발생하는 오류
이러닝 학습 시스템 오류	• 이러닝 학습 시스템에서 제공하는 기능이 오작동하는 오류 • 학습 진행, 평가 및 과제 제출, 계정 로그인, 접근 권한 등

2) 학습활동 오류의 해결 방안

① 이러닝 학습활동 시 학습자가 겪을 수 있는 학습활동 오류를 해결하는 방안은 다음과 같다.

표 6-4-4 이러닝 학습활동 시 발생하는 오류의 해결 방안

오류 종류	해결 방안
기술적 오류	• 시스템 요구사항 안내, FAQ 제공, 원격지원 등을 통해 학습자가 겪는 기술적 오류 해결
콘텐츠 접근 오류	• 파일 링크 오류, 콘텐츠 재생 문제, 자료 누락 등 문제를 해결하여 콘텐츠 접근이 어려운 문제 해결
이러닝 학습 시스템 오류	• LMS 시스템 주기적 모니터링, 성능 개선 및 소프트웨어 업데이트 수행 • 학습 진행, 평가 및 과제 제출, 계정 로그인, 접근 권한 등의 문제 해결

② 이러닝 학습자의 학습활동 시 발생하는 오류를 해결할 시, 해당 오류에 대하여 수정 난이도, 긴급성 등을 파악하고 우선 순위화한 다음 우선순위가 높은 순서대로 수정 작업을 진행한다.

3 ⫸ 학사 오류 관리

1) 학사 오류의 종류

① 이러닝 학사 과정을 운영하면서 발생할 수 있는 학사 오류는 이러닝 학습자의 학습 과정에서 발생하는 오류이며, 이러닝 학습 시스템 관리자 및 운영자 또는 시스템 개발자의 개입을 통해 수정해야 하는 오류이다.

② 다음은 이러닝 학습자가 학습 시 진행 단계별로 발생할 수 있는 오류이다.

표 6-4-5 이러닝 학습 시스템에서 발생할 수 있는 학사 오류의 종류

오류	설명
학습자 계정	• 이러닝 학습자가 학습 시스템에 접근하거나 권한이 제대로 부여되지 않는 오류
수강 신청 및 변경	• 학습자가 수강 신청하거나 강의를 변경할 때 발생하는 오류
출석 처리	• 출석 기록이 제대로 반영되지 않는 오류
이러닝 콘텐츠 접근	• 학습자가 강의 자료에 접근하지 못하는 오류
학습 진도 기록	• 학습자의 학습 진행 상태가 정확하게 기록되지 않는 오류
과제 제출	• 학습자가 과제를 제출하는 과정에서 발생하는 오류 • 제출 시도 로그, 실패 로그, 시스템 로그 등을 확인하고 분석
시험 응시	• 학습자가 온라인 시험을 치르는 과정에서 발생하는 오류
성적 처리	• 성적을 입력하거나 성적이 반영되는 과정에서 발생하는 오류 • 성적 입력 로그 추적, 성적 계산 로직 및 계산 값 검증 등을 수행

③ 이러닝 학습 시스템에서 과제, 성적 처리 오류는 학습자의 성취 평가 결과에 매우 큰 영향을 미치므로 신속한 해결이 필요하다.

④ 이러닝 학사 오류가 해결되지 못하여 누적되면 학습자의 학습 경험에 부정적인 영향을 미칠 수 있으므로, 관리자 및 운영자의 적극적인 모니터링과 빠른 대응이 필요하다.

2) 학사 오류 해결 방법

① 이러닝 학습자가 학습 시 진행 단계별로 발생할 수 있는 오류를 해결하는 방법은 다음과 같다.

표 6-4-6 이러닝 학습 시스템에서 발생할 수 있는 학사 오류 해결 방법

오류	해결 방법
학습자 계정	• 이러닝 학습 시스템 접근 시 비밀번호 불일치로 인하여 재설정 시 재설정 프로세스 간소화 • 오류 해결이 되지 않는 경우 실시간 기술 지원을 통해 문제 해결
수강 신청 및 변경	• 수강 신청 시스템 점검, 수강 변경·취소 시 수동처리 등을 통해 학사 오류 대응
출석 처리	• 자동 출석 체크 시스템, 데이터 백업 등을 통해 학습자의 출결 처리 오류 대응
이러닝 콘텐츠 접근	• 콘텐츠 대체 주소 지원, 접근성 테스트, 오프라인 모드 제공으로 콘텐츠 접근 향상을 통해 오류 해결

오류	해결 방법
학습 진도 기록	• 학습 진도의 자동 저장 및 진행 상태 확인, 주기적 진도 상태 알림 등을 통해 학습 진도 기록 누락 등의 오류 대응
과제 제출	• 과제 제출 시 작성한 내용의 임시 저장, 첨부 파일 형식 및 용량 개선, 대안 제출 방법 제시 등을 통해 오류 수정
시험 응시	• 시험 자동 저장, 응시 시간 조정, 재응시 등을 통해 시험 시스템에서 발생하는 오류 수정 • 오류를 수정하기 위하여 실시간 모니터링 수행
성적 처리	• 성적 입력 및 계산 자동화를 통한 잘못된 계산 방지 • 성적 정보 이력 관리를 통하여 변경 내역 확인 후 처리

② 이러닝 학사 오류가 최소한으로 발생할 수 있도록 이러닝 학습 관리 시스템의 기술 지원과 정기적인 유지보수가 필요하다.

③ 발생한 오류에 대해서는 대응 매뉴얼을 작성하여 오류 유형, 발생 조건, 발생 내용 등의 내용을 포함해 신속하게 대응할 수 있는 체계를 마련해야 한다.

적중 예상문제

01 다음 보기는 학습자의 학습 환경을 확인하는 방법에 대한 설명이다. 어떤 확인 방법인지 작성하시오.

> • MS 윈도 10 또는 11, macOS, 리눅스 등 다양한 소프트웨어에서 동작하는지 확인한다.
>
> • 리눅스의 경우 우분투(Ubuntu), CentOS 등 다양한 버전으로 구분되기 때문에 가능한 세부적인 명칭까지 파악이 필요하다.

정답

운영체제 확인

해설

보기의 내용은 PC를 사용하는 학습자의 학습 환경을 확인하는 방법이다.

확인 방법	설명
운영체제 확인	• MS 윈도 10 또는 11, macOS, 리눅스 등 다양한 운영체제에서 동작하는지 확인 • 리눅스의 경우 우분투(Ubuntu), CentOS 등 다양한 버전으로 구분되기 때문에 가능한 세부적인 명칭까지 파악 필요
웹 브라우저 확인	• MS Edge, Chrome, 웨일 등 웹 브라우저의 종류 확인 • 웹 브라우저의 최신 버전 여부 확인
확장 프로그램	• 웹 브라우저에 설치하는 확장 프로그램 설치 여부 확인 • 확장 프로그램 충돌 시 학습 환경 오류 발생 가능
사양 확인	• 이러닝 학습 콘텐츠를 원활히 이용할 수 있는지 사양 확인 • 최소 사양 미달 시, 사양 업그레이드 또는 제한된 학습 콘텐츠 이용 방법 등 안내
디스크 용량 확인	• 이러닝 학습 콘텐츠 임시 저장 시 디스크를 사용할 수 있으므로, 학습자의 PC가 충분한 디스크 용량을 확보하고 있는지 확인

02 다음은 이러닝 학습 환경에서 발생한 문제에 대응하는 내용이다. ㉠에 들어갈 공통적인 내용을 작성하시오.

단계	설명
(㉠)지원 요청	• 학습자가 학습 환경의 문제점을 해결하기 위해 이러닝 학습 시스템 관리자 및 운영자에게 (㉠)지원 요청 • 원격지원을 가능하게 하도록 전용 프로그램 설치 수행
(㉠) 접속	• 학습자가 설치한 전용 프로그램을 통해 이러닝 학습 시스템 관리자 및 운영자가 학습자의 디바이스로 (㉠) 접속 수행
학습 환경 파악	• 관리자 및 운영자가 학습자의 디바이스에 (㉠) 접속을 수행하여 문제점을 해결하기 위하여 학습 환경 파악

정답

원격

03 다음 보기는 이러닝 학습 절차를 안내하는 과정이다. ㉠~㉣에 들어갈 내용으로 알맞은 것을 작성하시오.

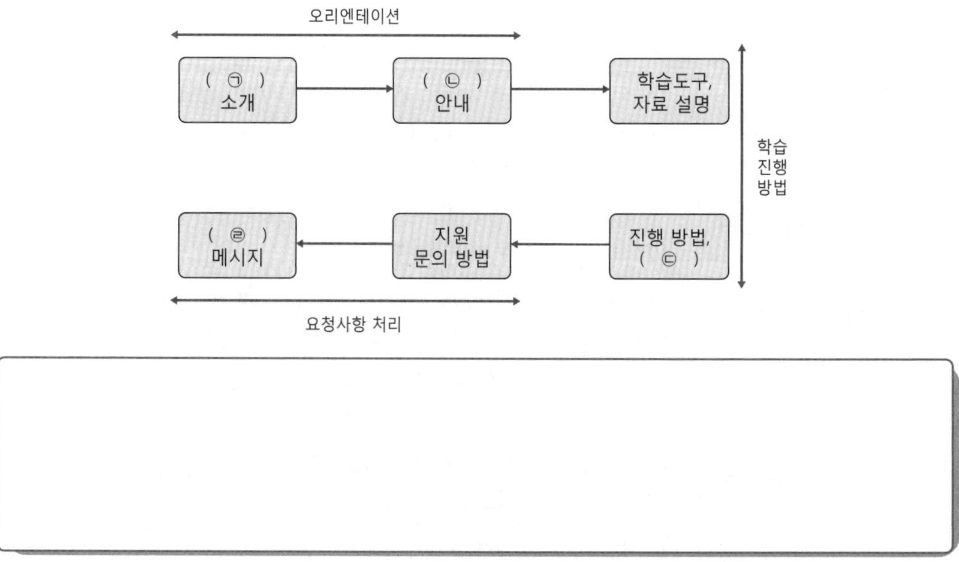

정답

㉠ : 학습 목표   ㉡ : 학습 단계   ㉢ : 시간 관리   ㉣ : 동기부여

04 다음 보기에서 설명하고 있는 평가 방법을 작성하시오.

- 학습자가 어느 수준의 성취를 보여야 하는지 알 수 있도록 점수를 세분화한 기준이다.
- 각 기준은 평가 항목을 점수별로 구체적인 수준으로 설명한다.
- 점수의 분포는 주로 1점에서 5점까지 분포한다.

정답

루브릭(Rubric)

해설

보기에서 설명하고 있는 내용은 루브릭(Rubric) 평가 방법이다.

항목	설명
평가 목적 설명	• 평가의 목적과 학습 목표와의 연결성 설명 • 학습한 것을 실제로 어떻게 적용했는지에 대한 확인 강조
평가 기준 세부 설명	• 평가 항목별로 구체적인 평가 기준 설명 • 평가 기준의 요소인 득점, 항목별 비중 등을 명확히 설명
루브릭 제공	• 학습자가 어느 수준의 성취를 보여야 하는지 알 수 있도록 점수를 세분화한 기준 • 각 평가 항목을 점수별 구체적인 수준 설명 • 점수의 분포는 1점에서 5점까지 분포
항목의 중요성 강조	• 평가 항목이 어느 정도의 비중을 차지하는지 설명
피드백 방법 안내	• 학습자에게 평가 후 제공될 피드백에 관해 설명 • 학습 성취 및 개선 부분에 대한 안내
기대 사항 명확화	• 학습자 평가를 통해 무엇을 기대하는지 명확히 설명 • 학습자가 평가에서 좋은 결과를 얻을 수 있는 방향 제시

05 다음 보기에서 학습자와 상호 작용하는 방법을 작성하시오.

> 이러닝 학습 시스템에서 진행하는 학습에 대하여 배지, 점수, 순위 등을 통해 학습자의 학습 동기를 유발하고 경쟁적인 요소를 도입하여 상호작용을 촉진하는 요소이다.

정답

게임화 요소, 게이미피케이션(Gamification)

e 해설

위에서 설명하는 보기는 이러닝 학습자에게 상호작용을 하기 위한 안내 종류이다.

안내 종류	설명
토론	• 학습자들 간의 의견 공유 수행 • 특정 주제에 대해 질문을 올리거나, 다른 학습자의 질문에 답변하며 상호작용 수행
채팅	• 실시간으로 교 · 강사 또는 다른 학습자와 대화 가능 • 빠른 피드백이나 짧은 질문에 대한 답을 실시간으로 받을 수 있음
퀴즈 및 평가	• 학습자가 수업 내용을 이해했는지 확인하기 위한 활동 • 즉각적인 피드백을 통해 자신이 학습한 내용을 복습하고 강화 가능
협력 과제	• 학습자들이 조를 편성하고 협력하여 과제를 완수하는 방식 • 학습자 간 협력과 커뮤니케이션을 촉진 • 협력 프로젝트를 통해 문제 해결 능력 강화
가상 교실	• 실시간으로 강사와 학습자가 소통할 수 있는 라이브 세션 또는 웹 세미나(Webinar) 형태의 상호작용 방식 • 강의 중 실시간 질문 또는 동료 학습자들과 의견교환 가능
동료 검토	• 학습자들이 서로의 과제를 평가하고 피드백을 주고받는 방식 • 동료 평가를 통해 상호 간 학습 결과물을 비교 및 개선점 발견 가능
게임화 요소	• 배지, 점수, 순위 등을 통해 학습 동기를 유발하고 경쟁적인 요소를 도입하여 상호작용 촉진

06 다음은 운영계획서 일정에 따라 학습 진도를 관리하는 기법과 설명이다. 학습 진도 관리 기법과 기법의 설명을 옳게 연결하시오.

학습 진도 관리 기법	적용 방법

간트 차트, 학습 일정표 •

학습 체크리스트 •

마일스톤 •

• – 학습 진도를 시각적으로 관리하여 학습자의 진도 상태 파악

• – 학습자가 스스로 진도를 관리
– 각 학습 목표를 완료했는지 스스로 확인

– 학습 과정에서 중요한 중간 목표지점을 설정
• – 중간 목표를 단계적으로 달성함으로써 학습자가 점진적으로 학습 목표에 도달

정답

학습 진도 관리 기법	적용 방법

간트 차트, 학습 일정표

학습 체크리스트

마일스톤

– 학습자가 스스로 진도를 관리
– 각 학습 목표를 완료했는지 스스로 확인

– 학습 과정에서 중요한 중간 목표지점을 설정
– 중간 목표를 단계적으로 달성함으로써 학습자가 점진적으로 학습 목표에 도달

– 학습 진도를 시각적으로 관리하여 학습자의 진도 상태 파악

- 간트 차트, 학습 일정표 → 학습 진도를 시각적으로 관리하여 학습자의 진도 상태 파악
- 학습 체크리스트 → 학습자가 스스로 진도를 관리 / 각 학습 목표를 완료했는지 스스로 확인
- 마일스톤 → 학습 과정에서 중요한 중간 목표지점을 설정 / 중간 목표를 단계적으로 달성함으로써 학습자가 점진적으로 학습 목표에 도달

해설

다음은 운영계획서 일정에 따른 학습 진도 관리 기법이다.

진도 관리 기법	설명
간트 차트, 학습 일정표	• 학습 진도를 시각적으로 관리할 수 있는 간트 차트나 학습 일정표를 사용하여 진도 상태 파악
학습 체크리스트	• 학습자가 스스로 진도를 관리 • 각 학습 목표를 완료했는지 스스로 확인
마일스톤	• 학습 과정에서 중요한 중간 목표지점을 설정 • 마일스톤을 단계적으로 달성함으로써 학습자가 점진적으로 학습 목표에 도달

07 이러닝 학습자의 과제 평가 참여를 독려하는 방법을 4가지만 작성하시오.

동기부여 및 중요성 강조, 명확한 과제 평가 기준 제공, 피드백 가치 강조, 종료일 안내

e 해설

다음은 학습자의 과제 평가 참여를 위한 독려 방법이다.

독려 방법	설명
동기부여, 중요성 강조	• 과제 평가가 왜 중요한지, 학습 과정에서 어떤 가치를 제공하는지 명확히 설명
명확한 과제 평가 기준 제공	• 평가 기준을 명확히 제시하여 학습자들이 평가에 대한 두려움을 덜고, 평가 과정의 진행 방법 안내
피드백 가치 강조	• 학습자에게 평가 과정 피드백이 매우 중요하다고 강조
종료일 안내	• 평가 종료일을 주기적으로 안내하여 학습자들이 평가에 참여할 수 있도록 시간 관리 지원

08 다음 보기에서 설명하고 있는 이러닝 학습 과정에서 신속하게 질의응답을 하는 기법을 작성하시오.

- 학습자들의 질문에 대해 로봇 형태의 소프트웨어가 즉각적인 응답을 제공한다.
- 24시간 운영할 수 있으며, 고객센터 운영 시간(Office hour)이 아니어도 학습자의 질의에 대해 신속하게 응답할 수 있다.

정답

챗봇(Chatbot)

e 해설

다음은 이러닝 학습 과정 시 발생하는 질의에 대하여 신속하게 응답하는 방법이다.

방법	설명
비상 응답체계 설정	• 학습자의 질의 등록 시 시스템 관리자 및 운영자에게 앱 푸시 알림, SMS 등을 발송할 수 있게 전송 • 이러닝 학습 시스템의 장애 발생 등의 긴급한 건에 대해서만 발송할 수 있도록 조정
실시간 채팅	• 이러닝 학습 시스템에 실시간 채팅 기능을 제공하여 학습자가 질문을 바로 할 수 있는 기능 제공
챗봇 도입	• 학습자들의 질문에 대해 로봇 형태의 소프트웨어가 즉각적인 응답 제공 • 24시간 운영할 수 있으며, 고객센터 운영 시간(Office Hour)이 아니어도 학습자의 질의에 대해 신속하게 응답 가능

09 이러닝 학습활동 시 발생할 수 있는 오류를 3가지만 작성하시오.

정답

기술적 오류, 콘텐츠 접근 오류, 이러닝 학습 시스템 오류(학습 진행 오류, 평가 및 과제 제출 오류, 계정 로그인 오류, 접근 권한 오류)

e 해설

오류 종류	설명
기술적 오류	• 학습자가 플랫폼이나 기기 문제로 인해 학습활동에 참여하지 못하는 경우 발생하는 오류
콘텐츠 접근 오류	• 학습자가 이러닝 학습 콘텐츠나 자료에 접근할 수 없는 경우 발생하는 오류
이러닝 학습 시스템 오류	• 이러닝 학습 시스템에서 제공하는 기능이 오작동하는 오류 • 학습 진행, 평가 및 과제 제출, 계정 로그인, 접근 권한 등

10 다음은 이러닝 학습자가 학습 과정 수강 시 발생하는 오류에 대하여 대응하는 방법이다. ㉠, ㉡에 들어갈 내용으로 적절한 내용을 작성하시오.

오류 종류	대응 방법
학습자 계정 오류	• 비밀번호 (㉠)기능으로 학습자 계정 비밀번호를 (㉠)한다. • 비밀번호 오입력 시 증가하는 계정 잠금 횟수의 (㉡)을(를) 통하여 학습자가 다시 로그인할 수 있도록 조치한다.

정답

㉠ : 재설정 ㉡ : 초기화

해설

보기의 내용은 이러닝 학습 시스템에서 발생한 수강 오류의 대응 방법이다.

오류 종류	대응 방법
학습자 계정 오류	• 비밀번호 재설정 기능으로 학습자 계정 비밀번호 재설정 • 비밀번호 오입력 시 증가하는 계정 잠금 횟수의 초기화를 통하여 학습자가 다시 로그인할 수 있도록 조치
수강 신청 기한 오류	• 수강 신청 기한을 정확히 설정하거나 자동으로 신청 기한을 연장할 수 있는 등의 옵션을 지정
과정 선택, 등록 오류	• 학습 과정 검색 시 오류가 발생하지 않도록 검색 기능 강화 • 중복 수강 신청을 방지하는 기능 추가
결제 오류	• 주기적인 결제 시스템 모니터링을 통해 결제 실패 또는 이중 결제가 발생하는 문제에 대응 • 환불 요청 시 자동으로 환불이 진행되는 시스템 도입
수강 정원 초과 오류	• 수강 정원 실시간 업데이트를 통해 수강 가능한 인원을 정확히 표시 • 수강 가능한 인원 초과 시 추가 인원을 받지 않도록 방지
수강 승인, 권한 오류	• 수강 신청 시 자동 승인될 수 있도록 시스템 개선 • 수강 신청에 대해 승인 시 즉시 알림을 전송하여 학습을 진행할 수 있도록 안내

11 이러닝 학사 과정 운영 시 발생할 수 있는 과제 제출과 관련된 오류의 종류를 2개만 작성하시오.

정답

1) 과제 제출 기한 미준수
2) 과제 작성 내용의 임시 저장 후 미제출
3) 첨부 파일 형식 틀림으로 인한 자료 제출 불가
4) 첨부 파일 용량 초과

해설

오류	해결 방법
학습자 계정	• 이러닝 학습 시스템 접근 시 비밀번호 불일치로 인하여 재설정 시 재설정 프로세스 간소화 • 오류 해결이 되지 않는 경우 실시간 기술 지원을 통해 문제 해결
수강 신청 및 변경	• 수강 신청 시스템 점검, 수강 변경·취소 시 수동처리 등을 통해 학사 오류 대응
출석 처리	• 자동 출석 체크 시스템, 데이터 백업 등을 통해 학습자의 출결 처리 오류 대응
이러닝 콘텐츠 접근	• 콘텐츠 대체 주소 지원, 접근성 테스트, 오프라인 모드 제공으로 콘텐츠 접근 향상을 통해 오류 해결
학습 진도 기록	• 학습 진도의 자동 저장 및 진행 상태 확인, 주기적 진도 상태 알림 등을 통해 학습 진도 기록 누락 등의 오류 대응
과제 제출	• 과제 제출 시 작성한 내용의 임시 저장, 첨부 파일 형식 및 용량 개선, 대안 제출 방법 제시 등을 통해 오류 수정
시험 응시	• 시험 자동 저장, 응시 시간 조정, 재응시 등을 통해 시험 시스템에서 발생하는 오류 수정 • 오류를 수정하기 위하여 실시간 모니터링 수행
성적 처리	• 성적 입력 및 계산 자동화를 통한 잘못된 계산 방지 • 성적 정보 이력 관리를 통하여 변경 내역 확인 후 처리

체계적인 이러닝 과정을 운영하기 위해서는 각 단계에서 수행해야 할 활동에 대해 올바른 계획을 수립해야 한다. 수립된 계획을 기반으로 운영 활동을 진행하며, 이에 따른 활동 결과를 공식적인 결과로 마무리하기 위한 보고를 진행한다.

이러닝 운영 활동 관리

Chapter 01 운영 활동 계획

1 ||| 이러닝 운영 활동 수행 시 필요한 항목 파악

1) 이러닝 운영 활동 목표 설정

① 이러닝 프로그램의 목적과 목표를 명확히 설정하는 것은 전체 운영 활동의 방향성을 제공하며, 학습자와 운영팀 모두가 공통의 목표를 가지고 활동하게 만드는 원동력이 된다.

② 이러닝 운영을 원활히 수행하기 위한 목표 유형은 다음과 같다.

표 7-1-1 이러닝 운영의 목표 유형

목표 유형	설명
교육적 목표	• 학습자들이 습득해야 할 지식과 기술 향상에 초점 • 학습성과 향상, 학습자 참여 증진, 개인화된 학습 경험 제공
운영적 목표	• 운영 과정에서 달성해야 할 효율성과 효과성의 최적화 • 학습 관리 시스템 최적화: 사용자 친화적 인터페이스와 안정적인 기술 인프라 구축 • 학습지원체계 강화: 신속하고 효과적인 기술적 및 학습적 지원 제공 • 품질관리: 모니터링과 평가를 통해 콘텐츠 서비스의 품질 유지 및 개선
비즈니스 목표	• 수익 창출, 비용 절감, 브랜드 강화 등의 경제적 목표

③ 운영 목표를 설정하기 위해서 SMART 원칙을 적용한 목표를 설정할 수 있으며, 목표는 구체적(Specific), 측정 가능한(Measurable), 달성 가능한(Achievable), 관련성이 있는(Relevant), 시간 제약이 있는(Time-bound) 형태로 설정한다.

④ SMART 원칙을 적용하여 이러닝 운영 목표를 수립한 예시는 다음과 같다.

표 7-1-2 SMART 원칙을 적용하여 이러닝 운영 목표를 수립한 예시

> 6개월 내 500명의 학습자에게 기본 프로그래밍 지식을 제공하여 80% 이상이 기초 과정을 수료하도록 한다.

2) 학습자 분석 및 학습환경 조성

① 학습자 분석

- 학습자 분석은 학습자의 나이, 직업, 학습 스타일, 선호하는 학습 방법 등을 고려하여 학습자 배경을 파악하는 것이다.
- 학습자에 대한 분석이 잘 되었는지 판단하는 방법으로는 다음과 같은 질문 사항에 응답하는 것으로 판단할 수 있다.

표 7-1-3 학습자 분석이 잘 되었는지 판단하기 위한 질문

구분	질문 내용
학습자 특성 분석	• 학습자가 가지고 있는 특성이 무엇인지 분석되었는가?
학습자 학습환경 분석	• 학습자의 학습환경에 대한 환경이 분석되었는가?

- 아래는 학습자를 구분하는 예시이다.

표 7-1-4 학습자 분석의 예시

구분	학습자 분석 조사 항목(예)
인구통계학적 정보(일반사항)	• 나이, 성별, 교육 수준, 문화적 배경, 언어 능력 등
사전 지식 및 기술 수준	• 교육 배경, 주제에 대한 사전 경험, 기존 기술 수준 등
학습 목표 및 기대	• 개인의 학습 목표, 과정에 대한 기대사항
동기 및 태도	• 학습 동기(내재적/외재적), 주제에 대한 관심도와 태도
학습 경험	• 온라인 학습 경험 여부, 온라인 학습 경험 유형(대학, 직업훈련, 자격증 과정, 교양/취미 등), 디지털 리터러시 수준 등
학습만족도	• 학습효과, 보완할 점
학습환경 및 접근성	• 기술 접근성(디바이스, 인터넷 연결 등) • 학습 가능 시간 및 제약 사항
학습 선호도	• 학습 분야 선호, 학습 내용 선호, 학습콘텐츠 유형, 학습 분량, 학습 기간, 개별/협력 학습 등
상호작용 선호도	• 교수자/동료 학습자와의 소통 방식 선호도 • 피드백 선호 유형

- 이러닝 학습자의 요구와 특성을 이해하기 위해 학습자 분석을 수행하며, 그 결과 교육과정의 질을 높이고, 궁극적으로는 학습자의 만족도를 향상할 수 있다.

② 학습환경 조성

- 학습환경 조성은 이러닝 학습자가 학습을 원활히 수행하기 위한 환경을 만드는 것으로, 학습자와 이러닝 학습 시스템 관리자 및 운영자와 소통을 수행한다.

표 7-1-5 학습환경 조성이 잘 되었는지 판단하기 위한 질문

구분	질문 내용
온라인 커뮤니티 마련	• 학습자 간 상호작용을 촉진하기 위한 커뮤니티 등을 활용하여 소통 채널을 마련하였는가?
기술 지원 시스템 마련	• 학습자에게 기술적 지원을 제공할 수 있는 시스템을 마련하였는가? • 학습 중 발생할 수 있는 문제를 신속하게 해결하기 위한 계획 수립을 마련하였는가?

3) 기술적 요구사항

이러닝 운영 활동을 위한 기술적 요구사항은 이러닝 학습 효과의 극대화를 위하여 필요한 요구사항으로, 다음과 같은 특징을 가지고 있다.

표 7-1-6 이러닝 운영 활동을 위한 기술적 요구사항

특징	요구사항
이러닝 플랫폼 파악	• 이러닝 플랫폼의 기능을 분석하고 다양한 기기가 접근 가능한지 시스템의 접근성 및 호환성을 파악 • 실시간 수업을 위한 화상회의 도구 및 평가 시스템을 확인 • LMS, LCMS, SCORM 등
최신 기술 트렌드 반영	• 학습효과 극대화를 위한 최신 기술 도입 • 최신 교육 기술 혁신 사례 파악

4) 운영팀 구성

① 이러닝 운영팀의 구성과 역할 설정은 효과적인 이러닝 프로그램을 운영, 평가하기 위해 필수적이다.

② 이러닝 운영팀은 각 구성원의 역할과 책임을 명확하게 구분하고, 효율적인 협업을 위해 의사소통 체계를 구축하여 운영하는 것이 필요하다.

③ 일반적인 이러닝 운영팀의 구성은 다음과 같다.

표 7-1-7 이러닝 운영팀의 구성과 역할

구성원	역할
이러닝 운영 관리자	• 전체 이러닝 프로그램의 기획, 관리, 조정 및 운영 책임 • 학습 계획 수립, 학습 운영, 평가 등 전반적인 운영 관리
학습지원 튜터	• 학습자 지원 서비스 제공 • 학습자 상담, 학습 계획 수립 지원, 학습 자원 제공 및 학습자 피드백 수집
기술 지원팀	• 이러닝 시스템의 기술적 지원 및 유지보수 • 시스템 기술적 운영, 서버 관리, 기술 문제 해결, 학습자 개인정보 및 학습 데이터 보호, 백업 및 복구
교수자	• 학습 목표, 학습 내용, 평가도구 개발자 • 이러닝 운영 시 학습 내용 질의응답, 과제평가

5) 운영 일정 수립

① 이러닝 운영 일정 수립은 효과적인 학습 경험을 제공하기 위한 단계이며, 운영 전, 운영 중, 운영 후 단계를 포괄하는 체계적인 일정 계획이 필요하다.

② 학습자 특성과 과정 목표를 고려하여 오리엔테이션, 수강 신청, 학습 활동, 평가 등의 시기를 적절히 배치해야 한다.

③ 충분한 준비 기간과 유연성을 확보하고 주요 일정에 대한 명확한 안내가 중요하며, 이를 통해 체계적인 운영 일정 수립을 통해 학습 효과를 극대화하고 원활한 과정 운영이 가능해진다.

④ 다음은 이러닝 운영 일정 수립이 잘 되었는지 판단하는 방법으로, 다음과 같은 질문 사항에 응답하는 것으로 판단할 수 있다.

표 7-1-8 이러닝 운영 일정 수립이 잘 되었는지 판단하기 위한 질문

구분	질문 내용
운영 일정 안내 기간 계획	• 운영 전 학습자에게 운영 일정을 안내하는 충분한 기간이 계획되었는가?
학습자 특성에 맞는 일정	• 오리엔테이션, 수강 신청, 실시간 세션 등의 일정이 학습대상자의 특성에 맞는 일정 계획인가?
학습자 평가 적절성	• 운영 중 일정에서 온라인 과제나 평가 기간이 적절한가?
운영 후 관리 일정 수립 여부	• 운영 후 데이터 백업 및 성과 분석을 위한 관리 일정은 수립하였는가?

⑤ 다음은 이러닝 운영 일정 수립을 위한 주요 내용이다.

표7-1-9 이러닝 운영 일정 수립을 위한 주요 내용

구분	주요 내용
과정 기간 설정	• 전체 과정 기간 명확히 정의 • 학습자에게 충분한 시간 제공, 과도하게 길지 않도록 조절
주요 활동 일정 계획	• 주차별 학습 내용 및 과제 제출 기한 설정 • 온라인 토론, 실시간 웨비나, 그룹 프로젝트 일정 배치 • 중간고사 및 기말고사 일정 지정 • 적절한 평가 시점 선정
피드백 일정	• 과제 및 시험에 대한 피드백 일정 수립 • 학습자 진도 확인 및 개별 피드백 시점 결정
유연성 확보	• 예상치 못한 상황에 대비한 여유 시간 확보 • 필요시 일정 조정 가능성 고려
일정 공지 및 리마인더 시스템	• 주요 일정에 대한 사전 공지 및 주기적 리마인더 발송 • 학습 관리 시스템(LMS)을 통한 자동 알림 설정

2 /// 이러닝 운영의 절차별 주요 활동 계획과 고려사항

1) 이러닝 운영의 절차별 주요 활동

① 이러닝 운영은 크게 운영 전, 운영 중, 운영 후의 세 단계로 나눌 수 있다.

② 각 절차는 고유한 목적과 활동이 있으며, 이들은 유기적으로 연결되어 효과적인 이러닝 과정이 운영되도록 돕는다.

③ 다음은 이러닝 운영 절차별 주요 활동을 보여주는 그림이다.

그림 7-1-1 이러닝 운영 절차별 주요 활동

2) 이러닝 과정 운영 전

① 이러닝 과정의 안정적인 운영을 위해서는 철저한 사전 준비가 필수적이다.

② 효과적인 학습 경험을 제공하고, 원활한 과정 진행을 위해 운영 전 단계에서 다음과 같은 주요 영역에 대한 준비가 이루어져야 한다.

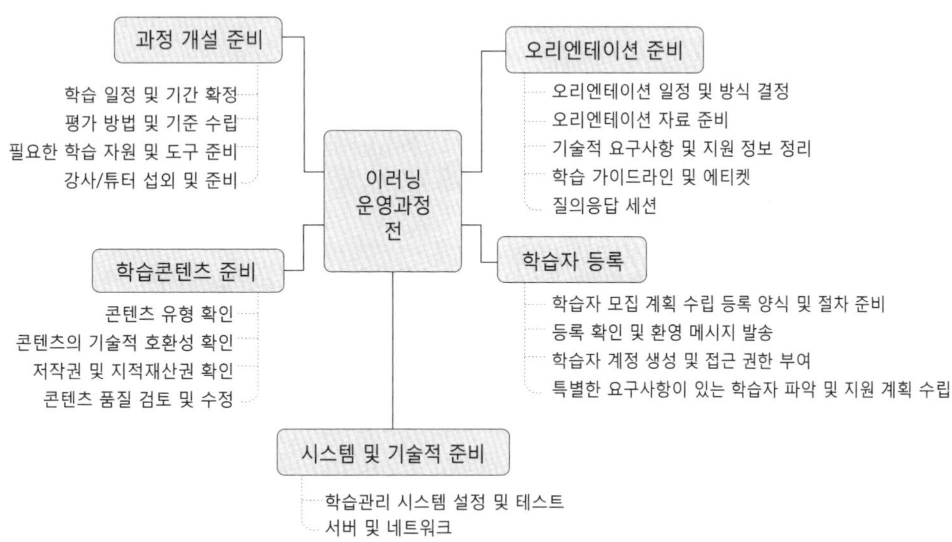

그림 7-1-2 이러닝 과정 운영 전 주요 활동

㉠ 과정 준비

표 7-1-10 이러닝 과정 운영 전 과정 개설 준비사항

준비사항	설명
학습 일정 및 기간 확정	• 과정의 시작과 종료 날짜를 명확히 설정
평가 방법 및 기준 수립	• 학습자의 성과를 평가할 방법과 기준을 정의
필요한 학습 자원 및 도구 준비	• 학습에 필요한 자료와 도구를 미리 준비
강사/튜터 섭외 및 준비	• 강사 또는 튜터를 선정하고, 필요한 교육을 제공

㉡ 학습자 등록

표 7-1-11 이러닝 과정 운영 전 학습자 등록 준비사항

준비사항	설명
학습자 모집 계획 수립	• 학습자 모집 대상과 방법을 계획
등록 양식 및 절차 준비	• 학습자가 쉽게 등록할 수 있도록 양식과 절차를 마련
등록 확인 및 환영 메시지 발송	• 등록이 완료된 학습자에게 확인 메시지와 환영 인사 발송
학습자 계정 생성 및 접근 권한 부여	• 각 학습자에게 계정을 생성하고 필요한 접근 권한을 부여
특별 요구사항 파악	• 특별한 지원이 필요한 학습자를 확인하고, 그에 맞는 지원 계획을 수립

㉢ 학습콘텐츠 준비

표 7-1-12 이러닝 과정 운영 전 학습콘텐츠 준비사항

준비사항	설명
콘텐츠 유형 확인	• 영상 콘텐츠 외 상호작용 요소(퀴즈, 토론 등) 및 라이브세미나 여부 등 확인
콘텐츠 기술적 호환성 확인	• 사용될 이러닝 학습 플랫폼과의 호환성을 점검
저작권 및 지적재산권 확인	• 콘텐츠의 저작권 및 지적재산권을 확인하여 법적 문제를 예방
콘텐츠 품질 검토 및 수정	• 콘텐츠의 품질을 검토하고 필요한 수정을 진행

㉣ 시스템 및 기술적 준비

표 7-1-13 이러닝 과정 운영 전 시스템 및 기술적 준비사항

준비사항	설명
LMS 설정 및 테스트	• 학습 관리 시스템에 과정 등록 및 운영 기간 등 운영에 필요 사항을 설정하고, 기능이 정상적으로 작동하는지 테스트
서버 및 네트워크	• 안정적인 서버와 네트워크 환경을 구축하여 다수의 학습자가 동시에 접속해도 원활하게 서비스를 이용할 수 있는지 확인

㉭ 오리엔테이션 준비

표 7-1-14 이러닝 과정 운영 전 오리엔테이션 준비사항

준비사항	설명
일정 및 운영 방식 결정	• 온라인/오프라인/하이브리드 등의 방식 결정
자료 준비	• 과정 소개, LMS 사용법 등을 포함한 자료 준비
기술적 요구사항 및 지원 정보 정리	• 기술적 요구사항과 지원 정보를 정리하여 학습자에게 제공
Q&A 세션 계획 수립	• 학습자들이 질문할 수 있는 Q&A 세션을 계획

㉮ 운영 전 주요 점검 사항

표 7-1-15 운영 전 주요 점검 사항을 위한 체크리스트

점검 사항			Check
과정 준비	학습 일정 · 내용 안내	• 학습 일정은 상세하게 계획되었는가?	☐
		• 필요한 학습 자료(영상, 문서, 퀴즈 등)는 모두 준비되었는가?	☐
		• 콘텐츠가 최신 업데이트된 내용인지 확인하였는가?	☐
		• 저작권 문제는 해결되었는가?	☐
		• 학습 자료의 품질은 충분한가?	☐
		• 학습자에게 안내할 사항을 점검하였는가?	☐
		• 교수자와 TA 소개 글은 게시하였는가?	☐
	평가 · 개선	• 학습성과를 측정할 수 있는 평가도구는 마련되었는가?	☐
		• 평가 결과를 분석하여 개선점을 도출할 수 있는가?	☐
		• 학습 과정에 대한 지속적인 개선 계획은 수립되었는가?	☐
학습자 관리		• 목표 인원에 맞춰 학습자를 충분히 모집했는가?	☐
		• 학습자 계정 생성 및 접근 권한 부여는 완료되었는가?	☐
		• 학습자의 질문에 대한 답변 시스템은 마련되었는가?	☐
시스템 환경		• 안정적인 서버 및 네트워크 환경이 구축되었는가?	☐
		• 학습자 기기와의 호환성은 확보되었는가?	☐
		• 기술적인 문제 발생 시 지원 체계는 구축되었는가?	☐

3) 이러닝 과정 운영 중

① 이러닝 과정의 운영 중에는 학습자들이 효과적으로 학습할 수 있도록 다양한 지원과 관리가 필요하다.

② 온라인 환경에서는 학습자와 강사 간의 상호작용이 중요하며, 이를 통해 학습의 질을 높이고 참여도를 증진할 수 있다. 따라서, 학습자 지원, 과제 관리, 토론 진행, 평가 등의 지원은 모두 원활한 과정 운영을 위해 필수적이다.

③ 이러한 요소들은 학습자가 목표를 달성하고, 적극적으로 참여하며, 지속적인 피드백을 받을 수 있는 환경을 조성하는 데 이바지한다.

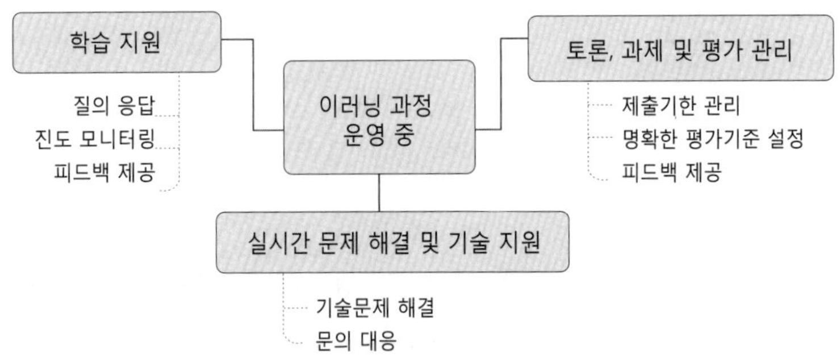

그림 7-1-3 이러닝 과정 운영 중 주요 활동

㉠ 학습지원

– 이러닝 과정 운영 중 학습자의 학습 활동을 지원하기 위한 활동이다.

표 7-1-16 이러닝 과정 운영 중 학습지원 활동 종류

종류	설명
질의응답	• 학습자들의 질문에 답변하고 필요한 도움 제공
모니터링	• 개별학습자의 진도와 참여도 모니터링
격려 및 피드백	• 학습동기부여를 위한 격려와 피드백 제공

㉡ 토론 · 과제 관리

– 이러닝 과정 운영 중 학습자의 학업 성취도 평가를 하기 위하여 수행하는 토론 및 과제를 관리한다.

표 7-1-17 이러닝 과정 운영 중 토론 · 과제 관리 활동 종류

종류	설명
게시판 운영	• 과제 제출 및 토론 게시판 운영
알림 발송	• 제출 기한 관리 및 리마인더 발송
표절 검사	• 표절 검사 등 학문적 진실성 확보
피드백 제공	• 개별 및 그룹 과제에 대한 피드백 제공
시스템 운영	• 온라인 토론 · 과제에 대한 안정적인 학습 관리 시스템 운영

ⓒ 실시간 문제 해결 및 기술 지원

- 이러닝 학습 플랫폼 사용 중 발생하는 기술적 문제를 해결한다.
- 이러닝 시스템 관리자 및 운영자는 실시간으로 학습자들의 문의에 대응하여 학습자의 학습 경험을 보장할 수 있도록 한다.

표 7-1-18 실시간 문제 해결 및 기술 지원을 위한 체크리스트

	점검 사항	Check
안내	• 전체 학습 일정을 자세히 알렸는가?	☐
	• 이러닝에서의 진도 체크 Pass 기준을 알렸는가?	☐
	• 과제 및 평가 방법을 명확하게 제시했는가?	☐
독려	• 학습자의 학습을 독려하였는가?	☐
	• 진도율에 따라 독려 방법을 달리했는가?	☐
	• 과제 미제출자의 과제 제출을 독려하였는가?	☐
	• 평가 미응시 학습자에게 응시를 독려하였는가?	☐
질의응답 · 장애 지원	• 교육 내용에 대한 질의에 즉시 답해주었는가?	☐
	• 공통 질문 사항을 정리하여 제공하였는가?	☐
	• 시스템 장애 문의에 대해 관리자에게 전달하였는가?	☐

ⓔ 평가관리

- 이러닝 학습자들의 학업 성취도를 측정한다.
- 수업 운영 중 평가하는 단계로 시험 공지, 평가 기준 등의 주요 사항을 점검한다.

표 7-1-19 이러닝 학습 과정을 평가 관리하기 위한 체크리스트

	점검 사항	Check
평가 관리	• 시험 일정을 최소 2주 전에 공지했는가?	☐
	• 시험 시간이 적당한가?	☐
	• 평가 기준은 명확하게 공지하고 설명되었는가?	☐

4) 이러닝 과정 운영 후

① 이러닝 과정의 성공적 운영은 과정 종료 후 평가와 분석에서 완성된다고 볼 수 있다.

② 운영 후 단계는 단순 과정의 마무리가 아닌, 향후 개선과 발전을 위한 중요한 단계이며, 교육 효과성을 측정하고, 향후 과정 개선을 위한 인사이트를 얻을 수 있다.

③ 평가 결과분석, 만족도 조사, 개선점 도출 등 활동을 통해 이러닝 과정의 품질을 향상하고, 학습자의 요구에 더욱 부합하는 과정을 설계할 수 있다.

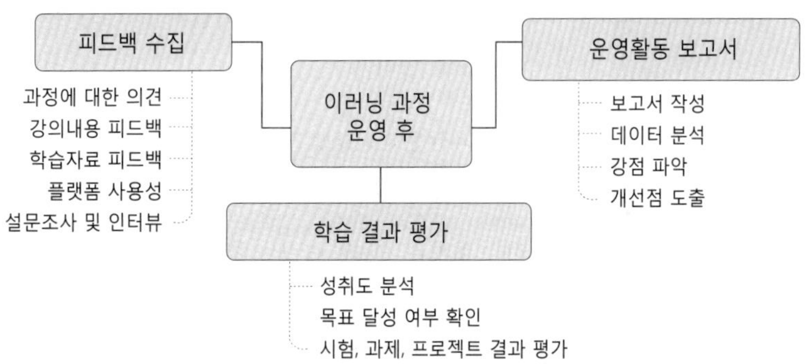

그림 7-1-4 이러닝 과정 운영 후 주요 활동

④ 이러닝 과정 운영 후 주요 활동에 대한 단계는 다음과 같다.

㉠ 학습 결과 평가

- 학습 결과 평가 활동은 학습자들의 성취도를 분석하고, 학습 목표 달성 여부를 확인하여 시험, 과제 및 프로젝트 등의 결과를 분석한다.

㉡ 피드백 수집

- 피드백 수집은 학습자들로부터 과정에 대한 의견을 수집하는 활동이다.

- 강의 내용, 학습 자료, 플랫폼 사용성 등에 대한 피드백을 받으며, 설문 조사나 인터뷰 등의 방법 또한 피드백을 수집하는 데 활용할 수 있다.

㉢ 운영 활동 보고서 작성 및 결과 분석

- 운영 활동 보고서 작성 및 결과 분석은 전체 운영 과정을 정리한 보고서를 작성하기 위한 활동이다.

- 수집된 데이터와 피드백을 바탕으로 결과를 분석하고 강점과 개선점을 파악하여 향후 과정 개선에 활용한다.

표 7-1-20 운영 활동 보고서 작성 및 결과 분석을 위한 체크리스트

	점검 사항	Check
학습 결과 평가	• 학습자들의 평균 성취도는 어떠한가?	☐
	• 학습 목표 달성률은 어느 정도인가?	☐
	• 학습자들 간 성취도 격차가 있다면 그 원인은 무엇인가?	☐

	점검 사항	Check
피드백 수집	• 학습자들의 전반적인 만족도는 어떠한가?	☐
	• 학습 자료의 질과 양에 대한 학습자들의 의견은 어떠한가?	☐
	• 이러닝 플랫폼의 사용성에 대해 학습자들이 제기한 주요 이슈는 무엇인가?	☐
	• 설문 조사를 통해 얻은 가장 유의미한 인사이트는 무엇인가?	☐
운영 활동 보고서 작성 및 결과 분석	• 전체 운영 과정에서 가장 성공적이었던 부분은 무엇인가?	☐
	• 운영 중 발생한 주요 문제점과 그 해결 방법은 무엇이었는가?	☐
	• 수집된 데이터와 피드백을 바탕으로 도출된 주요 강점은 무엇인가?	☐
	• 향후 개선이 필요한 가장 시급한 부분은 무엇인가?	☐
	• 다음 과정 운영 시 반드시 반영해야 할 개선사항은 무엇인가?	☐

3 /// 이러닝 운영 활동 절차별 목표 수립 및 평가 준거 설정

절차별 목표 수립은 구체적이고 측정 가능한 목표를 설정하고, 목표 달성을 위한 평가 준거 개발 및 적용 방안을 모색해야 한다.

1) 이러닝 과정 운영 전

이러닝 과정을 운영하기 전에 학습자 모집 성공률, 시스템 준비 완성도, 콘텐츠 준비상태를 점검하여 요소별로 목표 설정과 평가 준거를 수립한다.

표 7-1-21 **운영 전 준비 목표 및 평가 준거 예시**

구분		주요 내용
학습자 모집 성공률	목표 설정	• 목표: 설정된 기간 내에 목표한 학습자 수를 모집 예 이러닝 과정 시작 2주 전까지 100명의 학습자를 모집한다.
	평가 준거	• 모집 완료율: 목표한 모집 인원의 달성률 측정 • 모집 기간 준수 여부: 모집 목표 기간 내에 학습자를 모집했는지 확인 • 모집 홍보 효과성: 사용된 홍보 채널(이메일, 소셜 미디어, 웹사이트 등)의 효과성을 분석하여 채널별 모집률을 평가
시스템 준비 완성도	목표 설정	• 목표: 이러닝 플랫폼과 관련 시스템을 완벽히 준비하여 학습자들이 문제없이 사용할 수 있도록 함 예 코스 시작 2주 전까지 시스템 테스트를 완료하고 모든 기술적 오류를 해결한다.

구분		주요 내용
시스템 준비 완성도	평가 준거	• 시스템 테스트 결과: 플랫폼의 기능적 완성도를 평가하기 위해 실시한 시스템 테스트 결과를 분석 **예** 로그인, 콘텐츠 접근, 퀴즈 기능 등이 원활하게 작동하는지 확인 • 사용자 접근성 평가: 다양한 기기 및 브라우저에서의 접근성을 테스트
콘텐츠 준비상태	목표 설정	• 목표: 교육 목표에 부합하는 고품질의 이러닝 콘텐츠를 완성 **예** 과정 시작 2주 전까지 모든 강의 자료와 학습 활동을 완료하고 검토를 마침
	평가 준거	• 콘텐츠 완성도: 스토리보드, 강의 자료, 학습 활동 등이 계획대로 완료되었는지 확인 • 콘텐츠 품질 평가: 내용의 정확성, 최신성, 시각적 효과 등을 평가

2) 이러닝 과정 운영 중

이러닝 과정 운영 중에는 학습자 만족도, 기술 지원 응답 시간, 학습자 참여율을 점검하여 요소별로 목표 설정과 평가 준거를 수립한다.

표 7-1-22 운영 중 준비 목표 및 평가 준거 예시

구분		주요 내용
학습자 만족도	목표 설정	• 목표: 학습자들이 교육과정에 만족하며, 긍정적인 학습 경험을 제공받도록 함 **예** 매 모듈 종료 후 실시하는 설문 조사에서 학습자 만족도 평균 점수를 4.5 이상으로 유지한다.
	평가 준거	• 설문 조사 결과: 학습자들이 학습 과정, 콘텐츠, 교수자, 지원 서비스 등에 대해 평가한 결과 분석 • 피드백 반영률: 학습자들이 제공한 피드백 중 개선 요청 사항이 얼마나 반영되었는지 측정 • 학습 후기 및 리뷰: 학습자들이 자발적으로 남긴 후기 및 리뷰의 긍정적/부정적 비율을 분석
기술 지원 응답 시간	목표 설정	• 목표: 학습자들이 기술적 문제를 신속하게 해결 받을 수 있도록 기술 지원 시스템을 운영 **예** 기술 지원 요청에 대한 평균 응답 시간을 30분 이내로 유지한다.
	평가 준거	• 평균 응답 시간: 기술 지원 요청 접수 시점부터 초기 응답까지의 평균 시간을 측정 • 문제 해결 시간: 기술 지원 요청이 완전히 해결되기까지의 평균 시간을 분석 • 지원 서비스 만족도: 기술 지원을 받은 학습자들이 서비스에 대해 평가한 만족도 점수를 수집하고 분석

구분		주요 내용
학습자 참여율	목표 설정	• 목표: 학습자들이 꾸준히 학습 활동에 참여하도록 유도하고, 중도 탈락률을 줄임 **예** 주간 학습 활동 참여율을 85% 이상으로 유지한다.
	평가 준거	• 출석률: 각 학습 모듈 및 세션에 학습자들이 참석한 비율을 측정 • 과제 제출률: 주어진 과제나 프로젝트를 완료하고 제출한 학습자들의 비율을 분석 • 토론 및 상호작용 참여율: 온라인 포럼, 토론 게시판, 그룹 활동 등에 참여한 학습자들의 비율을 측정 • 로그인 빈도: 학습자들이 플랫폼에 로그인하는 빈도를 분석하여 학습 활동에 얼마나 자주 참여하는지 파악

3) 이러닝 과정 운영 후

이러닝 과정 운영 후에는 학습 성취도, 피드백의 질과 양, 운영 활동 개선사항 도출을 통해 요소별로 목표 설정과 평가 준거를 수립한다.

표 7-1-23 운영 후 준비 목표 및 평가 준거 예시

구분		주요 내용
학습 성취도	목표 설정	• 목표: 학습자들이 설정된 학습 목표를 달성했는지 평가 **예** 이러닝 과정 수료 후 학습자의 80% 이상이 학습 목표를 달성한다.
	평가 준거	• 최종 평가 점수: 학습자가 최종 시험, 퀴즈, 과제 등을 통해 얻은 점수를 분석하여 학습 목표 달성 여부 평가 • 평균 성취도: 전체 학습자의 평균 점수를 계산하여 전체적인 학습 성취도 평가 • 학습 목표 달성률: 설정된 학습 목표를 달성한 학습자의 비율 측정 • 전후 테스트: 학습 전후 테스트를 실시하여 학습자의 지식 및 기술 향상 정도를 비교
피드백의 질과 양	목표 설정	• 목표: 학습자들로부터 받은 피드백의 양과 질을 평가하여 학습 경험 개선에 반영 **예** 학습자 피드백을 통해 식별된 주요 개선사항을 반영하여 다음 학기에 70% 이상 개선한다.
	평가 준거	• 피드백 응답률: 과정 종료 후 피드백 설문 조사에 응답한 학습자의 비율을 측정 • 피드백 내용 분석: 피드백의 내용을 분석하여 긍정적/부정적 의견, 구체적인 개선 요구사항 등을 분류 • 피드백 반영률: 학습자들이 제공한 피드백 중 실제로 반영된 비율을 측정 • 피드백의 구체성: 피드백의 질을 평가하여 구체적이고 실행 가능한 개선사항이 포함되어 있는지 분석

구분		주요 내용
운영 활동 개선사항 도출	목표 설정	• 목표: 이러닝 운영 활동을 분석하여 다음 운영에서 개선할 사항 도출 **예** 운영 활동 평가 결과를 바탕으로 10개의 주요 개선사항을 도출하고 이를 다음 학기 운영 계획에 반영한다.
	평가 준거	• 운영 활동 평가보고서: 운영 과정에서 발생한 문제점과 성공 사례를 기록한 보고서를 작성하여 분석 • 개선사항 리스트: 학습자 및 운영진의 피드백을 바탕으로 개선해야 할 사항들을 나열 • 개선 시행률: 도출된 개선사항 중 실제로 다음 운영에 반영된 비율을 측정 • 효과성 평가: 개선사항이 반영된 이후의 운영 결과를 평가하여 개선의 효과성을 분석

4 /// 운영 활동 분석 양식 기획 및 제작

1) 운영 전 분석 양식

① 학습자 정보 수집 양식

- 이러닝 운영전 학습자 정보를 수집하기 위한 양식을 만들기 위해 다음과 같은 요소를 고려해야 한다.
- 수집된 정보는 학습자 특성과 요구를 파악하고, 이에 맞는 학습 경험을 제공할 수 있다.
- 다음은 학습자 정보 수집 양식에 들어가는 항목 예시이다.

표 7-1-24 학습자 정보 수집 양식에 들어가는 항목 예시

구분	구성 내용
기본 인적사항	• 이름, 나이, 성별, 연락처, 직업 등
학습 배경	• 관련 분야 경험, 이전 유사과정 수강 여부 등
기술적 환경	• 주사용 디바이스, 인터넷 접속환경 등
학습 동기	• 본 과정 수강목적, 기대하는 학습성과
학습 스타일	• 선호 학습 방식, 자기 주도학습능력 자가평가 등

- 학습자 정보 수집 시 학습 경험을 제공하기 위한 목적으로만 최소한의 개인정보를 수집하도록 주의해야 한다.

② 콘텐츠 운영 준비 체크리스트 양식

- 콘텐츠 준비 체크리스트는 이러닝 과정에서 필요한 자료와 콘텐츠가 모두 준비되었는지 점검하는 데 사용한다.
- 체크리스트를 통해 강사는 콘텐츠의 완성도를 높이고, 학습자가 원활하게 학습할 수 있도록 한다.
- 다음은 콘텐츠 준비를 위한 체크리스트 항목 및 문항 예시이다.

표 7-1-25 콘텐츠 준비 체크리스트 항목 및 문항 예시

항목	체크 문항	Check
강의 자료 준비상태	• 모든 강의 슬라이드 및 동영상(녹화 및 편집)은 준비되었는가?	☐
	• 주차별 학습 영상 및 학습 자료(교안) 등은 준비되었는가?	☐
	• 운영할 콘텐츠는 최신 업데이트 내용인가?	☐
	• 모든 자료가 LMS에 업로드되었는가?	☐
퀴즈 및 평가도구	• 각 모듈/주차별 퀴즈가 준비되었는가?	☐
	• 중간/기말 평가 문항이 개발되었는가?	☐
	• 과제 및 프로젝트 지침이 명확히 작성되었는가?	☐
	• 평가 기준(루브릭 등)이 설정되었는가?	☐
학습 자료 확보	• 모든 외부 자료의 저작권을 확인하였는가?	☐
	• 인용된 모든 자료의 참고 문헌이 정확히 표기되었는가?	☐
	• 추가 학습을 위한 외부 링크가 유효한지 확인하였는가?	☐
	• 필요한 경우, 자료 사용에 대한 허가를 받았는가?	☐
콘텐츠의 접근성	• 모든 동영상에 자막이 추가되었는가?	☐
	• 필요한 경우, 음성 지원이 제공되는가?	☐
	• 시각 자료에 대한 대체 텍스트가 제공되는가?	☐
	• 콘텐츠가 다양한 기기(PC, 태블릿, 스마트폰)에서 호환되는지 확인하였는가?	☐
기술적 검토	• 모든 링크와 버튼이 정상 작동하는가?	☐
	• 동영상 재생에 문제가 없는가?	☐
	• 파일 다운로드가 원활히 이루어지는가?	☐
	• LMS와의 연동이 정상적으로 이루어지는가?	☐
내용의 정확성 및 최신성	• 모든 내용이 최신 정보로 업데이트되었는가?	☐
	• 오탈자나 문법적 오류가 없는지 검토하였는가?	☐
	• 전문가 검토가 필요한 경우, 이를 거쳤는가?	☐

항목	체크 문항	Check
학습자 지원 자료	• 과정 오리엔테이션 자료가 준비되었는가?	☐
	• 기술적 문제 해결을 위한 가이드가 제공되는가?	☐
	• 학습 방법에 대한 안내가 포함되어 있는가?	☐

2) 운영 중 분석 양식

① 실시간 문제 해결 로그

- 이러닝 운영 중 실시간 문제 해결 로그는 학습이나 평가 과정에서 발생하는 다양한 문제를 효과적으로 관리하고 해결하기 위한 기록 체계이다.

표 7-1-26 실시간 시스템에서 발생하는 문제 해결 로그의 주요 내용

구분	로그 내용
시스템상 발생 기록	• 학습 과정에서 발생하는 오류, 기술적 문제, 사용자 불만 사항 등 기록 • 문제 발생 시 어떤 조처를 했는지에 대한 세부사항 기록
데이터 관련 메타정보	• 실시간 문제 해결 로그는 문제가 발생한 시점의 메타데이터를 포함하여, 특정 문제가 어떤 상황에서 발생했는지에 대한 환경정보(접속기기, 브라우저 종류, 네트워크 상태 등) 기록 • 이러한 정보들은 문제의 근본 원인을 파악하는 데 도움을 줌

- 실시간으로 발생하는 로그를 분석하여 문제를 해결하기 위해서는 로그 데이터가 저장되는 저장소에서 문제점을 검색하여 분석하는 기술이 필요하다.

② 학습 진행 상황 보고서

- 학습 진행 상황을 점검하기 위한 양식은 학습자가 이러닝 과정에 얼마나 적극적으로 참여하고 있는지를 모니터링하기 위한 도구이다.
- 이를 통해 교·강사는 학습자의 행동을 분석하고 필요한 지원을 제공할 수 있다.
- 다음은 학습 관리 시스템에서 시스템 탑재를 위한 학습 진행 상황 추적 양식의 항목 예시이다.

표 7-1-27 학습 진행 상황 추적 양식 항목 예시

구분		추적 양식에 포함되는 항목
학습자 정보		• 이름, 학습자 ID, 과정명, 로그인 기록
학습 참여도	학습 자료 접근율	• 총 로그인 횟수, 평균 로그인 시간, 콘텐츠 접근 • 강의 시청 시간 (예 동영상 강의 시청 시간) • 읽은 자료 (예 PDF, 텍스트) • 활동 참여
	학습자 상호작용	• 게시판 글 작성 수 • 댓글 작성 수 • 1:1 문의 수 • 동료 평가 참여 여부 • 포럼 또는 토론 참여(예 댓글 수, 질문 수)
학습성과		• 전체평균 진도율 • 진도율(출석) 분포 • 과제 제출률 • 퀴즈 및 성취도 평균 점수
학습 완료 현황		• 수료율(%) • 중도탈락률(%)

③ 분석 양식의 활용 방법

- 운영 중 데이터 분석을 위한 양식은 이러닝 운영의 최적화를 위한 기초 자료를 마련하도록 지원한다.

- 이러한 양식을 통해 분석된 내용은 디지털 및 신기술 교육의 효과성(학습성과 평가, 개인화된 학습 경험 제공, 문제 예방 및 조기 경고 시스템 구축, 과정 개선 및 최적화 등)을 높이는 데 도움이 된다.

3) 이러닝 운영 후 분석 양식

① 학습성과 분석 양식

- 학습성과 분석표는 학습자의 학습 결과를 체계적으로 평가하기 위한 도구이다.

- 과정별로 평균 점수, 수료율, 과제 제출 기한 준수율 등을 나열하여 전체 학습자의 성과를 한눈에 확인할 수 있도록 하며, 이를 통해 학습자의 학습 패턴을 이해하고, 생긴 문제를 조기에 인지할 수 있다.

- 다음은 학습 관리 시스템에 탑재 및 운영되는 학습성과 분석 항목과 양식 예시이다.

 학습 진행 성과 분석 항목 예시

구분	학습성과 분석 항목 예
학습성과 분석	• 학습자 ID, 이름, 과정명 • 평균 점수, 수료 여부, 과제 제출 현황 • 참여율, 시험 점수, 기한 준수율

 학습 관리 시스템에 탑재 · 운영되는 학습성과 분석 예시

학습자 ID	이름	과정명	평균 점수	수료 여부	과제 제출 현황	참여율	시험 점수	기한 준수율
251234	홍길동	데이터 과학 기초	87	수료	과제 1: 제출 완료 과제 2: 제출 미완료	85%	92	50%
251235	김러닝	머신러닝 입문	76	수료	과제 1: 제출 완료 과제 2: 제출 완료	90%	70	100%
251236	이러닝	딥러닝 심화 과정	65	미수료	과제 1: 제출 미완료 과제 2: 제출 미완료	50%	50	50%
251237	박러닝	인공지능 개론	66	미수료	과제 1: 제출 미완료 과제 2: 제출 미완료	50%	60	0%
251238	최러닝	빅데이터 분석	82	수료	과제 1: 제출 완료 과제 2: 제출 완료	88%	80	100%

 학습성과 분석 중 과제 성적 통계의 예시(Ubion 코스모스 LMS 학습 관리 시스템 예)

② 피드백 수집 양식

학습 관리 시스템에 탑재 및 운영되는 피드백 수집 양식은 학습자에게 프로그램에 대한 의견을 수집하는 데 사용된다.

표 7-1-30 학습 피드백 수집 항목 예

구분	피드백 수집 항목 예
콘텐츠(강의) 만족도 조사 운영 만족도 조사 시스템 만족도 조사	• 학습자 이름(선택 사항) • 과정명 • 피드백 항목(**예** 콘텐츠 내용, 강의 질, 기술 지원 등) • 만족도 평가(**예** 1~5점 척도) • 개선이 필요한 부분, 추가 의견

순번	영역	문항	매우그렇다<-보통->전혀그렇지않다				
			5	4	3	2	1
1	콘텐츠	수업목표가 명확하게 제시되었는가					
2		강의내용이 제시된 목표에 부합했는가					
3		이러닝 학습 내용의 분량은 적절하였다.					
4		이러닝 학습 내용의 난이도는 적절하였다.					
5		강의계획서에 따라 충실한 수업이 진행되었다					
6		강의 콘텐츠가 강의내용에 적합한 형태로 제공되었다					
7		교육자료가 수업에 유용하였다					
8		이러닝 학습의 진행 방법이 내용을 효과적으로 전달하여 학습 내용을 이해하는데 도움이 되었다					
9		이러닝 학습 시 수강방법과 내용에 대한 적절한 안내 및 독려를 받았다.					
10	운영	학습질문에 대한 대답은 신속하고, 충분하게 이뤄졌다					
11		이러닝 학습 시 학습 보충 및 심화를 위한 다양한 자료를 제공 받고 있다.					
12		이러닝 학습 시 교수자와의 상호작용은 충분하였다.					
13		이러닝 학습 시 다른 학습자와의 상호작용은 충분하였다.					
14		평가방법이 공정하게 이루어졌다고 생각한다					
15	기타	이러닝 강의는 자기주도 학습능력 향상에 도움이 된다.					
16		이러닝 강의에 대해 전반적으로 만족하였다.					

강의 개선을 위한 추가 의견이나 제안이 있다면 자유롭게 서술해 주십시오.

그림 7-1-6 이러닝 강의 만족도 조사 예

[학생용]

e-campus시스템 이용 만족도 조사

대학교육혁신본부에서는 'e-campus시스템'의 기능 개선을 위하여 학생들을 대상으로 이용 만족도 조사를 실시합니다.

응답 방법은 문항에 따라 해당되는 사항을 클릭하거나, 적절한 내용을 입력하면 됩니다. 아울러 조사결과는 익명으로 통계처리 됩니다. 학생 여러분들의 정확한 답변 부탁드립니다.

대학교육혁신본부

1. 귀하가 소속된 계열은 무엇입니까?

2. 귀하의 학년은 무엇입니까?
   ① 1학년   ② 2학년   ③ 3학년   ④ 4학년   ⑤ 기타(   )

3. e-campus 시스템에서 많이 사용하고 있는 기능은 무엇입니까?(복수응답 가능)
   ① 공지사항   ② 게시판(질문)   ③ 강의자료   ④ 과제   ⑤ 토론실
   ⑥ 팀프로젝트 ⑦ 메세지보내기   ⑧ 기타(   )

4. e-campus 시스템에서 가장 유용한 기능은 무엇입니까?
   ① 공지사항   ② 게시판(질문)   ③ 강의자료   ④ 과제   ⑤ 토론실
   ⑥ 팀프로젝트 ⑦ 메세지보내기   ⑧ 기타(   )

5. e-campus 시스템은 사용하기에 편리합니까?
   ① 매우 그렇다 ② 그렇다 ③ 보통이다 ④ 그렇지 않다 ⑤ 전혀 그렇지 않다

6. e-campus 시스템이 교수 혹은 다른 학생과 소통하는 데에 도움이 됩니까?
   ① 매우 그렇다 ② 그렇다 ③ 보통이다 ④ 그렇지 않다 ⑤ 전혀 그렇지 않다

7. 전반적으로 e-campus 시스템의 기능에 만족합니까?
   ① 매우 그렇다 ② 그렇다 ③ 보통이다 ④ 그렇지 않다 ⑤ 전혀 그렇지 않다

9. e-campus 시스템을 사용하면서 가장 불편했던 점은 무엇입니까? 자유롭게 적어 주시기 바랍니다.

10. e-campus시스템에서 개선되었으면 하는 사항을 자유롭게 적어주시기 바랍니다.

설문에 응해 주셔서 감사합니다.

그림 7-1-7 학습 관리 시스템 만족도 조사 예

Chapter 02 운영 활동 진행

1 /// 학습자 관점의 효과적 학습지원

1) 학습환경 최적화

이러닝 학습자 관점에서 학습환경을 최적화하기 위해서는 학습자가 화면을 조작하는 화면 인터페이스의 설계와 접근성을 향상해야 한다.

표 7-2-1 이러닝 학습자 관점에서 학습환경 최적화 방법

구분	설명
인터페이스 설계	• 직관적이고 사용하기 쉬운 인터페이스 제공, 쉽게 접근하고 사용할 수 있도록 지원
접근성 향상	• 반응형 웹 디자인을 적용하여 데스크톱, 태블릿, 스마트폰 등 다양한 디바이스에서 최적화된 학습 경험을 제공 • 장애가 있는 학습자를 위한 웹 접근성 지침을 준수하여 모든 학습자가 평등한 학습 기회를 가질 수 있도록 함

2) 개별화된 학습지원 방안

이러닝 학습자별로 개별화된 학습지원을 수행하기 위해서는 이러닝 학습 시스템 관리자 및 운영자가 학습자의 수요를 파악하여 적시에 제공해야 한다.

표 7-2-2 이러닝 학습자에게 개별화된 학습을 지원하는 방안

방안	설명
개인화된 학습 경로 제공	• 학습자의 사전 지식, 학습 스타일, 목표 등을 고려한 맞춤형 학습 경로를 설계 • 적응형 학습 기술을 활용하여 학습자의 진행 상황에 따라 콘텐츠를 동적으로 조정
적시 피드백 제공	• 자동화된 퀴즈 평가 시스템을 통해 즉각적인 피드백을 제공 • 교수자나 튜터의 개별적이고 구체적인 피드백을 정기적으로 제공하여 학습 동기를 유지
다양한 학습 자료 및 활동 제공	• 텍스트, 비디오, 오디오, 인포그래픽 등 다양한 형태의 학습 자료를 제공 • 실습, 시뮬레이션, 게임화된 학습 활동 등을 통해 능동적 학습을 촉진

3) 상호작용 촉진 방안

이러닝 학습자에게 상호작용을 촉진하기 위하여 이러닝 학습 시스템 관리자 및 운영자가 LMS의 기능 및 외부 프로그램 등을 사용할 수 있다.

표 7-2-3 이러닝 학습자에게 상호작용을 촉진하는 방안

방안	설명
커뮤니케이션 채널 활성화	• 토론 게시판에서 의미 있는 토론을 유도하기 위한 가이드라인을 제공 • 실시간 채팅이나 화상회의 도구를 활용하여 즉각적인 상호작용을 지원 • 소셜 미디어 통합을 통해 비공식적 학습 커뮤니티를 형성할 수 있도록 함
협력 학습 기회 제공	• 온라인 협업 도구(CI 구글 문서, 위키)를 활용하여 그룹 프로젝트를 효과적으로 수행할 수 있도록 지원 • 동료 평가 시스템을 도입하여 학습자 간 상호 학습을 촉진 • 가상 팀 빌딩 활동을 통해 온라인 환경에서도 팀워크를 강화할 기회를 제공

2 ||| 운영자 관점의 효율적 관리

1) 운영환경 준비

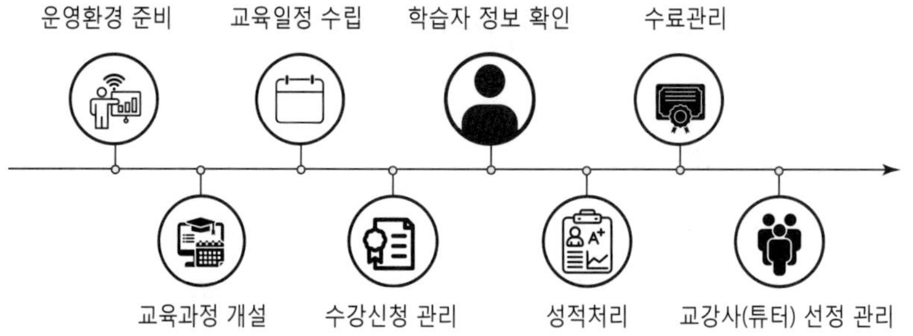

그림 7-2-1 이러닝 운영자 관점의 효율적 관리 주요 내용

① 이러닝 학습 시스템 운영자 관점에서 효율적인 관리를 수행하려면 먼저 운영환경을 준비해야 하며, 운영 시작 전에 점검해야 할 사항이 완료되었는지 확인한다.

② 운영환경을 점검하는 방법은 크게 시스템 인프라 구축 및 점검, 학습자 편의를 위한 교육환경 설정으로 구분할 수 있으며, 항목별 수행 내용은 다음과 같다.

표 7-2-4 이러닝 학습 운영환경 점검 사항

점검 사항	설명
시스템 인프라 구축 및 점검	• 서버, 네트워크, 스토리지 등의 하드웨어 자원을 사전에 확보하고 안정성 점검 • 이러닝 플랫폼의 소프트웨어 업데이트와 패치 적용을 통해 보안성을 강화
사용자 접근성 확보	• 다양한 브라우저와 디바이스에서 원활히 작동하도록 호환성을 테스트
문제 대응체계 구축	• 장애 발생 시 신속한 대응을 위한 모니터링 시스템을 구축
편리한 교육환경 설정	• 학습자 편의를 위한 UI/UX 디자인을 최적화 • 다국어 지원 및 접근성 기능을 통해 다양한 학습자 그룹 지원

③ 다음은 이러닝 학습 시스템에서 장애 발생에 대하여 모니터링을 수행하는 체계의 예시이다.

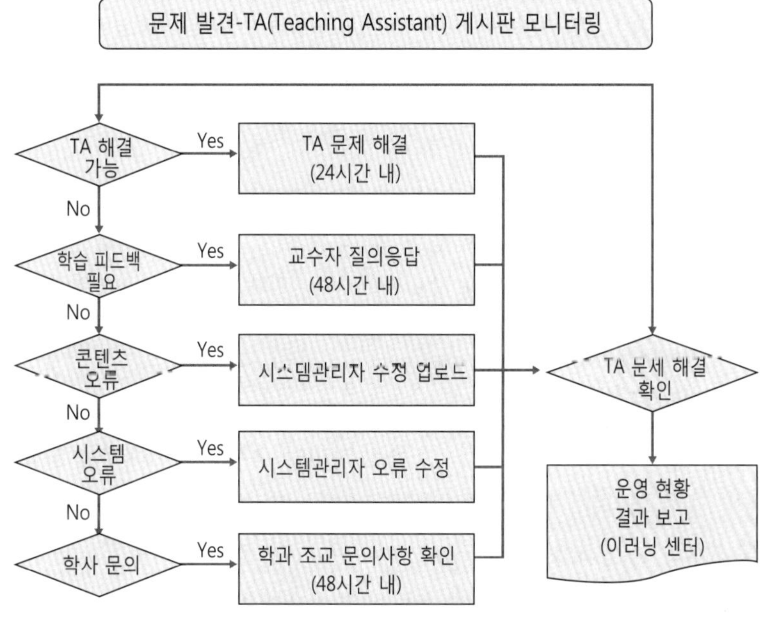

그림 7-2-2 장애 발생 모니터링 체계 예

2) 교육과정 운영

이러닝 학습 시스템 운영자 관점에서 교육과정을 운영하는 것은 매우 중요한 업무 중 하나이며, 효율적인 관리를 위한 주요 활동은 다음과 같다.

표 7-2-5 운영자 관점 교육과정 운영 주요 활동

구분	주요 활동 내용
교육과정 개설	• 교육 콘텐츠, 인터랙티브 요소 등 업데이트, 보충 학습콘텐츠 등을 준비하고 시스템 등록
학사일정 수립	• 연간 및 분기별 일정을 계획하고, 일정 공지, 시스템에 학사일정 등록
수강 신청관리	• 수강 신청시스템 운영, 신청 데이터관리, 문의 대응
학습자 정보 확인	• 데이터 수집 및 관리, 프로파일 업데이트, 정보 활용(수집된 정보를 기반으로 맞춤형 학습콘텐츠 추천)
성적처리	• 자동채점 시스템 구축, 성적관리 및 공개, 성적 이의 신청 처리
수료관리	• 수료기준 설정, 수료 증명서 발급, 수료 현황관리
교 · 강사 선정관리	• 교 · 강사 모집 및 선발, 계약 및 조건 협의, 평가 및 피드백
교 · 강사 선정 및 교육	• 시스템 사용 교육, 교육철학 및 목표 공유, 평가 방법 및 기준 안내
교 · 강사 활동 안내	• 업무 일정 및 데드라인 공지, 지원 채널 제공, 활동 가이드 제공
교 · 강사 활동 개선	• 정기 평가 및 피드백, 역량 강화 프로그램 제공, 인센티브 제도 도입
데이터 기반 의사 결정	• 학습 분석 도구 활용: 학습자 진행 상황과 성과를 분석하여 데이터 기반으로 의사 결정 • 성과 측정 및 평가: 정기적으로 학습성과 측정 및 평가하여 프로그램 효과성 검토
자원관리 최적화	• 콘텐츠 업데이트 및 유지보수: 최신 정보를 반영하여 콘텐츠 지속적 업데이트 • 인적자원관리: 강사 및 튜터의 배치와 역할을 효율적으로 관리하여 교육품질 유지

3) 시스템 관점의 효율적 관리

① 시스템 관점에서 이러닝 시스템의 효율적 관리를 수행하기 위해서는 이러닝 학습 시스템의 관리자 및 운영자는 LMS에서 제공하는 기능을 통해 시스템을 효율적으로 관리할 수 있어야 한다.

② 다음은 시스템 관점에서 효율적인 관리를 수행하는 방법이다.

표 7-2-6 시스템 관점에서 효율적인 관리를 수행하는 방법

수행 방법	설명
학습 관리 시스템 최적화	• LMS는 교육과 훈련의 효율성을 높이기 위해 설계된 시스템 • 학습자의 학습 과정을 지원하고 관리하는 데 중점을 둠 • 학습 관리 시스템을 통해 학습자의 학습 경로를 개인화하여 제공 가능
LMS를 통한 학습 데이터 관리	• 학습자의 학습 행동 데이터, 학습 이력, 진도 현황 등의 데이터를 시각화하고 분석하여 유의미한 결과 도출 • 도출된 유의미한 결과로부터 학습자의 데이터 관리 수행

수행 방법	설명
기술 인프라 최적화	• 안정적인 서버와 네트워크 환경을 구축하여 원활한 서비스 제공 **예** 다수 동시접속자 발생, 과제 제출 용량 초과 등 대비
시스템 통합 및 자동화	• 다양한 교육 도구와 시스템을 통합하여 일관된 사용자 경험 제공 • 자동화 프로세스 도입: 등록, 평가, 피드백 등 반복적인 작업을 자동화하여 운영 효율성을 높임

③ LMS는 온라인 교육의 핵심 플랫폼으로, 학습자의 학습 경험을 체계적으로 관리하고 교육과정을 효율적으로 운영하는 데 필수적이다.

④ 다음은 LMS를 통한 이러닝 학습 데이터관리 화면의 예이다.

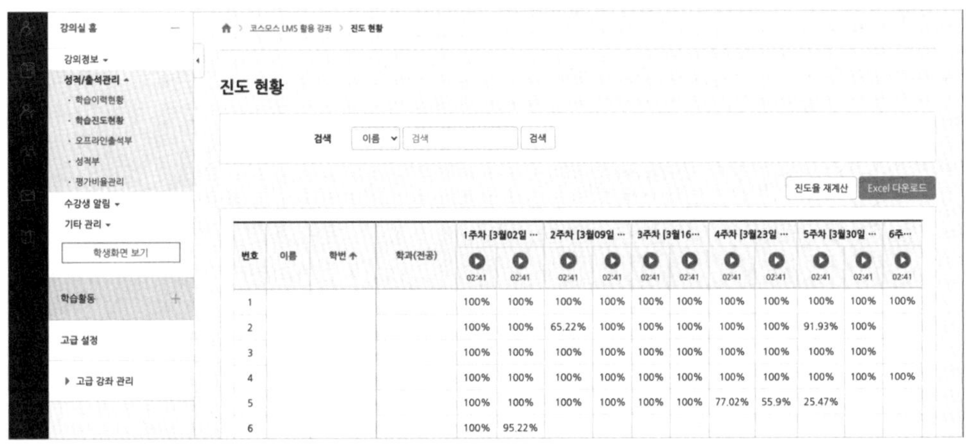

그림 1-2-3 학습 관리 시스템 학습 이력, 진도관리 현황을 표시하는 교수자 화면
(Ubion 코스모스 LMS 학습 관리 시스템 예)

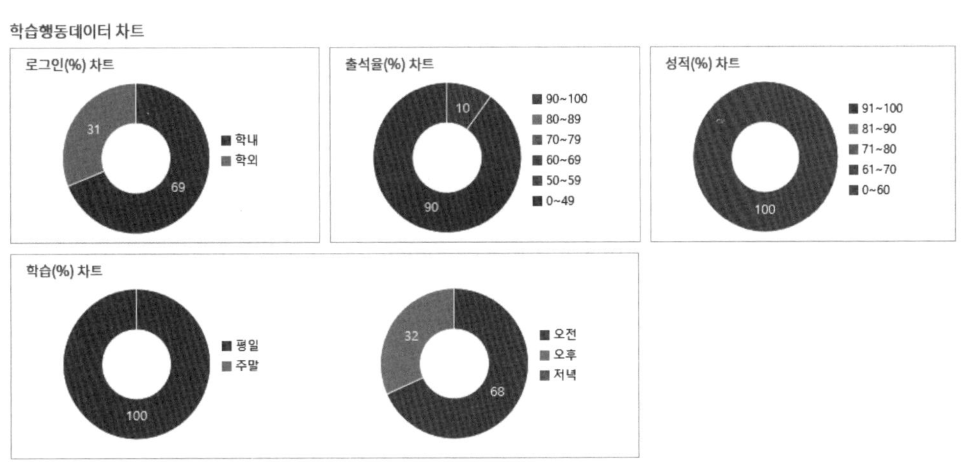

	학습자명	학습자 ID	로그인수	평균 로그 인수	학내 로그 인수	학외 로그 인수	평균 학습 시간(분)	총 게시 글수	출석률	관심도	성적 총점	규칙성	기일 관리성	오전 (분)	오후 (분)	저녁 (분)	총 학습 시간 (분)	평일 (분)	주말 (분)
☐	홍길동	stu1	791	56.5	546	245	1.26	3	11%	6	0.0	0.0	3.83	0	1	0	1	1	0
☐	김길동	stu10	791	56.5	546	245	8.13	0	63%	0	0.0	0.0	12.0	0	0	0	0	0	0

그림 7-2-4 수집된 학습 행동 데이터를 표시하는 관리자 화면

3 /// 학습자 만족을 위한 이러닝 운영 활동

1) 학습자 만족도 향상을 위한 활동

① 이러닝 학습자가 학습을 수행하면서 다양한 학습 경험을 통해 해당 이러닝 시스템에 대하여 만족하고 있는지를 확인할 필요가 있다.

② 이러닝 학습자가 학습을 완료한 다음에 학습자의 만족도 향상을 위한 운영 활동을 수행하는 것은 오히려 학습자의 만족도를 향상할 수 없는 결과를 초래할 수 있다.

③ 이러닝 운영 과정 중에서 학습자 만족도를 향상하기 위하여 학습자와 지속해서 소통하면서 학습자가 이러닝 학습에 만족할 수 있도록 운영 활동을 수행해야 한다.

④ 이러닝 학습자 만족도 향상을 위해서 이러닝 학습 시스템 관리자 및 운영자가 수행해야 할 활동은 다음과 같다.

표 7-2-7 이러닝 학습자 만족도 향상을 위한 활동

수행 방법	설명
학습자 중심 교육환경 조성	• 개별화된 학습 경로 제공: 학습자 수준과 필요에 맞춘 개인화 된 학습 경로를 제공하여 학습자가 자신의 속도에 맞춰 학습할 수 있도록 지원 • 다양한 학습 자료 및 활동 제공: 다양한 형식의 학습 자료와 활동을 제공하여 학습자의 흥미와 참여를 유도
효과적 피드백, 상호작용 강화	• 즉각적이고 구체적인 피드백 제공: 학습자에게 즉각적이고 구체적인 피드백을 제공하여 자신의 진전 상황을 파악하고 개선할 수 있도록 도움 • 자동화 가능한 피드백은 자동화 시스템을 통해 즉시 피드백을 제공하여 학습자의 이해도를 높임
지원 시스템, 의견수렴 체계 구축 (과정 만족도 조사 등)	• 효율적인 지원 시스템 구축: 기술적 문제나 학습 관련 질문에 대한 신속한 지원 서비스를 제공하여 학습자의 불편함을 최소화 • 피드백 및 의견 수렴 체계 구축: 정기적인 설문 조사와 피드백 수렴 과정을 통해 학습자의 의견을 반영하고 개선점을 도출

Chapter 03 운영 활동 결과 보고

1 ||| 운영 활동 결과 보고서 작성

1) 보고서 구조 설정

이러닝 운영 활동 결과에 대한 보고서를 작성하기 위해서는 체계적인 목차를 구성하여 작성하여야 하며, 보고서는 일반적으로 다음과 같은 구조를 따른다.

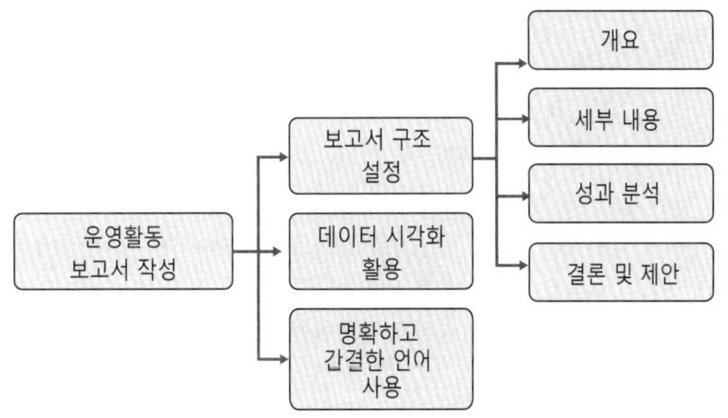

그림 7-3-1 이러닝 운영 결과 보고서 작성의 주요 내용

표 7-3-1 운영 활동 결과 보고서 목차

목차	설명
개요	• 운영 활동의 목적과 범위, 주요 성과를 간략히 소개
세부 내용	• 각 운영 활동의 결과를 구체적으로 설명 • 학습자 참여율, 성취도, 기술적 문제 발생 빈도 등의 정량적 데이터 포함
성과 분석	• 활동의 성공 요인과 개선이 필요한 부분 분석
결론 및 제안	• 향후 개선 방향과 제안을 포함하여 마무리

2) 데이터 시각화 활용

① 운영 활동 결과를 단순한 문장, 숫자 등의 데이터로만 표시하게 되면 한눈에 보고서의
내용을 파악하기가 어렵다.

② 보고서에 작성할 데이터를 시각적으로 표현함으로써 보고서를 수신한 사람의 이해를 돕고,
주요 성과를 강조한다.

③ 운영 활동 결과 보고서에 작성할 데이터 시각화의 방법은 다음과 같다.

표 7-3-2 운영 활동 결과 보고서에 작성할 데이터 시각화 방법

시각화 방법	설명
그래프	• 데이터를 시각적으로 표현하여 비교, 분포를 쉽게 파악 • 학습자 수 변화, 학습성과 비교, 참여율 분석 등과 같은 수치 데이터를 시간의 흐름이나 카테고리별로 비교할 때 적합
인포그래픽	• 텍스트, 이미지, 아이콘을 조합해 복잡한 데이터를 간결하고 시각적으로 전달 • 이러닝 운영의 주요 하이라이트나 성과를 한눈에 쉽게 전달하고 싶을 때 사용
워드 클라우드	• 주로 텍스트 데이터를 시각화하는 방법으로, 가장 빈번하게 사용된 단어들을 크게 강조 • 학습자들의 피드백, 평가, 혹은 토론 주제에서 핵심 키워드나 주제어를 추출하여 시각적으로 보여줄 때 적합
히트맵	• 값의 크기나 빈도를 색상으로 표현하여 패턴을 한눈에 파악 • 특정 시간대나 주차별 학습 참여도, 활동 빈도, 혹은 특정 영역에서의 학습성과 패턴을 시각적으로 표현할 때 유용

④ 데이터 시각화를 통하여 인사이트를 발굴할 기회를 얻을 수 있으며, 유의미한 정보 및
사실을 발견하여 다음 이러닝 운영 활동에 도움이 될 수 있다.

3) 명확하고 간결한 언어 사용

① 운영 활동 보고서는 보고 내용을 명확하고 간결하게 작성하여 보고를 받는 사람이 쉽게
이해할 수 있도록 작성해야 한다.

② 보고서의 보고 내용은 두괄식으로 작성하여 해당 내용 전체를 읽지 않고도 결론을 쉽게
파악할 수 있도록 해야 한다.

③ 아울러 보고서는 공식적인 문서이므로, 비속어, 약어 등의 사용을 자제하여 작성하여야
한다.

1) 운영 활동 결과 보고에 따른 후속 조치사항 수행

① 운영 활동 결과 보고서를 제출하고, 보고한 결과를 통해 도출된 결론으로 다음 이러닝 운영 과정 실행 전까지 후속 조치를 수행한다.

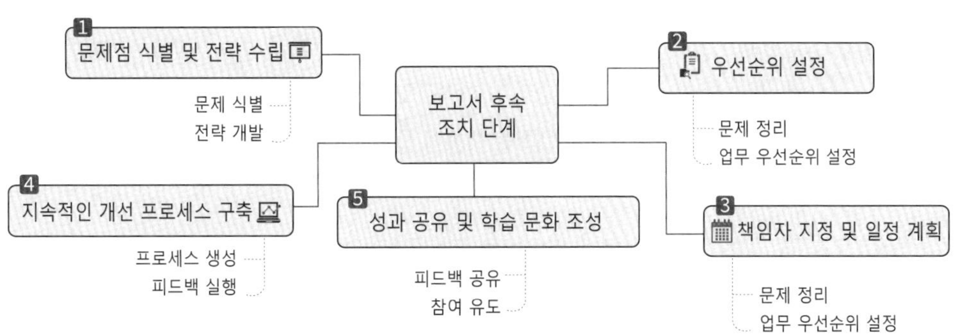

그림 7-3-2 운영 활동 결과 보고에 따른 후속 조치 수행

② 운영 활동 결과 보고에 따른 후속 조치를 수행하는 상세 내용은 다음과 같다.

표 7-3-3 운영 활동 결과 보고에 다른 후속 조치사항 수행 내용

조치사항	내용
1 문제점 식별 및 개선 전략 수립	• 보고서에서 식별된 문제점을 바탕으로 구체적이 개선 전략 수립 **예** 낮은 참여율이 문제라면 참여를 높이기 위한 새로운 전략 개발
2 우선순위 설정	• 개선이 필요한 사항들을 우선순위에 따라 정리하고, 가장 중요한 문제부터 해결
3 책임자 지정 및 일정 계획	• 각 개선 과제에 대해 책임자를 지정하고, 실행 일정을 계획하여 체계적으로 후속 조치를 진행
4 지속적인 개선 프로세스 구축	• 지속적인 개선 프로세스를 구축하여 다음 운영 활동에 반영 • 이를 통해 점진적으로 프로그램의 질을 향상
5 성과 공유 및 학습 문화 조성	• 운영 결과와 피드백을 팀 내에서 공유하고, 학습 문화를 조성하여 모든 팀원이 개선 과정에 참여하도록 유도

2) 운영 활동 결과 보고에 따른 후속 조치사항 수행 시 고려사항

운영 활동 결과 보고에 따른 후속 조치사항을 수행할 때는 조치사항별로 문제 해결 및 개선 활동을 체계적으로 진행해야 한다.

표 7-3-4 운영 활동 결과 보고에 다른 후속 조치사항 수행 시 고려사항

조치사항	고려사항
문제점 식별 및 개선 전략 수립	• 문제점을 정확하게 식별하기 위하여 학습자 데이터 기반의 문제 분석을 수행 • 분석 결과를 토대로 개선 전략 수립 시 운영 활동에 관련된 이해관계자의 의견을 반영하여 실행 가능한 전략을 수립
우선순위 설정	• 문제의 심각성을 평가하여 먼저 해결할 문제에 대하여 리소스 분배 • 한정된 시간과 예산 내에서 최대한 많은 문제 해결 필요
책임자 지정 및 일정 계획	• 조치사항을 수행할 책임자를 명확하게 지정 • 조치사항 수행 시 현실적인 일정을 수립하여 진행
지속적인 개선 프로세스 구축	• 지속적인 개선을 위해서 꾸준한 모니터링으로 상황 추적 • 조치사항 수행 시 개선에 대한 피드백을 지속해서 수집하여 개선할 수 있는 시스템 마련 필요
성과 공유 및 학습 문화 조성	• 조치사항 수행을 통해 얻은 성과를 투명하게 공유 • 조치사항 수행에 대한 경험을 공유하여 조직 학습 문화 강화

3 ||| 운영 활동 결과 보고에 따른 피드백 반영

1) 운영 활동 결과 보고에 따른 피드백의 종류

① 운영 활동 결과에 따라 후속 조치사항을 수행할 시 운영 활동 결과에서 부족한 부분을 개선하는 과정에서 피드백이 발생할 수 있다.

② 운영 활동 결과 보고에 따른 피드백의 종류는 다음과 같다.

표 7-3-5 운영 활동 결과 보고에 따른 피드백의 종류

피드백 종류	설명
긍정적 피드백	• 개선 활동이 성공적으로 이루어졌음을 확인하고, 성과에 대해 긍정적으로 평가하는 피드백 • 학습자 만족도 증가, 운영 효율성 향상, 교육 목표 달성 등
부정적 피드백	• 개선 조치나 전략이 효과적이지 않거나 문제가 해결되지 않았다는 피드백 • 학습자의 참여율 감소, 학습 목표 미달성, 사용자 불편 사항 증가 등
즉각적 피드백	• 조치가 이루어지는 과정에서 즉각적으로 나타나는 피드백 • 조치 중 발견한 예상치 못한 문제, 빠르게 해결된 문제 등
반복 피드백	• 이전에 제기된 문제가 개선되지 않고 반복적으로 나타나는 피드백 • 같은 문제나 불만 사항이 여러 번 제기되는 경우 발생

③ 발생한 피드백의 종류에 따라 다음 운영 활동에 반영되며, 반복성을 띠는 피드백은 가능한 해당 문제를 해결하여 다음 운영 활동에 반영하도록 한다.

2) 피드백을 다음 운영 활동에 반영할 시 고려사항

운영 활동 결과 보고에 따른 피드백을 다음 이러닝 운영 활동에 반영하기 위해서는 피드백 별로 각각 다르게 반영해야 한다.

표 7-3-6 피드백의 다음 운영 활동에 반영할 시 고려사항

피드백 종류	고려사항
긍정적 피드백	• 긍정적으로 강화할 요소를 식별하고 확장 방법 고려 • 긍정적 피드백 유지 및 확산 전략 수립
부정적 피드백	• 문제 원인을 분석하여 부정적인 요소 제거 • 개선 가능한 부분 및 불가능한 부분의 명확한 구분 수행
즉각적 피드백	• 실시간으로 문제가 해결한 구조 마련 • 실시간 피드백 수집을 통해 피드백을 신속하게 반영
반복 피드백	• 근본적인 원인 분석을 통해 반복되는 요인을 정확히 파악 • 반복되는 피드백은 학습자의 신뢰를 잃어버릴 수 있으므로 문제 해결 과정에 대하여 투명하게 공개

01 이러닝 운영을 위해 학습자 분석이 필요한 이유를 설명하시오.

정답

학습자의 나이, 직업, 학습 스타일, 선호하는 학습 방법 등을 고려해 최적의 학습환경을 조성하는 데 필요하다.
이를 통해 학습자 요구에 맞는 맞춤형 학습 경험을 제공할 수 있다.

해설

학습자 분석은 맞춤형 학습 제공을 위해 필수적이다. 학습자의 다양한 배경을 이해함으로써, 운영자는 더 효과적
인 학습 전략을 수립할 수 있다.

02 이러닝 학습환경을 조성할 때 기술적 요구사항은 무엇인가?

정답

- 이러닝 플랫폼 분석: 플랫폼의 기능을 분석하여 다양한 기기에서 접근성과 호환성을 파악하며, 특히 학습자들
  이 사용하는 다양한 기기를 원활하게 지원될 수 있도록 플랫폼의 최적화가 필요하다.
- 최신기술 도입: 학습효과를 높이기 위해 실시간 화상회의, 퀴즈 및 평가도구 등 최신기술 트렌드를 반영해야 한다.
- 기술 지원체계 구축: 학습자가 학습 중에 발생할 수 있는 기술적 문제에 신속하게 대응할 수 있는 기술 지원
  체계를 구축해야 한다.

ⓔ 해설

이러닝 학습환경을 조성할 때의 기술적 요구사항은 학습자들이 불편 없이 교육 콘텐츠에 접근하고 학습할 수 있도록 보장하기 위한 필수적인 요소들이다. 먼저, 플랫폼의 호환성을 고려하여 다양한 기기에서 학습이 원활히 이루어지도록 해야 하며, 이는 학습자 접근성을 높이는 데 이바지한다.

또한, 학습 효과를 높이기 위해 최신기술을 도입함으로써 학습 경험을 향상할 수 있다. 예를 들어, 실시간 화상회의와 같은 도구는 상호작용을 강화하고, 평가 시스템은 학습성과를 측정하는 데 중요한 역할을 한다.

마지막으로, 학습자가 학습 중에 겪을 수 있는 기술적 문제를 신속히 해결할 수 있는 기술 지원 체계를 마련하는 것이 필수적이다. 이러한 지원 체계는 학습자가 학습에만 집중할 수 있도록 도와주며, 이러닝 운영의 성공을 좌우하는 중요한 요소이다.

03 다음 빈칸에 알맞은 것을 작성하시오.

(㉠)	• 운영팀은 각 구성원의 역할과 책임을 명확하게 구분하고, (㉠) 체계를 구축하여 협업을 진행해야 한다.
(㉡)	• 이러닝 운영에서 학습자가 겪는 기술적 문제를 신속하게 해결하기 위해서는 기술 지원 시스템이 필수적이다. 이 시스템은 학습자가 발생한 문제를 빠르게 해결할 수 있도록 기술적 도움과 같은 지원을 제공하며, 특히 수업 도중 발생하는 (㉡) 관련 문제를 실시간으로 처리할 수 있어야 한다.

정답

㉠: 의사소통   ㉡: 네트워크

ⓔ 해설

• 이러닝 운영팀은 효과적인 협업을 위해 각 구성원의 역할과 책임을 명확히 정의해야 한다. 그러나 역할 정의만으로는 충분하지 않으며, 이를 지원하기 위해 원활한 의사소통 체계가 필요하다.

• 의사소통 체계는 팀 내 정보 공유, 문제 해결, 의사 결정 과정을 효과적으로 끌어 나가며, 각 구성원이 담당하는 업무를 조율하고 협력할 수 있게 도와준다. 또한, 신속한 피드백과 문제 해결을 통해 운영의 효율성을 높이며, 팀 전체가 같은 목표를 향해 나아가게 한다.

• 의사소통의 부재는 업무 중복이나 누락, 그리고 비효율적인 운영으로 이어질 수 있으므로 매우 중요한 요소이다.

• 이러닝 운영에서 기술 지원 시스템은 학습자가 학습환경에서 겪는 다양한 문제를 해결해 주는 핵심 요소이다.

• 기술적 도움과 네트워크 관련 문제는 학습에 중대한 영향을 미칠 수 있으므로, 실시간 대응이 가능해야 한다.

04 이러닝 운영에서 학습자 간 상호작용을 촉진하는 방법을 서술하시오.

- **커뮤니케이션 채널 활성화**: 토론 게시판에서 의미 있는 토론을 유도하기 위한 가이드라인을 제공하고, 실시간 채팅이나 화상회의 도구를 활용해 즉각적인 상호작용을 지원한다.
- **협력 학습 기회 제공**: 온라인 협업 도구(예 구글 문서, 위키 등)를 활용하여 그룹 프로젝트를 효과적으로 수행할 수 있도록 지원하며, 동료 평가 시스템을 도입하여 학습자 간 상호 학습을 촉진한다.
- **가상 팀 빌딩 활동 제공**: 가상 팀 빌딩 활동을 통해 온라인 환경에서도 팀워크를 강화할 기회를 제공한다.

e 해설

이러닝에서 학습자 간 상호작용은 학습 참여도와 성취도를 높이는 중요한 요소이다. 상호작용을 촉진하기 위해서는 학습자가 자유롭게 의견을 나눌 수 있는 온라인 커뮤니케이션 채널을 활성화하고, 실시간 채팅이나 화상회의 도구를 통해 즉각적인 상호작용이 이루어지도록 한다.

또한, 온라인 협업 도구를 통해 학습자들이 함께 작업할 기회를 제공함으로써 협력적 학습을 촉진할 수 있다. 동료 평가 시스템을 도입하여 학습자들이 서로의 학습을 평가하고 피드백을 주고받음으로써 상호 학습을 촉진하는 것도 효과적이다. 이와 함께, 가상 팀 빌딩 활동을 통해 팀워크를 강화하여 학습자들이 팀의 일원으로 적극적으로 참여할 수 있도록 지원하는 것이 중요하다.

05 이러닝 과정에서 상호작용을 촉진하기 위한 토론 게시판 운영의 주요 목적은 무엇인가?

정답

- 의미 있는 토론 유도: 토론 게시판은 학습자들이 서로의 의견을 공유하고 논의할 수 있는 공간으로, 이를 통해 학습자 간 지식 교류와 협력 학습을 촉진한다.
- 피드백 제공: 토론 게시판에서 이루어진 학습자 간 논의에 대해 교수자나 튜터가 피드백을 제공함으로써 학습자들의 이해를 높이고, 토론에 대한 성찰을 유도한다.

해설

이러닝 과정에서 상호작용을 촉진하는 데 토론 게시판은 중요한 역할을 한다. 학습자들이 토론을 통해 자신의 의견을 나누고 다른 학습자들과 지식을 교류하면서 학습 효과를 극대화할 수 있다.

이때, 교수자나 튜터는 토론 과정에서 나온 주요 논의 내용에 대해 적절한 피드백을 제공함으로써 학습자들이 더 깊이 있는 학습을 할 수 있도록 도울 수 있다. 이러한 상호작용은 학습자들의 참여를 독려하며, 협력 학습을 통한 학습 성취를 높이는 데 이바지한다.

06 다음 빈칸에 알맞은 것을 작성하시오.

(㉠)	• (㉠) 학습은 학습자들이 그룹을 이루어 서로 협력하여 학습 목표를 달성하는 학습 방식으로, 그룹 프로젝트, 토론, 동료 평가 등의 활동을 통해 이루어진다.
(㉡)	• (㉡) 학습은 학습 이력 데이터를 바탕으로 학습자의 학습 속도, 능력, 선호도 등에 따라 학습 경로와 콘텐츠를 동적으로 조정하여 개인화된 학습 경험을 제공하는 학습 방법을 말한다.

정답

㉠: 협력   ㉡: 적응형

- 협력 학습: 개별학습자가 아닌 그룹 내에서 서로 도움을 주고받으며 학습하는 형태로, 이를 통해 다양한 의견을 공유하고 서로의 지식을 넓힐 기회를 제공한다. 그룹 프로젝트나 토론 게시판 등을 통해 학습자들은 서로 다른 배경과 경험을 가진 동료들과 상호작용하게 되며, 이러한 과정을 통해 학습의 깊이를 더할 수 있다. 협력 학습은 또한 학습자들의 소통 능력과 팀워크 능력을 향상하는 데 큰 도움이 된다.
- 적응형 학습: 학습자 각각의 필요와 성취도를 고려하여 학습 내용을 맞춤형으로 제공하는 방식이다. 이는 학습자가 학습에서 어려움을 겪는 부분이나 더 깊이 배우고 싶은 부분에 대해 개별적으로 접근할 수 있게 한다. 적응형 학습 시스템은 학습자의 학습 기록을 분석해 적절한 학습콘텐츠를 제공하며, 이를 통해 학습자는 더 효율적이고 몰입감 있는 학습을 경험할 수 있다.

07 이러닝 운영팀의 주요 구성원과 각 구성원의 역할에 관해 설명하시오.

이러닝 운영 관리자	학습지원 튜터
• 역할: 프로그램 기획, 관리, 운영의 총괄 책임자 • 학습 계획 수립 및 일정 관리 • 예산 관리 및 자원 배분 • 팀원 간 조정 및 의사 결정	• 역할: 학습자 지원 및 상담 • 학습 계획 수립 지원 • 학습 자원 제공 및 활용 방법 안내 • 학습자 의견 수렴 및 개선사항 제안
교수자	**기술 지원팀**
• 역할: 교육 콘텐츠 개발 및 제공 • 학습 목표 설정 및 교과 내용 설계 • 학습자 평가도구 개발 • 학습자 질의응답 및 피드백 제공	• 역할: 기술적 지원 및 시스템 유지보수 • LMS 관리 및 업데이트 • 기술적 문제 해결 및 지원 • 시스템 안정성 및 보안 관리

- 이러닝 운영팀은 다양한 전문성을 가진 구성원들로 이루어져 있으며, 각자의 역할과 책임이 명확해야 한다.
- 효율적인 협업을 위해서는 체계적인 의사소통 체계가 필요하며, 이를 통해 원활하고 안정적인 이러닝이 운영된다.

08 이러닝 프로그램을 효과적으로 운영하기 위해 학습자 분석이 필요한 이유를 설명하고, 학습자 분석을 통해 얻을 수 있는 주요 정보 두 가지 이상 예를 들어 제시하시오.

정답

1. 학습자 분석이 필요한 이유

학습자 분석은 학습자의 다양한 특성과 요구를 파악하여 교육 프로그램을 최적화하는 데 필요하며, 이를 통해 다음과 같은 이점을 얻을 수 있다.

① 맞춤형 교육 제공: 학습자의 수준과 선호도에 맞는 콘텐츠를 제공하여 학습 효과를 극대화한다.
② 학습 참여도 향상: 학습자의 관심사와 목표를 반영하여 참여도를 높인다.
③ 이탈률 감소: 학습자의 불만족을 줄이고 지속적인 참여를 유도한다.

2. 학습자 분석을 통해 얻을 수 있는 주요 정보 예

① 인구통계학적 정보
② 학습 선호도 및 스타일
③ 학습자 학습환경 및 기술적 접근성

해설

- 학습자 분석의 중요성과 이를 통해 얻을 수 있는 정보를 이해하고 있는지를 평가한다. 답변에서는 학습자 분석의 필요성을 명확하게 설명하고, 구체적인 정보 두 가지 이상을 예시로 제시해야 한다.
- 각 정보는 교육 프로그램 개선에 어떻게 활용될 수 있는지도 언급해야 고득점을 얻을 수 있다.

09 다음 빈칸에 알맞은 것을 작성하시오.

(㉠)	•이러닝 운영 전 단계에서는 학습자의 특성과 요구를 파악하기 위해 (㉠) 분석을 수행한다. 이를 통해 학습자의 나이, 직업, 학습 스타일 등을 고려하여 학습환경을 조성한다.
(㉡)	•이러닝 운영 중에는 학습자와 강사 간의 상호작용이 중요하다. 이를 위해 학습자 지원, 과제 관리, (㉡) 진행, 평가 등의 지원이 필요하다.
(㉢)	•이러닝 운영 후 단계에서 학습자들의 전반적인 (㉢)을(를) 파악하고, 학습 자료의 질과 양에 대한 의견을 수집하여 다음 과정 운영 시 반영한다.

정답

㉠: 학습자　　　㉡: 토론　　　㉢: 만족도

해설

•운영 전 학습자 분석: 학습자의 배경, 요구, 선호도를 이해하여 맞춤형 학습환경을 조성하는 데 필수적이다. 이를 통해 교육 내용과 방법을 학습자에게 최적화할 수 있다.

•학습자 분석의 중요성: 학습자 분석을 통해 학습자들의 기술 수준, 선호하는 학습 스타일, 접근 가능한 기술 등을 파악하여 효과적인 이러닝 프로그램을 설계할 수 있다.

•운영 중 상호작용을 위한 토론 진행: 학습자의 적극적인 참여와 이해를 돕기 위한 활동이다. 토론을 통해 학습자 간 상호작용이 촉진되며, 이는 학습 효과를 높인다. 토론은 학습자들이 자신의 의견을 공유하고 다른 학습자들과 지식을 교류하는 기회를 제공하여 학습 동기를 강화하고 이해도를 높인다.

•운영 후 만족도 조사: 학습자들의 의견과 만족도를 파악하기 위하여 실시한다. 이를 통해 교육과정의 장단점을 파악하고 향후 개선점을 도출할 수 있다.

•만족도 조사는 학습자들의 학습 경험에 대한 피드백을 수집하여 프로그램의 질을 향상하고 학습자 중심의 교육을 구현하는 데 필수적이다.

E-learning Service Manager

PART 08

이러닝 운영 교육과정 관리

이러닝 교육과정을 관리하기 위해서는 수립하려는 운영 전략의 목표와 교육과정의 체계를 분석해야 한다. 교육과정의 체계를 분석하고 관리하기 위해서는 과정 구성요소의 특징을 분석하고 관련 이해관계자와 의사소통을 진행하여 교육과정을 관리하고, 그 결과로 보고서를 작성하여 제출한다.

Chapter 01 이러닝 교육과정 관리 계획

1 /// 운영전략의 목표와 교육과정 체계 분석

1) 이러닝 운영 교육과정 관리 프로세스

① 이러닝 운영전략의 목표를 분석하기 위해서는 이러닝 운영 교육과정의 관리 프로세스를 숙지하고 있어야 한다.

② 이러닝 운영 교육과정의 관리 프로세스는 이러닝 교육과정을 효과적으로 계획하고, 실행하며 지속해서 평가 및 개선하는 전반적인 과정이다.

③ 이러닝 운영 교육과정 관리 프로세스의 주요 요소는 다음과 같다.

표 8-1-1 이러닝 운영 교육과정 관리 프로세스의 주요 요소

구분	설명
교육 목표 설정 및 교육과정 설계	• 학습자들의 요구와 교육 목표에 맞는 교육과정을 기획하고 구조화
콘텐츠 개발 및 관리	• 이러닝에 적합한 학습 콘텐츠를 제작하고, 이를 체계적으로 관리
교육 플랫폼 운영	• 이러닝 시스템이나 학습 관리 시스템(LMS)을 구축하고 유지하며, 기술적 지원을 제공
학습자 지원 및 관리	• 학습자들의 참여를 촉진하고, 학습 과정에서 발생하는 문제를 지원
성과 평가 및 피드백	• 학습자들의 성취도를 평가하고, 교육과정의 효과성을 분석하여 피드백을 제공
교육과정 개선	• 평가 결과와 피드백을 바탕으로 교육과정을 개선 및 업데이트
강사 및 운영 인력 관리	• 강사/튜터 역량 강화 프로그램 지원 • 강사/튜터, 운영인력 간 원활한 의사소통을 위한 채널 운영
기술 지원 및 인프라 관리	• 시스템의 안정적인 운영을 위해 기술 인프라 지속 관리

2) 이러닝 운영전략의 목표 분석

① 이러닝 교육과정 운영전략 목표는 이러닝 프로그램을 통해 달성하고자 하는 바람직한 결과를 구체적이고 명확하게 정의하는 것이다.

② 이를 통해 교육과정의 방향성을 확립하고, 운영 과정에서의 의사 결정과 평가에 근거를 제공하며, 궁극적으로는 학습자와 조직 모두의 성과를 높일 수 있다.

③ 이러닝 교육과정 운영전략의 목표를 수립하기 위해 교육과정 운영 현황을 SWOT 분석으로 분석할 수 있다.

ㄱ 이러닝 운영 전략 목표를 분석하기 위한 SWOT 분석

- 이러닝 교육과정 운영에 대하여 SWOT 분석을 수행하는 것은 교육과정 운영에 대한 요소들을 강점(Strengths), 약점(Weaknesses), 기회(Opportunities), 위협(Threats)을 분석하여 전략 수립에 반영한다.

- 수립한 전략에 대하여 내부 및 외부 요인을 고려하여 현실적이고 효과적인 목표를 설정한 다음 요인별로 대응하는 효과적인 목표를 설정할 수 있다.

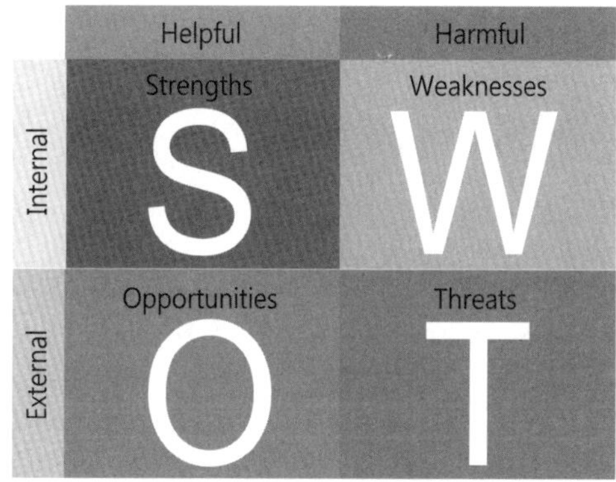

그림 8-1-1 SWOT 분석 프레임워크

- 다음은 이러닝 운영 전략 목표 수립을 위해 운영되는 교육과정의 SWOT 분석의 예시이다.

표 8-1-2 운영전략 목표 수립을 위해 운영되는 교육과정의 SWOT 분석 예시

	이로운 요소(Helpful)	유해 요소(Harmful)
내부 (Internal)	[강점(Strengths)] • 우수한 교수진: 교수진은 ○○분야에 다양한 프로그램에 참여하고 있는 전문가들로 구성되어 있음 • 이는 교육의 질을 높이고, 학생들에게 신뢰감을 줄 수 있음	[약점(Weaknesses)] • 기술적 인프라 부족: 일부 학생들은 고속 인터넷이나 최신 컴퓨터 장비가 부족하여 이러닝 수업 참여에 어려움을 겪을 수 있음 • 이러한 상황은 특히 저소득층 학생들에게 불리하게 작용할 수 있음

	이로운 요소(Helpful)	유해 요소(Harmful)
외부 (External)	[기회(Opportunities)] • 이러닝 시장의 성장: 글로벌 이러닝 시장이 계속해서 성장하고 있으며, 특히 팬데믹 이후 온라인 학습의 수요가 급증하고 있음 • 이를 통해 교육기관은 신규 수익 모델을 개발할 기회를 가짐	[위협(Threats)] • 이러닝 시장의 경쟁 심화로, 진입장벽이 낮아지고 경쟁자가 증가하고 있음 • 특히 이미 권위 있는 플랫폼들이 존재하기 때문에 신규 기관의 시장 진입이 어려울 수 있음
SWOT 분석을 통한 운영 목표 수립 예시	• 글로벌 시장을 겨냥한 다국어 교육 콘텐츠 운영 • 전문인력과 우수한 기술 인프라를 활용하여 AI 기반 개인화된 학습 경로 운영 • 미네르바 스쿨형 시스템을 활용하여 그룹토론, 실시간 피드백 수업 비율을 높임 • 이러닝의 약점을 보완하기 위한 자기 주도학습을 지원하기 위한 비대면 멘토링 프로그램 도입	

ⓛ 학습자 분석

- 이러닝 학습자 분석은 학습자에게 맞춤형 교육과정을 설계하고 운영하는 데 필요하다.
- 학습자 분석과정에서는 학습자의 배경, 학습 스타일, 이전 교육과정 운영 시의 학습자 행태, 요구사항 등을 종합적으로 고려하여 최적의 학습환경을 제공하는 것을 목표로 한다.
- 학습자를 체계적으로 분석한 데이비드 A. 콜브(David A. Kolb)의 경험적 학습 이론에 따르면 학습자의 유형은 다음과 같이 구분할 수 있다.

표 8-1-3 학습자의 학습 행태 및 주요 분석 내용

구분	주요 분석 내용
구체적 경험	• 학습자는 실제 경험을 통해 직접적인 정보를 수집 예 실습이나 체험과 같은 활동이 이에 해당한다.
반성적 관찰	• 학습자는 자신의 경험을 돌아보고 분석 • 이 단계에서 학습자는 어떤 감정을 느꼈는지, 무엇이 잘 되었는지 혹은 잘못되었는지 고민
추상적 개념화	• 관찰 결과를 바탕으로 일반화된 개념이나 이론을 만들어나감 • 이 과정은 학습자가 과거 경험을 토대로 새로운 이론적 이해를 구축하는 데 도움을 줌
능동적 실험	• 학습자는 새로 얻은 지식을 적용하여 실험을 해보거나 다른 상황에서 시도 • 이를 통해 학습자는 자신의 이해도를 점검하고 보완할 기회를 얻게 됨

– 학습자의 학습 행태 및 분석 결과를 통해 학습 유형에 따라 학습자를 구분할 수 있다.

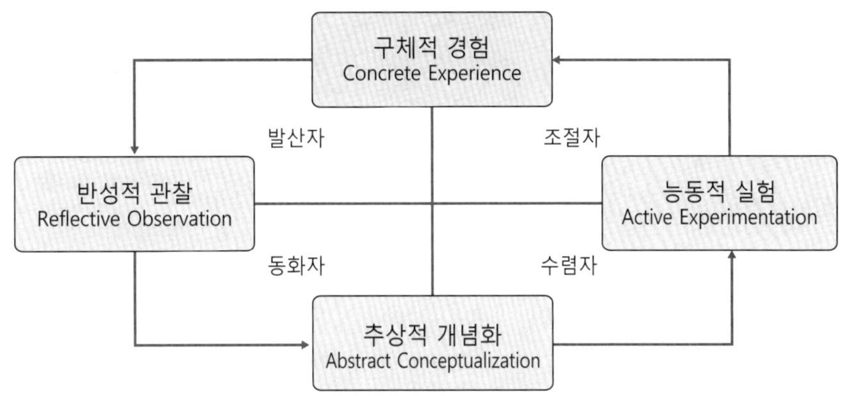

그림 8-1-2 학습 유형에 따른 학습자 구분

– 학습 유형에 따른 학습자 구분 결과를 통해 학습자에게 제공할 최적의 학습 스타일 또한 분류할 수 있다.

표 8-1-4 최적의 학습 스타일을 제공하기 위한 학습 스타일의 분류

구분	설명
발산자 (Diverger)	• 구체적 경험과 반성적 관찰 선호, 상상력이 풍부하고 다양한 관점에서 상황을 관찰
동화자 (Assimilator)	• 추상적 개념화와 반성적 관찰 선호, 논리적 사고와 이론 모델 창출에 능함
수렴자 (Converger)	• 추상적 개념화와 능동적 실험 선호, 아이디어를 실제 적용하는 데 능함
조절자 (Accommodator)	• 구체적 경험과 능동적 실험 선호, 직접 경험을 통해 학습하며 모험을 즐김

ⓒ 이러닝 학습자 분석의 주요 요소

– 이러닝 학습자의 학습 스타일을 분석하면 해당 유형에 따라 보다 구체적으로 분석하기 위한 주요 요소를 도출한다.

표 8-1-5 이러닝 학습자 분석의 주요 요소

구분		주요 분석 내용
학습자의 배경 이해	인구통계학적 특성	• 나이, 성별, 교육 배경, 직업 등 • 분석 방법: 등록 정보, 설문 조사
	학습 스타일, 선호도	• 시각적, 청각적, 읽기/쓰기, 운동 감각적 학습 선호도 • 분석 방법: VARK*설문지, 학습 활동 선택 패턴 분석
	기술 능력 및 접근성	• 디지털 리터러시 수준, 기기 사용 능력 • 분석 방법: 사전 평가, 기술 사용 로그 분석
	학습 동기 및 목표	• 내재적/외재적 동기, 단기/장기 학습 목표 • 분석 방법: 동기 평가 설문, 목표 설정 활동
	사전 지식 및 경험	• 관련 분야의 지식수준, 이전 학습 경험 • 분석 방법: 사전 테스트, 자기 평가 설문
온라인상 학습행태 및 학습성과 분석	학습 행동 패턴	• 학습 시간, 자료 접근 빈도, 과제 제출 패턴 • 분석 방법: 학습 관리 시스템(LMS) 로그 분석
	상호작용 및 참여도	• 토론 참여, 협력 활동 빈도, 피드백 응답률 • 분석 방법: 포럼 활동 분석, 그룹 프로젝트 참여도 평가
	학습성과 및 진척도	• 퀴즈/시험 결과, 과제 평가, 역량 달성 정도 • 분석 방법: 성적 분석, 역량 기반 평가
	만족도 및 피드백	• 코스 내용, 강사, 플랫폼에 대한 만족도 • 분석 방법: 중간/최종 설문 조사, 과정 평가 리뷰

* VARK란 시각, 청각, 읽기/쓰기, 운동감각(Visual, Aural, Read/write, Kinesthetic)의 약어로 Fleming과 Mills가 1992년 제안한 학생과 교사의 경험을 반영하는 네 가지 학습 유형이다.

ⓔ 성공적인 사례 분석

- 이러닝 운영전략의 목표와 교육과정을 체계적으로 분석하기 위해서 성공적인 이러닝 교육과정을 운영한 사례를 분석함으로써 이러닝 운영전략의 목표를 수립할 수 있다.
- 운영 사례 분석 시 주요 분석 내용을 도출하며, 도출된 내용을 적용할 시 현재 수립하려는 운영전략의 목표와 교육과정에 적합한지 판단하여야 한다.

표 8-1-6 성공적인 이러닝 교육과정 운영사례 분석

구분	주요 분석 내용
사례 선정	• 유사한 목표나 대상을 가진 교육과정 선택 • 다양한 산업 및 교육 분야의 사례 포함 • 국내외 우수 사례 고려

구분	주요 분석 내용
주요 분석요소	• 교육과정 설계 및 구조 • 콘텐츠 개발 및 제공 방식 • 학습자 지원 시스템 • 평가 및 피드백 메커니즘 • 기술 플랫폼 및 도구 활용 • 교수자–학습자 상호작용 방식 • 학습성과 측정 방법
성공요인 도출	• 사례별 주요 성공 요인 식별 • 공통적인 성공 패턴 분석 • 혁신적이거나 특별한 접근 방식 파악
적용 가능성 평가	• 자사 교육과정에 적용 가능한 요소 선별 • 필요한 자원 및 변경 사항 파악 • 잠재적 장애 요인 및 극복 방안 고려
시사점 및 제안사항 도출	• 분석 결과를 바탕으로 한 개선 방향 제시 • 단기 및 장기 적용 전략 수립 • 구체적인 실행 계획 수립

3) 이러닝 교육과정 체계 분석

① 이러닝 운영전략의 목표를 분석한 다음, 교육과정 수립을 위한 체계를 분석한다.

② 이러닝 교육과정 체계를 분석하는 것은 교육과정에 포함되어야 하는 핵심 내용을 포함하며, 학습자에게 제공할 학습 과정 및 학습 경험을 충족시키는 것을 목표로 한다.

표 8-1-7 교육과정 구성요소 및 주요 분석 내용

구성요소	주요 분석 내용
교육과정 목표	• 교육과정을 통해 달성하고자 하는 목표가 명확하고 구체적인지 확인
교육 내용	• 교육 내용이 학습 목표와 일관성이 있는지, 최신 지식을 반영하고 있는지 평가
교육 방법	• 강의, 토론, 실습 등 다양한 교육 방법이 적절하게 활용되었는지, 학습자의 참여를 유도하는 방식으로 구성되었는지 분석
교육 평가	• 평가 방법이 학습 목표와 연계되어 있는지, 학습자의 성취도를 정확하게 측정할 수 있는지 확인
학습환경	• 학습 관리 시스템(LMS)의 사용 편의성, 콘텐츠 접근성, 기술적 문제 발생 여부 등을 평가
학습자 만족도	• 설문 조사 등을 통해 학습자의 만족도를 측정하고, 개선점을 도출
교육 효과	• 학습 전후의 변화를 비교하여 교육 효과를 측정
교육과정 유효성	• 교육과정이 학습자의 적극적인 참여

③ 이러닝 교육과정의 체계적인 분석 방법은 다음과 같다.

표8-1-8 이러닝 교육과정 체계분석 방법

구분	내용
문헌 분석	• 관련 연구 자료, 교육과정 설계 문서 등을 분석
설문 조사	• 학습자, 강사, 관리자 등을 대상으로 설문 조사하여 다양한 의견을 수렴
인터뷰	• 심층적인 정보를 얻기 위해 몇몇 학습자나 강사를 대상으로 인터뷰
로그 분석	• 학습 관리 시스템(LMS)의 로그 데이터를 분석하여 학습자의 행동 패턴을 파악

2 ||| 운영할 교육과정별 상세 정보와 학습 목표 확인

1) 운영할 교육과정별 상세 정보 확인

① 이러닝 운영 시 교육과정 확인을 위해 교육과정 목록을 작성하고, 각 과정의 개요를 간략히 정리하여 전체적인 교육과정의 흐름을 이해한다.

② 교육과정별 상세 정보를 확인하는 방법은 다음과 같다.

표8-1-9 교육과정별 상세 정보 확인 방법

구분	내용
커리큘럼 구성 분석	• 각 교육과정의 모듈 및 주제를 분석하여 전체 구조를 이해하고, 각 모듈에 대한 세부 내용 정리
교육 목표 확인	• 각 과정의 교육 목표를 정리하고, 학습자가 무엇을 배우게 될지 파악 • 목표가 구체적이고 측정할 수 있도록 설정되어 있는지 검토
평가 방법 확인	• 각 과정에서 사용되는 평가 방법(퀴즈, 시험 등) 확인 • 평가 기준과 방법이 학습 목표와 일치하는지 점검

2) 운영할 교육과정별 학습 목표 확인

① 이러닝 운영 교육과정별 상세 정보 확인 후, 교육과정별 학습 목표를 확인한다.

② 학습 목표를 확인할 시 구체성, 일관성 등의 차원에서 해당 내용을 확인한다.

<table>
<tr><td colspan="2">표 8-1-10 운영할 교육과정별 학습 목표 확인 방법</td></tr>
</table>

구분	내용
학습 목표의 구체성 검토	• 학습 목표는 구체적이고 측정할 수 있도록 설정 확인
학습 목표의 일관성 점검	• 전체 운영전략과 학습 목표가 일관되도록 정리 • 목표가 교육과정의 목적과 어떻게 연결되는지 확인

3 /// 이러닝 교육과정 선정 및 계획

1) 학습자 요구 분석을 반영한 이러닝 운영 교육과정 선정

① 이러닝 운영 교육과정 선정 시, 실제 수요자가 될 학습자의 요구사항을 충족시킴으로써 학습자가 해당 교육과정을 수강할 수 있도록 유도해야 한다.

② 이러닝 학습자는 다양한 요구사항을 이러닝 학습 시스템 관리자 및 운영자에게 요청하며, 다양한 요구사항 수집 및 분석 기법을 통하여 학습자의 요구 분석을 수행할 수 있다.

표 8-1-11 이러닝 학습자의 요구 분석 기법

구분	내용
설문 조사	• 학습자에게 교육과정에 대한 선호도, 필요 역량, 학습 스타일 등을 묻는 설문 시행
포커스 그룹 인터뷰(FGI)	• 특정 이러닝 학습자 그룹에 대하여 집중하고 인터뷰를 수행함으로써 학습자가 원하는 심층적인 요구사항을 수집

③ 이러닝 학습자의 요구사항 분석을 토대로 이러닝 운영 교육과정을 선정하며, 교육과정 선정 시에는 기존에 존재하는 교육과정을 검토한다.

표 8-1-12 이러닝 교육과정 선정 방법

구분	내용
기존 교육과정 검토	• 시장에 있는 기존 이러닝 교육과정을 검토하여 학습자의 요구와 일치하는 과정 선택 • 이 과정에서 학습 목표와 내용이 일치하는지 확인

2) 이러닝 운영 교육과정의 관리 계획 수립

① 교육과정 운영을 위한 세부 관리계획을 수립할 시 학습자 지원 계획, 교육과정 운영 일정, 학습성과의 평가 방법, 모니터링 및 피드백 등이 포함된다.

② 이러한 계획은 교육과정의 원활한 운영을 보장하고, 목표 달성에 이바지할 수 있어야 한다.

표 8-1-13 이러닝 교육과정 관리계획 예시

구분	주요 내용
학습자 지원계획	• 각 과정에 튜터를 지정하여 학습자 질문의 경로 제공 • 정기적인 튜터링 세션을 운영하여 학습자 이해도 높임 • 기술 지원: 기술 지원팀 운영 및 FAQ 게시판 운영 • 커뮤니케이션 채널 운영, 정기적 피드백 세션 운영
교육과정 운영 일정	• 세부 일정 수립(각 과정의 시작, 운영, 종료, 점검 일정) • 학습자 모니터링 계획 수립
학습성과 평가 방법	• 다양한 평가 방식: 퀴즈, 프로젝트, 발표, 그룹 활동 등 다양한 평가 방식을 통해 학습자 이해도 평가 • 학습 중 형성평가, 과정 종료 후 총괄평가 등 운영
모니터링 및 환류 체계	• 성과 분석: 운영 후 학습성과 및 만족도를 분석하여 개선점 도출 • 학습자 피드백 및 성과 데이터 기반 정기적 교육과정 리뷰 • 교육과정 환류 체계: 정기적 개선 회의, 분석데이터 시사점 도출, 차기 교육과정 반영
인적자원관리 및 예산 계획	• 교육과정 운영을 위한 인력 배치, 정기적 교육, 워크숍 운영 • 예산 계획: 예산 수립 및 효율적인 배분 계획

Chapter 02 교육과정 관리 진행

1 /// 교육과정 관리 항목

1) 교육과정 관리에 필요한 항목 및 준비

이러닝 교육과정을 관리하기 위해서는 교육과정에 관한 내용과 교육과정 관리에 필요한 항목별 특징을 도출해야 한다.

① 교육 목표 및 학습 목표 설정

- 각 교육과정의 목표와 학습 목표를 명확히 설정한다.
- 설정한 목표는 이러닝 교육과정의 방향성을 제시하고, 평가의 기준이 된다.

② 교육과정 구성 및 내용

- 교육과정의 교육 목표, 교육 내용, 교육 방법, 평가 방법 등을 포함하여 교육과정이 학습자들의 요구와 수준에 부합하는지 확인하고, 최신의 정보를 반영하여 내용의 품질을 유지한다.

2) 과정 관리에 필요한 항목별 특징 분석

① 과정 관리에 필요한 항목들의 특징을 식별하고, 분석하며, 식별한 항목 및 특징들이 어떤 역할을 하며, 서로 어떻게 연계되는지 분석한다.

② 이러닝 과정 관리에 필요한 항목별 특징을 분석하기 위해서 SWOT 분석 등 다양한 분석 기법을 활용하여 항목별 특징을 분석한다.

표 8-2-1 이러닝 과정 관리에 필요한 항목별 특징 분석 요소

구성요소	주요 분석 내용
교육과정 목표	• 교육과정을 통해 달성하고자 하는 목표가 명확하고 구체적인지 확인
커리큘럼	• 교육 내용의 구조와 순서 확인
교육 내용	• 교육 내용이 학습 목표와 일관성이 있는지, 최신 지식을 반영하고 있는지 평가 • 동영상, 문서, 퀴즈 등 사용되는 자료의 종류와 특징
교육 방법	• 강의, 토론, 실습 등 다양한 교육 방법이 적절하게 활용되었는지, 학습자의 참여를 유도하는 방식으로 구성되었는지 분석
교육 평가	• 평가 방법이 학습 목표와 연계되어 있는지, 학습자의 성취도를 정확하게 측정할 수 있는지 확인
학습자 지원	• 기술 지원, 상담 등 추가적인 지원 요소
일정 관리	• 교육과정의 시작일, 종료일, 마일스톤 등

2 ||| 과정 관리에 필요한 유관 부서와의 협업 방법

1) 이러닝 과정 관리에 필요한 유관 부서의 종류

① 이러닝 학습 과정을 관리하기 위해서는 다양한 부서와 협업이 필요하며, 과정 관리에 필요한 유관 부서의 종류는 다음과 같다.

표 8-2-2 이러닝 과정 관리에 필요한 유관 부서의 종류

유관 부서	설명
교육 기획팀	• 학습 과정의 기획 및 개발을 담당. 학습 목표 설정, 커리큘럼 개발, 콘텐츠 제작 관리
콘텐츠 개발팀	• 학습 자료, 영상, 텍스트 등의 콘텐츠를 제작
전산지원팀	• 학습 관리 시스템 구축 및 유지 보수, 기술적 문제 해결
고객지원팀	• 학습자의 문의 사항이나 학습 관련 문제를 해결

② 이러닝 학습 시스템에서 제공하는 과정의 수에 따라 유관 부서의 종류는 다양하거나 적을 수 있다.

2) 이러닝 과정 관리에 필요한 유관 부서와의 협업 방법

① 이러닝 과정 관리를 위해 유관 부서와 협업 할 시 협업 대상을 지정하고, 업무 프로세스를 명확히 정의한 다음 정기 회의를 통해 정보를 공유하고 의견을 조율한다.

② 다음은 이러닝 과정 관리에 필요한 기능에 대하여 유관 부서와 협업하는 방법이다.

표 8-2-3 이러닝 과정 관리에 필요한 유관 부서와의 협업 방법

유관 부서	기능	협업 방법
교육 기획팀	목표 설정 및 커리큘럼 구성	• 학습 목표를 설정하고 커리큘럼을 구성. 교육과정의 주요 내용과 흐름 논의
	프로젝트 계획 수립	• 각 단계의 일정, 자원, 필요 역량 등을 협력하여 관리
콘텐츠 개발팀	콘텐츠 요구사항	• 학습자에게 필요한 콘텐츠의 유형, 형식 등을 구체적으로 전달
	피드백 및 수정	• 개발된 콘텐츠에 대해 피드백을 주고받으며 필요한 수정 사항을 반영
전산지원팀	플랫폼 구축, 유지 보수	• 학습 관리 시스템(LMS)에 대한 유지 보수 요청 관리
	기술적 문제 해결	• 학습자가 겪는 기술적 문제를 신속히 해결할 수 있도록 긴밀히 소통
고객지원팀	학습자 문의, 지원 제공	• 학습자 문의 사항을 처리하고, 학습 중 발생하는 문제를 해결할 수 있도록 시스템 구축

3 /// 과정 관리 시 필요한 항목들의 사전 준비 여부 파악

1) 과정 관리 시 필요한 항목

① 이러닝 과정에 대하여 관리를 수행할 때 과정별 요소를 파악하여 관리 항목으로 도출하는 것이 중요하다.

② 다음은 이러닝 과정 관리 시 필요한 항목 예시이며, 이러닝 과정 관리 시 해당 과정을 체계적으로 관리하기 위해서는 더 자세하게 항목을 도출한다.

표 8-2-4 이러닝 과정 관리 시 필요한 점검 항목

구분	항목	Check
콘텐츠 준비	• 콘텐츠는 최신 내용으로 업데이트되었는가?	☐
	• 모든 링크와 버튼이 정상 작동하는가?	☐
	• 모든 콘텐츠의 저작권을 확인하였는가?	☐
기술적 준비	• 학습 관리 시스템(LMS)이 정상적으로 작동하는가?	☐
	• 서버 용량 및 네트워크 대역폭이 충분한가?	☐
	• 학습자의 다양한 디바이스(PC, 모바일 등)에서 접근 가능한가?	☐
	• 보안 및 개인정보 보호 조치가 적절히 이루어졌는가?	☐
운영 준비	• 교육 일정이 확정되었는가?	☐
	• 학습자 등록 및 관리 절차가 마련되었는가?	☐
	• 강사 및 튜터가 확보되었는가?	☐
	• 학습자 지원 체계(헬프데스크, Q&A 등)가 구축되었는가?	☐
평가 준비	• 학습 평가 방법 및 기준이 설정되었는가?	☐
	• 과제 및 시험 문항이 준비되었는가?	☐
	• 학습자 만족도 조사 도구가 마련되었는가?	☐
	• 학습 진도 및 참여도 측정 방법이 결정되었는가?	☐
안내	• 교육과정 안내 자료가 제작되었는가?	☐
	• 학습자 동의 절차가 준비되었는가?	☐

2) 과정 관리 시 필요한 항목들의 사전 준비 여부 파악 방법

① 이러닝 과정 관리 시 필요한 항목들에 대해 원활하게 관리를 수행하기 위해서는 사전 준비가 필요하다.

② 다음은 이러닝 과정 관리 시 필요한 항목들에 대해 사전 준비 여부를 파악하는 방법이다.

표 8-2-5 이러닝 과정 관리 시 사전 준비 여부를 파악하는 방법

파악 방법	설명
체크리스트	• 항목별 준비 여부를 확인하기 위한 체크리스트를 작성하여 사전 준비 여부 파악
일정 관리	• 항목별 준비 기간을 설정하고 일정을 관리하여 사전 준비 여부 파악
리스크 관리	• 과정 관리 시 예상되는 문제점을 미리 파악하고 대응 방안을 마련하여 사전 준비 여부 파악

1) 과정 운영에 필요한 관리 매뉴얼의 필요성

① 이러닝 과정 운영에 필요한 관리 매뉴얼은 이러닝 콘텐츠의 기획부터 개발, 운영, 평가 및 품질 관리를 평가하는 과정에서 필요한 업무 절차와 고려사항을 선별적으로 정리한 지침서이다.

② 이러닝 과정 운영에 필요한 관리 매뉴얼은 이러닝의 성공적인 운영과 관리에 필수적이며, 관리 매뉴얼의 필요성은 다음과 같다.

표 8-2-6 이러닝 과정 운영에 필요한 관리 매뉴얼의 필요성

필요성	설명
일관된 운영 기준 제공	• 학습 과정 기획, 개발, 운영, 평가 등 각 단계에서 일관된 운영 기준 제공
효율성 증대	• 각 부서나 개인의 역할과 책임을 명확히 제시하여 불필요한 중복 작업을 줄이고, 시간과 자원을 절약
문제 해결 기준 제시	• 서버 다운, 기술적 문제, 학습자 불만 등 긴급 상황에 대한 해결 방안을 매뉴얼에 포함하여, 각 상황에서 신속한 대응 가능

2) 과정 운영에 필요한 관리 매뉴얼의 주요 내용

① 이러닝 과정 운영을 체계적, 효율적으로 수행하기 위하여 관리 매뉴얼이 필요하며, 해당 매뉴얼의 주요 내용은 다음과 같다.

표 8-2-7 과정 운영 시 필요한 관리 매뉴얼 주요 내용

구성요소		주요 내용
이러닝 콘텐츠 기획	목표 설정	• 학습 목표 및 성과 정의
	대상 분석	• 학습자의 요구 및 특성 파악
	콘텐츠 구조	• 모듈화 및 커리큘럼 설계
콘텐츠 개발	개발 프로세스	• 단계별 작업 흐름 및 일정 관리
	도구 및 플랫폼	• 사용될 기술 및 소프트웨어 선정
	콘텐츠 제작	• 스크립트 작성, 비디오 제작, 그래픽 디자인 등
운영	LMS 운영	• 학습 관리 시스템의 설정 및 유지 보수
	사용자 지원	• 학습자 및 강사 지원 체계 구축
	커뮤니케이션	• 학습자와의 소통 방법 및 피드백 시스템

구성요소		주요 내용
평가	학습성과 평가	• 퀴즈, 시험 및 과제 설계
	피드백 수집	• 학습자 의견 및 평가 결과 분석
	과정 개선	• 평가 결과를 바탕으로 한 지속적 개선 전략
품질 관리	품질 기준 설정	• 콘텐츠 및 과정의 품질 기준 수립
	검토 및 수정	• 정기적인 평가 및 피드백 반영
	인증, 표준 준수	• 관련 인증 기준 및 법규 준수
기록관리	운영 매뉴얼	• 단계별 절차 및 책임자 명시
	데이터 관리	• 학습자 데이터 및 성과 기록 보관 방법

5 ||| 운영 목표에 맞춰 교육과정 관리 및 성과 도출

1) 진행 교육과정에 대한 목표 관리 기법

① 현재 진행 중인 교육과정을 이러닝 운영 목표에 맞춰 관리하기 위한 기법은 다음과 같다.

표 8-2-8 교육과정을 이러닝 운영 목표에 맞춰 관리하는 기법

관리 기법	설명
OKR	• Objectives and Key Results의 약자 • 교육과정에서 달성하고자 하는 목표, 달성하기 위한 구체적인 측정 지표인 핵심 결과로 구성
PDCA	• 계획(Plan)−실행(Do)−점검(Check)−행동(Act)의 약자 • 교육과정의 목표를 설정한 후, 학습이 진행되는 동안 지속해서 점검하고, 필요한 조치를 통해 개선 사항 반영
CSF	• Critical Success Factor의 약자 • 특정 목표나 프로젝트의 성공을 결정짓는 가장 중요한 요소들을 식별하고 관리

② 운영 목표를 달성하기 위해 성과를 도출하는 방법으로는 목표 설정에 따른 관련 지표를 도출하는 방법이 있다. 예를 들어 이러닝 운영 목표를 CSF에 맞추어 교육과정을 관리할 경우, 관련 지표인 KPI(Key Performance Indicator)를 도출한다.

2) 진행 교육과정에 대하여 운영 성과를 도출하는 방법

① 진행하는 교육과정에 대하여 운영 성과를 도출하기 위해서는 성과라고 인정할 수 있는 핵심 지표를 설정해야 한다.

표 8-2-9 진행 교육과정에 대하여 운영 성과를 도출하는 방법

도출 방법	설명
핵심 성과 지표 설정	• 성과를 측정하기 위한 핵심적인 지표인 KPI를 도출 • 학습자의 성취도, 과정 이수율, 만족도 조사 결과 등의 성과 지표를 설정하여 운영 효과 평가 • 지표들을 통해 교육과정의 강점과 개선점 파악 가능
데이터 수집, 성과 분석	• 성과 지표를 바탕으로 시험 점수와 같은 정량적 데이터와 학습자 피드백과 같은 정성적 데이터를 분석하여 종합적인 운영 성과를 평가

② 진행 교육과정에 대하여 운영 성과를 도출하기 위해서는 교육 운영 성과 분석을 수행하며, 아래와 같은 절차로 진행하여 더욱 체계적으로 운영 성과를 도출한다.

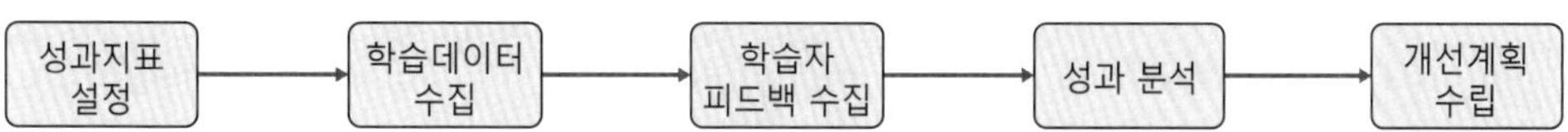

그림 8-2-1 교육 운영 성과 분석 절차

표 8-2-10 교육 운영 성과 분석 절차

절차	설명
성과 지표 설정	• 교육과정 운영의 강점 및 개선점 분석을 위한 지표로, 고려해야 할 주요 성과 지표 수립 • 학습자 성취도, 과정 이수율, 학습자 만족도, 학습 참여율, 학습 진행률
학습 데이터 수집	• 이러닝 플랫폼에서 학습자의 학습 행태 데이터 수집 • 학습자의 학습 행동 패턴 및 학습 효과 분석 • 학습성취도, 학습 진도, 학습 참여도(게시글, 영상 시청 빈도) 등
학습자 피드백 수집	• 이러닝 과정 종료 후 학습자 피드백 수집 • 학습자 피드백을 통한 개선사항 도출 • 강의 만족도, 시스템 만족도, 운영지원 만족도 등
성과 분석	• 수집 피드백을 데이터 기반 성과 분석을 통해 결론 도출 • 성과 분석 결과분석보고서 작성 • 교육 운영 성과 분석, 성과 지표 달성 정도, 주요 성공 요인, 개선 필요 사항
개선계획 수립	• 성과 분석 기반 이러닝 과정 운영 개선 방안 수립 • 차기 이러닝 학습 시스템 운영에 반영 • 콘텐츠 개선, 시스템 업그레이드, 운영 방식 변경 등

1) 교육과정 품질 기준 마련 방법

① 이러닝 교육과정의 품질 기준을 마련하고 이에 맞추어 교육과정을 분류하는 것은 교육의 효과를 높일 수 있고, 교육기관의 경쟁력을 강화할 수 있다.

② 교육과정의 품질 기준은 교육 목표와 일치성, 콘텐츠의 적절성 및 최신성, 평가 방법의 공정성, 학습성취도 및 만족도 등을 품질 기준으로 설정할 수 있다.

표 8-2-11 교육과정 품질 기준

품질 기준	주요 내용
교육 목표와 일치성	• 교육과정이 설정된 교육 목표와 학습 목표에 얼마나 부합하는지를 평가하는 기준을 마련 • 각 교육과정이 학습자의 목표 달성에 이바지하는지 확인
콘텐츠의 적절성 및 최신성	• 교육 콘텐츠가 학습자들의 수준과 요구에 적합하며, 최신의 정보와 기술을 반영하고 있는지를 평가하는 기준을 마련
평가 방법의 공정성	• 평가 방법이 공정하고 객관적인지, 학습자의 성취도를 정확히 측정할 수 있는지를 평가
학습성취도 및 만족도	• 수강생들의 학습 결과 및 만족도

2) 품질 기준을 통해 교육과정을 분류하는 방법

① 교육과정을 품질 기준에 따라 평가하고, 목표, 대상 학습자, 학습 내용 난이도, 학습형태, 학습 기간, 인증 여부 등에 따라 분류할 수 있다.

② 다음은 마련된 기준을 통해 교육과정을 분류하는 예시이다.

표 8-2-12 교육과정 분류 예시

구분	주요 내용
교육 목표에 따른 분류	• 교육 목표에 따라 분류할 수 있음 예 지식 습득, 기술 향상, 태도 변화 등으로 나누어 운영
교육난이도에 따른 분류	• 교육 내용의 난이도에 따라 초급, 중급, 고급 과정으로 구분 • 학습자가 자신의 수준에 맞는 과정을 선택할 수 있음 예 기초 과정, 중급 과정, 고급 과정 등
대상 학습자에 따른 분류	• 학습대상의 나이, 특성별, 직업별 등에 따라 분류 예 나이대별 교육, 특수교육, 학습자 특성별 교육, 직업별 교육 등
형태에 따른 분류	• 온라인 수업의 콘텐츠 중심, 실시간 화상 수업, 블렌디드 러닝, 온라인 토론중심, 개별화 학습 등에 따라 분류
인증 여부에 따른 분류	• 정부 인증, 민간 인증 등에 따라 분류

Chapter 03 교육과정 관리 결과 보고

1 /// 교육과정 관리 보고서 작성

1) 교육과정 관리 보고서 양식 작성

① 이러닝 교육과정 관리의 결과를 체계적으로 보고하기 위해서는 표준화된 보고서 양식을 작성해야 한다.

② 교육과정 보고서 양식에는 다음과 같은 항목이 포함될 수 있다.

표 8-3-1 교육과정 관리 보고서에 포함되는 항목

구분		주요 내용
기본정보	보고서 제목	• 교육과정 명칭, 보고서 작성 일자, 작성자 정보 등 포함
	교육과정 개요	• 교육과정 목적, 주요 내용, 학습 목표 등을 간략히 설명
교육과정 운영 내용	운영 기간	• 교육과정이 진행된 기간과 일정 정보 명시
	참여자 정보	• 참여 학습자 수, 출석률, 이수율 등을 포함한 기본 통계 제공
	교육 방법	• 강의 방식, 학습 자료, 학습 플랫폼, 평가 방법 등을 구체적 기술
운영 결과 및 성과	성과 지표	• 설정한 주요 성과 지표(KPIs)에 대한 달성 여부와 그 결과 보고 예 학습자의 성취도, 만족도, 평가 결과 등의 데이터를 포함
피드백 및 개선사항	피드백	• 강의 만족도, 운영 만족도, 시스템 만족도 등 분석
	개선사항	• 피드백을 기반으로 한 교육과정 개선사항과 향후 개선계획 명시
결론 및 추가 의견 제시	결론	• 교육과정 운영의 전반적인 평가를 요약하고, 주요 성과와 개선점 정리
	추가 의견 제시	• 향후 교육과정 운영에 대한 추가 의견 제시와 추가적인 연구 또는 개발이 필요한 부분 제시

2) 교육과정 관리 보고서 양식 작성 시 주의사항

① 이러닝 교육과정 관리 보고서 양식을 작성할 때는 보고서의 가독성을 지킴으로써 해당 교육과정의 성과와 개선 방안을 정확하게 전달할 수 있어야 한다.

② 다음은 교육과정 관리 보고서 양식을 작성할 때 주의사항이다.

표 8-3-2 교육과정 관리 보고서 양식 작성 시 주의사항

구분	주요 내용
보고서 구조 설정	• 보고서의 목적과 대상에게 맞게 명확한 구조 설정 필요 • 보고서 개요, 진행 상황, 문제점 및 개선 방안, 향후 계획 등 포함
명확한 목표 설정	• 교육과정의 목표가 무엇인지, 목표가 어떻게 달성되었는지 명확하게 작성
데이터 기반 작성	• 수강률, 이수율, 학습자 만족도 등 수치 데이터를 활용하여 객관적으로 성과 평가 • 이해를 돕기 위해 필요하면 표, 그림, 그래프 등 사용
문제점 및 개선사항 작성	• 과정 중 발생한 문제점과 이를 해결한 방안을 구체적으로 작성 예 학습자의 참여도가 낮을 때 개선 방안 제시
향후 계획 제시	• 향후 계획에 대해 구체적으로 설명 • 과정의 지속적인 개선을 위한 전략 제시
간결하고 명확한 언어 사용	• 누구나 이해할 수 있도록 복잡한 용어나 긴 문장을 피하여 간결하고 명확한 언어로 작성

2 ||| 교육과정 운영 결과 보고서 기반 운영 결과 정리

1) 교육과정의 운영 내용 정리

① 이러닝 교육과정 운영 내용을 체계적으로 정리하는 것은 운영 성과를 평가하고, 향후 교육과정 개선을 위한 기초 자료로 활용한다.

② 교육과정 운영의 주요 내용은 다음과 같다.

표 8-3-3 교육과정 운영의 주요 내용

구분	구성요소	주요 내용
계획 및 운영	일정 수립 및 운영	• 교육과정이 계획된 일정에 따라 진행되었는지 여부 • 일정 변경이나 조정이 필요한 부분이 있었는지 검토 • 계획 대비 실제 진행 상황의 비교 분석

구분	구성요소	주요 내용
계획 및 운영	참여자 활동 기록 (시스템 누적 데이터)	• 학습자의 참여도 및 출석률 • 과제 제출률과 과제 수행 현황 • 참여자들의 학습 활동 패턴 및 특징
	교육 콘텐츠 활용	• 사용된 학습 자료와 콘텐츠의 활용 현황 평가 • 콘텐츠의 질과 학습자 반응에 대한 분석 • 교육 콘텐츠의 효과 성과 개선 필요성
	기술 지원 및 운영 환경	• 이러닝 시스템의 안정성과 접근성 평가 • 기술적 문제 발생 여부 및 해결 과정 • 사용자 인터페이스의 편의성 및 개선사항
성과 분석 및 평가	강사 및 튜터 활동 평가	• 강사 및 튜터의 참여도와 학습자와의 상호작용 • 피드백 제공의 빈도와 질에 대한 평가 • 강사 및 튜터의 제언과 개선 방안
	학습자 피드백 및 만족도 조사	• 학습자들이 제공한 피드백과 만족도 조사 결과 • 긍정적인 요소와 개선이 필요한 부분의 분석 • 피드백을 바탕으로 한 교육과정 개선 방향
	학습성과 분석	• 학습 목표 달성 여부 평가 • 학습자의 성취도 및 평가 결과 분석 • 성과 분석을 통한 개인별 지원 필요성 제시
	커뮤니티 활동 및 협업 효과	• 온라인 커뮤니티 활동의 참여도와 효과 평가 • 협업 활동이 학습성과에 미친 영향 분석 • 커뮤니티 활성화를 위한 방안 제시
	운영 자원의 적절성	• 인력, 기술, 예산 등 자원 활용의 적절성 평가 • 추가적인 자원 필요 여부 및 효율적 배분 방안
	운영 성과 및 개선 제언	• 전체 운영 성과에 대한 종합적인 평가 • 교육과정의 강점과 약점 분석 • 향후 개선을 위한 구체적인 방안 제시 • 다음 운영 주기에 대한 계획 및 제언

2) 운영 결과 분석 및 시사점 도출

① 교육과정 운영 결과를 분석하는 과정은 다음과 같은 요소들로 구성된다.

표 8-3-4 교육과정 운영 결과 분석 요소

구분	주요 내용
성과 지표 분석	• 교육과정이 설정한 성과 지표(KPIs)를 기반으로 학습자의 성취도, 과정 이수율, 만족도 등을 정량적으로 평가
정성적 데이터 분석	• 학습자와 교수자들로부터 수집된 다양한 의견과 피드백을 통해 교육과정의 질을 평가
비교 분석	• 현재 교육과정의 운영 결과를 이전 데이터와 비교하여 그 변화를 평가 • 유사한 교육기관의 성과와 벤치마킹하여 상대적 위치 평가
맥락적 요인 분석	• 학습자 특성, 교육 환경, 사회경제적 요인 등 맥락적 변수 고려 • 교육과정 운영에 영향을 미친 외부 요인 식별
다각적 데이터 통합	• 정량적 지표와 정성적 데이터를 통합하여 종합적인 평가 수행 • 학습 분석(Learning Analytics) 도구를 활용하여 다양한 데이터 소스 연계 분석
시사점 도출	• 학습 분석과정을 통해 얻은 정보와 데이터는 학습자들이 선택하는 과정이 학습 결과에 미치는 영향에 대한 이해를 높이는 데 이바지할 수 있음

3) 운영 결과 피드백 적용

① 운영 결과를 기반으로 교육과정을 지속해서 개선하기 위해 피드백을 반영하는 것이 필요하다.

② 이를 통하여 교육과정 품질을 향상하고, 학습자들의 만족도와 성취도를 높일 수 있다.

표 8-3-5 교육과정 운영 결과 분석 요소

구분	주요 내용
피드백 수집	• 다양한 채널(설문 조사, 인터뷰, 포커스 그룹, 온라인 플랫폼)을 통해 포괄적인 피드백 수집 • 정량적 데이터와 정성적 의견을 균형 있게 수집하여 전체적인 그림을 파악 • 학습자, 교수자뿐만 아니라 관리자, 산업체 관계자 등 다양한 이해관계자의 의견 수렴
개선계획 수립	• 우선순위에 따라 단기, 중기, 장기 개선계획 수립 • 구체적이고 측정 가능한 목표를 설정하여 개선의 효과를 추적 • 개선계획에 필요한 자원(인력, 예산, 시간)을 명확히 파악하고 할당

구분	주요 내용
개선 실행 및 모니터링	• 수립된 계획에 따라 단계적으로 개선사항 실행 • 실시간 모니터링 시스템을 구축하여 개선 과정을 지속해서 관찰하고 필요시 즉각 조정 • 주기적인 검토 회의를 통해 개선 진행 상황을 평가하고 추가 개선사항을 식별
차기 교육과정에 반영	• 개선된 사항을 다음 교육과정에 체계적으로 통합 • 변경 사항에 대한 명확한 문서화와 관련 이해관계자들에 대한 교육 실시 • 새로운 변경 사항의 효과를 측정할 수 있는 평가 체계를 구축
지속적인 개선 문화 조성	• 피드백과 개선을 일회성 이벤트가 아닌 지속적인 프로세스로 인식하는 조직 문화를 조성 • 혁신적인 아이디어를 장려하고 실험적 시도를 지원하는 환경을 만듦 • 성공적인 개선 사례를 공유하고 개선에 대한 동기를 부여
결과 공유 및 투명성 확보	• 개선 결과를 모든 이해관계자와 공유하여 투명성 확보 • 개선 과정에서 얻은 인사이트와 교훈을 조직 내외부와 공유하여 집단 학습 촉진

적중 예상문제

01 이러닝 교육과정 운영전략 목표 수립을 위해 사용되는 분석 도구로, 내부 및 외부 요인을 고려하여 강점, 약점, 기회, 위협을 분석하는 방법은 무엇인가?

정답

SWOT 분석

해설

- SWOT 분석은 Strengths(강점), Weaknesses(약점), Opportunities(기회), Threats(위협)의 약자로, 조직의 내부 요인(강점과 약점)과 외부 요인(기회와 위협)을 종합적으로 분석하여 전략을 수립하는 데 사용되는 도구이다.
- 이러닝 교육과정 운영전략 목표를 수립할 때 SWOT 분석을 통해 현재 상황을 객관적으로 파악하고, 이를 바탕으로 효과적인 목표를 설정할 수 있다.

02 AI와 데이터 분석 기술의 발전으로 가능해진, 개별 학생에게 최적화된 학습 경험을 제공하는 방식은 무엇인가?

정답

학생 맞춤형 학습

해설

학생 맞춤형 학습은 AI와 데이터 분석 기술을 활용하여 각 학생의 학습 스타일, 진도, 강점과 약점 등을 분석하고, 이에 기반하여 개인화된 학습 경험을 제공하는 방식이다. 이는 이러닝의 중요한 기회 요소로, 학습 효과를 극대화할 수 있는 잠재력을 가지고 있다.

03 이러닝 교육과정 운영 시 유관 부서와의 협업이 왜 중요한지 기술하시오.

정답

이러닝 교육과정 운영 시 유관 부서와의 협업이 중요한 이유
- **교육의 효과성 제고** – 다양한 부서이 전문성을 활용하여 양질의 교육 콘텐츠 개빌 및 운영을 할 수 있다.
- **자원의 효율적 활용** – 각 부서의 인력과 자원을 효과적으로 활용할 수 있다.
- **일관된 교육 방향 유지** – 조직의 전략과 목표에 부합하는 교육과정 운영이 가능하다.
- **학습자 지원 강화** – 다각도의 지원으로 학습자의 만족도와 학습 효과를 높일 수 있다.

해설

- 이러닝 교육과정의 원활한 운영을 위해서 시스템 지원팀, 콘텐츠 제작 및 운영 부서, 재무부서 등 여러 유관 부서와의 협업이 필요하다.
- 각 부서는 LMS 운영, 콘텐츠 개발, 예산 관리 등에서 중요한 역할을 하며, 이들의 협력이 원활해야 교육과정이 성공적으로 운영될 수 있다.

04 다음 빈칸에 알맞은 것을 작성하시오.

(㉠)	• 이러닝은 (㉠)와 학습(Learning)이 합쳐진 말로, 컴퓨터와 인터넷 등 정보통신기술(ICT)을 활용하여 시간과 장소에 구애받지 않고 학습할 수 있는 교육 방식을 의미한다.
(㉡)	• 이러닝 운영 교육과정 관리에서 (㉡) 개발 및 관리는 이러닝에 적합한 학습 자료를 제작하고, 이를 체계적으로 관리하는 과정을 의미한다. 이는 학습자들에게 효과적인 학습 경험을 제공하는 데 중요한 역할을 한다.
(㉢)	• 이러닝 교육과정 운영의 강점 중 하나인 (㉢)은(는) 학습자가 원하는 시간에 학습할 수 있는 특성을 의미한다.

정답

㉠: 전자(electronic)　　㉡: 콘텐츠　　㉢: 유연한 학습 시간

05 다음 설명하고 있는 이러닝 학습 과정 관리를 위한 유관 부서를 각각 적으시오.

(㉠)	학습 과정의 기획 및 개발을 담당. 학습 목표 설정, 커리큘럼 개발, 콘텐츠 제작 관리
(㉡)	학습 자료, 영상, 텍스트 등의 콘텐츠를 제작
(㉢)	학습 관리 시스템 구축 및 유지 보수, 기술적 문제 해결

정답

㉠: 교육 기획팀　　㉡: 콘텐츠 개발팀　　㉢: 전산지원팀

해설

이러닝 학습 과정을 관리하기 위해서는 다양한 부서와 협업이 필요하며, 과정 관리에 필요한 유관 부서는 교육 기획팀, 콘텐츠 개발팀, 전산지원팀, 고객관리팀 등이 있다.

06 다음 빈칸에 알맞은 것을 작성하시오.

(㉠)	• 교육과정의 목표와 학습 목표는 학습자들에게 (㉠)을(를) 제공하며, 교수자에게는 평가의 기준을 제공한다.
(㉡)	• (㉡) 평가에서는 학습자의 창의성, 비판적 사고, 그리고 문제 해결 능력을 평가하는 데 중점을 둔다.
(㉢)	• (㉢)는 학습자가 학습 과정 중 수행한 작업을 모아 자기 성찰과 함께 제출하는 평가 방법이다.

정답

㉠: 방향성 ㉡: 서술형 ㉢: 포트폴리오

07 교육과정 관리 보고서 작성의 중요성을 설명하고, 보고서에 포함되어야 할 주요 항목들을 설명하시오.

정답

교육과정 관리 보고서는 교육과정 운영의 성과를 체계적으로 기록하고 분석하여 교육의 질을 개선하는 데 필요하다.
보고서의 주요 항목으로는 교육과정명, 보고서 작성 일자, 작성자 정보 등을 포함하는 기본 정보, 교육과정 개요, 운영 기간, 참여자 정보, 교육 방법 등을 포함하는 운영 내용, 성과 지표 분석, 피드백 및 개선사항, 결론 및 제언 등이 포함된다.

해설

• 교육과정 관리 보고서는 교육 운영의 모든 단계를 문서화하여 성과를 평가하고, 개선할 부분을 명확히 파악하는 데 필요하다.
• 이 보고서는 교육과정이 의도한 목표를 얼마나 달성했는지, 학습자와 교수자가 느낀 만족도는 어떤지 등의 중요한 정보를 제공한다.
• 이를 통해 교육의 질을 지속해서 향상하는 데 이바지할 수 있으며, 향후 교육과정을 설계하고 운영하는 데 있어 귀중한 자료로 활용될 수 있다.

08 교육과정 운영 결과를 분석하는 과정에서 성과 지표 분석과 정성적 데이터 분석이 중요한 이유를 설명하시오.

성과 지표 분석은 교육과정이 설정한 목표를 달성했는지 정량적으로 평가하는 방법이며, 정성적 데이터 분석은 학습자와 교수자의 피드백을 통해 교육과정의 질을 평가하는 방법이다.
두 가지 분석 방법을 통합하여 사용하면 교육과정의 강점과 약점을 명확히 파악할 수 있다.

- 교육과정 운영 결과를 분석할 때, 성과 지표 분석은 구체적이고 측정 가능한 수치(뗸 성취도, 출석률 등)를 통해 교육의 성공 여부를 평가한다.
- 반면, 정성적 데이터 분석은 학습자와 교수자의 의견, 만족도 등을 통해 교육의 질적 측면을 평가한다.
- 이 두 가지 분석 방법이 함께 사용됨으로써 교육과정의 전반적인 성과를 보다 정확하게 이해할 수 있으며, 이를 바탕으로 향후 개선 방향을 설정할 수 있다.

09 다음 빈칸에 알맞은 것을 작성하시오.

(㉠)	• 교육과정 관리 보고서에서 교육과정의 목적과 주요 내용을 간략하게 설명하는 항목은 (㉠)이다.
(㉡)	• 현재 교육과정 운영 결과를 이전 데이터와 비교하여 평가하는 과정은 (㉡) 분석이다.
(㉢)	• 피드백 수집 후 구체적이고 측정 가능한 목표를 설정하는 과정은 (㉢) 수립에 포함된다.

정답

㉠: 교육과정 개요　　　㉡: 비교　　　㉢: 개선계획

e 해설

- 교육과정 개요는 교육과정의 목적, 학습 목표, 주요 내용을 간략하게 요약하여 설명하는 부분이다. 이 항목은 교육과정의 전반적인 방향성과 의도를 명확히 전달하는 역할을 한다. 이를 통해 독자들은 교육과정의 핵심 내용을 한눈에 파악할 수 있다.
- 비교 분석은 현재의 교육과정 운영 결과를 이전의 데이터와 비교하여 성과의 변화를 평가하는 방법이다. 이를 통해 교육과정이 얼마나 발전했는지 또는 개선이 필요한 부분이 있는지를 명확히 파악할 수 있다.
- 개선계획 수립은 수집된 피드백을 바탕으로 교육과정의 문제점을 개선하기 위해 구체적인 목표와 실행 방안을 설정하는 과정이다. SMART(구체적이고 측정 가능하며, 달성할 수 있고 관련성 있으며, 시간제한이 있는) 목표를 설정하여 개선의 효과를 추적할 수 있다.

이러닝 과정의 운영 활동이 완료된 후에는 각 영역에 대하여 결과 보고서를 작성한다. 이러닝 학습 콘텐츠, 교·강사, 시스템의 각 운영 영역에 대한 결과를 관리하며, 전체 내용을 취합하여 운영 결과 관리 보고서를 작성한다.

PART

09

이러닝 운영 결과 관리

Chapter 01 콘텐츠 운영 결과 관리

1 ||| 과정 운영 목표에 부합하는 콘텐츠 학습 내용 구성 확인

1) 과정 운영 목표에 부합하는 콘텐츠 학습 내용 분석

① 이러닝 과정을 운영하기 위해 계획하고, 수립한 운영 목표를 달성하기 위해서는 제작한 콘텐츠의 학습 내용이 학습자 만족 및 운영 성과 측면에서 해당 과정의 운영 목표에 부합하는지 확인하는 것이 필요하다.

② 이러닝 콘텐츠 학습 내용이 과정 운영 목표의 적합 여부를 판단하기 위해서는 운영 목표에 맞게 학습 내용이 구성되었는지 분석해야 한다.

표 9-1-1 이러닝 콘텐츠 학습 내용 분석의 주요 내용

구분	주요 내용
학습 목표와의 연관성 분석	• 각 학습 내용이 전체 과정의 학습 목표에 이바지하는 정도, 세부적 학습 목표와 일관성 여부 분석
학습 내용의 난이도 분석	• 학습자의 수준에 맞는 적절한 난이도 구성, 학습 부담의 적절성 분석
학습 내용의 충실도 분석	• 학습 목표를 달성하는 데 필요한 모든 내용 및 불필요 내용 포함 여부 분석
학습 내용의 논리적 구성 분석	• 학습 내용이 논리적인 순서로 배치되어 학습자가 쉽게 이해할 수 있도록 구성되었는지 분석
학습 내용의 시각적 요소 분석	• 이미지, 동영상 등의 시각적 자료가 학습 내용 이해를 돕는지, 과도하거나 부족하지는 않은지 분석
학습자 참여 유도	• 학습 내용이 학습 목표를 달성하기 위한 학습자의 능동적인 참여를 유도하고 있는지 분석

③ 위의 분석 방법을 통해 다음과 같은 체크리스트를 활용하여 학습 내용을 분석할 수 있다.

구분	요소	Check
학습 목표와 연관성 분석	• 학습 내용이 전체 과정의 최종 학습 목표에 직접 이바지하는가?	☐
	• 각 학습 단원의 세부 학습 목표가 명확하게 설정되어 있으며, 학습 내용과 일관성이 있는가?	☐
	• 학습 내용이 학습 목표 달성에 필요한 핵심 개념과 지식을 충분히 포함하고 있는가?	☐
학습 내용의 난이도 분석	• 학습 내용의 난이도가 학습자의 수준에 적합한가?	☐
	• 학습 내용의 전개가 논리적이고 체계적으로 이루어져 학습 부담을 최소화하는가?	☐
	• 학습 내용이 학습자의 사전 지식과 경험 수준을 고려하여 구성되었는가?	☐
학습 내용의 충실도 분석	• 학습 목표를 달성하는 데 필요한 모든 내용이 포함되었는가?	☐
	• 불필요한 내용이나 중복되는 내용은 없는가?	☐
	• 학습 내용이 최신 정보와 트렌드를 반영하고 있는가?	☐
학습 내용의 논리적 구성 분석	• 학습 내용이 논리적인 순서로 배치되어 학습자가 쉽게 이해할 수 있도록 구성되었는가?	☐
	• 학습 내용 간의 연관성이 명확하게 드러나도록 구성되었는가?	☐
	• 학습 내용이 다양한 학습 스타일을 가진 학습자를 고려하여 구성되었는가?	☐
학습 내용의 시각적 요소 분석	• 이미지, 동영상 등 시각적 자료가 학습 내용 이해를 돕는가?	☐
	• 시각 자료이 품질이 우수히고, 내용과 일관성이 있는가?	☐
	• 시각 자료가 과도하거나 부족하지는 않은가?	☐
학습자 참여 유도	• 학습 내용이 학습자의 능동적인 참여를 유도하는 요소를 포함하고 있는가? (퀴즈, 토론, 실습 등)	☐
	• 학습 내용이 학습자의 흥미를 유발하고, 학습 동기를 부여하는가?	☐

2) 과정 운영 목표에 부합하는 콘텐츠 학습 내용 구성 확인 기법

① 이러닝 콘텐츠 학습 내용이 과정 운영 목표에 부합하는지를 판단하기 위해서는 학습 내용 구성에 대하여 다양한 확인 기법을 사용할 수 있다.

표 9-1-3 이러닝 학습 내용 구성을 확인하는 기법

기법	설명
목표–내용 매핑	• 과정 운영 목표와 학습 내용을 명확하게 연계 • 각 과정의 목표를 구체적으로 정의한 후, 그 목표를 달성하는 데 필요한 학습 내용을 1:1로 매칭
학습자 중심 설계	• 다양한 학습자의 요구와 배경을 고려하여 콘텐츠가 설계되었는지 확인하는 방법 • 학습자들이 목표를 달성하기에 충분한 지원을 받고 있는지, 콘텐츠가 학습자의 수준에 맞게 구성되었는지 확인
전문가 검토	• 내용 전문가나 해당 주제 전문가가 학습 내용을 검토하여, 과정 목표에 부합하는지 확인 • 외부 전문가나 교육 컨설턴트에게 학습 내용을 의뢰하여 검토

② 위와 같은 체크리스트를 통해 학습 내용을 분석한 결과와 이러닝 콘텐츠 학습 내용 구성을 확인하는 기법을 통해 학습 내용이 과정 운영 목표에 부합하는지를 판단할 수 있다.

2 ||| 과정 운영 목표에 부합하는 콘텐츠 개발 여부 확인

1) 과정 운영 목표에 부합하는 콘텐츠 개발 적정성 확인

① 이러닝 콘텐츠의 개발 적정성 평가는 이러닝 학습 콘텐츠의 구성 및 기능이 운영하고자 하는 교육과정에 적정한지 확인한다.

② 다음은 이러닝 콘텐츠 개발 적정성을 확인하는 주요 내용이다.

표 9-1-4 콘텐츠 개발 적정성의 주요 확인 내용

구분		주요 내용
학습 목표의 일관성	목표 명확성	• 학습 목표가 구체적이고 측정할 수 있게 설정되었는가?
	내용 연관성	• 콘텐츠 내용이 학습 목표를 직접 달성하는 데 이바지하는가?
	수준 적합성	• 학습자의 수준과 배경 지식에 맞는 난이도로 구성되었는가?
콘텐츠 품질 평가	구조 논리성	• 학습 내용이 논리적인 순서로 구성되어 학습 흐름을 방해하지 않는가?
	내용 정확성	• 정보가 정확하고 최신이며 신뢰할 수 있는가?
	매체 다양성	• 텍스트, 이미지, 동영상, 음성 등 다양한 매체를 활용하여 학습 효과를 높였는가?
	상호작용 요소	• 학습자의 참여를 유도하는 상호작용 요소가 충분히 포함되었는가?

구분		주요 내용
학습자 중심 설계 (교수설계)	학습자분석	• 학습자의 특성, 배경 지식, 학습 스타일, 선호도를 충분히 고려하여 콘텐츠를 개발했는가?
	자기 주도 학습 지원	• 학습자가 스스로 학습 계획을 세우고 진도를 관리할 수 있도록 지원하는 기능이 포함되었는가?
	흥미 유발	• 학습 내용이 지루하지 않고 흥미를 유발할 수 있도록 구성되었는가?
학습평가 요소 적합성	학습목표연계	• 평가도구가 학습 목표 달성도를 평가하는가?
	객관적 평가도구	• 평가 결과가 주관적인 판단에 의해 좌우되지 않도록 객관적인 평가도구를 사용했는가?
	다양성	• 지필 시험 외에도 다양한 평가 방법(예 실기, 포트폴리오 등)을 활용하여 학습 성과를 종합적으로 평가했는가?
기술적 호환성 검증	시스템 연동	• LMS(학습 관리 시스템) 등과의 연동이 원활하여 관리가 편리한가?
	업데이트 용이성	• 콘텐츠 수정 및 보완이 쉽도록 구성되었는가?
	접근성	• 다양한 기기와 환경에서 학습할 수 있도록 접근성을 확보했는가?

2) 과정 운영 목표에 부합하는 콘텐츠 개발 적정성 확인 기법

① 개발된 이러닝 콘텐츠가 과정 운영 목표에 적정한지를 판단하기 위해서는 해당 콘텐츠에 대하여 다양한 적정성 확인 기법을 사용할 수 있다.

표 9-1-5 개발된 이러닝 콘텐츠의 적정성을 확인하는 기법

기법	설명
목표 중심 평가	• 이러닝 콘텐츠가 설정된 학습 목표를 달성하는지를 직접 평가 • 이러닝 콘텐츠가 과정 운영 목표와 일치하는지 확인하고, 목표 달성에 필요한 학습활동과 자료가 제공되는지 검토
균형 평가 (Balanced Score Card)	• 학습 목표, 학습자 만족도, 과정의 효과성, 학습의 지속 가능성 등 다양한 측면에서 이러닝 콘텐츠의 적정성 평가
품질 기준 평가	• 특정 품질 기준이나 가이드라인을 바탕으로 이러닝 콘텐츠가 개발 목표에 부합하는지 확인
포괄적 검토	• 과정 운영 목표뿐만 아니라 학습자 경험, 상호작용, 기술적 완성도 등을 종합 검토하여 이러닝 콘텐츠 개발 적정성 평가
시뮬레이션 테스트	• 학습자들이 이러닝 콘텐츠를 실제로 사용해 보도록 하고, 그 결과를 바탕으로 적정성을 평가 • 학습자가 과정 운영 목표에 얼마나 부합하는 성과를 내는지 실시간으로 평가 가능

② 위와 같은 적정성의 주요 내용과 확인 기법을 통해 개발된 이러닝 학습 콘텐츠가 이러닝 과정 운영 목표에 부합하는지를 판단할 수 있다.

1) 과정 운영 목표에 부합하는 콘텐츠 운영 적정성 확인

① 이러닝 콘텐츠의 운영 적정성 평가는 이러닝 학습 콘텐츠의 구성 및 기능이 운영이 완료된 교육과정에 적정한지 확인한다.

② 운영 후에 해당 콘텐츠의 활용에 대하여 보완할 점이 없는지 확인한다.

③ 다음은 이러닝 콘텐츠 운영 적정성을 확인하는 주요 내용이다.

표 9-1-6 콘텐츠 운영 적정성의 주요 확인 내용

단계	구분	주요 내용
운영 전	콘텐츠 완성도	• 학습 콘텐츠가 완성도 있게 제작되었는가? (오탈자, 이미지 누락 등)
	학습활동 구성	• 학습자의 참여를 유도할 수 있는 다양한 학습활동이 포함되었는가? (퀴즈, 토론, 과제 등)
	평가도구 준비	• 학습 성과를 측정하기 위한 평가도구가 준비되었는가?
	학습 플랫폼	• 학습 콘텐츠를 탑재할 플랫폼이 준비되었는가?
	플랫폼 기능	• 플랫폼이 필요한 기능(학습 진도 관리, 성적 관리, 커뮤니티 등)을 지원하는가?
	호환성	• 다양한 기기(PC, 모바일)에서 원활하게 작동하는가?
운영 중	콘텐츠 업데이트	• 오류가 발견될 경우 신속하게 수정하고 있는가? • 학습자 피드백을 반영하여 콘텐츠를 개선하고 있는가?
	학습자 참여	• 학습자가 콘텐츠에 얼마나 참여하고 있는가? (접속 횟수, 학습 시간, 완료율 등)
	플랫폼 시스템 장애	• 학습 플랫폼이 안정적으로 운영되고 있는가? • 학습자의 어려움을 해결하기 위한 지원 시스템이 잘 운영되고 있는가?
운영 후	콘텐츠 만족도 조사	• 학습자 만족도를 조사하여 콘텐츠에 대한 의견을 수렴했는가?
	콘텐츠 개선 반영	• 학습자의 요구사항을 파악하여 향후 콘텐츠 개선에 반영하고 있는가?
	콘텐츠 성공 요인	• 성공적인 콘텐츠 운영 요인을 분석하여 향후 콘텐츠 개발에 활용하고 있는가?

2) 과정 운영 목표에 부합하는 콘텐츠 운영 적정성 확인 기법

① 운영한 이러닝 콘텐츠가 과정 운영 목표에 적정한지를 판단하기 위해서는 해당 콘텐츠에 대하여 다양한 적정성 확인 기법을 사용할 수 있다.

표 9-1-7 운영한 이러닝 콘텐츠의 적정성을 확인하는 기법

기법	설명
목표-성과 연계 평가	• 이러닝 콘텐츠가 과정 운영 목표와 성과에 얼마나 부합하는지 확인 • 학습 목표와 실제 학습자의 성과를 비교하여 운영이 합리적이고 적정한지 평가
데이터 기반 학습 분석	• 학습자의 데이터를 수집, 분석하여 이러닝 콘텐츠 운영이 적정한지 확인 • 학습자 활동, 참여도, 완료율, 성취도 등 다양한 데이터를 활용하여 콘텐츠가 운영 목표에 적합한지 분석
효율성 분석	• 이러닝 콘텐츠 운영이 주어진 자원(시간, 비용, 인력 등)을 얼마나 효율적으로 활용하여 목표를 달성했는지 분석 • 적정성은 결과의 질과 사용된 자원의 관계에서 평가
학습자 만족도 조사	• 학습자 만족도를 조사하여 이러닝 콘텐츠 운영이 적정한지 평가 • 학습자의 피드백을 통해 과정 운영의 적정성과 목표 달성에 대한 만족도 측정
기술적 적정성 평가	• 이러닝 콘텐츠가 기술적으로 문제없이 운영되며 학습 목표에 맞게 안정적으로 제공되는지 확인 • 기술적 문제가 학습자의 성과에 영향을 미치지 않는지를 평가

② 위와 같은 적정성의 주요 내용과 확인 기법을 통해 운영된 이러닝 학습 콘텐츠가 이러닝 과정 운영 목표에 부합하는지를 판단할 수 있다.

③ 만약 운영된 이러닝 학습 콘텐츠가 과정 운영 목표에 부합하지 않을 경우, 해당 과정의 운영 모든 단계를 추적하여 콘텐츠에 영향을 끼친 요소를 도출하고 피드백을 참고하여 콘텐츠를 개선한다.

Chapter 02 교 · 강사 운영 결과 관리

1 ||| 교 · 강사 활동평가 목적

1) 교 · 강사 활동평가의 필요성

① 이러닝 운영 후 결과를 관리하는 단계에서 교 · 강사의 활동을 평가한다.

② 교 · 강사의 활동평가는 단순 개인의 역량을 평가하는 것을 넘어 이러닝 시스템 전체의 품질을 향상하고, 학습효과를 높이기 위한 과정이다.

표 9-2-1 교 · 강사 활동평가의 필요성

구분	주요 내용
교 · 강사 역량 개발	• 평가 결과를 바탕으로 교 · 강사의 강점과 약점 파악 • 개별 맞춤형 연수를 제공하여 역량 강화
이러닝 시스템 개선	• 교 · 강사의 어려움이나 건의를 바탕으로 시스템 개선 반영 • 학습자료, 플랫폼, 커뮤니티 등 이러닝 환경 전반에 대한 개선 방안 모색
객관적인 자료 확보	• 교 · 강사의 활동에 대한 객관적인 자료를 확보하여 성과를 인정하고, 동기부여 강화
품질관리	• 교육기관의 신뢰도를 높이고, 학습자에게 양질의 교육서비스를 제공할 수 있음 • 우수교수자 발굴 및 우수 운영 사례 공유

2) 교 · 강사 활동 평가 기준 수립 절차

효과적인 평가를 하기 위해 다음과 같은 평가 단계를 고려하고, 교 · 강사 활동 평가 기준을 계획한다.

표 9-2-2 효과적인 평가 기준 수립을 위한 단계

단계	주요 내용	상세 내용
평가 목표 설정	평가를 통해 얻고 싶은 것	• 교 · 강사 역량 강화, 우수교수자 발굴 • 학습자 만족도 향상을 위한 개선점 도출 • 이러닝 시스템을 위한 데이터 확보

단계	주요 내용	상세 내용
평가대상 선정	평가 대상	• 교수자, 강사/튜터
	평가 기간	• 특정 강의, 과정, 학기 등
교 · 강사 평가 기준 설정	교육 목표 성취도	• 학업성취도, 이수율
	학습자 참여도	• 학습자 참여 유도, 상호작용 정도
	기술활용능력	• 이러닝 플랫폼을 효과적으로 활용하는 능력
	피드백 제공	• 학습 질의응답(신속/명확 피드백 제공 정도)
평가 방법 선정	자가 평가	• 교수/강사 스스로 자신의 활동을 평가
	학습자 평가	• 설문 조사, 강의 평가 등을 통한 학습자의 평가
	데이터 기반 평가	• 과정 운영 전/중/후 이러닝 플랫폼에 누적된 교 · 강사 활동 정보 자동 반영
평가도구 개발	평가설문지	• 다양한 문항을 통해 교 · 강사 활동 평가
	체크리스트	• 특정 행동이나 활동을 평가하기 위한 목록
	포트폴리오	• 교수/강사의 활동 결과물을 종합적으로 평가
평가 시행 및 데이터 수집	평가 일정 수립 및 공지	• 평가 일정계획을 수립하고, 교 · 강사/튜터에게 이러닝 운영 전 안내
	실시간 시스템 활용	• 평가과정에서 실시간 피드백을 제공할 수 있는 시스템을 도입하여 평가의 즉각성을 높임
	평가 참여 독려	• 교수/강사 모두 평가에 적극적으로 참여할 수 있도록 독려
평가 결과 활용	개인별 피드백	• 평가 결과를 바탕으로 교수/강사에게 맞춤형 피드백 제공
	역량개발프로그램	• 부족한 부분을 보완하기 위한 연수 프로그램 운영
	이러닝 플랫폼 개선	• 평가 결과를 바탕으로 이러닝 시스템 개선
	교육과정 개선	• 교육과정의 질을 향상하기 위한 자료로 활용
	인센티브 제공	• 우수 교수/강사에 대한 포상

2 /// 교 · 강사 활동 평가 기준

1) 교 · 강사 활동 평가 기준 수립

① 교 · 강사 활동의 평가 기준 수립을 위해 교 · 강사에게 요구되는 핵심 역량과 역할을 명확히 정의하고, 평가의 목적(예 역량 개발, 성과 측정 등)을 설정한다.

② 평가의 목적을 설정한 후, 교·강사 평가 영역 및 지표를 도출하여 평가도구를 개발한 다음, 아래의 예시와 같이 교·강사 활동의 평가 기준을 수립한다.

표 9-2-3 교·강사 활동 평가 기준 수립 예

평가 영역	평가 기준	주요 내용
학습자 지원	학습자 질문에 대한 신속하고 정확한 응답	• 학습자의 질문에 48시간 이내 응답하는가?
	학습 동기부여 및 격려	• 학습자의 진도를 정기적으로 확인하고 독려 메시지를 보내는가?
	학습 진도 관리 및 독려	• 학습자의 성취를 인정하고 격려하는 메시지를 제공하는가?
전문성 및 내용 지식	과목 내용에 대한 깊이 있는 이해	• 학습자의 심화 질문에 전문적인 답변을 제공하는가?
	최신 동향 및 실제 적용 사례 제공	• 과목 내용과 관련된 최신 사례나 연구 결과를 공유하는가?
	추가 학습자료 제공 능력	• 학습자의 수준과 요구에 맞는 추가 학습자료를 제공하는가?
의사소통 능력	명확하고 이해하기 쉬운 설명 능력	• 학습자가 이해하기 쉽게 설명하고 있는가?
	적절한 온라인 커뮤니케이션 예절 준수	• 온라인 커뮤니케이션에 적합한 언어를 사용하는가?
학습 모니터링, 지원	학습자의 진도 및 성과 추적	• 학습자의 진도와 성과를 정기적으로 모니터링 하는가?
	학습 부진자 식별 및 지원	• 학습 부진자를 조기에 식별하고 적절한 지원을 제공하는가?
	학습 데이터 분석 및 활용	• 학습 데이터를 분석하여 개선점을 도출하고 적용하는가?
피드백 제공	과제 및 토론에 대한 적시적이고 건설적 피드백	• 과제 제출 후 일주일 이내에 피드백을 제공하는가?
	개별화된 피드백 제공	• 학습자 개개인의 특성과 수준을 고려한 맞춤형 피드백을 제공하는가?
	피드백의 질과 깊이	• 피드백이 학습자의 개선점과 강점을 구체적으로 지적하는가?
기술 활용 능력	학습 관리 시스템(LMS) 활용 능력	• LMS의 다양한 기능을 효과적으로 활용하는가?
	온라인 협업 도구 사용 능력	• 화상 회의, 온라인 토론 등의 도구를 능숙하게 사용하는가?
	기술적 문제 해결 능력	• 학습자의 기술적 문제를 신속하게 해결하거나 적절히 안내하는가?

평가 영역	평가 기준	주요 내용
학습 커뮤니티 조성	온라인 토론 촉진 능력	• 온라인 토론에서 의미 있는 질문을 제시하고 토론을 활성화하는가?
	학습자 간 협력 학습 장려	• 학습자 간 협력 과제나 peer review 활동을 효과적으로 관리하는가?
	긍정적인 학습 분위기 조성	• 학습 커뮤니티 내 긍정적이고 건설적인 분위기를 유지하는가?
윤리성 및 전문성 개발	개인정보 보호 및 저작권 준수	• 학습자의 개인정보를 적절히 보호하고 있는가?
	공정하고 일관된 학습 지원	• 모든 학습자에게 공평한 기회와 지원을 제공하는가?
	지속적인 전문성 개발 노력	• 튜터로서의 역량 향상을 위해 지속해서 노력하는가?

2) 수립된 평가 기준에 기반한 교·강사의 활동 확인 방법

수립된 활동 평가 기준에 따라 교·강사가 평가 기준에 적합하게 활동하였는지 확인하기 위해서는 사전에 설정된 평가 기준에 부합하는지 다음과 같은 방법을 활용하여 확인할 수 있다.

표 9-2-4 평가 기준에 따른 교·강사 활동 확인

구분	주요 내용
정기적인 모니터링	• 교·강사의 활동을 주기적으로 점검하여 평가 기준 준수 여부 확인
체크리스트 활용	• 평가 기준을 바탕으로 체크리스트를 만들어 항목별 충족 여부를 체계적으로 검토
학습자 피드백 수집	• 학습자들로부터 교·강사의 활동에 대한 의견을 수집하여 평가 반영

1) 교·강사 세부 활동평가의 종류

교·강사 활동을 평가하기 위한 세부적인 평가 종류는 다음과 같이 구분할 수 있다.

표9-2-5 교·강사 세부 활동평가 종류

종류	설명
질의응답 및 첨삭지도	•학습자의 질문에 대한 응답과 과제에 대한 첨삭지도 평가
채점 독려	•학습자의 과제 제출을 독려하고 적시에 평가를 완료하는지 확인
보조자료 등록	•학습 내용을 보완하는 추가 자료의 품질과 적절성 검토
학습 상호작용	•토론 게시판이나 실시간 세션에서의 교·강사와 학습자 간, 학습자들 간의 상호작용 분석
학습 참여독려	•학습자들의 적극적인 참여를 유도하는 교·강사의 활동평가
모사 답안 확인	•과제나 시험에서의 부정행위를 방지하고 확인하는 교·강사의 노력 분석

2) 교·강사 세부 활동 결과 분석

교·강사의 다양한 활동 결과를 종합적으로 분석하는 것은 이러닝 과정의 효과성을 높이는 데 필수적이며, 세부 평가 종류의 분석 요소를 통해 최종 결과를 분석한다.

표9-2-6 교·강사 세부 활동 결과 분석

구분	분석 내용
질의응답 및 첨삭지도	•응답 시간, 답변의 정확성, 설명의 상세도, 개별화된 피드백 제공 여부
채점 독려	•과제 제출 독려 메시지 발송 횟수, 채점 완료 시간, 채점의 일관성
보조자료 등록	•자료의 관련성, 최신성, 이해도 향상 기여도, 제공 빈도
학습 상호작용	•토론 참여 빈도, 피드백의 질, 토론 활성화를 위한 노력
학습 참여 독려	•독려 메시지의 빈도와 내용, 참여 증진을 위한 전략의 다양성
모사 답안 확인	•모사 답안 검사 도구 활용 빈도, 의심 사례 처리의 적절성, 예방 교육 시행 여부

1) 교 · 강사 활동 분석 결과 피드백

① 교 · 강사 활동을 분석한 결과를 피드백으로 제공할 때는 각 교 · 강사의 강점과 개선점을 상세히 설명한다.

② 개선점의 상세 내용은 평가 기준별 점수와 전체 평균 대비 비교 내용, 우수 사례 공유 및 개선을 위하여 구체적인 내용을 제시해야 한다.

다음은 교 · 강사 활동 분석 결과 피드백의 제공 방법이다.

표 9-2-7 교 · 강사 활동 분석 결과 피드백 제공 방법

구분	설명
서면보고서	• 분석 결과를 상세히 기술한 보고서를 작성, 제공 • 각 활동 영역별 평가 결과와 구체적인 사례 포함
그룹 워크숍	• 전체 교 · 강사를 대상으로 한 워크숍을 통해 일반적인 피드백 제공 • 우수 사례를 공유하고, 공통적인 개선사항 논의
온라인 피드백 시스템	• 정기적으로 온라인 플랫폼을 통해 피드백 제공 • 실시간으로 활동을 모니터링하고 즉각적인 피드백 가능

2) 교 · 강사 활동 분석 결과 피드백 적용 시 고려사항

교 · 강사 활동 분석 결과를 피드백으로 제공할 시 다음과 같은 고려사항을 제공해야 하며, 피드백을 제공 후에는 반드시 진행 경과를 파악해야 한다.

표 9-2-8 교 · 강사 활동 분석 결과 피드백 제공 시 고려사항

고려사항	설명
객관성 유지	• 구체적인 데이터와 사례를 바탕으로 피드백을 제공
긍정적 강화	• 강점을 먼저 언급하고, 개선점은 건설적인 제안으로 제시
구체성	• 모호한 표현보다는 구체적인 행동지침 제시
양방향 소통	• 교 · 강사의 의견과 상황을 청취하고 반영
지속성	• 일회성이 아닌, 지속적인 피드백 체계를 구축함

1) 교·강사 활동 등급 구분

교·강사의 활동평가 결과에 따라 적절한 인센티브 및 보상을 지급하기 위해서는 결과를 정량적으로 도출하여 등급과 같은 체계로 구분할 필요가 있다.

① 교·강사의 활동 등급을 구분하기 위한 절차

표 9-2-9 교·강사 활동 등급 구분 절차

절차	설명
평가 기준별 가중치 설정	• 각 평가 항목에 가중치를 부여하여 중요도를 반영 예 피드백 제공이 강의 준비보다 더 중요하다고 판단될 경우, 피드백 항목에 더 높은 가중치 부여
점수 척도 설정	• 각 항목의 평가 시 사용할 점수 척도를 설정 예 5점 만점 척도를 사용하여 각 항목에서 교·강사의 성과를 점수화
항목별 점수화 및 총점 계산	• 항목을 점수화한 후, 가중치를 곱하여 점수를 계산 • 계산된 총점을 항목별로 더하여 최종 점수를 계산
등급 구분	• 계산된 총점에 따라 교·강사의 등급을 구분

② 교·강사 활동 항목별 점수화 및 총점 계산

교·강사의 활동 항목별로 각각 점수를 부여하고, 가중치를 곱한 다음 가중치를 반영한 점수를 도출하며, 다음과 같은 예시를 통해 계산할 수 있다.

표 9-2-10 교·강사 활동 항목별 점수화 및 총점 계산 방법 예시

평가 항목	점수(5점 만점)	가중치(%)	가중치 반영 점수
강의 준비, 자료 제공	4	20	0.8
피드백 제공	4	30	1.2
소통 능력	5	20	1.0
총점			3.0

2) 교 · 강사 활동 평가 결과의 과정 운영 반영절차

교 · 강사 활동 평가 결과에 대한 피드백을 다음 이러닝 과정 시 운영에 반영하는 것은 이러닝 학습의 질을 지속해서 개선하는 데 중요하며, 다음과 같은 방법으로 피드백을 적용할 수 있다.

표 9-2-11 교 · 강사 활동 평가 결과 피드백의 적용 절차

구분	주요 내용
개선 계획 수립	• 피드백 분석 결과를 바탕으로 구체적인 개선 계획을 수립 • 단기, 중기, 장기 목표를 설정하여 단계적 개선을 추진
교 · 강사 역량 강화 프로그램 운영	• 피드백에서 도출된 개선점을 반영한 맞춤형 교육 프로그램을 제공 • 우수 사례 공유 워크숍을 통해 효과적인 교수법을 전파
콘텐츠 및 교수 전략 개선	• 학습자 요구를 반영하여 콘텐츠를 업데이트하고 보완 • 학습자 지원 및 관리 프로세스를 최적화
시스템 및 운영 프로세스 개선	• 학습 관리 시스템(LMS)의 사용성을 개선 • 학습자 지원 및 관리 프로세스를 최적화
성과 모니터링 및 평가	• 개선사항 적용 후 그 효과를 지속해서 모니터링 • 정기적인 평가를 통해 추가 개선점을 파악

Chapter 03 시스템 운영 결과 관리

1 /// 시스템의 운영 성과 분석

1) 이러닝 시스템 운영 결과 취합 방법

① 이러닝 시스템의 운영 성과를 분석하기 위해서는 먼저 시스템에 저장된 데이터를 취합해야 하며, 취합 방법의 종류는 다음과 같다.

표 9-3-1 시스템 운영 데이터 취합 방법

방법	주요 내용
시스템 로그 분석	• 시스템 오류, 사용자 활동, 시스템 성능 등에 대한 로그 데이터 취합
데이터베이스 쿼리	• 학습자 정보, 강의 수강 기록, 성적 등 데이터베이스에 저장된 데이터 취합
설문 조사	• 학습자 만족도, 시스템 사용 편의성 등에 대한 설문 조사 데이터 취합

② 시스템 운영 데이터를 취합하는 목적은 이러닝 시스템의 성능 평가, 문제점 현황 파악, 시스템 개선 방안 모색을 위함이다.

2) 이러닝 시스템 운영 성과 분석 방법

① 이러닝 시스템 운영 성과 분석은 수집된 운영 데이터를 분석하여 이러닝 시스템의 효율성, 문제점, 개선점을 도출하는 과정이다.

② 학습자 성과, 과정 완료율, 사용자 만족도 등을 기준으로 성과를 측정하고, 필요한 개선점을 도출한다.

표 9-3-2 시스템 운영 성과 분석 항목

구분	주요 내용
시스템 성능	• 응답 속도, 안정성, 확장성 등
사용자 만족도	• 학습자 만족도, 시스템 사용 편의성
학습효과	• 학습 성과, 완료율, 이수율 등
시스템 활용도	• 시스템 기능 활용 현황, 오류 발생 빈도 등

표 9-3-3 시스템 운영 성과 분석 방법

구분	주요 내용
정량적 분석	• 데이터를 수치화하여 비교 분석 예 학습 행동 데이터(접속 빈도, 학습자료 클릭, 문제 풀이 결과, 수강률, 완강률, 정답률, 게시글 수 등)
정성적 분석	• 설문 조사 결과, 사용자 피드백 등을 바탕으로 분석
통계 분석	• 다양한 통계 기법을 활용하여 데이터 분석

2 ||| 과정 운영에 필요한 시스템의 하드웨어 요구사항

1) 이러닝 과정 운영에 필요한 시스템 하드웨어 종류

이러닝 과정 운영에 필요한 시스템 하드웨어의 종류는 크게 서버, 네트워크 장치, 대용량 저장 장치 등으로 구분할 수 있다.

표 9-3-4 이러닝 과정 운영에 필요한 시스템 하드웨어 종류

종류	설명
서버	• 이러닝 시스템을 구동하기 위한 서버 • CPU, 마더보드, RAM, 스토리지, 네트워크 인터페이스 카드 등
네트워크 장비	• 이러닝 시스템을 네트워크에 연결하기 위한 장비 • 라우터, 스위치, 네트워크 모니터링 장비, 부하 분산 장치 등
보안 장치	• 방화벽, 침입 탐지 및 방지 시스템(IDS/IPS), 네트워크 접근 제어 시스템(NAC), 패치 관리 시스템(PMS)
기타 장치	• 비상 전원 공급 장치(UPS), 전력 분배 장치, 냉각 시스템

2) 이러닝 과정 운영에 필요한 시스템 하드웨어 요구사항 분석

① 이러닝 과정 운영에 필요한 서버, 네트워크, 저장 장치 등 하드웨어 자원 요구사항을 분석한다.

② 현재 시스템의 성능을 확인하고, 향후 성능 향상 및 확장성을 고려한 요구사항을 제안할 수 있다.

표 9-3-5 시스템 하드웨어 요구사항 분석

분석 항목	주요 내용
사용자 수	• 동시 접속 가능한 사용자 수
데이터양	• 저장해야 할 데이터의 양
처리량	• 시스템이 처리해야 할 작업량
시스템 성능	• 요구되는 시스템 성능(CPU, 메모리, 디스크 등)

③ 만약 이러닝 과정 운영이 클라우드 기반으로 운영되고 있다면, 클라우드 자원 사용 증가에 따른 추가적인 비용이 발생할 수 있으므로 이 또한 고려해야 한다.

3 ||| 과정 운영에 필요한 개선 요구사항

1) 과정 운영에 필요한 시스템 기능 분석

현 시스템의 기능을 검토하여 사용자 요구를 충족하는지 확인하고, 기능의 사용 빈도와 중요도를 분석하여 필요 기능의 우선순위를 정한다.

표 9-3-6 시스템 기능 분석 항목과 주요 내용

분석 항목	주요 내용
기본 기능 분석	• 현재 LMS가 제공하는 기본 기능 분석 예 콘텐츠 관리, 학습자 관리, 평가 기능 등
사용자 인터페이스(UI) 분석	• 학습자와 강사가 시스템을 쉽게 사용할 수 있도록 사용자 인터페이스가 직관적인지, 접근성이 좋은지 분석
확장 가능성 평가	• LMS가 향후 필요에 따라 새로운 기능을 추가하거나 기존 기능을 확장할 수 있는 유연성을 갖추고 있는지 분석

2) 시스템 개선 요구사항 제안

현 기능 분석 결과를 바탕으로 개선이 필요한 사항을 도출하고, 사용자 피드백과 운영 성과 분석 결과를 반영하여 구체적인 개선 제안을 작성한다.

표 9-3-7 시스템 분석 결과 기반 개선사항 도출 예

구분	개선이 필요한 예
기능 간 연동	• 서로 다른 기능 간의 데이터 연동이 원활하지 않거나, 불필요한 중복 기능이 있는 경우
사용자 인터페이스	• 사용자 인터페이스가 직관적이지 않거나, 불필요한 단계가 많아 사용성이 떨어지는 경우
시스템 성능	• 시스템 응답 속도가 느리거나, 특정 기능 실행 시 오류가 발생하는 경우
보안 취약점	• 시스템에 보안 취약점이 존재하는 경우
확장성	• 시스템 사용량 증가에 따라 성능 저하가 발생하거나, 새로운 기능 추가가 어려운 경우

4 ||| 시스템 반영 확인

1) 개선 요구사항의 시스템 반영 확인

① 현 개선 요구사항을 제안하고, 해당 내용이 시스템에 반영이 되었는지 다음과 같이 확인할 수 있다.

표 9-3-8 개선 요구사항의 시스템 반영 확인 절차

절차	설명
확인 및 검증	• 제안된 개선사항이 시스템에 실제로 반영되었는지 확인 • 변경된 시스템이 사용자 요구를 충족하는지 검증
정기적 개선 활동	• 개선사항 반영을 확인하는 것과 더불어 시스템의 전체 성능과 사용자 만족도 향상 필요 • 정기적으로 시스템 개선을 위한 활동 수행 　예 데이터 수집, 분석, 개선 도출, 시스템 반영, 반영 확인
요구사항 충족 검증	• 변경된 기능이나 하드웨어가 사용자 요구를 충족하는지 검증
개선체계 지속적 운영	• 추가 피드백을 수집하여 개선체계를 지속해서 운영

② 개선 요구사항이 시스템에 반영이 된 것을 확인하는 방법과 상세 내용은 다음과 같다.

표 9-3-9 개선 요구사항의 시스템 반영 확인

구분	반영 확인 방법
개선사항 목록 작성	• 시스템 변경 내역을 상세하게 기록하여 실제 반영된 내용과 계획된 내용을 비교
테스트 실행	• 변경된 기능에 대한 테스트를 실행하여 예상대로 작동하는지 확인
시스템 로그 분석	• 시스템 로그를 분석하여 오류 발생 여부, 성능 변화 등을 확인
사용자 피드백 수집	• 설문 조사, 인터뷰 등을 통해 사용자들의 의견을 수렴하여 개선사항에 대한 만족도를 평가

③ 개선 요구사항이 시스템에 반영되지 않았을 경우, 해당 내용을 조치하는 방안을 도출하여 다시 반영할 수 있어야 한다.

2) 개선 요구사항의 시스템 미반영 시 조치 방안

① 개선 요구사항을 시스템에 반영하는 도중, 일부 내용은 반영되지 않을 수도 있다.

② 이러한 미반영된 사항을 다시 반영하기 위해서는 해당 문제점을 정확하게 분석하고, 해당 개선 요구사항을 다시 반영하는 과정을 진행해야 한다.

표 9-3-10 개선 요구사항의 시스템 미반영 시 조치 방안

조치 방안	설명
문제 원인 분석	• 기술적 문제 파악, 커뮤니케이션 문제 확인, 우선순위 조정 문제 확인 등을 통하여 미반영 원인 분석
우회적 해결 방안 모색	• 문제를 해결하는 데 오랜 시간이 걸리면 사용하는 방법 • 임시 해결책 적용, 추가 모듈 또는 프로그램 등을 사용
지속적 모니터링 및 개선	• 지속해서 개선 요구사항이 반영되었는지 확인 • 시스템의 개선사항이 반영될 때까지 꾸준히 피드백 제공

Chapter 04 운영 결과 관리 보고서 작성

1 ||| 학습 시작 전 운영계획서 기반 수행 여부 확인

1) 학습 시작 전 운영 준비 업무의 확인 내역

이러닝 학습 시작 전, 다음 운영 준비 업무를 수행한 내용이 운영계획서에 명시되었는지 확인한다.

표 9-4-1 학습 시작 전 운영 준비 업무의 수행 내역

업무	수행 내역
과목 등록 및 개설관리	• 강의계획서, 이수시간, 개설조건 설정
수강생 관리	• 수강생 정보를 정확하게 등록
학습자료	• 운영계획서에 명시된 자료 등록 ◙ 강의 영상, PDF 보조 교재, 퀴즈 등
저작권	• 등록한 학습자료에 대하여 저작권이 존재하는지 확인

2) 학습 시작 전 운영계획서 기반 수행 여부 확인

① 이러닝 운영 준비 업무가 운영계획서에 기반하여 수행되었는지 확인하기 위해 각 내역에 대해 계획서의 기준과 일치하는지 점검한다.

② 각 업무가 계획된 대로 준비되고 수행되었는지 확인하는 방법은 아래와 같다.

표 9-4-2 학습 시작 전 운영계획서 기반 운영 준비 업무의 수행 여부 확인 방법

업무	수행 여부 확인 방법
과목 등록 및 개설관리	• 강의 목록 확인, 개설 일정 준수, 강의 내용 등 검토 수행
수강생 관리	• 수강생 등록 절차 확인, 수강 인원 및 배정 검토, 수강생 정보 관리, 수강생 학습 모니터링 준비 등 수행
학습자료	• 자료 준비 여부 확인, 자료 품질 및 일관성 확인, 자료 제공 방식 확인, 자료 업데이트 및 유지관리 계획 등 수행
저작권	• 저작권 준수 여부 확인, 저작권 관련 서류 검토, 저작권 위반 방지 대책 수립 등 수행

1) 학습 진행 중 수행 여부 확인 내역

이러닝 학습 진행 중, 다음 업무들을 수행한 내용이 운영계획서에 명시되었는지 확인한다.

표 9-4-3 학습 진행 중 운영계획서 기반 수행 내역

업무	수행 내역
학사관리	• 학습자 학적 상태, 등록/탈락 관리, 출석 관리, 학습 진도 관리 등 수행
교·강사 지원	• 교·강사들에게 강의 편의를 위한 지원 제공 • 기술 지원, 자료 제공, 피드백 제공 방식 등
학습활동 지원	• 학습자가 학습활동을 원활하게 진행할 수 있도록 지원 • 토론 게시판, 실시간 채팅, 질의응답, 학습자료 접근성 등
과정 평가관리	• 학습자가 성취한 학습 결과를 평가하는 절차와 도구 관리 • 토론, 시험, 과제, 퀴즈 등

2) 학습 진행 중 운영계획서 기반 업무 수행 여부 확인

이러닝 학습 진행 중에 수행하는 다양한 업무들이 운영계획서에 기반하여 수행되었는지 확인하기 위해 각 업무 내역이 계획서의 기준과 일치하는지 점검한다.

① 운영계획서에 기반한 학사관리 업무 수행 여부 확인

– 이러닝 학사관리 업무는 매우 중요한 업무 중 하나로, 학습자의 학사정보와 연계된 항목 확인이 필요하다.

– 교과와 연계된 이러닝의 경우엔 학습자의 이력을 정확하게 관리하여 학점인정, 자격증 발급 등의 사항들에 차질이 없도록 해야 한다.

표 9-4-4 학습 진행 중 운영계획서 기반 학사관리 업무의 수행 여부 확인 방법

구분	수행 여부 확인 방법
수강 신청 관리	• 수강 신청 기간, 방법, 정원 초과 시 처리 방안 등이 계획대로 진행되었는지 확인
학적 관리(학교)	• 학습자의 학적 변동 사항이 정확하게 반영되었는지 확인 **예** 휴학, 복학, 자퇴 등
직무 연관성(기업)	• 지정된 교육 이수 여부, 직무 관련성 여부 확인
성적 관리	• 성적 산출 기준, 평가 방법, 공개 시기 등 운영계획서와 일치하는지 확인

구분	수행 여부 확인 방법
출석 관리	• 출석 인정 기준, 부득이한 경우 처리 방안 등이 계획대로 이루어졌는지 확인
학점인정	• 이수해야 할 총 학점, 전공필수(필수교과) 학점 등 관리
졸업(이수) 요건 충족 여부	• 졸업(이수)에 필요한 학점, 자격증 등 요건 충족 여부

– 학사관리 측면에서 학교의 이러닝은 학문적인 성장에 초점을 맞추고, 기업의 이러닝은 실질적인 업무 능력 향상에 초점을 맞춘다는 차이점이 있다.

② 운영계획서에 기반한 교 · 강사 지원 수행 여부 확인

– 이러닝 학습의 성공적인 운영을 위해서는 교 · 강사에 대한 지속적인 지원은 필요하며, 학습 진행 중 교 · 강사 지원이 적절히 이루어지고 있는지 확인함으로써 교육의 질을 유지하고 향상할 수 있다.

표 9-4-5 학습 진행 중 운영계획서 기반 학사관리 업무의 수행 여부 확인 방법

구분	주요 내용
교육 자료 제공	• 교 · 강사에게 필요한 교육 자료가 충분히 제공되었는지 확인
시스템 활용 교육	• 교 · 강사들이 시스템을 효과적으로 활용할 수 있도록 교육이 제공되었는지 확인
기술 지원	• 시스템 사용 중 발생하는 문세에 판한 기술 지원체계가 마련되어 지원되었는지 확인

③ 운영계획서에 기반한 학습활동 지원 수행 여부 확인

– 효과적인 이러닝 학습을 위해서는 학습자들에게 적절한 학습활동 지원을 제공해야 한다.

– 학습 진행 중 학습활동 지원의 적절성을 확인함으로써 학습자들의 참여도와 학습 효과를 높일 수 있다.

표 9-4-6 학습 진행 중 운영계획서 기반 학습활동 지원 업무의 수행 여부 확인 방법

구분	주요 내용
온라인 토론	• 온라인 토론이 활발하게 진행되었는지 확인
과제 제출, 평가	• 과제 제출 및 평가과정이 원활하게 진행되었는지 확인
학습자료 제공	• 학습자료가 다양하고 질이 높은지 확인

④ 운영계획서에 기반한 과정 평가 관리 수행 여부 확인

- 이러닝 학습에서 과정 평가 관리 업무는 학습자의 진도와 성취도를 측정하는 중요한 요소이다.
- 학습 진행 중 과정 평가 관리가 적절히 이루어지고 있는지 확인함으로써 학습 목표 달성 여부를 판단하고 필요한 개선사항을 파악할 수 있다.

표 9-4-7 학습 진행 중 운영계획서 기반 과정 평가 관리 업무의 수행 여부 확인 방법

구분	주요 내용
학습평가 확인	• 다양한 형태의 평가도구를 활용하여 학습자의 학습 성과를 측정했는지 확인 **예** 평가도구 적절성, 평가 방식 일치, 평가 일정 및 진행
만족도 확인	• 강의 평가 등 학습자 만족도를 조사한 데이터 확인 **예** 중간 강의 평가, 기말 강의 평가 등

3 /// 학습 종료 후 운영계획서 기반 수행 여부 확인

1) 학습 종료 후 운영 성과 관리 업무의 확인 내역

이러닝 학습 종료 후, 다음 운영 성과 관리 업무를 수행한 내용이 운영계획서에 명시되었는지 확인한다.

표 9-4-8 학습 종료 후 운영 성과 관리 업무의 수행 내역

업무	수행 내역
학습 목표 확인	• 진행된 이러닝 학습 과정에 대하여 이러닝 학습자에게 학습 목표가 적절했는지 확인
시스템 기능 확인	• 이러닝 학습 시스템의 기능이 학습자 또는 이러닝 관리자 및 운영자가 사용하기 수월했는지 확인
교 · 강사 확인	• 이러닝 과정에 배정된 교 · 강사가 학습자의 학습을 돕기 위하여 지원 업무를 충실히 수행했는지 확인
운영계획 확인	• 운영계획서와 실제 이러닝 학습 과정이 진행되면서 수행한 업무 내용을 확인

2) 학습 종료 후 운영계획서 기반 운영 성과 관리 수행 여부 확인

① 이러닝 과정의 효과성을 평가하기 위해 학습 종료 후 운영 성과를 체계적으로 관리하고 분석하는 것이 중요하다.

② 운영 성과 관리를 통해 교육 목표의 달성 여부를 확인하고, 향후 과정 개선을 위한 인사이트를 얻을 수 있다.

표 9-4-9 학습 종료 후 운영계획서 기반 운영 성과 관리 업무의 수행 여부 확인 방법

업무	수행 여부 확인 방법
학습 목표 달성도 점검	• 학습 전후의 지식, 기술, 태도 변화를 측정하여 설정된 학습 목표 달성 여부를 정량적으로 평가 • 역량 기반 교육의 경우 역량 추이에 관하여 확인 가능
학습 참여도 측정	• 강의 시청률, 과제 제출률, 토론 참여율 등을 분석하여 학습 참여도 측정
시스템 활용도 평가	• LMS의 다양한 기능(게시판, 퀴즈, 토론 등)의 활용 현황을 분석하여 시스템의 효율성 평가 • 강의 영상 시청 시간 등을 분석하여 학습자료의 활용도 파악 • 시스템 오류 발생 횟수, 해결 시간 등을 분석하여 시스템 안정성 평가
교 · 강사 평가	• 학습자의 강사 평가 결과를 분석하여 강사의 강의 만족도, 전문성, 개선점 등을 파악 • 강의 준비, 진행, 피드백 등 강사의 역량을 종합적으로 평가
운영계획 비교	• 목표 달성 여부, 예산 집행 현황, 일정 준수 여부 등
향후 개선 방안 도출	• 운영과정에서 발생한 문제점을 분석하고 개선 방안 마련

③ 운영 성과 관리를 확인한 다음에는 최종 운영 결과 보고서를 작성한다.

3) 운영 성과 관리 확인 후 보고서 작성 시 고려사항

운영 성과 관리를 확인한 다음에는 상급자 또는 기관에 보고하기 위해 다음과 같은 사항을 고려하여 보고서를 작성한다.

표 9-4-10 운영 성과 관리 확인 후 보고서 작성 시 고려사항

고려사항	설명
계획서와 실제 수행 내용 작성	• 운영계획서에 명시된 사항과 실제 수행 내역을 비교하여 차이점 확인 • 계획서에서 언급한 기준이나 목표가 실제로 달성되었는지 확인 필요
문서화 된 증거 제시	• 각 수행 내역에 대해 문서화 된 증거를 요청 • 운영계획서와 대조하여 모든 절차가 계획에 따라 진행되었는지 확인
구체적인 데이터 제시	• 수치화된 데이터를 제시하여 결과를 명확하게 제시
표와 그래프 활용	• 복잡한 데이터를 시각적으로 표현하여 이해를 도움
문제점 및 개선점 제시	• 운영과정에서 발생한 문제점을 분석하고, 개선 방안 제시
향후 계획 제시	• 다음 학습 기간에 대한 운영계획을 제시
관계자 인터뷰 및 피드백	• 수강생, 강사, 관리 인력과 인터뷰를 진행하여 결과 작성 • 운영과정에서 문제가 있었는지 피드백 수렴 내용 작성

적중 예상문제

01 이러닝 운영 결과 관리의 주요 목적은 무엇인가?

과정 운영의 성과를 분석하고 개선하여 학습 효과와 만족도를 높이는 것

해설

운영 결과 관리는 학습자의 경험을 최적화하고 교육과정의 품질을 지속해서 향상하는 데 초점을 맞춘다.

02 이러닝 콘텐츠 개발의 적합성을 평가할 때 중요한 요소는 무엇인가?

정답

학습 목표와의 연관성, 난이도 적합성, 콘텐츠 품질 등

해설

• 이러닝 콘텐츠 개발의 적합성을 평가하는 중요한 요소들은 학습자의 학습 경험에 직접적인 영향을 미친다.
• 콘텐츠 내용은 반드시 설정된 학습 목표와 일치해야 한다. 학습 목표가 특정 기술 습득이라면, 콘텐츠는 그 기술을 효과적으로 가르치고 평가할 수 있어야 한다.

03 다음 빈칸에 알맞은 것을 작성하시오.

(㉠)	• 이러닝 과정 운영 목표는 (㉠)과 연관되어 있으며, 교육과정을 통해 달성하고자 하는 구체적인 목표를 제시한다.
(㉡)	• 콘텐츠 학습 내용의 난이도 분석에서는 학습자의 (㉡)에 맞는 적절한 난이도로 구성되었는지를 확인한다.

정답

㉠: 운영기관의 비전과 미션

㉡: 수준

해설

• 과정 운영 목표는 학습 성과와 만족도를 향상하기 위해 운영기관이 설정한 방향성을 반영한다.

• 학습자의 수준에 맞는 난이도 설정은 학습자들이 학습 목표를 효과적으로 달성할 수 있도록 돕는 중요한 요소이다.

04 교 · 강사 활동평가 결과를 어떻게 활용할 수 있는지 설명하시오.

정답

교수 역량 강화와 전문성 개발, 교육정책 및 조직 운영 개선 근거 활용, 인센티브 · 보상 체계 및 계약갱신자료 활용

해설

1. 교수 역량 강화와 전문성 개발: 평가 결과는 교강사가 자신의 강의 전달력, 콘텐츠 구성 능력, 상호작용 전략, 피드백 제공 수준 등에서 어떤 강점과 개선점이 있는지 명확히 파악하게 한다. 이를 토대로 교강사는 필요한 연수나 워크숍, 멘토링 프로그램에 참여하고, 교수법 개선 전략을 수립하여 전문성을 강화할 수 있다.

2. 교육정책 및 조직 운영 개선 근거: 교육기관의 운영진, 교육지원센터, 품질관리부서는 이 평가 결과를 근거로 이러닝 강의 운영 모델을 재검토하거나 새로운 지원방안(튜터링 제도, 학습지원 플랫폼 개선, 교수법 컨설팅 등)을 마련할 수 있다. 기관 차원에서 평가 결과를 정기적으로 점검함으로써 이러닝 강의의 품질관리 체계를 확립하고, 교육정책 수립에 반영할 수 있다.

3. 인센티브, 보상 체계 및 계약 갱신 자료로 활용: 우수한 평가를 받은 교강사에 대해서는 인센티브 제공이나 포상, 우수강의 사례 발표 기회를 부여하는 등 동기유발을 위한 제도적 지원을 할 수 있다.

05 이러닝에서 교 · 강사 활동평가의 주요 목적을 설명하시오.

교 · 강사 활동평가는 교 · 강사의 역량을 개발하고, 이러닝 시스템의 전반적인 질을 향상하며, 학습 효과를 극대화한다.

06 다음 빈칸에 알맞은 것을 작성하시오.

(㉠)	• 교 · 강사의 기술 활용 능력은 학습자와의 (㉠)에 중요한 역할을 한다.

㉠: 상호작용 강화

해설

- 교 · 강사의 기술 활용 능력은 이러닝 환경에서 학습자와 효과적으로 소통하고, 학습 경험을 향상하는 데 핵심적인 역할을 한다.
- 예를 들어, 학습 관리 시스템(LMS)을 활용하여 학습자와의 실시간 소통을 강화하거나, 온라인 협업 도구를 통해 학습자 간의 협력을 촉진할 수 있다. 그러할 때 이러한 기술적 능력은 학습자들이 더 적극적으로 참여하고, 더 나은 학습 성과를 이루도록 돕는다.
- 기술적인 문제를 신속히 해결함으로써 학습 과정에서의 방해 요소를 최소화하고, 원활한 학습 진행을 가능하게 한다.
- 이처럼 교 · 강사의 기술 활용 능력은 학습자와의 상호작용을 강화하고, 학습자의 몰입도를 높이며, 이러닝 과정의 전반적인 질을 높이는 데 중요한 역할을 한다.

07 클라우드 기반 LMS의 주요 장점 중 하나를 작성하시오.

정답

유연한 확장성과 접근성, 비용 절감과 효율적 자원 활용, 신속한 업데이트 및 유지보수 용이성

ⓔ 해설

1. 유연한 확장성과 접근성: 클라우드 기반 LMS는 서버나 하드웨어 인프라를 직접 관리할 필요 없이 학습자 수나 트래픽 변화에 따라 유연하게 시스템 자원을 확장(스케일업 혹은 스케일아웃)할 수 있다. 또한 웹 환경만 갖추면 언제 어디서든 접속할 수 있으므로 학습자들이 시간·공간 제약 없이 편리하게 학습할 수 있다.
2. 비용 절감과 효율적 자원 활용: 클라우드 서비스 모델을 활용함으로써 기관은 초기 하드웨어 구매나 서버 운영비용을 줄일 수 있으며, LMS 사용량에 따른 종량제 모델(pay-as-you-go)을 적용하여 예산 관리가 용이하다. 이는 불필요한 자원 낭비를 줄이고 운영 효율성을 높일 수 있다.
3. 신속한 업데이트 및 유지보수 용이성: 클라우드 기반 LMS는 시스템 관리자나 전문 IT 인력이 직접 서버 업그레이드나 보안 패치를 할 필요가 적다. 서비스 제공자가 업데이트, 보안 강화, 성능 개선을 자동화하고 주기적으로 수행하므로 관리 부담이 감소하고, 항상 최신 기능과 안정적인 환경을 누릴 수 있다.

08 학습 관리 시스템(LMS)의 정의를 작성하시오.

정답

LMS는 학습 및 교육과정을 관리하고 운영하기 위한 플랫폼이다.

ⓔ 해설

LMS는 학습자료 제공, 학습 진행 상황 추적, 평가 및 피드백 등 다양한 기능을 통해 학습자와 교·강사 간의 상호작용을 지원한다.

09 이러닝 시스템의 장애 발생 시 사용자 보고를 효과적으로 관리하기 위한 가장 중요한 요소는 무엇인가?

다양한 보고 채널 구축과 보고 내용의 표준화

ℓ 해설

- 오류가 발생하는 경우, 신속한 해결을 위해 즉각 대응 체계를 가동
  (보고-심각도, 영향도 평가-우선순위 설정-주요 문제 해결-진행상황 공유)
- 사용자 보고를 효과적으로 관리하기 위해서는 사용자가 쉽게 문제를 보고할 수 있는 다양한 채널(이메일, 전화, 채팅 등)을 제공해야 한다.
- 보고 내용을 표준화하여 필요한 정보를 빠짐없이 수집하고 체계적으로 관리할 수 있어야 한다. 이를 통해 신속하고 정확한 문제 해결이 가능해진다.

10 학습 진행 중 시스템 오류 관리에서 주기적인 시스템 점검이 필요한 이유는 무엇인가?

정답

시스템 안정성을 유지하고 잠재적인 오류를 예방하기 위해서 주기적인 점검 필요

해설

- 주기적인 시스템 점검은 학습 관리 시스템(LMS)의 안정성을 보장하는 데 필요하다. 이 점검을 통해 시스템의 성능을 평가하고, 성능 저하나 보안 취약점, 소프트웨어 충돌 등 잠재적인 문제를 조기에 발견할 수 있다.
- 이러한 사전 조치는 학습 중 발생할 수 있는 예기치 않은 오류나 중단을 예방하고, 학습자들에게 원활하고 끊김 없는 학습 경험을 제공한다.
- 정기적인 점검은 시스템이 최신 상태를 유지하도록 도와주며, 학습자의 데이터 보안을 강화하고, 전반적인 학습 환경의 질을 향상할 수 있다.

11 다음 빈칸에 알맞은 것을 작성하시오.

(㉠)	• 학습 종료 후 (㉠)를(을) 통해 학습자들의 피드백을 수집하고 프로그램 개선에 반영한다.
(㉡)	• 학습 진행 중 (㉡)를(을) 높이기 위해 온라인 토론과 과제 제출을 적극 권장

정답

㉠: 만족도 조사
㉡: 학습 참여도

해설

- 만족도 조사는 학습자들이 학습 경험에 대해 어떻게 느끼는지를 평가하는 중요한 도구이다. 이 정보를 바탕으로 학습 프로그램의 강점과 약점을 파악하고, 다음 교육과정의 개선에 반영할 수 있다.
- 학습 참여도는 학습자들이 얼마나 적극적으로 학습활동에 참여하는지를 나타내는 지표이다. 참여도가 높을수록 학습 성과가 향상되며, 온라인 토론과 과제 제출은 학습자가 학습 내용에 더 깊이 참여하고 이해하도록 돕는다.

최종 점검 모의고사와 기출복원문제를 풀어봄으로써 출제경향을 파악하고 최종 점검을 할 수
있습니다.

01 다음 중 이러닝산업법 제2조에 의한 이러닝의 정의로 볼 수 있는 것은?

① 컴퓨터, 특히 인터넷을 활용하여 교육 정보를 제공하는 학습

② 전자매체를 이용하여 전달되거나 활성화되는 교수 내용 혹은 학습 경험

③ 전자적 수단, 정보통신 및 전파 · 방송기술을 활용하여 이루어지는 학습

④ 정보통신기술을 활용하여 언제, 어디서, 누구나 맞춤학습을 할 수 있는 체제

해설

이러닝산업법 제2조에 의하면 '이러닝'이라 함은 전자적 수단, 정보통신 및 전파 · 방송기술을 활용하여 이루어지는 학습을 뜻한다.

02 다음의 내용에서 ㉠과 ㉡에 들어갈 내용으로 알맞은 것은?

> 에듀테크(edutech)는 교육(education)과 기술(technology)의 합성어로 VR/AR, 인공지능, 빅데이터 및 메타버스 등 4차 산업혁명 기술을 교육에 접목한 형태로서 (㉠) 기반의 개인화된 맞춤형 교육을 지원하며, 기존 세대의 교육 유형과 다른 새로운 (㉡)을(를) 제공하는 방향으로 성장하는 중이다.

① 클라우드, 플랫폼

② 전문가, 학습활동

③ 딥러닝, 상호작용

④ 학습자, 학습 경험

해설

에듀테크는 4차 산업혁명 기술을 교육에 접목한 형태로서 학습자 기반의 개인화된 맞춤형 교육을 한다. 또한, 기존 세대의 교육 유형과 다른 새로운 학습 경험을 제공하는 방향으로 성장하고 있다.

03 다음의 내용에서 ㉠과 ㉡에 들어갈 내용으로 알맞은 것은?

전통적인 교육	e-Learning
집합/off-line	on-line
교수자 중심	학습자 자율
지정된 장소 (교실, 강의실)	구애받지 않음
약속된 시간	구애받지 않음
학습자 공통	학습자 개개인에 따라 다름
획일성, 일방성	다양성, 쌍방향성
무시	고려
㉠	㉡

① 지식전달자, 조언자

② 방관자, 주도자

③ 멘토, 멘티

④ 평가자, 기획자

해설

전통적 교육에서의 교수자는 지식전달자로, e-Learning에서의 교수자는 조언자나 코치의 역할을 하게 된다.

정답 01. ③ 02. ④ 03. ①

04 다음 중 e-learning에서의 'e'에 해당하는 개념으로 볼 수 없는 것은?

① Experience
② Extraction
③ Extension
④ Electronic

해설

e-learning에서의 'e'는 '전자(electronic)'를 의미하는 것 외에도 Experience(경험), Extension(학습 선택권의 확장), Expansion(학습 기회의 확대)을 포함하여 그 개념을 확장하고 있다.

05 다음 중 오픈된 라이선스(CCL)가 적용되는 대학의 이러닝 콘텐츠를 누구나 활용할 수 있도록 무료로 공개한 '온라인 강의 공개 서비스'를 뜻하는 용어는 무엇인가?

① OSS
② MOOC
③ OSMU
④ OCW

해설

OCW는 오픈된 라이선스(CCL; Creative Common License)가 적용되는 대학의 이러닝 콘텐츠를 누구나 활용할 수 있도록 무료로 공개한 온라인 강의 공개 서비스이다.

06 다음 중 MOOC에 대한 설명으로 옳지 않은 것은?

① 일부 기관에서는 소정의 비용을 지불하고 수료증을 받을 수도 있다.
② 쌍방향적 온라인 강의 공개 서비스이다.
③ 지식 재생산의 실천이라는 목표를 가지고 있다.
④ 온라인을 기반으로 이루어지는 상호참여적, 거대 규모의 교육을 의미한다.

해설

OCW와 마찬가지로 '지식나눔'의 실천이라는 목표를 가지고 있다.

07 보기의 내용은 어떤 이러닝 콘텐츠 유형에 대한 설명인가?

> 텍스트, 음성, 사운드, 음악, 비디오, 애니메이션 등 다양한 정보 형태를 활용하여 이야기를 공유할 수 있도록 구성된 유형

① 스토리텔링형
② 애니메이션형
③ 토론학습형
④ 대화형

해설

보기의 내용은 스토리텔링형에 관한 설명이다.

08 다음의 설명은 이러닝 운영을 위한 소프트웨어에 대한 설명이다. 어떤 영역에 해당하는가?

> 1. 과목관리 기능(강의계획서, 공지사항, 강의목록)
> 2. 학습관리 및 평가 기능(학생 관리, 출석 관리, 진도관리, 학습참여 관리, 과제관리, 시험관리, 1:1 상담)
> 3. 성적관리 기능(학업성취도 종합 평가 및 성적 산출 기능)
> 4. 커뮤니티 및 네트워크 관리 기능(학습 자료실, 토론방, 프로젝트방, 설문, 이메일, 쪽지, 채팅, 커뮤니티, 블로그 등)
> 5. 콘텐츠 검색 및 관리 기능
> 6. 콘텐츠개발관리시스템(CDMS) 기능
> 7. 기타 기능(강의 평가 결과조회, 조교관리, 개인정보 관리 등)

① 학습자 지원
② 운영자 지원
③ 시스템 지원
④ 교수자 지원

해설

교수자 지원은 학습자를 대상으로 이러닝 콘텐츠를 운영하기 위한 전반적인 영역에 해당된다.

정답 **04.** ② **05.** ④ **06.** ③ **07.** ① **08.** ④

09 다음 중 학습자 개개인의 수준과 학습 스타일에 맞게 학습 정보와 학습량, 학습 방법 등을 맞춤형으로 제공하는 학습법을 의미하는 것은 무엇인가?

① Personal learning

② Adaptive learning

③ Micro learning

④ Customize learning

적응 학습(adaptive learning)이란 학습자 개개인의 수준과 학습 스타일에 맞게 학습 정보와 학습량. 학습 방법 등을 맞춤형으로 제공하는 학습법을 의미한다.

10 보기의 내용은 어떤 이러닝 산업의 주요 이해관계자에 해당하는 설명인가?

> 동일한 여러 개의 강좌가 운영될 때 한 강좌를 담당하는 교·강사, 한 강좌의 수강 인원이 많을 때 담당 교수를 지원하여 강의 운영을 담당하는 강사, 교수의 보조자로서 자율권을 가지고 학습을 지원 촉진하는 자이다.

① 개인 교수(tutor)

② 교수자(instructor)

③ 내용 전문가(content provider)

④ 운영자(coordinator)

개인 교수(tutor)는 동일한 여러 개의 강좌가 운영될 때 한 강좌를 담당하는 교·강사, 한 강좌의 수강 인원이 많을 때 담당 교수를 지원하여 강의 운영을 담당하는 강사, 교수의 보조자로서 자율권을 가지고 학습을 지원 촉진하는 자이다.

11 이러닝 기술 트렌드에 대한 설명으로 잘못된 것은?

① 마이크로 러닝(micro learning)은 짧은 동영상, 이미지, 퀴즈 등을 활용하여 빠르고 쉽게 배울 수 있는 학습 방식이다. 모바일 기기를 통해 언제 어디서든 접근 가능하며, 짧은 시간에도 효과적인 학습이 가능할 것이다.

② 가상현실(virtual reality)과 증강현실(augmented reality) 기술을 활용하여 실제적인 체험을 제공하는 학습 방식이다. 예를 들어, 가상현실을 통해 위험한 상황을 안전하게 체험하거나, 증강현실을 통해 제품이나 장비의 사용법을 실제로 체험하는 등의 학습이 가능할 것이다.

③ 모바일 학습(mobile learning)은 모바일 기기를 통해 언제 어디서든 학습이 가능한 학습 방식으로, 학습자의 위치나 시간에 구애받지 않고 학습할 수 있으며, 간편하고 효과적인 학습이 가능할 것이다.

④ ChatGPT 기반 학습은 머신러닝, 딥러닝 등의 기술을 활용하여 학습자의 수준에 맞는 맞춤형 학습 콘텐츠를 제공하는 학습 방식이다. 학습자의 학습 패턴을 분석하여 최적화된 학습 경로를 제공하거나, 학습자의 이해도를 자동으로 분석하여 적절한 피드백을 제공하는 등의 기술이 적용된다.

인공지능(AI) 기반 학습으로 머신러닝, 딥러닝 등의 기술을 활용하여 학습자의 수준에 맞는 맞춤형 학습 콘텐츠를 제공하는 학습 방식이다. 학습자의 학습 패턴을 분석하여 최적화된 학습 경로를 제공하거나, 학습자의 이해도를 자동으로 분석하여 적절한 피드백을 제공하는 등의 기술이 적용된다.

12 다음은 에듀테크의 특성에 대한 설명이다. 어떤 특성에 대한 개념인가?

> 1. 초연결로 언제 어디서나 누구나 접속 가능한 네트워크를 기반 교육과 온라인 공유 교육 플랫폼을 제공
> 2. 탈 중심화로 개인과 개인 간 마이크로 서비스 교육 제공

① 융합화 ② 지능화
③ 실감화 ④ 연결화

해설

연결화는 초연결성과 탈 중심화의 특성을 갖는 에듀테크 개념이다.

13 아바타(avatar)를 통해 실제 현실과 같은 사회 경제 교육 문화 과학기술 활동을 할 수 있는 차원 공간 플랫폼을 무엇이라 하는가?

① 디지털휴먼(digital human)
② 가상현실(virtual reality)
③ 증강현실(augmented reality)
④ 메타버스(metaverse)

해설

메타버스는 교육업계에서 메타버스 활용의 장점은 AR/VR/MR을 통한 재설계된 학습 공간, VR/AR 교사와 학생이 헤드셋을 착용하여 먼 곳에 현장 체험을 가거나 실습 활동이 가능하다.

14 교육을 구성하는 3가지 요소로 볼 수 없는 것은?

① 교육과정 ② 교육공간
③ 교사 ④ 학생

해설

교육을 구성하는 3가지 요소는 교육과정, 교사, 학생입니다.

15 이러닝(전자학습) 산업 발전 및 이러닝 활용 촉진에 관한 법률은 이러닝 산업의 전반에 필요한 사항을 정함으로써 이러닝을 활성화하여 국민의 삶의 질을 향상시키고 국민경제의 건전한 발전에 이바지함을 목적으로 하는 법이며, 2004년 7월 29일 시행되었으며 2021년 12월 16일 일부 개정되었다. 개정 이유에 해당하지 않는 것은?

① 이러닝 분야의 국제협력을 활성화하기 위하여 정부가 이러닝 관련 정보·기술·인력의 국제 교류 및 국외 진출, 이러닝의 국제표준화 활동, 국가 간 이러닝 공동 연구·개발, 이러닝 관련 국외 마케팅 및 홍보 등에 관한 사업을 지원할 수 있도록 규정

② 이러닝 산업의 전반에 필요한 사항을 정함으로써 이러닝을 활성화하여 국민의 삶의 질을 향상시키고 국민경제의 건전한 발전에 이바지함을 목적

③ 이러닝사업자의 국외 진출에 따라 이러닝사업자가 수집, 이용 또는 처리하는 국민의 개인정보가 국외로 이전될 우려가 있고, 해외에서 사업을 수행하는 이러닝사업자가 해당 국가의 개인정보 관련 법령을 숙지하지 못하고 위반함으로써 불이익을 받을 수 있다는 의견

④ 이러닝사업자에게 국내외 개인정보보호 법령 등에 관한 정보를 제공할 수 있도록 하여 국제 교류 및 국외 진출을 지원

해설

②번은 이러닝 산업의 전반에 필요한 사항을 정함으로써 이러닝을 활성화하여 국민의 삶의 질을 향상시키고 국민경제의 건전한 발전에 이바지함을 목적하는 이러닝(전자학습) 산업 발전 및 이러닝 활용 촉진에 관한 법률을 마련하고자 하는 근거에 해당된다.

정답 12. ④ 13. ④ 14. ② 15. ②

16 이러닝(전자학습) 산업 발전 및 이러닝 활용 촉진에 관한 법률에서 사용하는 용어의 정의로 잘못된 것은?

① "교육기관"이란 「유아교육법」 제2조 제2호에 따른 유치원, 「초·중등교육법」 제2조에 따른 학교, 「고등교육법」 제2조에 따른 학교 및 「평생교육법」 제2조 제2호에 따른 평생교육기관, 사설학원을 말한다.

② "이러닝콘텐츠"란 전자적 방식으로 처리된 부호, 문자, 도형, 색채, 음성, 음향, 이미지, 영상 등 이러닝과 관련된 정보나 자료를 말한다.

③ "자유이용정보"란 「저작권법」 제7조에 따른 보호받지 못하는 저작물 또는 같은 법 제39조부터 제42조까지의 규정에 따른 보호 기간이 만료된 저작물을 말한다.

④ "이러닝사업자"는 이러닝 산업과 관련된 경제활동을 하는 자로서 대통령령으로 정하는 자를 말한다.

"교육기관"이란 「유아교육법」 제2조 제2호에 따른 유치원, 「초·중등교육법」 제2조에 따른 학교, 「고등교육법」 제2조에 따른 학교 및 「평생교육법」 제2조 제2호에 따른 평생교육기관을 말한다.

17 다음은 이러닝에 대한 정의이다. 빈칸에 들어갈 알맞은 말은 무엇인가?

> 이러닝에서 활용되는 콘텐츠의 의미는 텍스트, 음성, 음향, 이미지, 영상 등을 디지털 방식으로 제작되어 (   )을 통해 제공되는 각종 정보를 말한다.

① 인터넷   ② 컴퓨터

③ 교·강사   ④ 고용보험

이러닝의 콘텐츠들은 인터넷을 통해 제공된다.

18 다음 중 교수체제설계(ISD; Instructional Systems Development)를 기반으로 설정된 이러닝 콘텐츠 개발 프로세스는 다음 중 무엇인가?

① 역방향 설계 모형   ② CBC

③ ADDIE   ④ SBCD

ADDIE 모형은 ISD를 기반으로 한다.

19 교수–학습 과정에서 일어나는 다양한 활동을 교수자와 학습자가 편리하게 관리할 수 있도록 지원하는 시스템은 무엇인가?

① LCMS   ② CDMS

③ CMS   ④ LMS

문제에서 제시된 내용은 학습관리시스템, 즉 LMS에 관한 설명이다.

20 이러닝 콘텐츠 개발 자원의 재사용 시 장점으로 볼 수 없는 것은?

① 콘텐츠 신뢰도 증가

② 개발 과정의 위험 증가

③ 개발 기간의 감소

④ 개발 비용 감소

자원을 재사용함으로써 신뢰도 증가, 개발 과정의 위험 감소, 고급 인력의 효과적인 이용, 개발 기간과 비용 감소, 재사용에 따른 정보 공유 및 타 프로젝트 산출물을 공유할 수 있다.

21 콘텐츠를 학습 객체(learning object) 단위로 개발, 저장, 관리하여 기개발된 콘텐츠의 재사용성 및 학습자 특성에 맞는 적응적인 콘텐츠를 제공하는 시스템은 무엇인가?

① LCMS   ② CDMS

③ CMS   ④ LMS

해설

문제에서 제시된 내용은 학습 콘텐츠 관리시스템, 즉 LCMS
에 대한 설명이다.

22 원격교육에서 학습 지원의 필요성이라고 볼 수 없는 것은?

① 원격학습자들에게 맞춤화된 지원이 이루어질 경우 학습자들의 학습 목표 달성에 기여한다.

② 원격학습자가 중도에 학업을 포기하지 않고 코스를 마치도록 하는 데 기여한다.

③ 학습 지원을 통해 학습분석을 위한 학습자들의 데이터를 확보할 수 있다.

④ 학습자가 교수자, 튜터, 다른 동료 학습자와의 접촉을 통해 학습 동기 부여 효과가 발생한다.

해설

• 학습자 데이터 수집과 학습 지원과는 관련 없다.
• 학습 지원의 필요성은 다음과 같다.
  – 원격학습자가 중도에 학업을 포기하지 않고 코스를 마치도록 하는 데 기여한다.
  – 학습자들에게 맞춤화된 지원이 이루어질 경우 학습자들의 학습 목표 달성에 기여한다.
  – 학습자가 교수자, 튜터, 다른 동료 학습자와의 접촉을 통해 학습 동기 부여 효과가 발생한다.
  – 학습 지원을 통해 학습 만족도를 높인다.

23 아래 내용에서 제시하고 있는 학습 지원 도구에 해당하는 것은 다음 중 무엇인가?

> 원격으로 학습을 진행하는 학습자가 기술적인 문제로 학습을 진행하기 어려울 경우, 해당 학습자의 학습 디바이스에 원격으로 접속하여 문제를 해결하기 위한 도구

① 메일　　　　　② 채팅
③ 튜터링 시스템　　④ 원격 지원시스템

해설

해당 설명은 원격 지원시스템에 대한 설명으로 원격 지원 시스템은 일반적으로 상용 소프트웨어를 사용하며, 운영자가 학습자를 지원하기 위한 학습 지원 도구이다.

24 다음 중 교·강사의 역할로 볼 수 없는 것은?

① 내용 전문가　　　② 교수설계자
③ 콘텐츠 개발자　　④ 촉진자

해설

교·강사의 역할은 내용 전문가, 교수설계자, 촉진자, 안내자/관리자, 기술전문가이다.

25 이러닝 콘텐츠 개발 시 웹 접근성 개발 원칙에 대한 설명으로 바르지 않은 것은?

① 운용의 용이성: 사용자 인터페이스 구성요소는 조작할 수 있고, 내비게이션 할 수 있어야 한다.

② 견고성: 이러닝 콘텐츠 파일은 보안성이 유지되어야 한다.

③ 이해의 용이성: 사용자가 자신의 장애 여부 및 여건과 관계없이 웹 콘텐츠가 전달하는 내용을 이해할 수 있어야 한다.

④ 인식의 용이성: 모든 콘텐츠는 사용자가 인식할 수 있어야 한다.

해설

견고성: 표준을 준수한 콘텐츠는 앞으로 사용자가 이용하게 될 기술로도 오류가 발생하지 않아야 하고, 학습자가 지속적으로 접근 가능해야 하는 것을 의미한다.

26 다음 중 이러닝 교·강사의 활동 평가 절차가 아닌 것은?

① 분석 및 계획 단계 평가
② 설계 및 개발 단계 평가
③ 수업 운영 단계 평가
④ 수업 준비 단계 평가

정답 22. ③　23. ④　24. ③　25. ②　26. ④

이러닝 교·강사의 활동 평가는 분석 및 계획 단계 평가, 설계 및 개발 단계 평가(학습 내용), 설계 및 개발 단계 평가(교수 설계), 수업 운영 단계 평가, 평가 단계의 평가로 구성되어 있다. 준비 단계에서는 활동평가를 할 수 없다.

27 다음 중 성인 학습자의 특징이 아닌 것은?

① 지능조직이 안정되어 있다.

② 동기 수준이 매우 높다.

③ 선택적으로 학습활동에 참여한다.

④ 대부분 삶의 경험이 유사하다.

삶의 경험 측면에서 성인 학습자는 다양한 삶의 경험을 갖고 학습활동에 참여하고 있으나, K-12의 경우 삶의 경험이 유사하다.

28 학점은행제에 대한 설명으로 올바르지 않은 것은?

① 「학점인정 등에 관한 법률」, (법률 제11690호)에 고시됨

② 학교에서뿐만 아니라 학교 밖에서 이루어지는 다양한 형태의 학습과 자격을 학점으로 인정하는 제도 ③ 학점이 누적되어 일정 기준을 충족하면 학위 취득을 가능하게 함

④ 중학교 졸업자나 동등 이상의 학력을 가진 사람 모두 포함

(해설)학점은행제의 대상은 고등학교 졸업자나 동등 이상의 학력을 가진 자이다.

29 관리자들이 사용하는 학습관리시스템의 주요 기능 중 수료 기준 설정 기능에 대한 설명으로 올바른 것은?

① 학습 목표 달성 여부를 판단할 수 있도록 적정하게 설정

② 학습 참여가 저조한 학습자들에 대한 학습을 독려하는 기능

③ 원격 학습 자동 모니터링 시스템을 통해 학습자 관리 정보를 자동 수집하는 모니터링 기능

④ 학습자 개인별로 학습 과정에 대한 만족도 평가를 위한 설문조사 기능

수료 기준은 학습 목표를 기준으로 학습 진도, 평가, 주요 학습활동에 대한 진행 여부 등으로 구성된다.

30 교수학습 방법 관련 주요 트랜드 중 자기주도 학습에 대한 내용으로 올바르지 않은 것은?

① 학습자 스스로 학습 시작, 목표 설정, 교육 내용 선정, 학습평가까지 학습의 전 과정을 선택하고 결정하는 과정으로 이루어지는 학습 형태이다.

② 자기주도학습을 위해서 학습자는 자신의 학습 요구가 무엇인지를 정확하게 파악하고 구체적으로 파악하고 있어야 한다.

③ 학습평가를 위해 학습자 스스로 객관적인 평가를 할 수 있어야 한다.

④ 사회교육이나 성인학습의 특징적 방법으로 활용하는 방법이다.

자기주도적 학습을 위해서는 학습평가를 위해 학습자 스스로 주관적인 평가를 할 수 있어야 한다.

정답: 27. ④ 28. ④ 29. ① 30. ③

31 교수자가 자신의 특정 강좌를 운영하면서 교육의 질을 향상시키기 위해 학습자료를 제공하고 학습활동을 관리 및 모니터링 하는 활동을 지원하는 도구는 무엇인가?

① 학습 지원 도구
② 콘텐츠 개발 관리 도구
③ 이러닝 학습시스템
④ 콘텐츠 개발 도구

해설

학습 지원 도구는 교수자 및 관리자들이 진행하는 학습 지원을 돕는 도구이다.

32 다음 LMS에 등록되는 자료 중 학습이 시작되기 전에 활용되는 자료는 무엇인가?

① 평가
② 과제
③ 강의계획서
④ 학습자 만족도 설문

해설

학습이 시작되기 전 활용되는 자료는 공지사항, 강의계획서 등이다.

33 다음 LMS에 등록되는 지표 중 평가 분류 중 총괄 평가에 대한 설명으로 올바르지 않은 것은?

① 학습자의 수준을 종합적으로 확인할 수 있는 평가
② 학습자 집단의 특성을 분석할 수 있다.
③ 강의가 종료된 후 진행된다.
④ 기초능력(선수학습 능력, 사전 학습 능력) 전반을 진단하는 평가

해설

총괄 평가에서는 학습자의 수준을 종합적으로 확인할 수 있는 평가이며, 성적을 결정하고 학습자 집단의 특성을 분석할 수 있으며 강의가 종료된 후 진행된다.

34 다음 중 이러닝 운영 기획이 중요하게 된 배경으로 옳지 않은 것은?

① 온 · 오프라인 교육의 경계가 점점 사라지며 온라인 교육이 확대되고 있다.
② 플립드러닝(flipped learning)과 같이 집체교육에 이러닝이 결합된 형태의 교육이 증가하고 있다.
③ 기업 재직자들을 위한 리스킬링과 업스킬링 형태의 교육 수요가 증가하였다.
④ 대학에서 온라인 교과목 개설과 인정 학점이 축소되고 있다.

해설

대학에서 온라인 교과목의 개설과 인정 학점은 확대되는 추세이다.

35 다음 중 학습자 분석에 대한 설명으로 옳지 않은 것은?

① 학습자들에 대한 특성을 파악하는 활동이다.
② 설문조사나 인터뷰, 포커스그룹 인터뷰 방법을 활용한다.
③ 도출된 결과는 신규 과정 혹은 기존과정의 개선에 반영한다.
④ 인구통계학적 정보, 학습 경험, 학습 만족도, 학습 선호도, 학습 동기, 학습 스타일, 학습 태도 등의 모든 내용이 포함되어야 한다.

해설

이러닝 과정 개설을 위해 필수적으로 요구되는 항목을 중심으로 검사에 포함한다.

정답 31. ① 32. ③ 33. ④ 34. ④ 35. ④

36 플립드러닝에 대한 설명으로 옳지 않은 것은?

① 학습자들의 자기주도학습 역량 향상에 효과적이다.

② 플립드러닝 수업에서 학습자는 능동적이며 수업의 주체가 된다.

③ 온·오프라인 활동이 모두 포함되어 있어 개인의 학습속도 조정이 어렵다.

④ 교수자와 학습자, 학습자와 학습자 간에 사회적 상호작용과 커뮤니케이션이 증가한다.

플립드러닝에서는 온·오프라인 학습활동 모두 자신의 속도에 따라 학습하고 스스로 보완할 수 있다는 장점이 있다.

37 진도 체크 오류가 발생하는 원인으로 보기 어려운 것은?

① 캐시(cache) 문제

② 쿠키(cookies) 문제

③ 웹브라우저 호환성 문제

④ 동영상 파일 손상

동영상 파일이 손상됐을 경우도 진도 체크가 되지 않을 수 있으나, 동영상 파일 손상은 동영상 재생 오류의 원인에 더 가깝다.

38 이러닝 콘텐츠(e-Learning Contents)의 점검 요소에 대한 설명으로 옳지 않은 것은?

① 기술적 요소는 콘텐츠가 원활하게 실행되는지 확인하는 것이다.

② 교육적 요소는 콘텐츠의 학습 효과를 보장하기 위한 것이다.

③ 디자인 요소는 콘텐츠의 시각적인 품질을 보장하기 위한 것이다.

④ 언어 요소는 콘텐츠의 표현방식으로 법적인 문제를 점검하는 것이다.

언어 요소는 콘텐츠의 언어 사용에 대한 점검이다. 언어 요소의 점검 사항으로는 번역, 언어 사용의 명확성, 일관성 등이 있다.

39 이러닝 학습에 필요한 권장 사양 안내의 목적은 무엇인가?

① 학습자의 수강환경을 개선하기 위해

② 이러닝 콘텐츠 개발 환경을 조성하기 위해

③ 학습자가 원활한 이러닝 학습을 할 수 있도록 하기 위해

④ 입과 예정자를 대상으로 마케팅 활동을 하기 위해

이러닝 학습은 여러 가지 프로그래밍 언어와 멀티미디어 저작도구로 제작된 콘텐츠를 통해 이루어지기 때문에 학습자의 수강환경이 이러닝 사이트가 권장하는 사양을 충족하지 못하면 학습에 어려움이 생길 수 있다. 이러한 이유로 과정 운영자는 입과 예정자를 대상으로 학습에 필요한 권장 사양을 안내하여 학습자가 원활한 이러닝 학습을 할 수 있도록 조치한다.

40 다음 중 아래에서 설명하는 학습관리시스템(LMS)의 기능은 무엇인가?

> 회원의 수강료 결제금액, 결제수단, 신청일, 결제일 등을 확인하고, 취소 내역과 그에 따른 처리 여부 및 환불 방법, 환불 조건 등을 조회할 수 있다.

① 교육과정 관리　　② 수강 관리

③ 성적/수료 관리　　④ 결제/정산 관리

결제/정산 관리 기능에 대한 설명이다.

정답　36. ③　37. ④　38. ④　39. ③　40. ④

41 다음 중 이러닝 콘텐츠에 대한 설명으로 옳지 않은 것은?

① 이러닝 콘텐츠는 전자적 방식으로 처리된 부호, 문자, 도형, 색채, 음성, 음향, 이미지, 영상 등의 정보나 자료를 말한다.

② 이러닝 콘텐츠는 이러닝 학습자가 효과적인 학습을 할 수 있도록 제작된 교수·학습 프로그램으로 다양한 형태를 띤다.

③ 이러닝 콘텐츠는 대부분의 멀티미디어 기기에서 구동되며, 유무선 네트워크에 연결되어 인터넷 접속을 위한 웹브라우저가 내장되어 있다.

④ 이러닝 콘텐츠는 개발 환경에 따라 구동 조건이 다르며, Adobe Flash와 같은 플러그인이 반드시 필요하다.

해설

개발 환경에 따라 구동 조건이 다르며, Adobe Flash와 같은 플러그인을 필요로 하는 경우가 있지만, 최근에는 HTML5 비디오 플레이어나 자체 개발한 플레이어 등 다양한 영상 플레이어를 사용하여 이러닝 콘텐츠를 재생한다.

42 이러닝 운영 지원 도구에 대한 설명으로 옳지 않은 것은?

① 학습자들의 학습 결과를 분석할 수 있으나 학습 과정을 관리할 수 없다.

② 학습자들끼리 소통하고, 협력하는 것이 가능하다.

③ 시간과 장소의 제약 없이 학습할 수 있다.

④ 강의 제작, 운영, 평가 등에 필요한 비용을 줄일 수 있다.

해설

이러닝 운영 지원 도구를 사용하면 강의 계획 수립, 강의자료 관리, 수강생 평가 등 학습관리에 필요한 기능들을 제공하여 학습자들의 학습 효율성을 높일 수 있다.

43 학습자 지원을 위한 도구에 대한 설명으로 옳은 것은?

① 웹 기반 게시판: 학습자들이 강사나 다른 학습자들과 토론하거나 질문을 하고 답변을 받을 수 있는 공간이다.

② 소셜 미디어: 실제 공간에서 이루어지는 대면상담에서 과정 운영자와 상담을 받는 고객이 나누는 일대일의 대화방식을 온라인 매체에 그대로 옮기려는 시도에서 나온 방법이다.

③ 화상채팅: 인공지능 기술을 이용하여 자동으로 대화를 처리하는 프로그램으로, 최근 학습 지원 분야에서도 활용되고 있다.

④ 챗봇: 실시간 채팅 상담의 기능에 컴퓨터 화면을 통해 상대방의 모습을 보면서 음성 메시지를 나눌 수 있는 기능이 첨가된 상담 방법이다.

해설

게시판은 공개 게시판과 비공개 게시판으로 나누어 운영되며, 비공개 게시판의 경우 제목은 사용자 모두 볼 수 있지만, 내용은 글쓴이와 과정 운영자만 볼 수 있다.

44 FAQ 작성 및 관리요령의 설명으로 옳지 않은 것은?

① 가장 빈번하게 묻는 질문들을 선별하여 FAQ 문서에 포함한다.

② 각 질문에 대한 답변을 분류하여 카테고리를 만드는 것이 좋다.

③ 사용자들이 쉽게 접근할 수 있도록 서비스의 메뉴나 고객센터 등에 링크를 제공해야 한다.

④ 비교적 구체적이고 자세히 작성한다.

해설

선별한 질문에 대한 답변을 작성할 때는 간결하고 명확하게 작성해야 한다.

정답 41. ④ 42. ① 43. ① 44. ④

45 학습자들이 이러닝 과정에 입과하기 위해 회원가입 정보에 대한 설명으로 옳지 않은 것은?

① 이러닝 과정 신규 신청을 할 때 회원가입 절차를 거친다.

② 필수 입력 정보는 ID 및 비밀번호, 성명, 생년월일, 이메일, 휴대전화 등이다.

③ 개인정보 수집 · 이용에 관한 동의 과정은 생략 가능하다.

④ 교육과정 및 정보 안내를 위한 이메일/SMS 수신 여부 동의 체크를 하게 되어 있다.

회원 정보를 수집할 때 개인정보 이용에 대해 동의를 받는 것은 필수과정이다.

46 취업 여부나 직종과 관계없이 직업훈련이 필요한 이들에게 지원되는 카드로, 개인 주도의 훈련 기회를 제공하는 정부 지원 제도는 무엇인가?

① 국민내일배움카드

② 사업주 직업능력개발 지원

③ 재직자 디지털융합훈련

④ 국가인적자원개발 컨소시엄

국민내일배움카드 제도를 통해 실업자, 재직자, 자영업 여부에 관계없이 개인당 300~500만 원의 훈련비용을 지원하고 있다.

47 이러닝에서 평가 기준에 대한 설명으로 옳지 않은 것은?

① 교수자는 공정하고 객관적인 평가 기준과 평가 항목을 마련해야 한다.

② 평가 결과는 'A등급', '통과', '수료', '우수' 등으로 처리된다.

③ 이러닝에서 평가는 학습 성과에 대한 상대적인 변별에 더욱 중점을 둔다.

④ 교수자가 제출한 운영계획서의 평가 기준과 학습관리시스템의 입력된 내용이 일치해야 한다.

이러닝에서도 상대평가가 진행되지만, 일정한 학습 수준의 도달 여부에 따라 수료와 미수료의 기준으로 평가하는 경우가 더 많다.

48 이러닝 과정에서 성적 이의신청 처리 방법에 대한 설명으로 옳지 않은 것은?

① 간혹 과제 제출 내역이 평가에서 누락되거나 성적이 잘못 산출되어 이의신청이 발생하기도 한다.

② 문의 게시판이나 전화를 통한 이의신청 대응 방법을 미리 마련한다.

③ 이러닝 과정 운영자는 단순 누락이나 시스템 오류 문제는 즉시 처리해야 한다.

④ 성적처리에 문제가 발생하면 운영자가 먼저 처리한 다음 교수자에게 문제 상황을 알린다.

성적에 대한 이의신청 처리는 교수자와 논의 후 처리되어야 한다.

49 수료증 제작과 발급에 대한 설명으로 옳지 않은 것은?

① 수료 여부에 대해 '수료증(certificate)' 혹은 '연수 이수증' 문서를 발급하는 과정이다.

② 온 · 오프라인 혼합교육에서는 교육이 종료된 후 현장에서 수료증을 배부하거나 추후 우편으로 발송하기도 한다.

③ 수료증의 발급 시점과 발급 기간에 대한 안내는 하지 않아도 된다.

④ 온라인 시스템에서 자동으로 수료증이 생성되도록 설정하여, 온라인 출력이 가능하도록 한다.

해설

수료증이 꼭 필요한 수강생들이 있으므로 사전에 발급 시점을 안내하는 것이 좋다.

50 다음은 이러닝 교·강사에게 무엇을 안내하는 내용인가?

> ㉠ 강의 개강 전에 개강 인사 작성
> ㉡ 중간고사 시험 및 채점 기간
> ㉢ 과제, 토론, 퀴즈 등의 실시 및 채점 기간
> ㉣ 기말고사 시험 및 채점 기간
> ㉤ 최종 성적 입력 및 확인 기간

① 학사일정과 세부 내용
② 교안 작성 및 콘텐츠 개발
③ 학습관리시스템(LMS) 운영환경
④ 모바일러닝(app/web) 운영환경

해설

보기의 내용이 과정 운영을 위한 학사일정에 관련된 것이므로 ①번에 해당한다.

51 전화고객의 응대 방법으로 옳지 않은 것은?

① 전화기 근처에 메모용지와 필기도구를 배치한다.
② 운영자가 직접 처리할 수 없는 내용은 관련 부서에 바로 전화를 돌린다.
③ 전화를 받으면서 컴퓨터를 활용하여 해결 방법을 즉시 확인한다.
④ 전화 상담일지를 기록하여 개선사항을 도출한다.

해설

운영자가 직접 처리할 수 없는 내용은 관련 부서에 전화를 하여 처리 방법을 알아본 뒤 고객에게 해결책을 제시한다.

52 고객 서비스 채널 중 이메일을 활용한 응대 방법으로 옳지 않은 것은?

① 학사일정과 과정의 운영 전, 운영 중, 운영 후에 따라 안내해야 할 내용을 작성해 둔다.
② 이메일의 발송 시기도 정해둔다.
③ 이메일 작성 양식 혹은 매뉴얼을 만들어서 적절히 수정해서 사용한다.
④ 대량 메일을 발송하게 되므로, 이메일 발송 후에 수신 확인은 하지 않아도 된다.

해설

단체 이메일은 수강생이 잘 확인하지 않을 가능성이 크므로 수신 여부를 모니터링하고 필요하다면 재발송해야 한다.

53 형성평가에 대한 설명으로 올바른 것은?

① 학습자의 최종 성취도를 결정하는 평가
② 학습 과정 도중에 학습자의 이해도와 진행 상황을 평가하는 방법
③ 과목을 마친 후 학습자의 성과를 평가하는 방법
④ 학습 전 학습자의 기초 지식을 평가하는 방법

해설

형성평가는 학습 과정 도중 학습자의 이해도와 진행 상황을 지속적으로 평가하여, 즉각적인 피드백을 제공하고 학습 목표 달성을 지원하는 평가 방법이다.

정답 50. ① 51. ② 52. ④ 53. ②

54 과제 수행 방법에 대한 설명으로 옳지 않은 것은?

① 과제는 과정별 정책이 다르므로 사전에 확인해야 한다.

② 모든 과제는 과제를 제출하면 튜터(혹은 교·강사)에 의해 채점 및 첨삭이 이루어진다.

③ 과제가 제출되면 해당 과제를 첨삭할 튜터에게 알림이 제공되어야 한다.

④ 과제 평가 후 이의신청 기능이 있어야 한다.

성적과 관련되지 않은 과제가 있을 수 있으므로 모든 과제를 평가하고 첨삭하지 않는다.

55 시험 안내에 대한 설명으로 옳지 않은 것은?

① 총괄평가의 경우 문제은행 방식으로 구현될 수 있다.

② 시험 응시 간 부정을 방지하기 위해서 별도의 시스템적인 제약을 걸어 놓는 경우도 있다. ③ 총괄평가 진행 간 시스템 오류로 평가 응시가 불가능하더라도 평가의 형평성으로 재시험의 기회는 제공되지 않는다.

④ 총괄평가 후 성적표시 시간을 따로 두고 이의신청을 받을 수도 있으니 과정별 운영 정책을 확인할 필요가 있다.

총괄평가를 진행하다가 갑자기 컴퓨터 전원이 꺼지거나, 웹사이트에 문제가 생기는 등으로 인해 평가 오류가 있을 때, 소명자료를 제출하면 재응시할 수 있다.

56 상호작용의 종류를 설명하는 개념으로 옳은 것은?

> 학습자들이 서로를 이해하고 공감하는 데에 큰 도움을 주며, 협력적인 태도와 팀워크를 강화하여 효과적인 학습을 끌어내는 데에 이바지한다.

① 학습자-교·강사

② 학습자-시스템

③ 학습자-학습자

④ 학습자-운영자

학습자가 동료 학습자와 상호작용하는 것을 의미한다. 대표적으로 온라인 토론, 공동 작업, 토의 및 피드백 등이 있다.

57 독려 시 고려사항에 대한 설명으로 옳지 않은 것은?

① 수료를 목적으로 운영해야 하므로 자주, 그리고 지속적으로 독려하여 수료율을 높이도록 한다.

② 관리 자체가 목적이 아니라 학습을 다시 할 수 있도록 함이 목적임을 기억한다.

③ 독려 후 반응을 측정해야 한다.

④ 독려 비용효과성을 측정해야 한다.

너무 자주 독려하지 않도록 한다. 독려 문자, 독려 이메일이 효과를 발휘하기 위해서는 귀찮은 알림으로 인식되지 않는 것이 중요하다. 독려 정책은 꼭 필요한 경우로 설정해서 독려 자체 때문에 피곤함을 느끼지 않도록 해야 한다.

정답 · 54. ② 55. ③ 56. ③ 57. ①

58 이러닝 튜터에 대한 설명으로 옳지 않은 것은?

① 튜터는 개별적인 교수(teaching) 활동과 안내를 제공하는 개인교사, 가정교수이다.

② 학습자와 긴밀한 접촉을 통해 개별 지도를 실시하고 학습활동 참여를 촉진한다.

③ 튜터의 지원활동이 교·강사의 과중한 강의 운영 부담을 줄여주지는 않는다.

④ 대규모 이러닝 과정일수록 이러닝 튜터의 학습 촉진 활동은 필수 불가결한 요소이다.

해설

이러닝 튜터의 운영 지원을 통해 교·강사의 운영 부담을 줄이고 과정을 더욱 효율적으로 운영할 수 있다.

59 다음은 이러닝 운영자가 이러닝 튜터의 교수 학습활동 촉진을 위해 제시한 활동 지침이다. 무엇에 대한 설명인가?

- 과제 제출 마감 후에는 일정 기간 내에 채점을 완료한다.
- 과제물은 미리 준비한 평가 기준에 맞게 공정하고 객관적으로 평가하여 점수를 부여한다.
- 과제물에 대한 의견을 간략히 작성하고 작성이 잘된 부분과 보완해야 할 점을 담아 맞춤형 피드백을 제시한다.

① 질의응답 지침

② 과제물 채점 및 피드백 지침

③ 보조 학습자료 등록 및 관리 지침

④ 상호작용 독려 지침

해설

과제물의 채점과 피드백 방법을 안내하는 지침이다.

60 다음은 이러닝 운영자가 이러닝 튜터의 교수 학습 활동 촉진을 위해 제시한 활동 지침이다. 무엇에 대한 설명인가?

- 해당 주차에 학습하는 내용 중에서 핵심 키워드를 선정하거나 혹은 핵심 내용을 요약 정리하여 이메일 혹은 페이스북, 네이버 밴드, 단톡방 등의 SNS로 발송한다.
- 학습한 뒤 1일 혹은 3일 혹은 일주일이 지나면 시스템에서 자동으로 핵심 키워드와 내용이 전달되도록 예약 발송을 설정해 둔다.

① 질의응답 지침

② 과제물 채점 및 피드백 지침

③ 보조 학습자료 등록 및 관리 지침

④ 상호작용 독려 지침

해설

수강생들과 상호작용을 활성화하는 방법을 안내하는 지침이다.

61 이러닝 운영의 중요성으로 맞지 않는 것은?

① 원격교육의 다양한 요소들을 고려하여 단계별 전문 인력의 참여가 필요하다.

② 이러닝 운영은 100% 기계적으로 이뤄진다.

③ 대면 교육에 비해 지연된 피드백으로 학습 동기가 저하될 수 있다.

④ 똑같은 콘텐츠도 어떻게 운영하느냐에 따라 성과가 달라진다.

해설

이러닝 운영도 전문인력의 참여가 요구된다.

정답 58. ③ 59. ② 60. ④ 61. ②

62 튜터의 역할이 아닌 것은?

① 수업을 기획

② 학습자 이수율 관리

③ 집단의 유대감 형성

④ 평가관리, 토론방 관리

해설

①번은 교수자의 역할

63 운영자로서 학습활동 지원으로 적절한 것은?

① 헬프데스크, 핫라인 운영

② 학습환경 체크리스트 작성

③ 학습환경에 대한 이상 개선

④ 이러닝 과정 개설

해설

①번 외에는 학습환경 지원

64 LMS의 운영 후 지원 기능으로 적절하지 않은 것은?

① 운영 평가　　② 성적관리

③ 강의 평가　　④ 진도관리

해설

진도관리는 운영 중 지원 기능이다.

65 최종 평가보고서를 위한 운영활동 결과에 관한 내용으로 맞는 것은?

① 운영계획서에 따라 활동 전반에서 수행된 활동의 특성

② 운영 목표에 맞는 내용으로 개발되고 운영되었는지의 사항

③ 운영을 종료하고 과정에서 취합된 시스템 운영 결과

④ 운영 목표에 적합한 교수활동을 했는지의 수행 내용

해설

최종 평가보고서에는 운영계획서에 따라 운영활동 전반에서 수행된 활동의 특성과 결과에 관한 내용이 반영되어야 한다.

66 다음 중 우수한 이러닝 콘텐츠의 조건이 아닌 것은?

① 명확하게 정의된 학습 목표를 제시한다.

② 학습자의 주의를 끌 수 있도록 대화형 구조를 가진다.

③ 충분한 양의 학습자료를 제공해야 하며, 학습의 흐름을 방해하지 않도록 긴 분량으로 구성한다.

④ 장애가 있는 학습자도 접근할 수 있도록 웹 접근성을 준수한다.

해설

정보를 쉽게 소화하고 인지 과부하를 줄일 수 있도록 작은 단위로 콘텐츠를 구성하도록 한다.

67 다음 중 이러닝 과정에서 학습 목표를 설정하는 이유는?

① 이러닝 과정 내용에 대한 요약 정보를 제공하기 위해

② 교수자가 어떤 교수법을 활용하는지 알려주기 위해

③ 객관적 평가활동의 기준을 설정하기 위해

④ 모두 해당한다.

해설

이러닝 과정에서 학습 목표는 과정 내용에 대한 요약, 교수학습 방법에 대한 안내, 객관적 평가 기준 설정 등의 역할을 한다.

정답 : 62. ①　63. ①　64. ④　65. ①　66. ③　67. ④

68 다음 중 명확한 학습 목표의 특징이 아닌 것은?

① 추상적이기보다는 구체적이다.

② 학습자가 학습 목표를 달성했는지 측정할 수 있다.

③ 학습 목표를 달성하는 데 시간의 제한 없이 충분한 시간을 둔다.

④ 학습자가 달성 가능한 수준이다.

> **해설**
>
> 학습 목표를 달성하는 데 요구되는 적절한 시간 개념이 포함되어야 한다.

69 다음 중 학습(학업성취도) 평가의 설명으로 옳지 않은 것은?

① 일반적으로 5점 척도로 작성하지만, 7점 혹은 10점 척도 등을 활용할 수 있다.

② 교육과정의 목적 달성도나 효과성을 판단하기 위해 활용한다.

③ 학습자가 교육과정에 대한 신뢰를 형성할 수 있도록 한다.

④ 학습 목표의 달성도를 측정한다.

> **해설**
>
> 척도를 활용하는 평가는 주로 만족도를 평가할 때 활용한다.

70 다음 중 학습(학업성취도) 평가를 위해 활용하는 평가 방법끼리 적절하게 연결된 것은?

① 지식 영역: 지필 평가, 역할 연기

② 기술 영역: 실습, 상호 평가

③ 태도 영역: 지필 평가, 사례 연구

④ 모두 적절하다.

> **해설**
>
> 역할 연기는 태도 혹은 기술을 평가할 때 활용한다. 상호평가는 태도를 평가할 때 활용한다.

71 다음 중 평가 문항 개발에 대한 설명으로 옳지 않은 것은?

① 평가 문항은 학습 결과와 일치해야 한다.

② 출제된 문항은 검토위원회를 통해 내용 타당도 및 난이도 등을 검토한다.

③ 과제의 경우 실제 출제 문항의 3배 이하로 출제한다.

④ LMS의 문제은행에 저장하여 관리한다.

> **해설**
>
> 지필고사의 경우 통상 3배수 출제하는 것으로 제시하고 있으며, 과제는 지필고사보다 많은 5배수를 출제한다.

72 다음 평가 중 부정행위를 예방하기 위한 방법으로 '시간제한'을 하는 이유로 적절한 것은?

① 실시간으로 응시자를 모니터링하기 위해

② 학습자 간의 협력을 어렵게 만들기 위해

③ 학습자의 비정상적인 행위를 빠르게 파악하기 위해

④ 학습자가 외부 리소스를 찾는 것을 방지하기 위해

> **해설**
>
> 이러닝 평가에서 부정행위를 방지하기 위해 시간제한을 둠으로써 학습자가 시험 중에 외부 리소스를 찾는 것을 방지하는 데 도움이 될 수 있다.

73 다음 중 선다형 평가 문항 개발 시 유의사항이 아닌 것을 고르시오.

① 중요한 학습 내용을 포함하도록 구성한다.

② 문항마다 하나의 사실을 묻도록 명쾌하게 구조화한다.

③ 질문에 답을 암시하는 내용이 포함되어서는 안 된다.

④ 질문에 대한 보기는 5개로 구성한다.

정답 : 68. ③ 69. ① 70. ③ 71. ③ 72. ④ 73. ④

보기 개수는 따로 정해져 있지 않다.

74 다음 중 서술형 문항 제작 원리에 포함되지 않는 것은?

① 적절한 평가 기준과 문항 제작 기준을 설정한다.
② 가능하면 자료 제시형보다는 단독 과제형으로 출제한다.
③ 다양한 자료를 활용한다.
④ 출제자의 의도가 명확하게 드러나게 한다.

단독 과제형보다는 자료 제시형으로 출제한다.

75 다음 평가 일정 관리에 대한 내용 중 적절하지 않은 것은 무엇인가?

① 평가에서 가장 중요한 것은 학습자를 참여시키는 것이다.
② 평가는 공정해야 하므로 학습자별로 예외를 두지 않고 일정을 수립하며, 해당 일정에 참여하도록 독려한다.
③ 평가에 대한 다양한 선택과 참여 방법을 지원한다.
④ LMS의 기능을 적극적으로 활용한다.

학습자의 일정을 고려하며, 참여가 어려운 경우 차선책을 제시할 수 있어야 한다.

76 다음 중 콘텐츠 운영관리의 요소를 모두 고른 것은?

> ㉠ 특성화 전략
> ㉡ 과정 설계 전략
> ㉢ 학습 전이 전략
> ㉣ 전문인력 확보 및 운영
> ㉤ LMS 및 인프라 구축
> ㉥ 마케팅 방법 선정

① ㉠, ㉡, ㉢, ㉣　　② ㉠, ㉢, ㉣, ㉤
③ ㉠, ㉡, ㉢, ㉣　　④ ㉠, ㉡, ㉣, ㉤

학습 전이나 마케팅 방법은 콘텐츠 운영 준비 단계에 해당되지 않는다.

77 수강 활동 관리의 설명으로 적절한 것은?

① 수강 활동 관리는 학습자의 접속기록을 확인하여 출석 및 진도 등을 관리하는 것이다.
② 중복 접속이나 대리 접속을 방지하기 위한 기능은 권장사항이다.
③ LMS 외에 운영 기관 차원에서 학습자의 출석을 관리하는 별도의 방법은 인정하지 않는다.
④ 오프라인에서 학습자들의 수업 참여를 지속적으로 모니터링한다.

- 중복이나 대리 접속을 확인할 수 있는 시스템이 구축되어야 한다.
- 별도의 출석 관리 시스템이 있을 경우 이를 제시할 수 있다.
- 온라인에서 수강생의 모니터링이 가능해야 한다.

정답: **74.** ② **75.** ② **76.** ④ **77.** ①

78 수강 관리에서 학습자의 출석을 관리하는 방법으로 해당하지 않는 것은?

① SNS 로그인 　　② IP 등록
③ Mac Address　　④ 비회원 로그인

해설

접속한 사람의 정보를 명확하게 확인할 수 있는 로그인 방법을 활용해야 한다.

79 다음 중 작성 방법에 해당하는 내용으로 적절한 것은?

① 평가와 성적관리 부분을 구분하여 작성한다.
② 평가 부분은 수강에 따른 출석 여부에 중점을 두어 작성한다.
③ 문항 출제 방법은 최대한 간략하게 기술한다.
④ 운영 기관 자체적 관리는 허용하지 않는다.

해설

평가 부분은 학업성취도를 중심으로 작성하며, 문항 출제 방법은 구체적으로 기술해야 한다. 운영 기관 자체적 관리 기준을 세워 관리할 수도 있다.

80 다음 중 내용에 해당하는 것은?

> 평가도구가 평가하고자 하는 평가 목표를 정확하게 젤 수 있는가?

① 평가도구 타당도
② 평가도구 신뢰성
③ 평가도구 다양성
④ 평가도구 편리성

해설

평가도구 타당도에 해당하는 내용이다.

01 다음 중 이러닝에 대한 설명으로 옳지 않은 것은?

① 이러닝과 유사한 개념들에 대한 분류는 사회 및 경제적 특징을 반영하고 있다.

② 정보통신 기술을 활용하는 교육 형태를 지칭하는 용어들로 이러닝 외에도 가상교육, 웹 기반 교육, 인터넷 기반 교육, 사이버교육 등을 들 수 있다.

③ 이러닝을 바라보는 시각과 해석에 따라 다양하며 학자와 기관마다 나름의 정의를 내리고 있다.

④ 정보통신기술의 발달은 전통적인 교육 방법을 넘어서 언제, 어디서, 누구에게나 교육할 수 있도록 한 이러닝을 탄생시켰다.

해설

사회 및 경제적 특징이 아닌 정보통신기술의 특징을 반영한 것이다.

02 다음 중 이러닝 특징에 해당하지 않는 것은?

① 학습비용의 절감

② 상호운용성

③ 개인별 맞춤형 학습이 가능

④ 교육내용의 신속성 및 유연성

해설

'상호운용성'이 아닌 '상호작용성'이다.

03 다음 중 웹 3.0과 관련이 없는 것은?

① 탈중앙화　　② 인공지능 웹

③ 집단화 및 지능화　　④ 블록체인

해설

'집단화'가 아닌 '개인화'가 옳다.

04 다음 중 온라인 강의 공개 서비스에 대한 설명으로 옳지 않은 것은?

① 국내에서는 한국교육학술정보원(KERIS)에서 운영하는 KOCW가 대표적이다.

② 누구나 고등교육의 기회를 가질 수 있도록 대학 및 대학원 강의를 온라인에 공개하고 있다.

③ 지식 나눔 문화를 확산하기 위한 공적 목적을 가진다.

④ MIT, 스탠퍼드, UC버클리, 예일, UCLA, 하버드 등의 명문대학이 참여하고 있다.

해설

누구나 고등교육의 기회를 가질 수 있도록 '대학원'이 아닌 '대학' 강의를 온라인에 공개한 것이다.

05 다음 중 프로그래밍 교육이나 포토샵과 같은 컴퓨터 프로그램을 활용한 시뮬레이션 교육 등에 적합한 이러닝 콘텐츠 유형은 무엇인가?

① 반복연습형　　② 모션그래픽형

③ 시범형　　④ 화면캐스트형

정답 01. ①　02. ②　03. ③　04. ②　05. ④

해설

화면캐스트형(screen-cast)은 PC 화면에서 실행되는 자료 또는 작업을 화면 그대로 보여주는 방식으로 프로그래밍 교육, 포토샵 등의 컴퓨터 프로그램을 활용한 시뮬레이션 교육에 적합하다.

06 이러닝 콘텐츠 유형의 분류에 대한 설명으로 옳은 것은?

① 정보 유형 및 전달 매체에 따른 분류에서 이러닝 콘텐츠의 유형은 명확하게 표준화되어 있지 않고 유사하거나 다른 명칭으로 통용되기도 한다.

② 개인교수형과 대화형은 교수학습 모형 및 교수전략에 따른 분류에 속한다.

③ 일반적으로 현재의 이러닝은 대부분 동영상에서 벗어난 음성형, 텍스트형 형태를 갖추고 있다.

④ 콘텐츠의 분류는 전달 내용과 매체가 아닌 교수학습이론에 의해 좌우된다.

해설

대화형은 정보 유형 및 전달 매체에 따른 분류에 속한다. 현재의 이러닝은 대부분 동영상이 형태를 갖추고 있으며, 교수학습 이론은 물론 전달 내용과 매체에 의해서도 분류가 달라질 수 있다.

07 적응 학습에서 개별 학습자 중심의 학습을 현실로 만드는 데 필요한 정보통신기술에 해당하지 않는 것은?

① 클라우드 서비스　② 핀테크

③ 빅데이터　　　　④ 인공지능

해설

핀테크는 금융(finance)과 기술(technology)의 합성어로 적응 학습과 관련성이 없다.

08 다음의 내용에서 ㉠과 ㉡에 들어갈 내용으로 알맞은 것은?

(㉠)에서는 모든 학습자가 모든 콘텐츠를 동일하게 선형적인 경로로 접하게 되지만, (㉡)에서 학습자는 개인의 수준과 학습 성과 등을 감안하여 학습자에게 적합한 학습 내용만을 경험하도록 제시할 수 있다.

① 절차적 학습, 개인별 학습

② 교실 학습, 경험학습

③ 전통적 학습, 적응 학습

④ 선형 학습, 수준 학습

해설

기존의 전통적인 학습에서는 모든 학습자가 모든 콘텐츠를 동일하게 선형적인 경로로 접하게 된다. 반면 적응 학습에서 학습자는 개인의 수준과 학습 성과 등을 감안하여 학습자에게 적합한 학습 내용만을 경험하도록 제시할 수 있다.

09 보기의 내용은 어떤 이러닝 산업의 구성요소에 해당하는가?

가상현실 기술을 활용하여 학습을 제공하는 방식으로 학습자들은 가상 환경에서 실제 상황을 체험하면서 학습할 수 있다.

① 가상 교육실(virtual classroom)

② 학습관리시스템(learning management system)

③ 모바일 학습(mobile learning)

④ 가상현실학습(virtual reality learning)

해설

가상현실학습(virtual reality learning)은 가상현실 기술을 활용하여 학습을 제공하는 방식으로 학습자들은 가상 환경에서 실제 상황을 체험하면서 학습할 수 있다.

정답 : 06. ① 07. ② 08. ③ 09. ④

10 보기의 내용은 어떤 이러닝 공급(사업)자에 대한 설명인가?

> 이러닝에 필요한 교육 관련 정보시스템의 전부나 일부를 개발 제작 가공, 유통하는 사업체

① 콘텐츠 사업체 ② 서비스 사업체
③ 정규 교육 사업체 ④ 솔루션 사업체

해설

솔루션 사업체는 이러닝에 필요한 교육 관련 정보시스템의 전부나 일부를 개발 제작 가공, 유통하는 사업체이다.

11 다음의 설명은 이러닝 기술 동향에 대한 설명이다. 어떤 기술 영역에 해당하는가?

> 교육(education)과 기술(technology)이 결합한 신조어로 기술을 통해 교육을 혁신하는 것을 의미한다. 인공지능(AI) 외에도 가상현실(VR), 증강현실(AR), 빅데이터, 사물인터넷(IoT), 온라인 공개수업 등 IT 기술과 교육 서비스가 융합해 새로운 교육 환경을 제공하며, 이는 4차 산업혁명 시대에 세계적인 교육 전반에 큰 영향력을 미치고 있다.

① 에듀테크(edu-tech)
② 가상현실(virtual reality)
③ 메타버스(metaverse)
④ 증강현실(augmented reality)

해설

에듀테크는 교육에 ICT 기술을 융합적으로 활용하는 하이브리드 교육으로 인공지능, 빅데이터 등의 기술을 기반으로 학습자에 대한 분석을 수행하고 정보를 종합해 교육 효과를 높이기 위한 학습 과정을 제공하는 것이라고 볼 수 있다.

12 다음은 에듀테크의 특성에 대한 설명이다. 어떤 특성에 대한 개념인가?

> 1. 공유 교육 플랫폼을 통해 교육과 산업의 확장
> 2. 다학제적 융합연구를 통해 융합연구와 산업 창출

① 융합화 ② 지능화
③ 실감화 ④ 연결화

해설

융합화는 공유 교육 플랫폼과 다학제적 융합 연구의 특성을 갖는 에듀테크 개념이다.

13 다음에 들어갈 알맞은 말은 무엇인가?

> 교 · 강사는 '이러닝에서 과정에 대한 일반지식과 전반적인 내용에 대한 이해를 바탕으로 학습자가 (   )을(를) 달성할 수 있도록 역할을 수행하는 자'로 정의한다.

① 학습 목표 ② 성적
③ 학습 결과 ④ 학습 진도

해설

교 · 강사는 학습자가 학습 목표를 달성할 수 있도록 역할을 수행하는 자이다.

14 학습관리시스템의 역할이 아닌 것은?

① 콘텐츠 개발 현황 관리
② 교육과정 등록
③ 수강 신청 처리
④ 수료 처리

해설

콘텐츠 개발 현황 관리는 콘텐츠개발관리시스템(CDMS)에서 진행한다.

15 인터넷 원격훈련에서 교 · 강사의 조건으로 올바르지 않은 것은?

① 고등교육기관을 졸업하고, 관련 분야 교육훈련 경력이 1년 이상인 자

② 해당 분야에서 1년 이상의 실무 경력이 있는 사람

③ 해당 교 · 강사가 담당하는 과정의 수강생은 300명이 최대 제한

④ 국가가 신설하여 관리 · 운영하는 해당 분야의 자격증을 취득한 사람

해설

교 · 강사는 해당 교 · 강사가 담당하는 과정의 수강생은 500명으로 제한된다.

16 학습관리시스템에서 교육 종료 시 진행하는 관리 기능이 아닌 것은?

① 이러닝 과정의 회차별 수료율과 수료자 등에 대한 정보를 확인

② 학습자별 이러닝 학습 결과 확인

③ 설문 및 평가 결과 확인

④ 수강 승인 처리

해설

수강 승인 처리는 교육 시작 전 교육 준비 단계에서 사용하는 기능이다.

17 학습자들의 만족도를 높이고, 중도 탈락률을 낮추며, 교육의 질적 수준을 높이기 위해 제공하는 각종 교육적, 행정적 지원 서비스를 진행하는 활동은 무엇인가?

① 학습 평가　　② 학습 준비
③ 학습 지원　　④ 학습 기획

해설

문제는 학습 지원의 광의의 개념이며, 협의의 개념으로 교수자가 자신의 특정 강좌를 운영하면서 교육의 질을 향상시키기

위해 학습자료를 제공하고 학습활동을 관리 및 모니터링하는 활동이라고도 한다.

18 다음 중 원격교육 학습 지원의 활동 영역별 설명이 잘못된 것은?

① 교수–학습 영역: 학습 매체 사용 시 발생하는 기술적 문제에 대한 대처

② 기술적 영역: 영상, 음성 매체 준비와 접속, 기술적 장애 해결 지원

③ 학사 행정적 영역: 학습자, 튜터의 질문에 대한 응답

④ 심리상담 영역: 개인의 학습 관련 심리적 갈등, 학습 과정상 애로점, 원격교육으로 인한 고립감 등에 관해 상담

해설

①번은 기술적 영역에 대한 활동 내역으로 교수–학습 영역의 활동 내용은 다음과 같다.

• 학습 내용 전달과 상호작용을 고려한 교수 활동 수행
• 교수자, 튜터의 학습자에 대한 피드백과 튜터링 활동
• 학습 커뮤니티의 활성화 및 지도 운영
• 수업의 효과적 운영 및 질 관리

19 이러닝 콘텐츠 개발 시 설계 단계에서 이루어지는 활동이 아닌 것은?

① 내용 설계

② 교수학습전략 설계

③ 스토리보드 설계

④ 프로토타입 개발

해설

콘텐츠 설계 단계에는 설계 개요서 작성, 내용 설계, 교수학습전략 설계, 학습흐름도 작성, 원고 작성 가이드 설계, 스토리보드 설계 활동들로 이루어진다.

정답 · 15. ③　16. ④　17. ③　18. ①　19. ④

20 다음 중 Kolb의 학습 스타일에 대한 설명으로 잘못 작성된 것은 어느 것인가?

① 발산자: 뛰어난 상상력을 가지고 있고 아이디어를 창출하고 브레인스토밍을 즐긴다.

② 수렴자: 아이디어나 이론 자체의 타당성에 관심을 가진다.

③ 조절자: 이론적 모형을 창출하는 능력을 갖추고 있다.

④ 동화자: 일을 하는 것과 새로운 경험을 강조하고 실제 문제를 해결하기 위한 개념이나 원리를 활용하는 방법에 관심을 가진다.

해설

아이디어나 이론 자체의 타당성에 관심을 가지고 있는 것은 조절자의 특징이다.

21 이러닝 시스템 중 교 · 강사 모듈의 주요 기능으로 올바르지 않게 설명한 것은?

① 시험 평가에 대한 첨삭지도

② 학습자의 수강 신청 승인 기능

③ 평가에 대한 첨삭지도

④ 본인의 첨삭지도 일정 확인

해설

학습자의 수강 신청 기능은 관리자 또는 각 교육과정 운영담당자의 기능이다.

22 제도 변경 사항에 따른 대응 방안 마련 방안에서 교 · 강사 사전교육 및 공지 방법으로 올바른 것은?

① 교 · 강사에게 학습결과보고서 공유

② 교 · 강사 첨삭 화면에서 공지

③ 교 · 강사 평가 결과를 통해 공유

④ 교 · 강사 오리엔테이션의 필수 내용으로 제공

해설

교 · 강사에게 사전에 해당 내용을 공지해야 하므로 오리엔테이션을 통해 내용 공유

23 다음 문장에 공통으로 들어갈 말은?

> • 튜터링을 위해서 별도의 관리자 화면에 접속할 수 있도록 (   ) 등록이 필요하다.
> • (   ) 정보를 입수 받고 학습관리시스템에 입력한 후 튜터링이 가능한 권한을 부여한다.
> • (   ) 정보를 등록하고, 접속 계정을 부여한 후 수강 신청별로 (   ) 를 배치할 수 있다.

① 교 · 강사

② 운영자

③ 학습자

④ 관리자

해설

설명 내용은 교육과정에 교 · 강사 지정에 대한 내용이다.

24 다음 중 요구분석에 대한 설명으로 옳지 않은 것은?

① 요구분석은 학습자의 요구만을 규명하는 것이다.

② 요구는 현재의 상태와 바람직한 상태 간의 격차이다.

③ 이러닝 운영 기획을 위해 가장 첫 번째로 수행해야 하는 필수 활동이다.

④ 요구분석은 현재의 상태와 바람직한 상태 간의 격차를 확인하고 최적의 해결 방안을 모색하는 활동이다.

해설

요구분석은 학습자, 고객, 교육과정, 학습관리시스템 등 이러닝 운영과 관련된 전체 영역에 대해 검토하는 과정이다.

정답 : 20. ② 21. ② 22. ④ 23. ① 24. ①

25 요구분석의 도구 중 설문조사에 대한 설명으로 옳지 않은 것은?

① 설문지를 통해 다수의 의견을 수집할 수 있다.

② 무기명으로 시행하므로 솔직한 정보를 수집할 수 있다.

③ 설문 참여자들의 전반적인 경향 파악이 수월하다.

④ 직접적인 요구를 파악하기 수월하다.

해설

설문조사는 검사 문항을 통해 참여자들의 간접적인 요구를 파악하기에 적당하다.

26 다음 중 아래에서 설명하는 개념으로 옳은 것은?

> 이러닝 과정의 특징과 장점을 잘 분석하고 마케팅 포인트로 채택하여 구체적인 홍보전략을 수립하는 활동이며, 포스터, 브로슈어 등을 만들어 온·오프라인 홍보를 수행하기 위한 세부 활동을 계획한다.

① 운영전략 수립 ② 학사일정계획 수립

③ 홍보계획 수립 ④ 평가전략 수립

해설

마케팅 포인트 채택을 바탕으로 포스터, 브로슈어를 제작하는 과정은 홍보계획 수립에 해당한다.

27 블렌디드 러닝에 대한 설명으로 옳지 않은 것은?

① 온·오프라인이 결합된 형태로 온라인 학습 콘텐츠로 반복학습이 가능하다.

② 온라인 학습 콘텐츠를 통해 다양한 학습 자원 및 학습 경험과의 연계가 강화된다.

③ 교·강사－학습자, 학습자 간의 사회적 상호작용 및 학습 지원이 더욱 촉진된다.

④ 이러닝에 비해 교육의 효율성 및 효과성이 현저히 떨어진다.

해설

온라인 콘텐츠로 학습하고 오프라인 학습 현장에서 직접 실습하며 기술을 습득할 수 있어 교육의 효과가 더 높다.

28 이러닝 과정기획을 할 때 가장 적합한 교수학습방법을 선정하기 위한 고려 요소가 아닌 것은?

① 우리 기관에 어느 정도의 수익이 발생할 것인가?

② 이 교수학습방법을 도입하여 성공한 사례(타 기관, 연구 결과)가 있는가?

③ 우리 기관에서는 어떤 지원 요소가 필요한가?

④ 이 교수학습 방법을 적용하였을 때 가장 효과적인 부분은 무엇인가?

해설

수익의 발생 여부는 이러닝 과정 전체의 운영계획 수립과 운영 성과 평가와 관련이 있다.

29 이러닝 운영 플랫폼에 대한 설명으로 가장 적합한 것은?

① 이러닝 콘텐츠를 제작하는 도구

② 학습자들이 이러닝 콘텐츠에 접근하여 학습을 수행하는 플랫폼

③ 이러닝 콘텐츠를 판매하는 온라인 스토어

④ 사무실에서 업무를 수행하는 직원들에게 제공하는 교육

해설

이러닝 운영 플랫폼은 인터넷을 통해 학습자에게 교육 콘텐츠를 제공하는 플랫폼이다.

정답 25. ④ 26. ③ 27. ④ 28. ① 29. ②

30 학습 사이트의 구성 메뉴에 대한 설명으로 옳지 않은 것은?

① 교육과정 메뉴를 통해 학습 사이트에서 제공하는 교육과정(목록)을 확인할 수 있다.

② 고객센터를 통해 기술 지원을 받을 수 있다.

③ 학습에 관한 질문이나 답변을 요청할 수 있는 메뉴는 검색 메뉴이다.

④ 학습자들 간의 소통과 정보 공유를 위한 게시판이나 포럼은 커뮤니티 메뉴에서 제공한다.

해설

검색 메뉴는 키워드를 입력하여 학습 콘텐츠를 검색할 수 있는 기능이다.

31 다음이 설명하는 동영상 플레이어는 무엇인가?

> Apple에서 개발한 미디어 플레이어로, Mac OS와 Windows 운영체제에서 사용할 수 있다.

① VLC Media Player

② Windows Media Player

③ QuickTime Player

④ Adobe Flash Player

해설

QuickTime Player는 Apple에서 개발한 미디어 플레이어로 다양한 형식의 미디어 파일을 지원한다.

32 구글 크롬 브라우저(Google Chrome Browser)의 팝업 차단 해제 방법을 설명한 것이다. 빈칸에 들어갈 올바른 내용은?

> 브라우저 주소 표시줄에서 팝업 차단 아이콘을 클릭하면 팝업 차단을 해제할 수 있다. 아이콘이 없다면 브라우저 설정을 열고 (   ) 메뉴에서 팝업 차단 기능을 찾아 해제한다.

① 사이트 설정   ② 옵션

③ 보안   ④ 개인정보 및 보안

해설

[사이트 설정] 메뉴에서 팝업 차단 기능을 해제할 수 있다.

33 다음 중 아래에서 설명하는 개념으로 옳은 것은?

> 기업이나 조직 내부의 네트워크와 인터넷 간에 전송되는 정보를 선별하여 수용 · 거부 · 수정하는 능력을 갖춘 보안 시스템이다.

① 방화벽

② 바이러스 백신 프로그램

③ 원격 지원프로그램

④ 인트라넷

해설

방화벽은 컴퓨터 네트워크에서 보안을 유지하기 위해 사용되는 장치이다.

34 학습관리시스템(LMS)의 구성 메뉴와 기능에 대한 설명으로 옳지 않은 것은?

① 사용자 관리: 학습자, 교 · 강사, 운영자를 등록할 수 있다.

② 교육과정 관리: 운영과정의 현황 및 상태, 정보를 수정할 수 있다.

③ 수강 관리: 운영과정의 평가 응시 현황 및 평가 점수를 조회할 수 있다.

④ 통계 관리: 회원과 매출 관련 데이터를 검색 조건별로 확인할 수 있다.

해설

수강 관리는 회원의 수강 신청현황과 수료 여부 등을 조회할 수 있으며, 평가 관련 정보 성적/수료 관리 메뉴에서 확인할 수 있다.

정답 30. ③ 31. ③ 32. ① 33. ① 34. ③

35 이러닝 콘텐츠(e-Learning Contents)의 기술적 요소에 대한 점검 사항으로 옳지 않은 것은?

① 이러닝 콘텐츠는 웹 접근성을 고려하지 않는다.

② 이러닝 콘텐츠가 다양한 기기와 운영체제에서 잘 작동하는지 확인해야 한다.

③ 사용자 경험을 개선하기 위해 빠르게 로딩되어야 한다.

④ 학습 내용이 최신 정보를 유지하고 있는지 확인해야 한다.

해설

콘텐츠의 텍스트, 이미지, 오디오 및 비디오 등의 모든 요소가 접근성 지침을 따르고 있는지 점검해야 한다.

36 학습 사이트에 접속이 안 되는 이유로 방화벽이 차단하는 경우, 해결 방법은 무엇인가?

① 학습 사이트를 완전히 삭제하고 다시 다운로드한다.

② 학습자 소속기관의 IT 부서나 시스템 담당자에게 학습 사이트의 도메인을 등록하여 접속 차단 문제를 해결한다.

③ 브라우저의 쿠키(Cookies)와 캐시(Cache)를 삭제한다.

④ 인터넷 연결상태를 확인한다.

해설

학습자 소속기관의 IT 부서나 시스템 담당자에게 학습 사이트의 도메인을 등록하여 접속 차단 문제를 해결한다.

37 웹페이지에서 발생하는 호환성 오류란 무엇인가?

① 웹페이지에서 이미지가 누락되는 문제이다.

② 웹페이지가 다양한 브라우저, 운영체제 및 기기에서 제대로 작동하지 않는 문제이다.

③ 웹페이지의 폰트 크기가 다른 브라우저에서 다르게 나타나는 문제이다.

④ 웹페이지에서 스크롤이 작동하지 않는 문제이다.

해설

호환성 오류란 웹페이지가 다양한 브라우저, 운영체제 및 기기에서 제대로 작동하지 않거나 보이지 않는 문제이다. 웹페이지를 만드는 데 사용된 웹 기술의 구현이 다른 브라우저에서 다르게 동작하기 때문에 발생한다.

38 진도 체크 오류 발생 원인과 조치 방안에 대한 설명으로 잘못된 것은?

① 콘텐츠 제공기관의 물리적인 장비나 장치의 오류로 발생한다.

② 인터넷 연결이 불안정한 경우다.

③ 학습자의 학습 능력이 부족하여 발생한다.

④ 학습자가 학습 방법을 제대로 숙지하지 않아 발생한다.

해설

학습자의 학습 능력을 진도 체크 오류의 발생 원인으로 보기는 어렵다.

39 이러닝 콘텐츠 제작 시 질 관리 활동의 일환으로 촬영환경을 점검하고자 한다. 잘못된 설명은?

① 강사의 의상, 메이크업 유무

② 배경음악의 볼륨 조절

③ 조명의 세기와 배치, 배경의 유무

④ 기획과 설계 의도에 맞는 피사체와 카메라의 위치

해설

배경음악과 색 보정의 경우, 촬영 이후 진행되는 후반 작업으로 촬영환경과 직접적인 관련이 적다.

정답 35. ① 36. ② 37. ② 38. ③ 39. ②

40 다음 중 아래에서 설명하는 개념으로 옳은 것은?

> 유타주 솔트레이크시티에 본사를 둔 에듀테크 기업의 학습관리시스템으로 비대면 수업에서 많이 사용하는 줌(Zoom), 구글 미트(Meet), 마이크로소프트 팀즈(Teams)와 높은 호환성을 보인다.

① Canvas LMS
② Moodle LMS
③ Openedx LMS
④ Google Classroom

Canvas LMS는 사용자 정의의 유연성이 높은 알림 시스템, 좋아하는 기기 및 소셜 플랫폼과의 통합, 상호작용성, 그리고 사용 편의성이 우수한 LMS이다.

41 Moodle LMS의 이러닝 운영 지원 도구에 대한 설명으로 옳지 않은 것은?

① 채팅방: 모둠 과제를 수행할 때 구성원 간 토론의 기회를 제공하기 위한 학습 지원 성격이 크다.
② 게시판: 자료실, 또는 과제 대신 과제를 취합하는 용도 등 다양하게 활용할 수 있다.
③ 대시보드: 학습 중 전체 학습자에게 공지를 보내거나, 특정 학습자와의 면담 등 상호작용이 가능하다.
④ 화상 강의: 과정 운영자는 교수자와 조교에게 과정 운영에 필요한 사전교육, 오리엔테이션을 진행할 수 있다.

강의실 내 수강생 알림 메뉴를 이용하여 학습 중 전체 학습자에게 공지를 보내거나, 특정 학습자와의 면담 등 상호작용이 가능한 도구는 알림(메시징) 기능이다.

42 다음 중 아래에서 설명하는 개념으로 옳은 것은?

> Harvard, MIT 및 관련 국제기구와 컨소시엄을 통해 창립된 비영리 온라인 주도권 운동 단체로, 국제 유수 대학 및 관련 기관에서 운영되는 온라인 강좌와 온라인 공개수업(MOOC; Massive Open Online Course) 환경을 제공한다.

① Canvas LMS
② Moodle LMS
③ Open edx LMS
④ Google Classroom

교육기관 및 교육자는 Open edx를 통해 개별 목적에 맞는 교육환경 구성이 가능하고, 개발자들은 관련 플랫폼 개발과 개선에 자유롭게 기여할 수 있다.

43 Google Classroom의 이러닝 운영 지원 도구에 대한 설명으로 옳지 않은 것은?

① 캘린더: Google 캘린더의 Rich Text를 이용하면 공지사항, 양식, 문서 등을 전달할 수 있고, 행사 참석 여부도 바로 확인할 수 있다.
② 게시판: 수업을 듣는 학생이나 학부모 등 다양한 사람에게 의견을 수렴할 때 간편하게 사용할 수 있다.
③ Screencastify: 별도의 화면녹화 프로그램을 사용하는 대신 Google Chrome 확장 프로그램을 사용하여 간편하게 녹화할 수 있다.
④ 공유하기: 사이트(문서) 강제 팝업으로 수업 내용이나 특정 사이트를 함께 접속해야 할 때 유용하다.

정답: 40. ① 41. ③ 42. ③ 43. ②

해설

Google Form으로 설문지를 만들 수 있다. 수업을 듣는 학생이나 학부모 등 다양한 사람에게 의견을 수렴할 때 간편하게 사용할 수 있다.

44 학습 콘텐츠 개발을 위한 운영 지원 도구로 볼 수 없는 것은?

① Articulate 360

② Adobe Captivate

③ Red Giant Plural Eyes

④ iSpring Suite

해설

'Red Giant Plural Eyes'는 여러 개의 동영상 파일과 음성의 싱크를 자동으로 맞춰주는 프로그램이다. 유사 프로그램으로 'Syncaila'가 있다.

45 학습 콘텐츠 개발을 위한 운영 지원 도구에 대한 설명이다. 무엇에 대한 설명인가?

> 파워포인트(PowerPoint)를 기반으로 한 이러닝 콘텐츠 개발 도구로, 제작자는 자신의 컴퓨터 스크린을 녹화하고, 그동안 어떤 작업을 수행했는지를 쉽게 캡처할 수 있다.

① Articulate 360

② Adobe Captivate

③ Articulate Storyline

④ Lectora

해설

Articulate 360은 Microsoft PowerPoint와 유사한 UI를 제공하여 익숙한 사용자들은 더욱 쉽게 이용할 수 있다. 다양한 종류의 템플릿과 콘텐츠 라이브러리를 이용하여 빠르고 쉽게 이러닝 콘텐츠를 개발할 수 있다.

46 학습 콘텐츠 개발을 위한 운영 지원 도구에 대한 설명이다. 무엇에 대한 설명인가?

> 사용자 친화적인 인터페이스와 다양한 기능을 가진 인기 있는 이러닝 저작도구 중 하나로, What-You-See-Is-What-You-Get 편집기로 제공되어 학습자에게 표시될 최종 결과물과 동일한 레이아웃을 편집 중인 화면에서 바로 확인할 수 있게 해준다.

① Articulate 360

② Adobe Captivate

③ Articulate Storyline

④ Lectora

해설

Lectora는 HTML5 및 SCORM 규격에 기반한 이러닝 콘텐츠를 만들 수 있는 도구로 다양한 상호작용 및 시나리오 기반 콘텐츠를 제작할 수 있으며, 다양한 기기에서 호환된다. 파워포인트 및 다른 이러닝 저작도구에서 생성된 콘텐츠를 가져와 Lectora 프로젝트로 변환할 수 있다.

47 소셜 미디어를 활용한 상담 요령 및 주의사항으로 옳지 않은 것은?

① 상담 시 내담자 본인을 확인하기 위해 개인정보 요청 후 진행한다.

② 상담을 요청한 학습자에게는 빠르게 응답하고, 필요한 경우 다른 전문가에게 연결해 줘야 한다.

③ 상담에서는 학습자가 이해하기 쉽도록 명확하고 간결한 답변을 제공해야 한다.

④ 상담을 요청한 학습자가 어떤 문제를 겪고 있는지에 따라 적극적으로 대응해야 한다.

해설

소셜 미디어를 활용한 상담에서는 내담자의 개인정보를 보호해야 한다. 상담 시 내담자의 개인정보는 요구하지 않는다.

정답   44. ③   45. ①   46. ④   47. ①

48 원격 지원 도구인 TeamViewer의 특징을 설명한 것으로 옳지 않은 것은?

① 독일의 회사에서 개발한 원격 제어 소프트웨어로, 전 세계적으로 많이 사용되고 있는 솔루션 중 하나이다.

② 소규모 이러닝 서비스 업체에서는 유용하게 사용하는 메신저 프로그램이다.

③ 다른 컴퓨터를 원격으로 제어하기 위해서는 상대 컴퓨터의 ID가 필요하다.

④ 무료 버전에서도 많은 기능을 제공하기 때문에 개인 사용자나 소규모 팀에서는 이를 이용해도 충분하다.

해설

②번은 네이트온 원격 지원 도구에 대한 설명이다.

49 이러닝 운영 지원 도구의 관리 방안에 대한 설명으로 옳지 않은 것은?

① 이러닝 운영 지원 도구를 도입하기 전에 목표와 필요성을 분석한다.

② 도입 후의 운영 방법과 업무 분담을 계획한다.

③ 이러닝 운영 지원 도구의 운영절차는 불필요하다.

④ 데이트나 보안 이슈 등에 대한 대응을 신속하게 진행한다.

해설

이러닝 운영 지원 도구를 구매하고 시스템 구축을 진행하였다면, 이때 시스템 구축에 대한 정책과 가이드라인을 작성하고, 보안 측면에서 안정적인 운영을 위한 절차를 수립한다.

50 리모트뷰(RemoteView)에 대한 설명으로 옳지 않은 것은?

① 원격 지원 솔루션을 제공하는 한국의 기업인 네이버 클라우드 플랫폼에서 제공하는 원격 제어 도구이다.

② 사용자들이 쉽게 접근할 수 있는 인터페이스와 다양한 기능들을 제공하여 사용자들에게 편리함을 제공한다.

③ 무료 서비스로 제공되며, 기업용 원격 제어 솔루션으로 많이 사용된다.

④ 사용자들의 작업 효율을 높일 수 있으며 보안 기능이 강화되어 있어 기업용 솔루션으로 적합하다.

해설

리모트뷰(RemoteView)는 유료 서비스로 제공된다.

51 이러닝 교육훈련의 감독기관으로 알맞게 짝지어진 것은?

> ㉠ 대학
> ㉡ 재직자 및 실업자 환급과정
> ㉢ 학점은행제

	㉠	㉡	㉢
①	교육부	고용노동부	국가평생교육진흥원
②	교육부	국가평생교육진흥원	고용노동부
③	교육부	고용노동부	해당 대학
④	국가평생교육진흥원	고용노동부	교육부

해설

대학은 교육부, 재직자 및 실업자 환급과정은 고용노동부, 학점은행제는 국가평생교육진흥원에서 관리한다.

52 이러닝 운영담당자가 수료 처리를 하는 과정에 대해 바르게 진술한 내용은?

① 출석, 과제, 시험 중에 하나의 평가 기준만 충족해도 수료증을 발급할 수 있다.
② 성적 이의신청 전에 미리 수료 처리를 한다.
③ 강의 콘텐츠를 수강하기만 해도 수료 처리가 가능하다.
④ 수료 및 미수료 기준에 따라 수료 여부를 정확하게 판단하여 처리한다.

해설

정해진 기준에 따라 수료와 미수료 처리를 한다.

53 다음은 이러닝 교 · 강사에게 학습관리시스템(LMS)의 사용법과 관련하여 안내하는 내용이다. 무엇에 대한 설명인가?

> • 해당 교 · 강사가 담당하는 교과목의 확인 방법
> • 공지사항 등록 및 확인 방법
> • 강의 수강 진도율 확인 방법
> • 문의게시판의 질문 확인 및 답변 작성 방법
> • 온라인 토론 등록 및 피드백 작성 방법

① 과정 운영을 위한 교수학습활동 관련 기능
② 학습관리시스템(LMS)의 기본환경
③ 모바일 시스템의 기본환경
④ 학습관리시스템(LMS)의 메인페이지 화면

해설

주로 교 · 강사가 맡은 이러닝 과정의 교수학습활동 관련 내용임을 알 수 있다.

54 이러닝 교 · 강사가 시범 강의를 할 때 평가 기준에서 중요도가 가장 낮은 것은?

① 수업 내용의 전개가 논리적이고 설명이 명료한가?
② 강의 교안(PPT)의 교수설계 역량이 뛰어난가?
③ 발음이 명확하고 억양의 변화가 자연스러운가?
④ 판서 글씨가 명확하고 알아볼 수 있는가?

해설

강의 교안에 대한 교수설계는 콘텐츠 개발 단계에서 교수설계자의 도움을 받으면 되기 때문에 중요한 요소라고 보기 어렵다.

55 이러닝 교 · 강사의 공모 업무 진행 순서가 알맞게 배열된 것은?

> ㉠ 교 · 강사 공모 계획
> ㉡ 공고문 게시 및 홍보
> ㉢ 지원서 접수 및 면접
> ㉣ 최종 합격자 위촉

① ㉠-㉡-㉢-㉣
② ㉠-㉢-㉡-㉣
③ ㉡-㉠-㉢-㉣
④ ㉢-㉡-㉠-㉣

해설

가장 먼저 교 · 강사 선발이 요구되는 과정과 인원 등의 공모 계획을 수립하고, 공고문을 홈페이지나 유관 기관에 게시한다. 지원자들의 서류를 접수하고 면접을 실시한 다음, 과정 운영에 적합한 적임자를 선정하고 교 · 강사로 위촉한다.

정답 52. ④ 53. ① 54. ② 55. ①

56 다음 상황에서 발생하는 고객의 컴플레인 관련 내용은 무엇인가?

> • 이러닝 과정의 운영이 끝난 후 운영 결과보고서를 고객사에 보고하는데, 간혹 고객사에서 다른 조사항목을 추가하거나 수정을 요청하는 경우가 발생한다.
> • 과정이 시작되기 전에 고객사와 운영 결과보고서에 포함될 항목을 논의해야 한다.

① 수강 신청 인원　② 학습 진행 과정
③ 운영 결과보고서　④ 비용 정산 관련

해설

고객사에서 원하는 운영 결과보고서의 형식이 다를 때 발생하는 문제에 해당한다.

57 이러닝 교육기관에서 활용하는 다양한 종류의 웹 게시판에 대한 설명으로 옳지 않은 것은?

① 주로 활용하는 게시판에는 공지사항, 1:1 게시판, 학습 Q&A, 자유게시판, 자주 묻는 질문(FAQ) 등이 있다.
② 이러닝 과정 운영을 위해 꼭 필요한 게시판을 선택하여 사용하는 것이 효율적이다.
③ 자주 묻는 질문(FAQ)은 수강생들이 자주 묻는 기본적인 질문에 대해 Q&A 형식으로 정리한 것이다
④ 고객 만족을 위해서 자주 묻는 질문(FAQ)을 활용하기보다는 1:1게시판을 통해 개인적으로 소통하는 것이 더 효과적이다.

해설

FAQ를 통해서 문의사항을 해결할 수 있도록 하고, FAQ에 문의사항에 대한 답변을 찾아볼 수 없다면, 1:1 게시판을 통해서 질문을 남기도록 하는 것이 수강생과 운영자 모두에게 효과적이다.

58 이메일 혹은 게시판 문의 고객에 대한 응대 방법으로 옳지 않은 것은?

① 이메일 문의 내용에 대해서 최소한 일주일 안에 답변한다.
② 매일 일정한 시간을 정해두고 하루 2회 이상 체크하여 답변한다.
③ 답변의 제목은 내용을 명확하게 나타낼 수 있는 구절로 표현한다.
④ 상대방이 읽기 쉽도록 짧고 간결하게 작성한다.

해설

이메일 문의사항은 최소 하루 혹은 이틀 안에 답변을 완료해야 한다.

59 성적과 관련되지 않은 과제의 운영 요령에 대한 설명으로 옳지 않은 것은?

① 성적과 관련되지 않은 과제는 참여도가 저조하므로 강요하지 않는다.
② 성적과 관련 없다고 할지라도 과제 제출을 요구한다는 것 자체가 학습자의 시간과 노력을 요구하는 것이므로 체계적이고 객관적인 운영이 필요하다.
③ 과제 첨삭 여부에 따라서 튜터링 인력을 사전에 구성할 필요가 있다.
④ 동료 학습자들이 함께 채점하는 예도 있으므로 다양한 첨삭 방식을 적용해 보는 시도가 필요하다.

해설

성적과 관련되지 않은 과제라고 할지라도 학습자에게 관심을 유발하거나, 학습에 큰 도움이 될 때는 참여도가 높을 수 있다.

60 커뮤니케이션 업무에 대한 설명으로 옳지 않은 것은?

① 학습자들 간의 소통을 원활하게 하고, 강사와 학습자 간의 소통을 돕는 활동이다.

② 화상회의나 온라인 채팅을 통해 학습자와 실시간으로 대화하면서 문제를 해결하거나 질문에 답변하는 업무이다.

③ 학습자들이 토론이나 질문을 올려 토론을 진행하는 업무이다.

④ 학습자 만족도 조사 및 피드백 관리를 통해 학습자들의 의견을 수렴하고, 이러한 의견을 반영하여 학습환경을 개선하는 업무이다.

해설

학습자들이 토론이나 질문을 올릴 수 있는 게시판을 운영하면서 학습자들의 질문에 답변을 제공하거나, 다른 학습자들과 함께 토론을 이끌어가는 업무이다.

61 상호작용의 종류를 설명하는 개념으로 옳은 것은?

> 학습자가 로그인하여 학습 플랫폼에 접속하면 학습 플랫폼은 학습자의 프로필, 학습이력 등을 확인하여 맞춤형 학습 경로를 제시한다. 학습자가 학습 과정에서 질문을 하거나 피드백을 제공하면, 학습 플랫폼은 이를 자동으로 분류하고, 그에 따라 적절한 답변을 제공하거나 필요한 조치를 한다.

① 학습자-교·강사 ② 학습자-콘텐츠

③ 학습자-학습자 ④ 학습자-운영자

해설

학습자가 강의 동영상을 시청하면, 비디오 플레이어에서 제공하는 기능을 통해 재생 속도, 음량 조절, 자막 등을 조정할 수 있다. 학습자가 퀴즈를 풀면, 적절한 피드백과 함께 정답을 제공하여 학습자가 실력을 향상시키도록 도움을 준다.

62 학습 진도 독려 방법을 설명하는 개념으로 옳은 것은?

> 개인별로 발송할 수 있으므로 학습자들이 더욱 집중하여 읽고 이해할 수 있으며, 이는 학습 동기 부여에 큰 도움이 된다. 이를 통해 진도율 관리나 과제 수행 상황 등을 빠르게 파악하고, 적시에 피드백을 제공할 수 있다.

① 이메일(e-mail)

② 문자(SMS)/카카오톡 메시지

③ 푸시(push) 알림 메시지

④ 전화

해설

이러닝에서 전통적으로 많이 사용하고 있는 독려 수단이다. 문자메시지는 개인별로 발송할 수 있으므로 학습자들이 더욱 집중하여 읽고 이해할 수 있으며, 이는 학습 동기 부여에 큰 도움이 된다. 학습자들의 휴대폰에 저장되기 때문에 나중에 다시 읽거나 참고할 수 있다.

63 보기의 내용은 이러닝 교육환경에서 어떤 종류의 상호작용에 관한 내용인가?

> • 학습자가 학습 게시판에 자료를 등록하거나 동료 학습자와 학습과정을 공유하면서 발생하는 상호작용
> • 소셜러닝의 개념 적용
> • 온라인 토론 게시판, 질의응답 게시판, 쪽지 활용

① 학습자-학습자 상호작용

② 학습자-교·강사 상호작용

③ 학습자-콘텐츠 상호작용

④ 학습자-운영자 상호작용

해설

학습자와 학습자 간에 발생하는 상호작용에 대한 설명이다.

정답 60. ③ 61. ② 62. ② 63. ①

64 보기의 내용은 이러닝 교육환경에서 어떤 종류의 상호작용에 대한 내용인가?

> • 학습자가 이러닝 학습관리시스템(LMS)에 접속하고 강의 콘텐츠를 활용하여 학습하는 과정에서 발생하는 상호작용
> • 강의 콘텐츠, 오디오 파일(MP3), 강의 교안(word, pdf, ppt 형태), 심화보충자료를 통해서 이루어진다.

① 학습자−학습자 상호작용

② 학습자−교·강사 상호작용

③ 학습자−콘텐츠 상호작용

④ 학습자−운영자 상호작용

학습자가 학습관리시스템에서 콘텐츠를 학습하며 발생하는 상호작용에 대한 설명이다.

65 ㉠, ㉡에 들어갈 이러닝 튜터의 세부 역량이 바르게 연결된 것은?

㉠	㉡
• 준 내용 전문성 • 인지적/정의적 전략에 대한 전문성 • 교과목 정보(목표, 수업 구성, 학습활동 진행 일정)에 대한 지식 • 학사 운영에 대한 지식 • 이러닝에 대한 이해 • 온라인 학습평가 능력	• 학사 운영에 대한 지식 • 이러닝에 대한 이해 • 과정관리능력 • 시간관리능력 • 의사소통능력 • 문제해결력

① 관리적 역량, 사회적 역량

② 교수적 역량, 관리적 역량

③ 교수적 역량, 기술적 역량

④ 관리적 역량, 기술적 역량

튜터의 역량 중에 ㉠은 내용 전문성이 요구되는 교수적 역량이며, ㉡은 학생들을 관리하기 위해 갖추어야 할 관리적 역량에 대한 설명이다.

66 학습 촉진을 위한 이러닝 튜터의 일반적인 역할로 옳지 않은 것은?

① 교수−학습활동 조력자

② 내용전문가

③ 과정 운영에 대한 평가자

④ 사회적 관계 조직자

③번의 내용은 과정 운영자나 관리자가 해야 할 역할이다.

67 다음은 이러닝 운영자가 이러닝 튜터의 교수 학습활동 촉진을 위해 제시한 활동 지침이다. 무엇에 대한 설명인가?

> • 학습 주제 관련 보충심화 자료를 게시한다.
> • 학습에 도움이 되는 웹사이트와 추천 도서를 정리하여 제공한다.
> • 과정 진행 시 필요한 데이터(소스)나 자료를 파일로 첨부하고, 사용 방법을 안내한다.

① 질의응답 지침

② 과제물 채점 및 피드백 지침

③ 보조 학습자료 등록 및 관리 지침

④ 상호작용 독려 지침

수강생들의 보충심화 학습을 위한 학습자료를 등록하고 안내하는 지침이다.

정답: 64. ③ 65. ② 66. ③ 67. ③

68 이러닝 튜터의 평가에 대한 설명으로 옳지 않은 것은?

① 학습자 대상 튜터 만족도 조사를 실시한다.

② 담당 교수자의 평가를 포함한다.

③ 학생들의 시험 응시, 과제 제출 등 온라인 활동 참여실적 평가는 포함되지 않는다.

④ 튜터의 직무시간 충족 여부를 점검한다.

해설

이러닝 튜터의 활동에 따라 학생들의 학습활동 참여 여부가 결정되므로 ③번에 제시된 항목은 평가 대상에 포함할 수 있다.

69 교육 솔루션 구성요소 중 빈칸에 들어갈 내용으로 적합한 것은?

교육솔루션 구성요소		
학습 전달 체제	행정 및 운영 체제	( )

① 평가 체제　　　② 지원 체제

③ 공급 체제　　　④ 분석 체제

해설

교육 솔루션은 학습 전달 체제, 행정 및 운영 체제, 지원 체제로 구성된다.

70 이러닝 참여자의 관리적 역할로 맞지 않는 것은?

① 교과에 대한 지식 없이도 진행할 수 있는 운영과 관련된 역할

② 구체적인 학습절차에 대한 안내의 역할

③ 이러닝으로 운영되는 교수–학습과정을 관리하는 역할

④ 학습 콘텐츠의 기능에 관하여 학습자를 지원하는 역할

해설

④번은 기술적 역할이다.

71 기업 이러닝에서 교수자의 역할로 적절하지 않은 것은?

① 내용 전문가로서의 역할

② 관리적 역할이나 사회적 역할을 드물게 수행

③ 운영과정에서 제반 관리를 담당하지는 않는다.

④ 질의응답, 리포트, 시험을 처리한다.

해설

기업 이러닝에서 튜터는 질의응답, 리포트, 시험을 처리한다.

72 운영자의 역할 중 이러닝 과정 운영전략 수립으로 적절치 않은 것은?

① 학습 촉진 방법 구체화

② 과정별 추진 일정 구체화

③ 운영관리를 위한 체크리스트 제작

④ 과정별 학사 일정 계획

해설

④번은 학습일정 관리이다.

73 LMS 교수자 지원으로 적절하지 않은 것은?

① 과제 및 토론

② 교수 관리

③ 시험 및 토론

④ 콘텐츠 관리

해설

교수 관리는 관리자 지원이다.

74 LCMS의 필수 기능으로 적절치 않은 것은?

① 정형화된 카테고리 기반의 콘텐츠관리 지원
② 개발된 콘텐츠 미리보기
③ 콘텐츠 관리에 대한 협업 지원
④ 메타데이터 재구성

해설

정형화되지 않는다.

75 다음 중 교육내용 및 분량의 만족도를 측정하는 문항이 아닌 것은?

① 학사일정에 맞추어 학습 안내를 제시했는가?
② 학습 내용은 학습 목표 대비 적절했는가?
③ 적절한 멀티미디어 자료를 활용했는가?
④ 학습 내용이 현업에 도움이 될 것이라고 생각하는가?

해설

학습 안내는 운영자 지원 활동에 대한 만족도 문항이다.

76 다음 중 평가 문항을 개발할 때 복잡하면서도 지식의 깊이가 있는 문항을 개발하기 위해 참고 하게 되는 이론은?

① 데일의 경험의 원추
② 호반의 시각자료 분류
③ 블룸의 교육목표 분류
④ 켈러의 ARCS 모형

해설

데일과 호반은 시각자료의 구성에 영향을 준 이론이며, 켈러의 ARCS는 학습 동기 유발과 관련된 이론이다.

77 다음 중 대표적인 모사답안 판단 기준이 아닌 것은?

① 띄어쓰기, 오타, 특수문자 등이 동일한 경우
② 폰트 사이즈, 폰트 유형 등이 동일한 경우
③ 파일 속성, 크기가 완전히 일치하는 경우
④ 상식 이하의 오답이 동일한 경우

해설

폰트 크기 및 유형은 대표적인 모사 판단 기준이라고 할 수 없다.

78 다음 중 평가 결과의 원인을 분석할 때 맥락이 고려되어야 하는 이유로 적절한 것은?

① 학습 목표 수립에 긍정적 영향을 준다.
② 평가의 엄밀성을 향상시킬 수 있다.
③ 평가도구의 품질과 신뢰성을 높일 수 있다.
④ 성과에 대한 올바른 판단을 도울 수 있다.

해설

맥락에는 목적, 평가 대상 과목, 평가 대상 학습자의 학년 수준, 평가가 발생한 기간과 같은 요소가 포함될 수 있다. 맥락을 고려하지 않을 경우 분석의 결과가 학습자에게 유의미한 내용이 되지 않을 수 있으며, 더 나아가 성과에 대한 잘못된 판단을 유발할 수 있다.

79 평가 및 성적관리 방법이 아닌 것은?

① 출제 문항 관리
② 평가 방법 유형a 관리
③ 부정행위 관리
④ 평가시스템 관리

해설

평가 및 성적관리는 출제 문항 관리, 평가 방법 유형 관리, 부정행위 관리, 성적분포 관리가 있다.

80 다음 중 평가 및 성적관리의 평가 방법으로 적절하지 않은 것은?

① 이러닝 과정의 내용과 특성을 고려한다.

② 문항의 변별성과 난이도를 관리한다.

③ 학습자의 성적 결과를 근거로 과정 적절성을 평가한다.

④ 평가의 계획, 실시, 사후 관리 등 단계적으로 평가를 할 수 있는 지침을 마련한다.

해설

학습자의 성적 결과를 근거로는 성적분포의 적절성을 평가한다.

정답 80. ③

01 다음 중 이러닝 및 이러닝 유사 개념의 의미로 잘못 설명된 것은?

① 원격교육: 교육용 CD-ROM 또는 소프트웨어를 이용하는 교육으로, 네트워크로 연결되지 않고 독립적인 컴퓨터 단위로 개인별 교육이 이뤄지는 형태

② 온라인 교육: 오프라인(off-line) 교육과 상반되는 개념으로, 웹을 기반으로 하는 인터넷(internet), 인트라넷(intranet), 익스트라넷(extra-net) 등을 이용한 교육

③ 컴퓨터 기반 교육: 교육과정이나 학습 활동에서 컴퓨터와 관련 기술을 활용하는 방식의 교육을 의미하며, 학습자들이 컴퓨터나 인터넷을 사용하여 정보를 얻고, 문제를 해결하며, 다양한 학습자료에 접근하는 방식

④ 이러닝: 전자적 수단, 정보통신 및 전파·방송 기술을 활용하여 이루어지는 학습

> **해설**
>
> 해설: 해당 설명은 컴퓨터 기반 교육에 대한 일반적인 설명으로, 원격교육의 경우 네트워크에 연결되어 학습을 진행한다.

02 다음 중 OCW의 설명으로 올바르지 않은 것은?

① 오픈된 라이선스가 적용되는 대학의 이러닝 콘텐츠를 누구나 활용할 수 있도록 무료로 공개한 온라인 강의 공개 서비스

② MIT, 스탠퍼드, UC버클리, 예일, UCLA, 하버드 등의 명문대학이 참여하고 있음

③ OCW를 국내에서 현지화한 'KOCW'는 현재 한국교육학술정보원(KERIS)에서 주관하고 있음

④ 거대 규모의 교육을 뜻하는 것으로 웹 서비스를 기반으로 언제, 어디서든 양질의 대학 강의를 들을 수 있도록 하는 고등교육 시스템

> **해설**
>
> 거대 규모의 교육 웹서비스는 MOOC이다.

03 다음 중 MOOC의 설명으로 올바르지 않은 것은?

① 강의를 온라인상에 제공하고 학습자들이 수강하는 일방향적 온라인 강의 공개 서비스

② 거대 규모의 교육을 뜻하는 고등교육 웹 서비스

③ Coursera, edX, Udacity, Khan Academy 등이 MOOC의 예시 플랫폼이라고 할 수 있다.

④ 한국형 MOOC는 국가평생교육진흥원에서 2015년부터 K-MOOC를 운영하고 있다.

> **해설**
>
> MOOC의 경우 쌍방향적 서비스이다. 해당 설명은 OCW에 대한 설명이다.

정답 01. ① 02. ④ 03. ①

04 다음 중 적응형 학습(adaptive learning)에 대해 바르게 설명한 것은?

① 교사나 강사가 주도적으로 강의하고, 학생들이 이를 수동적으로 듣는 방식

② 학습자의 학습 이력 데이터를 기반으로 학습자의 수준과 특성에 맞춘 학습

③ 학생들이 실제 문제나 사례를 해결하기 위해 협력하고 탐구하는 학습 방법

④ 학생들이 소그룹으로 협력하여 학습하는 학습 방식

해설

①번은 전통적 학습, ③번은 문제 중심학습, ④번은 협동 학습에 대한 설명이다.

05 이러닝 산업의 주요 이해 관계자에 대한 설명 중 바르게 설명되지 않은 것은?

① 내용전문가(content provider): 교수자 혹은 외부 인적 자원

② 교수자(instructor): 동일한 여러 개의 강좌가 운영될 때 한 강좌를 담당하는 교·강사로서 한 강좌의 수강 인원이 많을 경우 담당 강사를 지원하면서 강의 운영

③ 운영자(coordinator): 강좌 전체를 운영하는 담당자(교수, 학생 지원 담당자)

④ 개발자: 이러닝 콘텐츠를 개발하는 사람들로 프로그래머, 디자이너, 그래픽 디자이너 등 다양한 분야에서 일하며, 이러닝 콘텐츠의 제작에 필요한 기술과 도구를 사용함

해설

②번의 설명은 튜터에 대한 설명이다.

06 다음 중 이러닝 사업체에 대한 설명으로 바르게 설명된 것은?

① 콘텐츠 사업체: 사설학원을 운영하면서 전부 또는 일부를 이러닝으로 서비스를 제공하는 사업체

② 솔루션 사업체: 초·중·고교 및 대학교와 연계하여 학위를 주는 사업체

③ 서비스 사업체: 온라인으로 교육 훈련 학습 등을 쌍방향으로 정보통신 네트워크를 통해 개인 사업체 및 기관에 직접 서비스를 제공하는 사업과 이러닝 교육 및 구축 등 이러닝 사업 제반에 관한 컨설팅을 수행하는 사업체

④ 정규교육 사업체: 이러닝에 필요한 교육 관련 정보시스템의 전부나 일부를 개발 제작 가공, 유통하는 사업체

해설

①번은 사설학원 사업체, ②번은 정규교육 사업체, ④번은 콘텐츠 사업체이다.

07 온라인 교육과정을 개발하는 주체로써 특정 분야나 주제에 대해 깊은 지식과 전문성을 가진 사람을 의미하는 것으로, 콘텐츠를 위한 교안 작성, 내용 검수 등의 활동을 진행하는 사람은 다음 중 어느 것인가?

① 코디네이터　　② 내용전문가

③ 교육운영자　　④ 교수설계자

해설

내용전문가는 그 분야에서 높은 수준의 경험과 기술을 갖추고 있으며, 종종 그 주제에 대한 문제 해결, 조언, 교육 및 전략적 의사결정에 중요한 역할을 한다.

08 다음 중 이러닝 콘텐츠 개발자의 역할로 볼 수 없는 것은?

① 교수설계 이론 및 실행에 대한 폭넓은 전문지식을 바탕으로 고객의 교육 요구에 부응하고 프로그램의 목표를 수립

② 기획에 따라 다양한 멀티미디어 요소를 함유한 콘텐츠를 제작하는 업무 담당

③ UI 기획 및 제작, 그래픽 디자인, 플래시 애니메이션 제작, 동영상 제작, 사운드 제작, 액션 스크립트 및 웹 프로그래밍의 역할을 담당

④ 이러닝 콘텐츠 개발 표준을 이해하고 표준을 기준으로 콘텐츠 제작

프로그램의 목표를 수립하는 역할은 교수설계자의 역할이다.

09 다음 중 이러닝 컨설턴트의 역할로 볼 수 없는 것은?

① 이러닝교육을 기획하고, 이에 대한 자문을 수행하며, 이러닝 프로젝트 운영을 관리 및 총괄하는 역할

② 다양한 경험을 토대로 한 총체적인 시각에서 이러닝사업을 기획하고, 교육 프로그램의 개발 방향을 제안하며, 프로젝트 매니저로서의 역할을 수행하며, 개발된 산출물에 대한 1차적인 책임을 짐

③ 프로젝트 기획과 추진, 완료 보고 및 최종 산출물 납품에 이르기까지 프로젝트 전체 과정을 총괄

④ 이러닝과정이 체계적·효율적으로 운영되도록 과정운영 계획을 총괄적으로 수립하고, 교수학습 환경을 점검하며, 교수자와 학습자에 대한 체계적인 관리를 통해 교수학습 활동을 촉진하는 역할

④번의 내용은 서비스 운영자의 역할이다.

10 다음 중 마이크로러닝의 효과성에 대해 바르게 제시한 것은 어느 것인가?

① 학습자는 긴 시간 동안 집중할 수 있으므로, 긴 콘텐츠를 선호한다.

② 짧은 시간 동안 필요한 정보를 빠르게 습득할 수 있어 업무나 학습에 바로 적용할 수 있다.

③ 학습자는 다양한 주제를 동시에 습득할 수 있다.

④ 학습자가 실제 교육 활동에 참여를 배제한 형태이다.

마이크로러닝은 짧은 시간 동안, 하나의 주제에 수업을 진행하며, 학습자의 참여를 배제하지 않는다.

11 다음 중 소셜러닝이 가장 잘 활용될 수 있는 환경은 무엇인가?

① 학습자가 주로 독립적으로 학습하며, 외부와의 상호작용을 피하는 경우

② 전문가들이 혼자서 이론적인 내용을 전달하는 전통적인 교육 환경

③ 학습자가 다양한 사람들과 상호작용하며 정보나 경험을 교환하는 경우

④ 교실 수업에서만 이루어지는 오프라인 교육 환경

소셜러닝의 가장 큰 강점은 상호작용을 통하여 서로에게 정보나 경험을 줄 수 있다는 것이다.

12 다음 중 이러닝산업법의 주요 내용으로 포함 되지 않은 것은 무엇인가?

① 학생 및 교육자의 권리와 보호, 라이선스, 지식재산권, 프라이버시 보호 등을 다룬다.

② 온라인뿐만 아니라 오프라인 교육을 위한 디지털 기술과 정보통신 기술을 활용한 교육을 제공하는 산업을 규제하는 법률이다.

③ 기존 산업과 달리 온라인에서 이루어지기 때문에, 이러닝 산업의 기술적 측면에 대한 규제 및 법적 문제를 다룬다.

④ 이러닝 서비스 제공자의 안전성 유지와 사용자 개인정보 보호를 위한 대책을 요구한다.

해설

오프라인 교육에서 발생하는 내용은 이러닝산업법에 포함되지 않는다.

13 이러닝산업법에서 괄호에 들어갈 내용으로 적절한 것은 무엇인가?

> "자유이용정보"란 「저작권법」 제7조에 따른 보호를 받지 못하는 저작물 또는 같은 법 제39조부터 제42조까지의 규정에 따른 보호기간이 만료된 저작물을 말한다. 이때, (   )에 해당하는 저작물이 자유이용정보로 간주된다.

① 저작권이 보호되지 않는 저작물

② 저작권 등록이 완료된 저작물

③ 특정 국가에서만 보호되는 저작물

④ 상업적 이용이 허가된 저작물

해설

저작권이 보호되지 않는 저작물에 대해서는 자유이용정보로 간주된다.

14 다음 중 이러닝 산업 발전 및 이러닝 활용 촉진에 관한 기본계획에 포함되어 있는 것은 무엇인가?

① 이러닝 산업에 대한 세금 감면 정책

② 이러닝 관련 기술 개발 및 연구 · 조사와 표준화에 관한 사항

③ 오프라인 교육을 위한 개선 사항

④ 이러닝 산업과 관련된 주택 정책

해설

①, ③, ④번은 기본계획에 포함되어 있지 않다.

15 아래 지문은 이러닝 진흥위원회의 구성에 대한 내용이다. 괄호 안에 들어갈 내용으로 바르게 구성된 것은 무엇인가?

> 위원회는 위원장 1명과 부위원장 1명을 포함하여 (㉠) 이내의 위원으로 구성하되, 위원장은 (㉡) 차관 중에서 (㉡) 장관이 지정하는 사람이 되고, 부위원장은 교육부의 고위공무원단에 속하는 일반직공무원 또는 3급 공무원 중에서 (㉢)이 지명하는 사람이 되며, 그 밖의 위원은 다음 각호의 사람이 된다. "

① ㉠ 10명, ㉡ 교육부, ㉢ 산업통산자원부 장관

② ㉠ 20명, ㉡ 교육부, ㉢ 산업통산자원부 장관

③ ㉠ 10명, ㉡ 산업통산자원부, ㉢ 교육부 장관

④ ㉠ 20명, ㉡ 산업통산자원부, ㉢ 교육부 장관

해설

위원회는 위원장 1명과 부위원장 1명을 포함하여 20명 이내의 위원으로 구성하되, 위원장은 산업통상자원부 차관 중에서 산업통상자원부 장관이 지정하는 사람이 되고, 부위원장은 교육부의 고위공무원단에 속하는 일반직공무원 또는 3급 공무원 중에서 교육부 장관이 지명한다.

정답 12. ② 13. ① 14. ② 15. ④

16 다음 중 이러닝산업법의 15조에서 17조까지에 해당하는 이러닝 센터에 대한 내용이다. 이러닝 센터에 대해 틀린 것은 어느 것인가?

① 중소기업 및 교육기관의 이러닝을 지원하기 위한 교육 및 경영 컨설팅

② 이러닝을 통한 지역 공공서비스의 제공 대행

③ 이러닝 전문인력의 양성과 그 밖에 대통령령으로 정하는 사항

④ 정부는 이러닝센터의 기능 수행에 필요한 경비의 일체를 지원

정부는 이러닝센터 기능 수행에 필요한 경비의 일부를 지원할 수 있다.

17 이러닝 콘텐츠 유형의 각 요소와 요소에 대한 설명으로 바르게 짝지어지지 않은 것은?

① 반복 연습용 이러닝 콘텐츠: 학습 내용의 숙달을 위해 학습자들에게 특정 주제에 관한 연습 및 문제 풀이의 기회를 반복적으로 제공해 주는 유형이다.

② 영상 강의용 이러닝 콘텐츠: 특정 주제에 관해 교수자의 설명 중심으로 이루어진 세분화된 동영상을 통해 학습을 수행하는 유형이다.

③ 정보 제공형 이러닝 콘텐츠: 다양한 디지털 정보로 제공되는 서사적인 시나리오를 기반으로 하여 이야기를 듣고 이해하며 관련 활동을 수행하는 형태로 학습이 진행되는 유형이다.

④ 교수 게임형 이러닝 콘텐츠: 학습자들이 교수적 목적을 갖고 개발된 게임 프로그램을 통해 엔터테인먼트를 즐기는 것과 동시에 몰입을 통한 학습이 이루어지도록 하는 유형이다.

③번의 내용은 스토리텔링형 이러닝 콘텐츠에 대한 설명이다.

18 다음 중 개인교수형 이러닝 콘텐츠에 대한 설명으로 옳지 않은 것은 무엇인가?

① 모듈 형태의 구조화된 체계 내에서 학습자가 개별적으로 학습할 수 있도록 구성된다.

② 교수자가 학습자에게 직접 개별적으로 가르치는 것처럼 학습 내용을 설명하고 피드백을 제공한다.

③ 학습 내용은 컴퓨터가 학습자에게 설명하고, 안내하며 피드백을 제공한다.

④ 반복적인 연습을 통해 학습 내용을 숙달하는 데 초점을 둔다.

④번은 반복 연습용 이러닝 콘텐츠에 대한 내용이다.

19 이러닝 콘텐츠 개발 방법에서 많이 사용하는 방법으로 1970년대 초반, 미국 국방부의 교수 학습체제(ISD)에 기반을 둔 콘텐츠 개발 모형은 다음 중 어느 것인가?

① Dick and Carey

② ADDIE

③ SAM

④ ASSURE

ADDIE 모형은 1970년대 초반, 미국 국방부의 Instructional Systems Development(ISD) 프로젝트에서 탄생한 체계적 교육 설계 프로세스의 일부로 개발되었다. 이 프로젝트는 군사 훈련 프로그램을 보다 효과적이고 체계적으로 설계하기 위해 시작되었으며, ADDIE는 이를 기반으로 발전했다.

20 다음 중 교수설계에서 콘텐츠 설계 단계에서 진행하는 활동이 아닌 것은?

① 학습흐름도 작성: 학습의 시작부터 마무리까지의 학습 흐름 구성도를 작성

② 설계 개요서 작성: 콘텐츠의 설계 전략 및 개발 전략을 문서화

③ 스토리보드 설계: 화면 구성, 화면 단위의 내용 제시 분량과 위치, 메뉴의 내용과 제시 위치, 진행 방법 등과 같은 구체적인 내용이 표시된 스토리보드를 화면 단위로 설계

④ 프로토타입 개발: 설계 과정에서 산출된 설계서를 바탕으로 실제 개발될 학습 콘텐츠의 1차시 분량의 프로토타입 개발

해설

프로토타입 개발은 콘텐츠 설계 단계가 아닌, 콘텐츠 개발 단계에서 진행된다.

21 다음은 웹 접근성에 대한 내용이다. 괄호 안에 알맞은 내용을 다음 중에 고르시오.

> 웹 접근성이란 (㉠)의 사용을 일반인뿐만 아니라 장애가 있는 사람, 고령자들도 편리하게 사용할 수 있도록 설정한 웹 페이지 및 콘텐츠 (㉡)이다.

① ㉠ 웹 에디터, ㉡ 제작 기준

② ㉠ 웹 브라우저, ㉡ 제작 기준

③ ㉠ 웹 표준, ㉡ 활용 기준

④ ㉠ 스트리밍, ㉡ 활용 기준

해설

웹 접근성이란 웹 브라우저의 사용을 일반인뿐만 아니라 장애가 있는 사람, 고령자들도 편리하게 사용할 수 있도록 설정한 웹 페이지 및 콘텐츠 제작 기준이다.

22 양질의 콘텐츠를 신속하고 경제적으로 개발하기 위해서는 체계적인 자원 관리 및 자원 재사용에 기반을 둔 설계 프로세스 활용이 필요하다. 이렇게 콘텐츠 재사용 시 효과로 옳지 않은 것은?

① 개발 과정의 위험 감소

② 고급 인력의 효과적인 이용

③ 컴포넌트 라이브러리의 생성과 유지

④ 교육과정 개발 비용의 감소

해설

재사용을 위해 컴포넌트 라이브러리의 생성과 유지는 재사용에 따른 단점이다.

23 이러닝 콘텐츠 동영상 유형에 대한 설명으로 바르지 않은 것은 다음 중 어느 것인가?

① 교수자 얼굴 위주 촬영형: 가장 보편적인 스타일로 교수자와 학습자 간 친숙한 관계를 형성하기 위해 사용

② PPT 슬라이드와 오디오형: 교수자와 게스트가 특정 주제에 대해 비격식적으로 대화하는 모습을 촬영하는 방식

③ 시범형: 설계 과정에서 산출된 설계서를 바탕으로 실제 개발될 학습 콘텐츠의 1차시 분량의 프로토타입 개발

④ 애니메이션형 : 모션을 적용한 캐릭터 애니메이션과 성우의 음성 또는 말풍선과 같은 텍스트 형식의 대화를 조합하는 방식

해설

②번의 설명은 대화형 동영상 유형에 대한 설명이다.

정답 20. ④ 21. ② 22. ③ 23. ②

24 다음 중 "화면 속 화면형(Picture in Picture)" 이러닝 콘텐츠 유형에 대한 설명으로 올바른 것은 무엇인가?

① 교수자의 모습을 화면에 나타내지 않고, 오디오만으로 내용을 전달하는 방식이다.

② 교수자의 모습을 화면 우측 하단에 작은 크기로 나타내고, 배경은 크로마키 기법을 이용하여 처리한다.

③ 교수자는 스튜디오에서 촬영되며, 주로 다수의 카메라 앵글을 사용하여 시각적 변화를 제공한다.

④ 이 방식은 주로 교수자의 판서를 실시간으로 녹화하여 학습자를 가르치는 데 사용된다.

해설

화면 속 화면형(picture in picture)은 교수자의 모습을 화면 우측 하단에 작은 크기로 나타내고, 배경은 크로마키 기법을 이용하여 처리한다.

25 LMS(학습관리시스템)의 주요 기능은 무엇인가?

① 학습자료의 제공, 학습자의 성과 추적, 커뮤니케이션 관리

② 물리적인 교실 환경 관리

③ 교육자와 학생 간의 수업료 결제

④ 교사 간의 학습자료 공유

해설

LMS 주요 기능은 학습자료의 제공, 학습자의 성과 추적, 커뮤니케이션을 관리하는 기능이다.

26 다음 중 LMS의 예시로 올바르지 않은 것은 무엇인가?

① Moodle   ② Black Board

③ Google Docs   ④ Canvas

해설

Google Docs는 문서 관리 툴이다.

27 다음 중 LMS의 SCORM 호환성에 대해 설명한 것 중 올바른 것은 무엇인가?

① SCORM은 LMS와 콘텐츠를 완전히 독립적으로 운영할 수 있도록 해준다.

② SCORM은 LMS와 콘텐츠 간의 데이터 통신을 가능하게 하고, 학습자 진행 상황을 추적할 수 있도록 한다.

③ SCORM은 LMS에서 콘텐츠를 제공하는 데 필요하지 않다.

④ SCORM은 모든 LMS 시스템에서 동일한 방식으로 동작하지 않는다.

해설

SCORM은 LMS와 콘텐츠 간의 상호작용을 정의하는 표준이다. SCORM 콘텐츠는 LMS와 연결되어 작동하며, LMS와의 상호작용 없이는 SCORM 콘텐츠가 제대로 작동하지 않는다. 따라서 SCORM은 콘텐츠와 LMS 간의 연결을 가능하게 하며 독립적인 운영을 보장하지 않는다.

28 다음은 LCMS 내용이다. 괄호 안에 알맞은 내용을 다음 중에 고르시오.

> 학습 콘텐츠 관리시스템은 콘텐츠를 (　　　) 단위로 개발, 저장, 관리하여 기개발된 콘텐츠의 재사용성 및 학습자 특성에 맞는 적응적인 콘텐츠를 제공하는 시스템이다.

① 학습 커리큘럼   ② 학습 단원

③ 학습 모듈 ④ 학습 객체

해설

학습 콘텐츠 관리시스템(LCMS)은 콘텐츠를 학습 모듈 단위로 개발, 저장, 관리하여 기개발된 콘텐츠의 재사용성 및 학습자 특성에 맞는 적응적인 콘텐츠를 제공하는 시스템이다.

정답 24. ②   25. ①   26. ③   27. ②   28. ③

29 LCMS와 LMS의 주요 차이점은 무엇인가?

① LMS는 콘텐츠 관리를 중심으로, LCMS는 학습자의 진행 상황을 추적한다.

② LCMS는 콘텐츠 사용자 및 콘텐츠의 관리 기능을 모두 제공한다.

③ LCMS는 콘텐츠 생성만, LMS는 평가 기능만 제공한다.

④ LMS는 콘텐츠 제공만, LCMS는 과제 제출만 관리한다.

해설

LCMS는 콘텐츠 관리, 콘텐츠 등록, 사용자 관리 등의 기능을 보유하고 있다.

30 다음은 LCMS 내용이다. 괄호 안에 알맞은 내용을 다음 중에 고르시오.

> LCMS는 (   )와 (   )의 주요 기능을 제공하여, 학습 콘텐츠의 개발 및 관리, 그리고 배포를 지원한다.

① 콘텐츠 관리, 학습자 관리

② 콘텐츠 관리, 평가 관리

③ 학습이력관리, 평가 관리

④ 학습이력관리, 학습자 관리

해설

LCMS는 콘텐츠 관리와 학습자 관리의 주요 기능을 제공하여, 학습 콘텐츠의 개발 및 관리, 그리고 배포를 지원한다.

31 LRS(Learning Record Store)의 주요 역할로 올바른 것은 무엇인가?

① 학습 기록을 저장하고 관리하는 역할

② 학습 콘텐츠를 제작하는 역할

③ 학습자를 위한 퀴즈를 생성하는 역할

④ 교사와 학생 간의 커뮤니케이션을 위한 역할

해설

LRS는 학습자의 활동 기록을 저장하고 관리하는 역할을 한다. 주로 xAPI를 사용하여 학습 데이터를 수집하고 저장한다.

32 다음 중 LRS의 데이터 관리 방식으로 올바른 것은 무엇인가?

① 데이터는 전통적인 데이터베이스 시스템에 저장된다.

② 데이터는 주로 XML 파일 형태로 로컬에 저장된다.

③ LRS는 주로 클라우드 기반 시스템으로, 데이터를 중앙 집중식으로 관리한다.

④ LRS는 데이터를 물리적 서버에만 저장하고 클라우드에서 사용되지 않는다.

해설

대부분의 LRS는 클라우드 기반으로 운영되며, 데이터를 중앙에서 관리한다.

33 다음은 교강사의 기준에 대한 내용이다. 괄호 안에 알맞은 내용을 다음 중에 고르시오.

> 교강사는 해당 분야에서 (   ) 이상의 실무 경력이 있는 사람이어야 하며, 해당 교 · 강사가 1개의 훈련과정에 대해 전담하는 것은 아니나, 1명의 교 · 강사가 동일 기간에 담당하는 수강생은 (   ) 최대 제한

① 6개월, 100명

② 1년, 100명

③ 6개월, 500명

④ 1년, 500명

해설

교강사는 해당 분야에서 1년 이상의 실무경력이 있는 사람이어야 하며, 해당 교 · 강사가 1개의 훈련과정에 대해 전담하는 것은 아니나, 1명의 교 · 강사가 동일 기간에 담당하는 수강생은 500명 최대 제한

정답 29. ② 30. ① 31. ① 32. ③ 33. ④

34 다음 중 이러닝 교 · 강사의 역할로 가장 적합한 것은 무엇인가?

① 학습자와의 상호작용 없이 자료만 제공한다.

② 학습자가 스스로 학습할 수 있도록 독립적인 자료를 제공한다.

③ 학습자의 학습 진도를 모니터링하고 피드백을 제공한다.

④ 교수학습 계획을 수립하지 않는다.

해설

이러닝 교 · 강사는 학습자의 학습 진도를 모니터링하고, 필요 시 피드백을 제공하여 학습을 지원하는 역할을 한다. 이는 효과적인 학습을 위해 중요한 역할이다.

35 이러닝 교 · 강사의 역할 중 학습관리시스템(LMS) 사용과 관련하여 중요한 점은 무엇인가?

① LMS에서 제공하는 콘텐츠를 그대로 사용하지 않고 개인적인 자료를 전송한다.

② LMS를 통해 학습자의 진도를 추적하고, 학습 성과를 평가한다.

③ LMS에 콘텐츠를 등록하고 콘텐츠 품질을 지속적으로 관리한다.

④ LMS를 사용하여 학습자들을 입과시키고, 학습 진행 후 수료 업무를 진행한다.

해설

LMS는 이러닝에서 학습자의 진도를 추적하고 성과를 평가하는 데 중요한 도구로 사용되고, 교 · 강사는 이를 통해 학습자의 성과를 분석하고, 적절한 피드백을 제공한다.

36 초중고교(K-12) 학습자와 성인 학습자의 주요 차이점에 대한 설명으로 올바른 것은 무엇인가?

① K-12 학습자는 자발적으로 학습에 참여하며, 학습 목표를 스스로 설정한다.

② 성인 학습자는 비교적 정해진 커리큘럼을 따르며 교사의 지시를 받는다.

③ K-12 학습자는 주로 이론 중심의 학습을 선호하며, 실용적인 내용보다는 추상적인 개념을 중시한다.

④ 성인 학습자는 실용적이고 목표 지향적인 학습을 선호하며, 개인의 경험을 기반으로 학습을 진행한다.

해설

성인 학습자는 실용적이고 목표 지향적인 학습을 선호하며, 자신이 가진 경험을 바탕으로 학습을 진행하는 경향이 있다. 반면 K-12 학습자는 교사의 지도와 정해진 커리큘럼에 의존하며, 상대적으로 이론적인 내용을 더 많이 학습한다.

37 다음 중 초중고에 다니는 학생(K-12) 학습자와 성인 학습자의 학습 스타일 차이에 대해 올바르게 설명한 것은 무엇인가?

① K-12 학습자는 이론보다는 실습 중심의 학습을 선호한다.

② 성인 학습자는 목표 지향적인 학습을 선호하고 실용성을 중시한다.

③ K-12 학습자는 경험적 학습보다는 추상적 이론 학습을 선호한다.

④ 성인 학습자는 외부의 지시 없이 자발적으로 학습하는 경우가 많지 않다.

해설

성인 학습자는 실제적인 문제 해결과 실용적인 기술 습득에 집중하는 경향이 강하고, 목표 지향적으로 학습을 진행한다. 반면 K-12 학습자는 이론 중심의 학습을 경험할 때가 많다.

정답 **34.** ③ **35.** ② **36.** ④ **37.** ②

38 다음 이러닝 교·강사 역할 중에서 촉진자의 역할로 볼 수 없는 것은?

① 학습 분위기 조성
② 학습 동기 부여
③ 학습 지원 도구의 적극적 활용
④ 학습자 정보 관리

해설

학습자 정보 관리는 교·강사 역할 중 안내자 및 관리자 역할이다.

39 원격교육에서 학습 지원의 필요성에 대한 설명으로 옳지 않은 것은 무엇인가?

① 학습 지원은 학습자가 중도에 학업을 포기하지 않고 코스를 마치는 데 기여한다.
② 맞춤형 학습 지원은 학습 목표 달성을 용이하게 한다.
③ 학습 지원은 교수자, 튜터와의 접촉을 줄이는 효과를 가진다.
④ 학습 지원은 학습자의 만족도를 높이는 데 기여한다.

해설

학습 지원은 학습자와 교수자, 튜터, 동료 학습자 간의 접촉을 촉진하여 학습 동기를 강화한다. 접촉을 줄이는 것이 아니라 오히려 더 활발히 이루어지도록 도와준다.

40 다음 중 원격교육에서 학습 지원의 학사 행정적 영역에 포함되는 활동은 무엇인가?

① 비근무일 학습 지원체계 구축
② 교수자와 튜터의 상호작용 활성화
③ 학습 과정 중의 기술적 문제 해결
④ 개인의 진로지도 상담

해설

비근무일에도 학습 지원 체계를 마련하는 것은 학사 행정적 영역의 중요한 활동이다. 이는 학습자가 학업을 원활히 진행할 수 있도록 돕는다.

41 다음 중 이러닝 운영 기획의 활동에 해당하는 것은 무엇인가?

① 학습 환경 점검을 통해 시스템 오류를 대비하는 활동
② 과정 운영에 필요한 사항을 분석하고 운영 계획을 세우는 활동
③ 학습자 등록을 위한 수강 신청 시스템을 점검하는 활동
④ 수업 시작 후 학습자 피드백을 수집하는 활동

해설

이러닝 운영 기획은 과정 운영에 필요한 전반적인 사항을 분석하고 이를 기반으로 구체적인 운영계획을 세우는 활동을 포함한다. 나머지 선택지는 운영 준비 또는 운영 후 활동에 해당한다.

42 다음 중 이러닝 운영 기획에서 요구분석이 필요한 이유로 가장 적절한 것은?

① 이러닝 과정의 효과를 사후 평가하기 위해
② 현재 상태와 바람직한 상태 간의 격차를 확인하기 위해
③ 이러닝 콘텐츠의 제작 비용을 절감하기 위해
④ 학습자에게 다양한 학습 도구를 제공하기 위해

해설

요구분석은 현재 상태(what it is)와 바람직한 상태(what should be) 간의 격차를 확인하고 이를 기반으로 최적의 해결 방안을 모색하는 활동이다.

정답 38. ④ 39. ③ 40. ① 41. ② 42. ②

43 다음 중 요구분석이 학습자 맞춤형 서비스에 기여하는 방식으로 가장 적절한 것은?

① 학습자 개개인의 교육 비용을 줄인다.
② 교육훈련 성과를 측정하기 위한 기준을 자동으로 생성한다.
③ 학습자가 직접 운영 계획에 참여하도록 한다.
④ 학습자들에게 제공할 서비스의 여건과 내용을 파악하게 한다.

요구분석은 이러닝 운영 기관이 학습자 맞춤형 서비스를 제공하기 위해 필요한 사항과 세부 내용을 파악하는 데 도움을 준다.

44 다음 중 학습자 분석에서 조사할 수 있는 내용으로 옳은 것은?

① 조직의 핵심 가치
② 학습 콘텐츠의 난이도
③ 학습자의 학습 만족도
④ 학습관리시스템(LMS) 기능 점검

학습자의 학습 만족도는 학습자 분석에서 설문조사나 인터뷰를 통해 조사되는 내용이다. 나머지는 고객 요구분석, 교육과정 분석, 또는 학습관리시스템 점검에 해당한다.

45 아래에서 설명한 요구분석의 도구에 대한 내용은 다음 중 어느 도구에 대한 설명인가?

> • 다수의 의견을 한번에 수집 가능
> • 참여자 정보를 무기명으로 수집하면 솔직한 응답 결과를 확보할 수 있다.

① 포커스그룹 인터뷰 ② 설문조사
③ 관찰   ④ 자료조사

설문조사는 다수의 의견을 수집할 수 있으며, 참여자 정보를 무기명으로 수집하면 솔직한 응답 결과를 확보할 수 있는 반면, 설문 참여자들의 전반적인 경향 파악은 수월하지만, 질문 문항의 내용이 한정적이므로 직접적인 요구를 파악하기는 다소 어려울 수 있다.

46 다음 중 조직 및 기관 단위 고객의 요구분석을 위해 사용할 수 있는 방법이 아닌 것은?

① 설문조사
② 학습자의 시험 결과 분석
③ 인터뷰
④ 기존 작성된 조직 단위 자료 활용

시험 결과 분석은 학습 성과 평가와 관련된 활동이다. 고객의 요구분석은 설문조사, 면담, 현존 자료 활용 등의 방법으로 이루어진다.

47 학습관리시스템(LMS) 점검을 통한 요구분석에서 주로 점검해야 할 항목으로 적절하지 않은 것은?

① 평가 문항 등록
② 과제 등록
③ 학습자의 동기 수준
④ 공지사항 등록

학습자의 동기 수준은 학습자 분석에 해당한다. LMS 점검에서는 학습 콘텐츠와 시스템 기능의 원활한 작동 여부를 확인한다.

48 다음 중 이러닝 운영계획 수립의 주요 목표로 가장 적절한 것은?

① 학습자 요구사항 파악
② 성과 중심의 교육훈련 목표 달성
③ 과정 모집 홍보 강화
④ 학습 콘텐츠 품질 개선

정답 : **43.** ④ **44.** ③ **45.** ② **46.** ② **47.** ③ **48.** ②

해설

운영계획 수립의 핵심 목표는 성과 중심의 교육훈련 목표를 달성하는 데 있다. 학습자 요구사항 파악은 요구분석 단계에서, 홍보 강화는 홍보계획 수립에서, 콘텐츠 품질 개선은 교육 과정 설계에서 중점적으로 다뤄진다.

49 다음 중 이러닝 운영전략 수립의 주요 활동으로 적절하지 않은 것은?

① 연간 교육계획 수립

② 교육과정 운영 매뉴얼 제작

③ 학습자의 직무 만족도 조사

④ 기존 과정의 운영 결과 보고서 참고

해설

직무 만족도 조사는 운영전략 수립의 활동이 아니라, 고객 요구분석이나 교육 성과 분석에서 다뤄질 수 있는 내용이다.

50 다음 중 이러닝 홍보계획 수립에서 특정 기업을 대상으로 하는 맞춤형 홍보전략을 설계할 때 가장 우선적으로 고려해야 할 요소는 무엇인가?

① 기업의 연간 교육 예산 규모

② 해당 기업의 업무 일정과 이러닝 도입 목적

③ 기업의 대외 이미지와 홍보물의 시각적 디자인

④ 경쟁 기관의 유사 과정 홍보 사례 분석

해설

특정 기업을 대상으로 한 홍보전략에서는 해당 기업의 업무 일정과 이러닝 도입 목적을 철저히 분석하여 기업의 니즈에 부합하는 홍보 메시지를 구성해야 효과적이다. 예산이나 경쟁 사례도 중요하지만, 맞춤형 접근의 핵심은 기업의 내적 요구와 일정에 맞는 전략이다.

51 다음 중 이러닝 학사일정계획 수립 시 연간 일정 계획의 주요 목적은?

① 이러닝 콘텐츠 품질 평가

② 1년 동안 운영될 과정의 차수 및 학기 구분 결정

③ 학습자 만족도 조사

④ 운영 결과 보고서 작성

해설

연간 일정 계획은 1년 동안 운영될 과정의 차수와 학기 구분을 결정하는 데 중점을 둔다.

52 다음 중 평가전략 수립에서 "운영 과정 평가"가 "학습 결과 평가"와 다른 점으로 적절한 것은?

① 운영 과정 평가는 학습자가 과정에서 획득한 성취도에 초점을 맞춘다.

② 운영 과정 평가는 학습 콘텐츠와 운영 지원 활동의 품질을 분석한다.

③ 운영 과정 평가는 수료 기준 충족 여부를 판단한다.

④ 운영 과정 평가는 학습 활동에 대한 점수 배분 방식만 고려한다.

해설

운영 과정 평가는 학습 콘텐츠, 운영 지원 활동, LMS 활용도 등 운영 품질에 초점을 맞추는 반면, 학습 결과 평가는 학습자의 성취도와 수료 여부를 중심으로 평가한다.

53 학습 콘텐츠 관리시스템(LCMS) 점검 항목으로 포함되지 않는 것은 무엇인가?

① 콘텐츠 생성, 수정, 삭제 기능 테스트

② 다수 저작자의 협업 기능 점검

③ 학습 패턴 분석 기능 점검

④ 학습 성적 평가 기능 점검

정답 49. ③ 50. ② 51. ② 52. ② 53. ④

학습 콘텐츠 관리시스템(LCMS)은 학습 콘텐츠 생성 및 관리에 초점을 맞추며 학습 성적 평가 기능은 LMS와 더 관련이 있다.

54 학습자 지원을 위한 운영 지원 도구 중 챗봇과 화상채팅의 차이를 올바르게 설명한 것은 무엇인가?

① 챗봇은 실시간 상호작용을 지원하지만, 화상채팅은 비실시간으로 동작한다.

② 챗봇은 텍스트 기반의 자동화된 답변을 제공하며, 화상채팅은 실시간 음성 및 영상 피드백을 통해 문제 해결을 돕는다.

③ 챗봇은 학습자가 직접 문제를 표현하지 않아도 학습 내용을 이해할 수 있다.

④ 화상채팅은 반복적인 질문에 효과적이며, 챗봇은 개별화된 맞춤 상담에 적합하다.

화상채팅은 상대방의 음성과 표정을 확인할 수 있어 심층적인 상호작용이 가능하며, 챗봇은 단순하고 반복적인 질문을 처리하는 데 최적화되어 있다.

55 다음 중 이러닝 콘텐츠가 원활하게 작동하지 않을 때 원인으로 볼 수 없는 것은 무엇인가?

① 학습자가 권장 사양을 충족하지 못한 경우

② 학습 사이트에서 사용 중인 콘텐츠 제작환경과 학습자의 환경이 다른 경우

③ 테스트 계정을 사용하지 않고 로그인 전 기능만 점검한 경우

④ 콘텐츠 구동에 필요한 플러그인을 설치하지 않은 경우

①, ②, ④번은 이러닝 콘텐츠 문제의 원인으로 지목된다. 반면 ③번은 로그인 전 기능 점검 여부와 콘텐츠 작동 문제는 직접적인 연관이 없다.

56 다음 중 이러닝 운영계획서에서 요소별 세부 내용으로 적절하지 않은 것은?

① 교육과정 정보: 수료 기준 및 진도관리 기준

② 학습관리시스템 정보: 시스템 사용 최소 사양 정보

③ 운영활동 정보: 상호작용에 대한 방법(토론, 커뮤니티 등), 시기, 횟수

④ 평가전략 정보: 평가전략 수준(반응도 평가, 학업성취도 평가, 현업 적용도 평가, 성과기여도 평가 등)

수료 기준 및 진도관리 기준은 운영활동 정보이다.

57 이러닝 콘텐츠 점검 시, 학습자의 개인정보를 안전하게 처리하기 위해 필요한 점검 사항은 무엇인가?

① 학습자의 개인정보를 암호화하지 않고, 데이터베이스에 평문으로 저장한다.

② 개인정보 수집 및 처리 과정에서 법적 요구사항을 준수하는지 여부를 확인한다.

③ 학습자의 개인정보를 타인과 공유하기 위해 명확한 동의를 받지 않는다.

④ 모든 학습자에게 동일한 수준의 개인정보 보호 조치를 적용하지 않는다.

학습자의 개인정보를 안전하게 처리하기 위해서는 법적 요구사항을 준수하는지 확인하는 것이 매우 중요하다. 개인정보 보호법 등 관련 법규를 준수하여 개인정보 수집, 처리, 저장 및 공유 과정에서 법적 요구사항을 따르는지 점검해야 한다. 또한, 개인정보는 반드시 암호화하고, 동의를 받아 처리해야 하며, 개인정보 보호 수준은 학습자마다 다르게 적용해서는 안 된다.

58 다음 중 과거와 현재의 이러닝 콘텐츠 개발 환경 차이를 가장 잘 설명한 것은 무엇인가?

① 과거에는 HTML5를 사용했고, 현재는 Adobe Flash를 사용한다.

② 과거에는 자체 개발한 플레이어가 필요했고, 현재는 HTML5 비디오 플레이어가 필요하다.

③ 과거에는 Adobe Flash Player가 필요했고, 현재는 HTML5, 비디오 플레이어를 주로 사용한다.

④ 과거와 현재 모두 동일한 프로그램이 필요하다.

해설

과거에는 Adobe Flash 기반 콘텐츠가 주로 사용되었으나, 현재는 HTML5 비디오 플레이어나 자체 개발한 플레이어를 사용하는 방향으로 변화하고 있다. ①번은 순서가 뒤바뀌었으며, ②번은 자체 플레이어보다는 다양한 플레이어가 필요했다. ④번은 사실이 아니다.

59 다음 중 이러닝 콘텐츠 점검 시, 디자인 요소 점검에서 중요하게 다뤄야 할 사항으로 적절하지 않은 것은 무엇인가?

① 콘텐츠의 레이아웃이 학습자의 이해를 돕도록 구성되었는지 확인한다.

② 다양한 화면 크기와 해상도에서 콘텐츠가 잘 작동하는지 확인한다.

③ 콘텐츠의 내용이 학습자의 수준에 맞는지 점검한다.

④ 학습에 필요한 시각적 디자인이 매력적이고 직관적인지 확인한다.

해설

콘텐츠 내용의 적합성은 교육적 요소에 해당하며, 디자인 요소는 콘텐츠의 시각적 구성, 레이아웃, 호환성 등을 포함한다.

60 아래 내용은 이러닝 콘텐츠 점검 시, 기술적 요소에 대한 내용이다. 괄호 안에 들어갈 적절한 말을 다음 보기에서 선택하시오.

> (기술적 요소)에서 (　　　)은/는 이러닝 콘텐츠가 다양한 기기와 운영체제에서 잘 작동하는지를 점검하는 요소이다.

① 상호작용　　　② 보안성

③ 호환성　　　⑤ 접근성

해설

호환성은 콘텐츠가 다양한 기기와 웹 브라우저에서 정상적으로 작동하는지를 점검하는 기술적 요소 중 하나이다.

61 학습자가 회원가입 시 필수적으로 동의해야 하는 사항은 무엇인가?

① 학습자 추가 정보 제공 동의

② 개인정보 수집 및 이용 동의

③ 이메일 수신 여부 선택

④ 과정 개설 알림 동의

해설

회원가입 시 학습자는 개인정보 수집 및 이용 동의를 필수적으로 제공해야 하며, 이는 개인정보 보호법에 따른 필수 절차이다. 다른 항목은 선택 사항이다.

62 회원가입 시 학습자 기본정보에 해당하지 않는 것은 무엇인가?

① 학습자의 이름과 성별

② 학습자의 직업

③ 학습자의 이메일 주소

④ 학습자의 생년월일

해설

학습자의 직업과 관심 분야는 추가 정보에 해당하며, 기본정보에는 포함되지 않는다. 기본정보는 과정 운영에 필요한 기초적인 개인정보를 의미한다.

정답 58. ③　59. ③　60. ③　61. ②　62. ②

63 수강 신청 시 과거에 이수한 이력이 있는 경우, 시스템이 제공해야 하는 안내는 무엇인가?

① 수강 신청이 자동으로 취소된다.

② "과거에 수강한 이력이 있습니다"라는 메시지를 안내한다.

③ 별도의 확인 절차 없이 수강 신청을 완료한다.

④ 수강 신청 기간이 종료되었음을 알린다.

수강 신청 과정에서 학습자가 이미 과거에 이수한 이력이 있는 경우, 팝업 메시지로 이 사실을 안내하여 불필요한 신청을 방지한다.

64 이러닝에서 절대평가의 특징은 무엇인가?

① 학습자의 성적을 순위로 매기는 방식

② 개별 학습자가 정해진 성취도 기준만 충족하면 되는 방식

③ 학습자 간 경쟁을 강조하는 방식

④ 학습 목표에 도달한 학습자의 수가 중요한 방식

절대평가는 학습자의 개별 성취도에 초점을 맞추고, 정해진 성취 기준을 충족하면 학습자가 수료하는 방식이다. 순위나 경쟁을 중시하지 않으며, 비교적 내재적인 학습 동기를 유발하는 특징이 있다.

65 이러닝 과정에서 평가 항목별 비율이 제대로 반영되지 않은 경우, 무엇을 확인해야 하는가?

① 학습자의 개인적인 성취도

② LMS와 운영계획서의 평가 항목 및 비율 일치 여부

③ 각 학습자의 출석률

④ 시험의 난이도

이러닝에서 평가 항목과 비율이 정확히 반영되었는지 확인하기 위해서는 LMS와 운영계획서에 입력된 평가 항목과 비율을 비교해야 한다. 비율이 정확히 반영되지 않으면 성적 처리에 오류가 발생할 수 있다.

66 이러닝 과정에서 성적 이의신청을 할 수 있는 경우는 무엇인가?

① 학습자가 성적을 확인하기 전에 성적에 대해 불만이 있을 경우

② 시험이나 과제 제출 과정이 종료된 후, 점수 산출에서 오류나 누락이 발생했을 경우

③ 학습자가 예상보다 낮은 성적을 받았을 경우

④ 과제 제출이 늦었을 때 성적을 변경할 수 있을 경우

성적 이의신청은 시험, 과제 제출 과정 종료 후 점수 산출에서 오류나 누락이 발생했을 때 학습자가 이를 신청하는 경우에 해당한다. 학습자가 성적을 확인한 후, 점수 산출에 문제가 있을 때 이의신청을 할 수 있다.

67 이러닝 과정에서 교·강사 질 관리를 위한 평가 방법으로 적절하지 않은 것은 무엇인가?

① 학습자들의 강의 평가 결과를 참고한다.

② 교육기관 내부 평가 위원회의 평가 결과를 참고한다.

③ 교·강사의 강의 성적만을 평가 기준으로 삼는다.

④ 강의 평가 문항은 보통 5점 척도를 활용하여 객관식과 주관식 문항을 포함한다.

교·강사의 질 관리는 강의 평가 결과와 내부 평가 위원회의 평가 결과를 참고하여 이루어진다. 교·강사의 성적만을 평가 기준으로 삼는 것은 적절하지 않다. 교·강사의 품질 관리는 다양한 요소를 종합적으로 평가해야 한다.

정답: 63. ② 64. ② 65. ② 66. ② 67. ③

68 자주 묻는 질문(FAQ) 게시판의 주요 장점은 무엇인가?

① 수강생이 1:1 게시판을 통해 문의하기 전에 FAQ에서 자주 묻는 질문을 확인할 수 있다.

② 답변을 비공식적으로 작성하고, 고객의 입장에서 필요한 정보도 덧붙여 간결하고 핵심적인 답변을 제공한다.

③ FAQ 게시판은 항상 수시로 업데이트되므로, 수강생들이 최신 정보를 얻기 어렵다.

④ FAQ 게시판은 수강생들이 게시판을 사용하지 않도록 유도하는 역할을 한다.

해설

FAQ 게시판은 수험생들이 자주 묻는 질문들을 Q&A 형식으로 정리하여 제공함으로써, 1:1 게시판을 통해 문의하기 전에 필요한 정보를 쉽게 찾을 수 있도록 돕는다. 이는 운영자의 업무 부담을 줄이고, 수험생의 편의를 증진시키는 역할을 한다.

69 FAQ 작성 및 관리요령의 설명으로 옳지 않은 것은?

① 가장 빈번하게 묻는 질문들을 선별하여 FAQ 문서에 포함한다.

② 각 질문에 대한 답변을 분류하여 카테고리를 만드는 것이 좋다.

③ 사용자들이 쉽게 접근할 수 있도록 서비스의 메뉴나 고객센터 등에 링크를 제공해야 한다.

④ 비교적 구체적이고 자세히 작성한다.

해설

선별한 질문에 대한 답변을 작성할 때는 간결하고 명확하게 작성해야 한다.

70 이러닝 운영 시 고객센터의 다양한 지원 서비스 중 원격지원 서비스의 주요 목적은 무엇인가?

① 고객의 전화 상담 요청에 신속히 대응하기 위해

② 학습자가 컴퓨터 문제를 해결할 수 있도록 직접 지원하기 위해

③ 학습 환경에 대한 정보를 사전에 공지하기 위해

④ 고객센터 운영 방침을 고객에게 설명하기 위해

해설

원격지원 서비스는 학습 중 컴퓨터 문제가 발생했을 때 담당자가 학습자의 화면에 접속하여 문제를 해결하는 서비스이다. 이는 컴퓨터 문제 해결을 목적으로 한다.

71 학습자가 제출한 과제의 공정한 평가를 위해 운영 관리에서 활용할 수 있는 시스템은 무엇인가?

① 수강 신청 시스템

② 모사답안 검증 시스템

③ 학습 촉진 도구

④ LMS(학습관리시스템)

해설

모사답안 검증 시스템은 학습자가 제출한 과제가 공정하게 평가될 수 있도록 활용된다. 이는 표절이나 유사 답안 문제를 방지하는 데 도움을 준다.

72 다음 중 운영 관리자의 학습 촉진 활동에 해당하지 않는 것은?

① 학습 동기를 유지하기 위한 활동

② 학습자의 진도율을 관리하는 활동

③ 학습 과정 중 발생한 기술적 문제를 해결하는 활동

④ 학습자의 학습성과를 극대화하기 위한 지원 활동

정답 68. ① 69. ④ 70. ② 71. ② 72. ③

기술적 문제를 해결하는 것은 학습 촉진 활동이 아니라 기술 지원의 일부이다. 학습 촉진 활동은 학습 동기 유지와 학습성과 향상을 목표로 한다.

73 다음 중 콘텐츠 유지보수 업무에 해당하는 활동으로 적절하지 않은 것은?

① 기존 콘텐츠의 오류를 수정

② 콘텐츠의 출처와 사용 규약 검토

③ 학습 콘텐츠의 통계 데이터를 분석

④ 최신 정보에 맞게 콘텐츠 업데이트

콘텐츠 유지보수는 기존 콘텐츠의 오류를 수정하고, 출처와 사용 규약을 검토하며, 최신 정보로 업데이트하는 작업을 포함한다. 통계 데이터 분석은 학습 콘텐츠 통계 및 분석 업무에 해당한다.

74 학습 콘텐츠의 사용자 인터페이스(UI)를 개선할 때 고려해야 할 주요 목표는 무엇인가?

① 콘텐츠의 출처를 명확히 표시하는 것

② 학습자의 콘텐츠 활용도를 통계로 분석하는 것

③ 학습자가 콘텐츠를 쉽게 이해하고 활용하도록 돕는 것

④ 콘텐츠를 주제별로 분류하여 저장하는 것

UI 개선의 목표는 학습자가 콘텐츠를 더 쉽게 이해하고 활용할 수 있도록 사용자 편의성을 높이는 것이다. 메뉴 구조를 단순화하거나 기능을 추가하는 등의 작업이 이에 포함된다.

75 다음 중 이러닝 교육과정에서 형성 평가의 주요 목적은 무엇인가?

① 학습자의 초기 능력을 진단하는 것

② 학습자의 최종 학습 성과를 측정하는 것

③ 학습 중 피드백을 통해 학습 과정을 개선하는 것

④ 학습 내용을 복습하여 학습 효과를 높이는 것

형성 평가는 학습 과정 중 학습자의 이해도를 파악하고, 필요한 피드백을 제공하여 학습 과정을 개선하는 데 초점을 맞춘다. 이는 학습 성과를 측정하는 총괄 평가와는 다르다.

76 이러닝 과정 평가가 학습자에게 제공하는 주요 효과로 적절한 것은?

① 학습 과정에서 피드백을 제공하여 과정을 개선한다.

② 교육기관의 인증 상태를 유지하는 데 도움을 준다.

③ 과정에서 설정한 학습 목표를 달성했는지 검증할 수 있다.

④ 시장 경쟁력을 증명할 수 있는 자료를 제공한다.

이러닝 과정 평가는 학습자에게 과정에서 설정한 학습 목표를 달성했는지 검증하는 데 도움을 준다. 나머지 항목들은 공급자 측면의 효과이다.

77 다음 중 이러닝 교육에서 총괄 평가 결과를 활용한 전략으로 가장 적절하지 않은 것은?

① 학습 성과 데이터를 기반으로 향후 교육과정을 개선한다.

② 학습자가 학습 중 겪은 어려움에 대해 즉각적인 피드백을 제공한다.

③ 학습 목표의 달성 여부를 판단하여 인증서를 발급한다.

④ 학습자의 강점과 약점을 파악해 개인별 맞춤 교육을 설계한다.

정답: 73. ③ 74. ③ 75. ③ 76. ③ 77. ②

총괄 평가는 학습이 종료된 후에 학습 성과를 평가하는 과정
이므로 즉각적인 피드백을 제공하는 데 중점을 두지는 않는
다. 즉각적 피드백은 형성 평가의 주요 목적이다. 반면, 총괄
평가 결과는 교육과정 개선, 성과 인증, 맞춤 교육 설계에 유
용하게 활용된다.

78 이러닝 운영 결과 보고서에 포함되어야 할 주요 항목으로 올바른 것은 무엇인가?

① 학습자의 성별, 나이, 개인적인 취향

② 과정의 목표 달성 여부, 학습자의 만족도, 학업 성취도, 개선 사항

③ 강사의 교육 경력, 급여 내역, 수업 평가 점수

④ 학습자의 교실 출석 기록, 수업 중의 활동 내역

이러닝 운영 결과 보고서에는 과정의 목표 달성 여부, 학습자
의 만족도, 학업 성취도, 그리고 향후 개선 사항 등이 포함되
어야 한다. 이 항목들은 과정이 어떻게 진행되었고, 어떤 부분
에서 성과가 있었는지, 어떤 개선이 필요한지를 평가하는 데
중요한 역할을 한다. 학습자의 개인적인 취향이나 교사의 급
여 내역은 이 보고서에 포함되지 않는 내용이다.

79 Berge(2009)에 따르면, 교수자의 기술적 역할을 효과적으로 수행하기 위해 가장 중요한 것은 무엇인가?

① 최신 기술을 익히는 것

② 기술 사용법을 간결히 전달하는 것

③ 기술적 문제를 사전에 방지하는 것

④ 학습자가 도구를 효과적으로 사용할 수 있도록 지원하는 것

기술적 역할에서 교수자는 학습자가 도구를 학습 과정에 활용
할 수 있도록 지원하고 도구의 사용을 원활히 진행하도록 돕
는 것이 가장 중요하다.

80 다음 중 가상현실(VR), 증강현실(AR), 혼합현실(MR)의 차이에 대한 설명으로 가장 적절한 것은 무엇인가?

① 가상현실(VR)은 현실과 디지털 요소를 결합하며, 증강현실(AR)은 디지털 환경만을 제공한다.

② 증강현실(AR)은 물리적 현실에 디지털 정보를 추가하며, 혼합현실(MR)은 물리적 현실과 디지털 요소가 실시간으로 상호작용한다.

③ 혼합현실(MR)은 물리적 현실을 배제하고, 가상현실(VR)은 물리적 현실과 디지털 세계를 결합한다.

④ 가상현실(VR)은 물리적 현실과 디지털 세계를 실시간으로 통합하며, 증강현실(AR)은 물리적 현실만을 기반으로 한다.

증강현실(AR)은 물리적 현실에 디지털 정보를 추가하는 방식
으로 작동하며, 혼합현실(MR)은 물리적 현실과 디지털 세계
가 실시간으로 상호작용하여 통합된 환경을 제공한다. 가상현
실(VR)은 사용자가 완전히 디지털 환경에 몰입하게 하는 기
술이다.

 78. ② 79. ④ 80. ②

01 이러닝산업법 제2조에서 제시하고 있는 이러닝의 정의이다. 다음 중 ( ) 안에 들어갈 단어를 순차적으로 제시한 것은 어느 것인가?

> 이러닝은 (㉠) 수단, (㉡) 및 (㉢) 기술을 활용하여 이루어지는 학습이다.

① ㉠ 통신적, ㉡ 의사소통, ㉢ 정보통신
② ㉠ 전기적, ㉡ 위성방송, ㉢ 비디오
③ ㉠ 전자적, ㉡ 정보통신, ㉢ 전파 · 방송
④ ㉠ 학습적, ㉡ 인터넷, ㉢ 디지털

해설

이러닝은 '전자적 수단, 정보통신 및 전파 · 방송 기술을 활용하여 이루어지는 학습(이러닝산업법 제2조)'

02 다음 중 OCW와 MOOC의 주요 차이점으로 올바른 것은?

① OCW는 학습자료만 제공하고, MOOC는 강의와 상호작용 요소를 포함한다.
② OCW는 모든 콘텐츠가 유료로 제공되며, MOOC는 무료로 제공된다.
③ OCW는 실시간 강의를 제공하지만, MOOC는 제공하지 않는다.
④ OCW는 개인 학습용이고, MOOC는 학위 취득을 위한 과정이다.

해설

OCW는 강의자료나 동영상 등 자율 학습에 필요한 자료를 제공하는 데 초점을 맞추는 반면, MOOC는 강의 외에도 동료 학습자와의 토론, 퀴즈, 피드백 등 상호작용 요소가 포함되어 보다 체계적인 학습 환경을 제공한다.

03 MOOC(Massive Open Online Course)의 주요 특징으로 올바르지 않은 것은?

① 전 세계 누구나 접근 가능한 대규모 온라인 강의
② 대개 무료로 제공되며, 일부 유료 인증 옵션 제공
③ 소규모 학습 그룹에서 개인 지도 방식으로 진행
④ 다양한 주제와 강의를 포함하며, 자율적 학습 방식 제공

해설

MOOC는 대규모 학습자를 대상으로 하며, 개인 지도 방식보다는 자율적이고 대규모 참여를 기반으로 한 학습 플랫폼이다. 학습자는 스스로 콘텐츠를 탐색하며 학습 일정을 조정할 수 있다.

04 다음 중 적응형 학습(adaptive learning)이 학습자에게 제공하는 주요 이점으로 올바르지 않은 것은?

① 학습자 개개인의 학습 수준에 맞춘 맞춤형 학습 경험 제공
② 학습 진행 속도를 학습자가 스스로 조절할 수 있음
③ 모든 학습자에게 동일한 콘텐츠를 제공하여 형평성을 강화
④ 실시간 피드백을 통해 학습자의 약점을 보완할 기회 제공

해설

적응형 학습은 모든 학습자에게 동일한 콘텐츠를 제공하지 않고, 학습자별로 최적화된 콘텐츠를 제공한다는 점에서 형평성

정답 01. ③ 02. ① 03. ③ 04. ③

보다는 개인화를 중점으로 둔다. 이는 학습자가 개별적으로 효율적인 학습을 할 수 있도록 돕는 접근 방식이다.

05 이러닝 직종별 정의에 대해 바르게 설명된 것은?

① 이러닝 교수설계자: 이러닝 콘텐츠에 대한 기획력을 갖고 교수설계, 내용을 이해하여, 멀티미디어 요소를 활용해서, 콘텐츠를 구현하는 역할을 수행하는 업무에 종사하는 자

② 이러닝 콘텐츠 개발자: 이러닝 콘텐츠 구현에 필요한 교육용 영상을 기획하고, 촬영 및 편집 등을 포함한 전반적인 영상 제작 관련 업무에 종사하는 자

③ 이러닝 과정 운영자: 학습자의 학습성과를 극대화하기 위하여 교육과정에 대한 운영계획을 수립하고, 학습자와 교·강사 활동을 지원하며, 학습과 관련한 불편 사항을 개선함으로써 학습 목표 달성을 지원하는 업무에 종사하는 자

④ 이러닝 컨설턴트: 온라인 학습과 관련된 다양한 시스템에 대한 기획, 프로젝트 관리를 포함하여 학습의 운영과 관리에 필요한 소프트웨어를 설계하고 개발하는 업무에 종사하는 자

해설

①번은 이러닝 콘텐츠 개발자, ②번은 이러닝 영상제작자, ④번은 이러닝 시스템 개발자에 대한 설명이다.

06 다음 중 SME(Subject Matter Expert)의 역할로 볼 수 없는 것은?

① 전문 지식 제공
② 조언과 해결책 제시
③ 업데이트와 최신 정보 제공
④ 교육 운영 문제 해결

해설

교육 운영 문제 해결은 운영 담당자가 진행하는 역할이다.

07 교수설계 이론 및 실행에 대한 폭넓은 전문지식을 바탕으로 고객의 교육 요구에 부응하고 프로그램의 목표를 수립하는 역할을 담당하는 사람은 누구인가?

① 콘텐츠 개발자　　② 서비스 운영자
③ 교수설계자　　　④ 이러닝 컨설턴트

해설

교수설계자는 학습자와 내용을 분석하고, 자신만의 교수설계 전략을 구성하여, 프로그램의 목표를 수립한다.

08 다음 중 마이크로러닝이 가장 적합하지 않은 상황은 무엇인가?

① 빠르게 변하는 업무 환경에서 새로운 기술을 배우는 경우
② 반복적으로 짧은 훈련이 필요한 직무에서 학습하는 경우
③ 업무에 즉시 적용 가능한 정보를 제공하는 경우
④ 실습 위주 강의나 심화학습이 필요한 주제를 다룰 경우

해설

실습이나 심화학습은 마이크로러닝보다는 집체교육 또는 장시간 진행하는 수업에 용이하다.

09 다음 중 소셜러닝에서 주로 사용되지 않는 방법은 무엇인가?

① 온라인 포럼과 그룹 토론
② 소셜 미디어 플랫폼을 통한 지식 공유
③ 짧은 퀴즈와 테스트로 학습을 평가하는 방식
④ 학습자가 실시간으로 다른 사람들과 협업하는 프로젝트

정답 **05.** ③　**06.** ④　**07.** ③　**08.** ④　**09.** ③

짧은 퀴즈와 테스트 등은 기존 웹 기반 학습에서 진행할 수 있는 방법이다.

10 이러닝산업법에 의해 이러닝 서비스 이용자 의무에 해당하지 않는 것은?

① 이러닝 서비스 제공자가 제공하는 교육 정보를 분석해야 한다.

② 자신의 개인정보 보호를 위해 안전한 비밀번호를 설정한다.

③ 이러닝 서비스 이용 중 발생하는 문제에 대해 책임을 진다.

④ 이러닝 서비스 제공자와의 계약에 따라 학습에 참여한다.

교육 정보 분석은 이러닝 서비스 제공업체가 하는 업무이다.

11 다음 중 이러닝산업법에서 이러닝 콘텐츠에 대한 정의로 바르지 않은 것은?

① 이러닝 콘텐츠는 부호, 문자, 도형, 색채, 음성, 이미지, 영상 등 다양한 형태의 정보를 포함한다.

② 이러닝 콘텐츠는 공공기관의 심사를 통과해야 사용할 수 있다.

③ 이러닝 콘텐츠는 전자적 방식으로 처리된 자료여야 한다.

④ 이러닝 콘텐츠는 학습을 위한 자료로, 전자적 방식으로 제공된다.

이러닝 콘텐츠는 공공기관의 심사를 통과하지 않아도 사용할 수 있다.

12 "이러닝 산업 발전 및 이러닝 활용 촉진에 관한 기본계획"에 포함된 내용으로 괄호 안에 들어갈 내용은 다음 중 무엇인가?

- 이러닝 산업 발전 및 이러닝 활용 (㉠)을 위한 시책의 기본방향
- 이러닝 산업 발전 및 이러닝 활용 (㉠)을 위한 기반 조성에 관한 사항
- 이러닝 관련 기술 개발 및 연구 · 조사와 표준화에 관한 사항
- 이러닝 분야 기술 · 인력 등의 국외 진출 및 (㉡)에 관한 사항

① 적용, 기술 개발

② 적용, 국가 안보

③ 촉진, 국제화

④ 촉진, 소비자 보호

㉡에 해당하는 부분은 이러닝 국제화에 대한 내용이다.

13 다음 중 정보통신산업 진흥법 제26조에 따라 이러닝 산업 발전 및 이러닝 활용 촉진을 효율적으로 지원하기 위한 전담 기관은 어느 것인가?

① 한국교육학술정보원과 그 밖에 대통령령이 정하는 기관

② 한국교육개발원과 그 밖에 대통령령이 정하는 기관

③ 한국교육과정평가원과 그 밖에 대통령령이 정하는 기관

④ 한국산업인력공단과 그 밖에 대통령령이 정하는 기관

이러닝 진흥 전담 기관은 한국교육학술정보원이다.

정답 10. ① 11. ② 12. ③ 13. ①

14 다음 중 이러닝산업법에 대한 내용 중 바르지 않은 것은 어느 것인가?

① 정부는 기업의 생산성 향상과 경쟁력 강화를 위하여 기업의 이러닝 도입을 지원하기 위한 시책을 마련하여야 한다.

② 정부는 지역 간 학습 격차를 해소하고 균형발전을 위하여 공공기관의 이러닝 활성화에 필요한 지원을 하여야 한다.

③ 공공기관의 장은 그 공공기관이 실시하는 교육·훈련 중 대통령령으로 정하는 일정 비율의 교육·훈련을 이러닝으로 시행할 수 있다.

④ 정부는 이러닝 산업을 촉진함에 있어서 저작권 등 지식재산권(이하 이 조에서 "지식재산권"이라 한다)을 보호하기 위하여 필요한 시책을 마련하여야 한다.

> **해설**
> 균형발전을 위하여 공공기관의 이러닝 활성화가 아니라 '지역'의 이러닝 활성화에 지원해야 한다.

15 "사례 기반형 이러닝 콘텐츠"에 대한 설명으로 옳지 않은 것은 무엇인가?

① 학습자는 특정 사례를 기반으로 문제 해결 활동을 수행한다.

② 사례에 관련된 다양한 요소들을 파악하고, 필요한 정보를 검색하여 해결책을 도출한다.

③ 학습자는 주어진 문제를 해결하는 과정에서 실시간 교수자의 도움을 받는다.

④ 학습은 주로 사례 분석과 문제 해결 활동을 중심으로 진행된다.

> **해설**
> 사례 기반형 이러닝 콘텐츠는 실시간으로 학습자를 지원하지 않는다.

16 이러닝 콘텐츠 유형의 각 요소와 요소에 대한 설명으로 바르게 짝지어지지 않은 것은?

① 스토리텔링형 이러닝 콘텐츠: 다양한 디지털 정보로 제공되는 서사적인 시나리오를 기반으로 하여 이야기를 듣고 이해하며 관련 활동을 수행하는 형태로 학습이 진행되는 유형이다.

② 문제해결형 이러닝 콘텐츠: 문제를 중심으로, 주어진 문제를 인식하고 가설을 설정한 뒤 관련 자료를 탐색, 수집하여 가설을 검증하고 해결안이나 결론을 내리는 형태로 학습이 진행되는 유형이다.

③ 개인교수형 이러닝 콘텐츠: 특정 목적 달성을 의도하지 않고 다양한 학습활동에 활용할 수 있도록 최신화된 학습정보를 수시로 제공하는 유형이다.

④ 사례 기반형 이러닝 콘텐츠: 문제를 중심으로, 주어진 문제를 인식하고 가설을 설정한 뒤 관련 자료를 탐색, 수집하여 가설을 검증하고 해결안이나 결론을 내리는 형태로 학습이 진행되는 유형이다.

> **해설**
> ③번의 내용은 정보제공형 이러닝 콘텐츠에 대한 설명이다.

17 다음 중 ADDIE 교수설계 모형의 프로세스에 대한 설명으로 바르지 않은 것은?

① 분석: 교육의 필요성과 목표를 파악하고 분석하는 단계

② 최적화: 교육과정 후의 학습 환경을 최적화하고 시스템 성능을 조정하는 단계

③ 평가: 교육 프로그램의 효과를 평가하고, 필요한 수정 사항을 파악하는 단계

④ 설계: 교육과정을 설계하고 학습자료를 구체적으로 개발하는 단계

> **해설**
> 최적화는 교수설계 모형의 프로세스에 포함되지 않는다.

정답 : 14. ②   15. ③   16. ③   17. ②

18 다음 중 교수설계에서 콘텐츠 개발 단계에서 진행하는 활동이 아닌 것은?

① 학습흐름도 작성: 학습의 시작부터 마무리 까지의 학습 흐름 구성도를 작성

② 설계안 검토: 설계 개요서, 학습흐름도, 스토리보드 등에 대해 재검토

③ 프로토타입 개발: 설계 과정에서 산출된 설계서를 바탕으로 실제 개발될 학습 콘텐츠의 1차시 분량의 프로토타입 개발

④ 파일럿 테스트: 테스트를 통하여 진행 과정과 결과물에 대한 평가를 수행

해설

학습흐름도 작성은 콘텐츠 설계 단계에서 진행된다.

19 이러닝 콘텐츠 개발 자원 유형과 그에 대한 특성으로 바르게 설명되지 않은 것은?

① VOD: 교수자+교안 합성을 통하여 동영상을 기반으로 제작하는 방식의 콘텐츠 유형

② WBI: 웹 기반 학습에서 보편적으로 사용되는 방식으로 하이퍼텍스트를 기반으로 링크와 노드를 통해 다차원적인 형태를 구현

③ 텍스트: 한글, MS Office, PDF, 전자책 등과 같은 글자 위주의 콘텐츠 형태로 다른 유형에 비해 인쇄물로 변환이 쉽다.

④ 애니메이션: 동영상, 텍스트 등을 혼합한 형식으로 동영상 강의를 기반으로 진행되며 강의 내용에 따라 텍스트가 바뀌는 형태 등 기획 의도에 따라 유형이 상이하다.

해설

④번의 설명은 애니메이션이 아니라, 혼합형 콘텐츠에 대한 설명이다.

20 다음은 웹 표준에 대한 내용이다. 괄호 안에 알맞은 내용을 다음 중에 고르시오.

> 웹 표준은 웹에서 표준적으로 사용되는 기술이나 (㉠)이며, 어떤 운영체제나 브라우저를 사용하더라도 웹페이지가 (㉡)보이고 정상 작동해야 하는 것을 의미한다.

① ㉠ 디자인, ㉡ 규칙적으로

② ㉠ 자원, ㉡ 규칙적으로

③ ㉠ 규칙, ㉡ 동일하게

④ ㉠ 표준, ㉡ 동일하게

해설

웹 표준은 웹에서 표준적으로 사용되는 기술이나 규칙이며, 어떤 운영체제나 브라우저를 사용하더라도 웹페이지가 동일하게 보이고 정상 작동해야 하는 것을 의미한다.

21 다음 중 이러닝 콘텐츠 동영상 유형에 대한 설명으로 바르지 않은 것은?

① 화면 속 화면형(picture in picture): PPT 슬라이드에 교수자의 모습을 함께 보여주는 형태로 일반적으로 교수자를 우측 하단에 상반신 또는 그 이상의 크기로 노출하는 방식

② 판서형: 판서를 교수자의 음성과 실시간으로 맞춰 녹음하는 방식으로 교수자의 의도를 충분히 나타낼 수 있고 설명의 흐름에 맞춰 표현

③ 모션그래픽형: 모션을 적용한 캐릭터 애니메이션과 성우의 음성 또는 말풍선과 같은 텍스트 형식의 대화를 조합하는 방식

④ 화면캐스트형(screen-cast) : PC 화면에서 실행되는 자료 또는 작업을 화면 그대로 보여주는 방식으로 보통 교수의 음성과 함께 녹화가 진행

정답 **18.** ① **19.** ④ **20.** ③ **21.** ③

해설

③번은 애니메이션형에 대한 설명이다.

22 다음 중 "화면캐스트형(screen-cast)" 이러닝 콘텐츠 유형에 대한 설명으로 올바른 것은 고르시오.

① 교수자의 얼굴을 위주로 촬영하여 학습자와의 친숙한 관계를 형성하는 방식이다.

② 학습자의 화면을 녹화하여 실시간으로 작업을 보여주는 방식으로, 주로 실습이나 시뮬레이션 교육에 적합하다.

③ 화면에서 실행되는 자료나 작업을 교수자의 음성과 함께 녹화하여 보여주는 방식으로, 프로그램이나 도구 사용법을 설명하는데 적합하다.

④ 학습자가 화면에 나타나는 단계들을 따라가면서 학습을 진행하는 형태로, 대화형 콘텐츠와 유사하다.

해설

화면캐스트형은 화면에서 실행되는 자료나 작업을 교수자의 음성과 함께 녹화하여 보여주는 방식으로, 프로그램이나 도구 사용법을 설명하는 데 적합하다.

23 다음은 이러닝 콘텐츠 동영상 유형 시범형에 대한 내용이다. 괄호 안에 알맞은 내용을 다음 중에 고르시오.

> "시범형" 이러닝 콘텐츠 유형은 (   )에 대한 설명을 듣기보다는 직접적인 교수자의 시범을 볼 수 있도록 하는 형태이다.

① 실시간 학습

② 개념이나 활동 과정

③ 시뮬레이션 학습

④ 판서 관련

해설

"시범형" 이러닝 콘텐츠 유형은 개념이나 활동 과정에 대한 설명을 듣기보다는 직접적인 교수자의 시범을 볼 수 있도록 하는 형태이다.

24 LMS에서 학습자의 성과를 추적하는 주요 도구는 무엇인가?

① 수업 계획서 관리

② 온라인 성적 관리시스템

③ 교사의 개인정보 관리

④ 교실 소프트웨어 관리

해설

LMS에서 성과를 추적하는 도구는 성적 관리시스템이다.

25 다음 중 Moodle LMS의 주요 특징으로 올바르지 않은 것은 무엇인가?

① Moodle은 오픈 소스 소프트웨어로, 교육기관에서 무료로 사용할 수 있다.

② Moodle은 고급 보고서 및 분석 기능을 제공하며, 학습자의 진행 상황을 상세하게 추적할 수 있다.

③ Moodle은 HTML5와 CSS3를 기반으로 하는 동적 콘텐츠에 최적화되어 있다.

④ Moodle은 다수의 언어를 지원하고, 커스터마이징이 용이하다.

해설

Moodle은 HTML5와 CSS3를 기반으로 하는 동적 콘텐츠에만 최적화되어 있지 않고 다양한 콘텐츠를 지원하며, 특정 기술에만 최적화된 것은 아니다.

정답 22. ③   23. ②   24. ②   25. ③

26 다음 중 학습 관리시스템에서 교육운영과 관련된 기능이 아닌 것은?

① 이러닝 콘텐츠 관리

② 학습 진도율 현황

③ 과정별 게시판

④ 수료 처리

해설

이러닝 콘텐츠 관리는 교육운영이 아니라, 교육기획 부분의 기능이다.

27 LCMS에서 학습 콘텐츠를 작성하고 편집할 수 있는 도구는 무엇인가?

① Microsoft Word

② 콘텐츠 저작 도구

③ 소셜 미디어 플랫폼

④ 이메일 클라이언트

해설

학습 콘텐츠를 작성하고 편집할 수 있는 도구는 콘텐츠 저작 도구이다.

28 LCMS에서 "콘텐츠 리포지토리"의 역할은 무엇인가?

① 학습자의 평가 결과를 저장하는 기능

② 학습자 간의 토론을 관리하는 기능

③ 학습자의 진행 상황을 추적하는 기능

④ 학습 콘텐츠를 저장하고 관리하는 기능

해설

콘텐츠 리포지토리는 학습 콘텐츠를 저장하고 관리하는 기능이다.

29 LCMS에서 메타데이터의 역할은 무엇인가?

① 학습자의 성적을 기록하는 역할

② 콘텐츠의 내용을 변경하는 역할

③ 학습 콘텐츠의 관리, 검색 및 분류를 용이하게 하는 역할

④ 학습자의 학습 진행 상황을 추적하는 역할

해설

LCMS에서 메타데이터의 역할은 학습 콘텐츠의 관리, 검색 및 분류를 용이하게 하는 역할이다.

30 다음 중 LCMS에서 콘텐츠 검색을 최적화하기 위해 사용되는 메타데이터의 종류는 무엇인가?

① 기술적 메타데이터

② 설명적 메타데이터

③ 관리적 메타데이터

④ 교육적 메타데이터

해설

설명적 메타데이터는 주로 콘텐츠의 내용과 목적에 대한 정보를 제공하는 메타데이터이다. 이 메타데이터는 콘텐츠의 검색 가능성을 높이기 위한 중요한 역할을 한다. 예를 들어, 콘텐츠의 제목, 저자, 주제, 학습 목표, 키워드 등의 정보는 학습자가 필요한 자료를 빠르게 찾을 수 있도록 도와준다.

31 LCMS에서 메타데이터가 콘텐츠의 재사용을 용이하게 만드는 이유는 무엇인가?

① 콘텐츠의 품질을 평가하기 위해

② 콘텐츠의 관리 및 검색을 효율적으로 하기 위해

③ 콘텐츠의 다운로드를 빠르게 하기 위해

④ 콘텐츠의 보안을 강화하기 위해

해설

메타데이터는 콘텐츠 관리 및 검색을 효율적으로 하기 때문에 콘텐츠 재구성 시, 메타데이터 기준으로 재구성을 용이하게 한다.

32 다양한 학습 환경으로부터 실시간 학습데이터에 대한 수집 및 조회를 할 수 있는 저장 체계를 무엇이라고 하나?

① xAPI ② LCMS

③ LRS ④ LTI

해설

문제는 LRS에 대한 설명이다.

33 LRS에서 'xAPI'의 역할에 대해 옳은 설명은 무엇인가?

① xAPI는 콘텐츠의 형식을 정의하는 표준이다.

② xAPI는 학습자의 경험을 기록하고 LRS에 저장할 수 있도록 하는 API이다.

③ xAPI는 LRS의 데이터를 시각화하는 데 사용된다.

④ xAPI는 LRS에서 데이터를 삭제하는 역할을 한다.

해설

xAPI는 학습 기록을 저장할 수 있는 기술적 표준으로, LRS는 이를 사용하여 데이터를 관리한다.

34 다음은 LRS 내용이다. 괄호 안에 알맞은 내용을 다음 중에 고르시오.

> LRS의 데이터를 분석하여 학습 경험을 추적하는 데 중요한 지표로 사용할 수 있는 것은 (   ) 이다.

① 학습자의 피드백

② 학습자의 경험 기록

③ 학습 콘텐츠의 가격

④ 교사의 평가 점수

해설

LRS의 데이터를 분석할 때는 학습자의 경험 기록을 추적하여 학습 성과를 평가하고 개선점을 찾는 데 사용한다.

35 다음 중 교육과정의 난이도와 단가가 높은 과정 운영 시 교·강사 선발 방법으로 가장 적합한 설명은 무엇인가?

① 학위나 자격증을 보유한 사람을 선발한다.

② 전문적인 활동이 필요하기 때문에 교수학습 전문가를 선발한다.

③ 내용 전문성보다 교육 경험이 풍부한 사람을 선발한다.

④ 교육과정이 쉬운 과정이므로 실무 경력이 중요한 사람을 선발한다.

해설

교육과정의 난이도와 단가가 높은 과정 운영 시에는 학습 내용에 대한 이해가 높은 학습자들을 대응하기 위해 전문적인 활동이 필요하기 때문에 해당 교육 내용의 교수학습 전문가를 선발한다.

36 이러닝 교·강사의 중요한 역할 중 하나는 무엇인가?

① 객관식 과제를 채점하고 즉시 결과를 제공한다.

② 학생들이 언제나 온라인으로 참여하도록 강제한다.

③ 수업의 내용을 지속적으로 수정하고 개선한다.

④ 과제를 전혀 제공하지 않는다.

해설

이러닝 교·강사는 학습자가 어떻게 학습하는지에 대한 피드백을 통해 수업을 지속적으로 개선하고, 필요시 내용을 수정하여 더 효과적인 학습을 지원한다.

정답 32. ③ 33. ② 34. ② 35. ② 36. ③

37 다음 중 이러닝 교·강사 역할 구분에 대해 분류와 설명이 잘못 짝지어진 것은?

① 교수설계자: 교수설계자가 부재 시 교육내용을 이러닝 학습 환경에 맞게 설계하는 역할(교수설계자가 있는 경우 교수설계자와 협업 진행)

② 촉진자: 학습활동을 수행하는 과정에서 사회적 상호작용을 기반으로 학습자들이 공동체 의식을 형성하고 이를 기반으로 학습을 촉진하는 역할

③ 안내자/관리자: 내용 전문성을 기초로 학습을 안내하는 역할

④ 기술전문가: 학습자가 이러닝을 수행하는 과정에서 발생하는 다양한 기술적인 문제를 해결할 수 있도록 도와주는 역할

해설

③번의 내용은 내용전문가의 역할이다. 안내자의 역할은 교육과정에 필요한 정보를 안내하고 학습을 관리하는 역할을 담당한다.

38 다음 중 초중고교(K-12) 학습자와 성인 학습자의 학습 동기 차이에 대해 올바르게 설명한 것은 무엇인가?

① K-12 학습자는 학습 동기가 성인 학습자보다 낮고, 외부의 강한 유도가 필요하다.

② 성인 학습자는 학습 동기가 자동으로 높아져 자발적으로 학습에 참여한다.

③ K-12 학습자는 주로 학습에 대한 자율성과 자기주도성을 중요하게 여긴다.

④ 성인 학습자는 교육과정의 구조와 교사의 지시에 따라 학습 동기가 결정된다.

해설

K-12 학습자는 학습에 대한 내재적 동기가 부족할 수 있어, 교사나 부모의 격려와 피드백 등 외부의 유도가 중요한 경우가 많다. 반면 성인 학습자는 자신의 필요와 목표를 인식하고 자발적으로 학습에 참여하는 경향이 있다.

39 이러닝 교·강사 역할을 평가하려고 할 경우 다음 중 '수업 운영 단계의 평가 활동' 단계에 대한 기준이 아닌 것은?

① 학습자 요구에 대한 즉각적인 피드백 여부

② 토론 등 교수자 및 동료와의 교류 여부

③ 보충 및 심화 자료 제공 여부

④ 학습자 학습활동 모니터링 여부

해설

보충 및 심화 자료 제공 여부는 '설계 및 개발 단계 평가' 단계에 대한 기준이다.

40 다음 중 성인 학습자에 대한 설명으로 올바른 것은?

① 주로 수동적인 학습자로, 교강사에게 의존한다.

② 실제 경험을 바탕으로 학습 내용을 연결하는 경향이 있다.

③ 학습에 대한 동기 부여가 어린 학습자보다 낮다.

④ 학습 목표를 외부에서 정해주는 경우가 많다.

해설

성인 학습자는 주로 실제 경험을 바탕으로 학습을 진행하며, 이를 통해 새로운 지식이나 기술을 기존의 경험과 연결하려는 경향이 있다.

41 다음 중 원격교육에서 학습 지원의 교수-학습 영역에 포함되지 않는 활동은 무엇인가?

① 교수자와 튜터의 피드백 및 튜터링 활동

② 학습 커뮤니티 활성화 및 지도 운영

③ 인터넷 사용 방법 지도와 안내

④ 수업의 효과적 운영 및 질 관리

정답 37. ③ 38. ① 39. ③ 40. ② 41. ③

해설

인터넷 사용 방법 지도와 안내는 기술적 영역에 해당한다. 교수-학습 영역은 학습 내용 전달, 상호작용, 피드백, 커뮤니티 활성화 등이 포함된다.

42 다음 중 원격교육에서 학습 지원이 중요한 이유로 가장 적절한 것은?

① 학습자들이 기술적 문제를 해결하기 어렵기 때문이다.
② 학습자가 스스로 학습 목표를 설정할 수 없기 때문이다.
③ 학습 동기를 부여하고 학습 목표 달성을 돕기 때문이다.
④ 학습 커뮤니티 형성을 위해 학습자 간의 경쟁을 촉진하기 때문이다.

해설

학습 지원은 학습자의 동기를 높이고 목표를 달성하는 데 필요한 다양한 활동을 포함하며, 경쟁보다는 협력과 상호작용을 통해 학습 만족도를 높이는 것을 목표로 한다.

43 다음 중 이러닝 운영 준비 활동에 포함되는 것은 무엇인가?

① 학습자의 최종 성과 평가 및 인증서 발급 준비
② 교육과정에 필요한 학습관리시스템(LMS) 설정 및 사용자 계정 생성
③ 교육 콘텐츠에 대한 최종 검토 및 수정
④ 학습자가 제출한 과제의 채점 및 피드백 제공

해설

이러닝 운영 준비 활동에는 학습관리시스템(LMS) 설정 및 사용자 계정 생성이 포함된다. 이는 교육이 원활하게 진행되기 위해 학습자가 시스템에 접근할 수 있도록 계정을 만들고 시스템을 설정하는 과정이다. 나머지 항목은 운영 중 또는 운영 후의 활동에 해당한다.

44 다음 중 학습자 분석을 통해 얻을 수 있는 정보로 적절하지 않은 것은?

① 학습자의 학습 스타일
② 학습자의 학습 경험
③ 학습자의 직무역량
④ 학습자의 학습 동기

해설

학습자의 직무역량은 고객의 요구분석에서 주로 다뤄지는 내용이다. 학습자 분석은 학습 스타일, 학습 경험, 학습 동기 등 학습자 개개인에 대한 특성을 조사한다.

45 다음 중 조직 및 기관 단위 고객의 요구분석에서 주로 다루는 항목으로 적절하지 않은 것은?

① 교육 대상자의 직무역량 분석
② 조직이 기대하는 성과 수준
③ 학습자의 선호하는 학습 스타일
④ 조직의 비전과 핵심 가치 반영

해설

학습지의 학습 스타일은 학습자 분석의 범주이다. 고객외 요구분석은 조직이나 기관의 기대 사항과 관련된 내용을 다룬다.

46 교육과정에 대한 요구분석에서 수집된 의견이 기여할 수 있는 부분으로 적절한 것은?

① 학습 콘텐츠 제작 비용 산정
② 유사한 이러닝 과정의 기획 및 운영
③ 학습관리시스템의 보완작업 수행
④ 학습자의 인구통계학적 정보 수집

해설

교육과정에 대한 요구분석 결과는 유사한 이러닝 과정을 기획하고 운영하는 데 시사점을 제공한다.

정답 42. ③ 43. ② 44. ③ 45. ③ 46. ②

47 학습관리시스템(LMS) 점검을 통한 요구분석의 주된 목적은 무엇인가?

① 학습 콘텐츠의 난이도를 조정하기 위해

② 메뉴 사용의 문제점을 파악하고 개선하기 위해

③ 학습자의 학업 성취도를 측정하기 위해

④ 고객의 직무역량 강화를 위해

해설

LMS 점검을 통한 요구분석은 메뉴 사용의 문제점을 파악하고 과정 시작 전에 보완작업을 수행하기 위해 이루어진다.

48 다음 중 이러닝 운영계획 수립 시 가장 먼저 해야 할 활동은?

① 평가전략 수립

② 요구분석 실시

③ 학습자 모집

④ 운영 결과 분석

해설

운영계획 수립 전에 학습자, 고객, 교육 내용, 학습환경 등에 대한 요구분석을 통해 기반 정보를 수집하고 이를 반영하는 것이 효과적이다.

49 다음 중 기존 훈련과정의 운영전략 개선에 활용할 수 있는 자료로 적절한 것은?

① 학습관리시스템(LMS) 운영 데이터

② 교육생의 SNS 활동

③ 과정 홍보 포스터

④ 교육기관의 재정 현황

해설

LMS의 교육과정별 데이터와 운영 결과 보고서는 기존 과정의 운영전략을 개선하고 신규 과정 운영전략을 수립하는 데 유용한다.

50 다음 중 이러닝 운영 중인 단계에서 학사일정 계획에 포함될 활동으로 적절한 것은?

① 학습자의 성적 처리

② 수강 신청 일정 관리

③ 학습 진도관리 및 학습 촉진 활동

④ 운영 결과 분석

해설

학습 진도관리와 학습 촉진 활동은 운영 중인 단계에서 수행해야 할 활동이다. 나머지는 운영 전 또는 운영 후 단계에 해당한다.

51 다음 중 이러닝 홍보계획의 성공 여부를 측정하기 위한 주요 지표로 가장 적절하지 않은 것은?

① 홍보물 배포 이후 수강 신청률 증가

② 홍보 자료의 소셜 미디어 공유 횟수

③ 홍보 캠페인 종료 후 고객사의 만족도 조사 결과

④ 홍보를 통해 입과한 이러닝 과정을 수강한 학습자들의 학업성취도

해설

학습자들의 학업성취도는 이러닝 과정의 품질 평가와 관련이 있으며, 홍보전략의 효과를 직접적으로 나타내는 지표는 아니다. 홍보성과는 수강 신청률, 공유 횟수, 고객사 만족도 등을 통해 측정해야 한다.

52 다음 중 평가전략 수립 시 종합 평가의 일환으로 분석해야 할 항목으로 적절하지 않은 것은?

① 이러닝 튜터의 학습 지원 활동 효과성

② LMS의 사용 편의성과 문제점

③ 학습 콘텐츠의 멀티미디어 요소 구성 비율

④ 학습자의 평가 점수 평균과 표준편차

정답 : 47. ② 48. ② 49. ① 50. ③ 51. ④ 52. ③

해설

멀티미디어 요소의 구성 비율은 콘텐츠 설계나 개발 단계에서 다루는 항목이다. 평가전략의 종합 평가는 학습 지원 활동, LMS 활용도, 학업 성취도 등의 품질과 효과를 분석한다.

53 다음 중 학습자 지원을 위한 원격지원 도구에 관한 다음 설명으로 부적절한 것은 무엇인가?

① 유료 원격지원 도구는 무료 도구에 비해 높은 보안성과 다양한 기능을 제공한다.

② 무료 원격지원 도구는 대부분 기본적인 기능만 제공하며, 학습 운영 시 고급 기능 활용이 제한될 수 있다.

③ 원격지원 도구는 학습자의 기기 문제를 해결하기 위해 인터넷을 통해 운영자가 직접 접속하는 방식을 사용한다.

④ 유료 도구를 사용하는 경우, 학습자의 기기 보안 문제는 완전히 해결된다.

해설

유료 도구가 더 높은 보안성을 제공하지만, 보안 문제를 '완전히' 해결할 수는 없다. 학습자의 기기 및 네트워크 환경에 따라 여전히 보안 위험이 존재할 수 있다.

54 다음 중 학습 콘텐츠 관리시스템(LCMS)의 협업 기능 점검 항목으로 적합하지 않은 것은 무엇인가?

① 다수 저작자가 동일 프로젝트에 접근 가능한지 확인

② 프로젝트 버전 관리 기능 점검

③ 학습 콘텐츠의 기술 지원 및 업데이트 확인

④ 프로젝트 공유 및 협업 기능 점검

해설

기술 지원 및 업데이트 기능 점검은 LCMS의 일반적인 점검 항목에 포함되지만, 협업 기능 점검과는 직접적인 연관이 없다. 협업 기능은 다수 저작자의 접근, 프로젝트 공유, 버전 관리 등이 포함된다.

55 다음 중 학습 사이트 점검 시 콘텐츠 수료와 관계된 항목 점검에 포함되지 않는 것은 무엇인가?

① 콘텐츠 재생

② 진도 체크 유무

③ 테스트 계정의 비밀번호 변경 여부

④ 기능 점검 중 발견된 버그 확인

해설

콘텐츠 수료와 관계된 항목으로 콘텐츠 재생과 진도 체크 유무가 중요하다. 테스트 계정의 비밀번호 변경은 수료 항목과는 관련이 없다.

56 다음 중 이러닝 운영계획서에서 요소별 세부 내용으로 적절하지 않은 것은?

① 교육기관 정보: 운영 담당자, 기관 연락처

② 교육과정 정보: 교육 목표, 교육 난이도

③ 학습관리시스템 정보: 학습 환경 설정 가이드

④ 운영활동 정보: 총 학습시간, 교육 인원

해설

총 학습시간, 교육 인원은 교육과정 정보이다.

57 다음 중 이러닝 콘텐츠 점검과 관련된 설명으로 옳지 않은 것은 무엇인가?

① 이러닝 콘텐츠는 LMS와 LCMS 모두에 탑재될 수 있다.

② 멀티미디어 기기에서 콘텐츠 구동 시 유무선 네트워크 연결이 필수적이다.

③ HTML5 비디오 플레이어는 과거 Flash 기반 콘텐츠보다 더 높은 호환성을 제공한다.

④ 콘텐츠 구동 조건은 개발 환경과 관계없이 동일하다.

정답 53. ④ 54. ③ 55. ③ 56. ④ 57. ④

콘텐츠 구동 조건은 개발 환경에 따라 다를 수 있다. 예를 들어, Flash로 개발된 콘텐츠는 Flash Player가 필요하고, HTML5 기반 콘텐츠는 별도 프로그램 설치 없이 구동이 가능하다.

58 다음 중 이러닝 콘텐츠 점검 시, 이러닝 콘텐츠의 기술적 요소와 관련된 설명으로 옳지 않은 것은 무엇인가?

① 호환성은 다양한 기기와 운영체제에서 콘텐츠가 잘 작동하는 것을 의미한다.

② 접근성은 장애가 있는 학습자가 콘텐츠를 이용할 수 있도록 설계되었는지를 점검한다.

③ 보안성은 콘텐츠의 학습 데이터를 암호화하여 외부 접근을 차단하는 것을 포함한다.

④ 상호작용은 학습자의 배경과 관심사를 반영하여 콘텐츠를 설계하는 것을 포함한다.

상호작용은 학습자와 콘텐츠 간의 인터페이스가 잘 작동하는지를 점검하는 기술적 요소이다. 학습자의 배경과 관심사 반영은 교육적 요소에 해당한다.

59 다음 중 이러닝 콘텐츠 점검 시, 이러닝 콘텐츠의 언어 요소와 관련하여 옳지 않은 설명은 무엇인가?

① 콘텐츠는 명확하고 이해하기 쉬운 언어로 작성되어야 한다.

② 같은 용어는 동일한 의미로 일관되게 사용되어야 한다.

③ 번역된 콘텐츠는 원본 의도와 다소 차이가 있어도 무방하다.

④ 복잡한 용어나 구문보다는 쉬운 표현을 사용하는 것이 바람직하다.

번역된 콘텐츠는 원본의 의도를 충실히 반영해야 하며, 문맥과 언어적 뉘앙스를 정확히 전달해야 한다.

60 아래 내용은 이러닝 콘텐츠 점검 시, 법적 요소에 대한 내용이다. 괄호 안에 들어갈 적절한 말을 다음 보기에서 선택하시오.

> (법적 요소) 점검에서는 콘텐츠의 (   ) 과/와 (   ) 보호가 중요한 요소로 다뤄진다.

① 범용성, 저작권

② 성능, 개인정보

③ 성능, 저작권

④ 저작권, 개인정보

법적 요소 점검에서는 이러닝 콘텐츠에서 사용된 자료가 저작권을 준수하고, 학습자와 관련된 개인정보가 보호법에 따라 적절히 처리되는지가 중요한 요소이다.

61 이러닝 과정의 운영 목적에 따라 수집해야 하는 개인정보의 범위는 어떻게 규정되는가?

① 학습자 정보를 최대한 다양하게 수집해야 한다.

② 학습자의 동의 없이 필요한 정보를 수집할 수 있다.

③ 최소한의 개인정보만 수집해야 한다.

④ 개인정보 보호법의 모든 부분이 이러닝 과정에 적용되지 않는다.

개인정보 보호법에 따라 이러닝 운영자는 과정 운영에 필요한 최소한의 개인정보만 수집해야 하며, 정보 주체인 학습자의 동의를 반드시 받아야 한다.

정답 : **58.** ④ **59.** ③ **60.** ④ **61.** ③

62 이러닝 과정 운영자가 개인정보를 관리할 때 준수해야 할 가장 중요한 원칙은 무엇인가?

① 학습자의 정보를 불법적인 목적으로 활용하지 않는다.

② 모든 학습자의 정보를 공개적으로 저장한다.

③ 학습자의 정보를 비밀번호 없이 저장한다.

④ 학습자의 정보는 동의 없이 제3자에게 제공한다.

해설

이러닝 과정 운영자는 개인정보 보호법을 준수하며, 학습자의 정보를 불법적으로 사용하지 않는 것이 가장 중요하다. 학습자의 동의 없이는 정보를 제공하거나 공개할 수 없다.

63 다음 중 이러닝 과정의 수강 신청이 거부되는 상황에 해당하지 않는 것은?

① 수강자가 과정의 요구 사항을 충족하지 못한 경우

② 수강자가 이전 과정에서 부정행위를 저지른 기록이 있는 경우

③ 수강자가 과정에 대한 결제 정보를 정확히 입력하지 않은 경우

④ 수강자가 신청 시 작성해야 하는 선택등록 항목을 작성하지 않았을 경우

해설

이러닝 과정의 수강 신청 거부 사유는 주로 대상자 불일치, 중복 신청, 신청 기간 종료와 같은 사항이다. 선택등록 항목은 수강 신청의 필수 조건이 아니다.

64 이러닝 평가에서 상대평가 방식의 주된 단점은 무엇인가?

① 학습자의 성취도가 정확히 측정되지 않는다.

② 학습자 간의 개인차를 구별할 수 없다.

③ 학습 목표에 도달했는지 여부보다 학습자 간 순위 매기기가 용이하다.

④ 교육적 목표와 동기 부여가 약화된다.

해설

상대평가는 학습자 간의 순위를 매기며, 각 학습자가 학습 목표에 도달했는지보다 누가 더 잘했는지를 중시한다. 이로 인해 교육적 목적에 부정적인 영향을 미칠 수 있다.

65 다음 중 이러닝에서 절대평가 방식이 상대평가 방식에 비해 가지는 주요 장점으로 가장 적절한 것은?

① 학습자의 성과를 다른 학습자와 비교하여 상대적으로 평가한다.

② 학습 목표를 기준으로 모든 학습자가 동일한 기준을 충족하면 높은 평가를 받을 수 있다.

③ 학습자의 성과를 주기적으로 변경되는 기준에 따라 평가한다.

④ 학습자 간의 경쟁을 통해 상위 성취자를 가려내는 데 초점을 맞춘다.

해설

절대평가는 다른 학습자와의 성과를 비교하지 않고, 사전에 설정된 기준을 충족한 모든 학습자에게 동일한 평가를 제공하는 방식이다. 이는 학습자가 자신이 설정한 목표를 달성했는지에 초점을 맞추기 때문에, 공정하고 개별적인 학습 성과 평가가 가능하다.

정답 62. ① 63. ④ 64. ③ 65. ②

66 이러닝 과정에서 성적 이의신청이 제기된 경우, 운영 담당자가 해야 할 첫 번째 조치는 무엇인가?

① 교·강사에게 이의신청 내용을 전달하고, 성적을 변경하도록 요청한다.

② 학습자의 성적을 자동으로 변경한다.

③ 이의신청 내용에 대해 신속하게 확인하고 해결책을 마련한다.

④ 학습자에게 이의신청 절차를 안내하고, 지침을 제공한다.

해설

이러닝 운영 담당자는 성적 이의신청 내용을 신속하게 확인하고, 문제 해결을 위한 적절한 조처를 해야 한다. 단순한 누락이나 시스템 오류 문제는 즉시 해결하고, 교·강사의 성적 처리 문제는 교·강사와 상의하여 처리해야 한다.

67 이러닝 과정의 종료 후, 교·강사 평가 결과에 따른 후속 조치로 적합한 방법은 무엇인가?

① 평가 하위 그룹 교·강사에게는 수료증을 발급한다.

② 우수 교·강사에게만 후속 교육을 제공한다.

③ 우수 교·강사와 하위 교·강사를 구분하여 별도의 후속 조치를 실시한다.

④ 평가 결과와 관계없이 모든 교·강사에게 동일한 후속 조치를 제공한다.

해설

평가 결과에 따라 우수 교·강사와 평가 하위 그룹 교·강사를 구분하여 별도의 후속 조치를 실시하는 것이 적절하다. 이는 교·강사의 질을 향상시키고, 교육의 품질을 지속적으로 개선하는 데 중요한 부분이다.

68 이러닝 운영자가 게시판 문의 사항을 처리할 때 중요한 점은 무엇인가?

① 가능한 한 구체적인 정보를 제공하고, 문의 내용을 반복하지 않는다.

② 고객이 이해하기 어려운 답변을 제공해 질문을 더 명확하게 유도한다.

③ 고객 만족도 체크 문항을 사용하여 서비스 수준을 모니터링하고 개선한다.

④ 답변을 제공할 때는 어느 정도의 오탈자나 문법 오류는 용인된다.

해설

게시판 답변은 정확하고 간결하게 제공해야 하며, 고객 만족도 체크 문항을 통해 고객의 반응을 모니터링하고, 이를 바탕으로 서비스 수준을 개선하는 것이 중요하다. 또한, 오탈자나 문법 오류는 반드시 확인하여 수정해야 하며, 고객이 이해할 수 있도록 명확한 답변을 제공해야 한다.

69 이러닝 교육기관에서 활용하는 다양한 종류의 웹 게시판에 대한 설명으로 옳지 않은 것은?

① 주로 활용하는 게시판에는 공지사항, 1:1 게시판, 학습 Q&A, 자유게시판, 자주 묻는 질문(FAQ) 등이 있다.

② 이러닝 과정 운영을 위해 꼭 필요한 게시판을 선택하여 사용하는 것이 효율적이다.

③ 자주 묻는 질문(FAQ)은 수강생들이 자주 묻는 기본적인 질문에 대해 Q&A 형식으로 정리한 것이다.

④ 고객 만족을 위해서 자주 묻는 질문(FAQ)을 활용하기보다는 1:1게시판을 통해 개인적으로 소통하는 것이 더 효과적이다.

해설

FAQ를 통해서 문의사항을 해결할 수 있도록 하고, FAQ에 문의사항에 대한 답변을 찾아볼 수 없다면, 1:1 게시판을 통해서 질문을 남기도록 하는 것이 수강생과 운영자 모두에게 효과적이다.

정답 66. ③ 67. ③ 68. ③ 69. ④

70 고객센터가 고객 만족도를 향상시키기 위해 고려해야 할 문의 사항 처리 전략에 해당하지 않는 것은?

① 대응 매뉴얼을 제작하여 각 담당 영역별로 응대

② 고객 상담 내용을 기록하고 관리

③ 모든 문제를 실무 부서에 이관하여 해결

④ 고객 친화성과 소통 능력을 갖춘 담당자 배치

해설

모든 문제를 실무 부서에 이관하는 것은 비효율적이며, 고객 센터 자체적으로 해결 가능한 문제는 직접 해결하고 필요한 경우에만 실무 부서 협조를 얻는 것이 적절하다.

71 운영 관리 업무에서 학습자가 진도율을 확인할 수 있는 대표적인 도구는 무엇인가?

① 학습관리시스템(LMS)

② 모사답안 검증 시스템

③ 이의신청 접수 시스템

④ 학습콘텐츠관리시스템(LCMS)

해설

학습 진도율은 LMS(학습관리시스템)의 학습현황 정보를 통해 과정별로 확인할 수 있다.

72 운영 관리 업무에서 수강 신청 절차가 원활히 이루어지지 않을 경우 가장 우려되는 문제는?

① 과제 평가가 공정하지 않을 가능성

② 학습자 수료 기준이 모호해지는 문제

③ 학습자가 과정 수강에 어려움을 겪는 문제

④ 학습자의 성적 이의신청 증가

해설

수강 신청 절차가 원활하지 않으면 학습자가 과정 수강을 시작하지 못할 수 있다. 운영 관리자는 수강 신청 절차를 명확히 안내하여 학습자들이 문제없이 과정을 수강할 수 있도록 해야 한다.

73 다음 중 이러닝 플랫폼에서 새로운 학습 콘텐츠를 업로드하는 주된 목적에 대한 설명으로 가장 적절하지 않은 것은?

① 학습자들이 최신 지식과 정보를 습득할 수 있도록 지원한다.

② 학습자의 다양한 학습 요구를 충족시키기 위해 콘텐츠의 다양성을 확대한다.

③ 기존 콘텐츠의 한계를 보완하고, 교육의 질을 지속적으로 향상한다.

④ 플랫폼의 사용자 데이터를 분석하여 콘텐츠 접근을 제한한다.

해설

새로운 학습 콘텐츠를 업로드하는 주요 목적은 학습자들에게 최신 지식 제공, 학습 요구 충족, 교육 품질 향상 등을 포함한다. 그러나 콘텐츠 접근을 제한하는 것은 이러닝 플랫폼의 목표와 상반되며, 학습자에게 열린 학습 기회를 제공하는 이러닝의 본질과 맞지 않는다.

74 다음 중 콘텐츠 관리 업무에 포함되지 않는 활동은?

① 학습 내용의 트렌드 반영을 위한 업데이트

② 학습 내용의 키워드별 분류

③ 학습 내용의 사용자 피드백 반영

④ 학습 내용을 학습하는 학습자의 학습 진도율 독려

해설

학습자의 학습 진도율 독려는 학습 촉진 활동에 해당하며, 콘텐츠 관리 업무의 일부가 아니다. 콘텐츠 관리 업무는 콘텐츠의 품질 유지, 분류, 업데이트, 사용자 피드백 반영 등을 포함한다.

정답 70. ③ 71. ① 72. ③ 73. ④ 74. ④

75 이러닝 과정 평가가 교육기관과 강사에게 제공하는 주요 효과가 아닌 것은?

① 과정 품질을 평가하고 학습자의 요구를 충족하는지 확인할 수 있다.

② 경쟁적인 이러닝 시장에서 과정의 차별성을 입증할 수 있다.

③ 학습자들이 과정 중 겪는 학습 장애를 실시간으로 해결한다.

④ 과정 설계 및 교육 방법 개선에 필요한 피드백을 제공한다.

해설

학습자가 겪는 학습 장애를 실시간으로 해결하는 것은 학습 지원 활동의 일환으로, 이러닝 과정 평가의 주요 목적과는 거리가 있다. 나머지 항목들은 과정 평가의 주요 효과에 해당한다.

76 이러닝 운영 결과 보고서 작성 시 가장 중요한 목적은 무엇인가?

① 학습자들의 출석률을 기록하고 학습 운영 비용을 지급하는 것

② 교육과정의 효과를 평가하고 향후 개선 방안을 제시하는 것

③ 강사의 수업 내용과 평가를 점검하는 것

④ 학습자들에게 수료증을 발급하기 위한 보고서 작성

해설

이러닝 운영 결과 보고서의 주요 목적은 교육과정의 효과를 평가하고, 향후 개선이 필요한 부분을 파악하는 것이다. 이를 통해 향후 교육과정이 더 효과적으로 운영될 수 있도록 필요한 데이터를 제공한다. 학습자의 출석률을 기록하거나 수료증 발급을 위한 보고서는 보고서의 보조적인 내용일 수 있지만, 핵심 목적은 과정의 평가와 개선 사항 도출이다.

77 이러닝 과정 평가에서 "학업성취도 평가"와 관련된 내용으로 잘못된 것은 무엇인가?

① 학업성취도 평가는 일반적으로 지필시험을 포함한다.

② 학습 진도율은 학업성취도 평가에서 중요한 지표가 될 수 있다.

③ 학업성취도 평가는 학습자가 제출한 과제를 고려하지 않는다.

④ 학업성취도 평가는 학습자의 학습 목표 달성 여부를 판단하는 데 사용된다.

해설

학업성취도 평가는 지필시험 외에도 과제 수행 등을 포함하여 학습자가 과정을 잘 이행했는지 평가한다. 따라서 과제 수행은 학업성취도 평가의 중요한 부분이다.

78 Berge(2009)의 상호작용 개념에 따르면, 학습자 간 상호작용이 성공적으로 이루어지기 위해 가장 필요한 교수자의 지원은 무엇인가?

① 기술적 문제 해결

② 학습 목표 명확화

③ 동료 간 협업 기술 교육

④ 학습 결과 평가

해설

학습자 간 상호작용을 성공적으로 이루기 위해 교수자는 동료 간 협업 기술을 가르치거나 조언을 제공하여 팀워크와 효과적인 의사소통을 촉진해야 한다.

79 다음 중 Berge(2009)가 제시한 교수자의 역할이 아닌 것은 무엇인가?

① 촉진적 역할　　② 기술적 역할

③ 평가적 역할　　④ 관리적 역할

정답 : 75. ③　76. ②　77. ③　78. ③　79. ③

Berge(2009)는 교수자의 역할을 촉진적, 기술적, 관리적, 사회적 역할로 구분했다. 평가적 역할은 별도로 제시되지 않았다.

80 다음 중 가상현실(VR), 증강현실(AR), 혼합현실(MR)의 기술적 활용 방식에 대한 설명으로 가장 적절한 것은 무엇인가?

① 가상현실(VR)은 사용자가 완전히 디지털 환경에 몰입하며, 증강현실(AR)은 디지털 정보를 물리적 현실 위에 단순히 덧붙이는 기술이다. 혼합현실(MR)은 물리적 현실과 디지털 요소가 실시간 상호작용을 하지 않는다.

② 증강현실(AR)은 디지털 환경만을 제공하며, 가상현실(VR)은 현실과 디지털을 통합하여 상호작용을 가능하게 한다. 혼합현실(MR)은 현실 요소 없이 디지털만 활용한다.

③ 가상현실(VR)은 사용자를 디지털 세계로 완전히 이동시키고, 증강현실(AR)은 물리직 세계를 보완하며, 혼합현실(MR)은 물리적 세계와 디지털 세계를 실시간으로 통합한다.

④ 가상현실(VR)은 물리적 현실과 상호작용하지 않으며, 증강현실(AR)과 혼합현실(MR)은 물리적 현실에서만 작동한다.

가상현실(VR)은 사용자가 현실 세계를 떠나 디지털 환경에 몰입하도록 하는 기술이며, 증강현실(AR)은 물리적 현실에 디지털 정보를 추가하여 보완한다. 혼합현실(MR)은 물리적 현실과 디지털 세계가 실시간으로 통합 및 상호작용하는 것이 특징이다.

memo

2023년 1회 기출복원문제 [필기]

1과목 이러닝 운영계획 수립

01 이러닝 활용 촉진법 기본 계획에 포함되어 있지 않은 것은?

① 이러닝 활용 촉진을 위한 기반 조성에 관한 방안

② 이러닝 활용 촉진 제도 개선에 관한 사항

③ 이러닝 활용 촉진을 위한 인력 조건에 관한 사항

④ 이러닝 관련 소비자 보호 관련 사항

해설

이러닝 촉진을 위한 인력 조건에 관한 사항은 기본 계획에 포함되어 있지 않다.

02 이러닝 활용 촉진을 위한 이러닝 진흥위원회 구성에 대한 설명으로 옳지 않은 것은?

① 위원회는 위원장 1명과 부위원장 1명을 포함하여 20명 이내의 위원으로 구성

② 위원장은 교육부 차관 중에서 교육부 장관이 지정하는 사람이 됨

③ 부위원장은 교육부의 고위공무원단에 속하는 일반직 공무원 또는 3급 공무원 중에서 교육부 장관이 지명하는 사람이 됨

④ 위원에는 한국소비자원이 추천하는 소비자단체 소속 전문가 2명이 포함됨

해설

위원장은 산업통상자원부 차관 중에서 산업통상자원부 장관이 지정하는 사람이 된다.

03 온라인을 기반으로 이루어진 상호참여적, 거대 규모의 교육을 뜻하는 것으로 웹 서비스를 기반으로 언제, 어디서든 양질의 대학 강의를 들을 수 있도록 하는 형태의 고등교육 시스템은 무엇인가?

① OCW　　　　　② MOODLE

③ BlackBoard　　④ MOOC

해설

문제의 내용은 OCW에 대한 설명이다.

04 다음 중 Keller의 ARCS에 포함되지 않는 것은?

① 주의집중　　　② 관심

③ 자신감　　　　④ 만족감

해설

관심은 ARCS에 포함되지 않는다.

05 학습 주제와 관련된 특정 사례에 기초하여 해당 사례를 둘러싸고 있는 다양한 관련 요소들을 파악하고, 필요한 정보를 검색 수집하며, 문제 해결 활동을 수행하는 유형의 콘텐츠는 다음 중 어떤 유형인가?

① 사례 기반형 이러닝 콘텐츠

② 문제 해결형 이러닝 콘텐츠

③ 스토리텔링형 이러닝 콘텐츠

④ 반복 연습형 이러닝 콘텐츠

해설

해당 내용은 사례 기반형 이러닝 콘텐츠 내용이다.

정답 01. ③　02. ②　03. ①　04. ②　05. ①

06 다음 중 Kelly의 학습동기설계이론(ARCS)에서 C에 해당하는 것은 무엇인가?

① Concentration

② Confidence

③ Contest

④ Consideration

C는 자신감인 Confidence에 해당한다.

07 다음 중 이러닝 시스템 개발 시 고려할 사항이 아닌 것은?

① 이러닝 시스템 개발 요구분석 시 이해관계자들에 대한 분석은 필수이다.

② 학습 지원 도구가 많을 시 학습활동에 도움을 주기 때문에 많을수록 학습효과가 크다.

③ 고용보험 지원 원격교육 과정을 서비스하기 위해서는 관련 시스템 기능을 갖추어야 한다.

④ 교강사를 위한 기능 개발 시 교강사의 활동에 대해 분석하여 요건에 맞게 시스템을 개발해야 한다.

학습 지원 도구가 너무 많으면, 가독성과 접근성을 떨어뜨릴 수 있다.

08 콘텐츠에 대한 기획력을 갖고 학습 목적을 고려하여 교수 방법을 설정하고, 학습 내용이 학습 목표를 달성하는 데 도움을 될 수 있도록 콘텐츠 개발의 전 과정을 진행하고 관리하는 업무에 종사하는 자는 다음 중 누구인가?

① 이러닝 교수설계자

② 이러닝 시스템 개발자

③ 교강사

④ 이러닝 컨설턴트

문제의 내용은 이러닝 교수설계자에 대한 내용이다.

09 다음 중 원격훈련기관이 될 수 없는 곳은 어디인가?

① 평생직업교육학원

② 평생교육시설

③ 고등교육법에 따른 학교

④ 사설학원

원격훈련기관이 될 수 있는 시설 유형은 직업능력개발 훈련시설, 평생직업교육학원, 평생교육시설, 고등교육법에 따른 학교, 정부 부처 및 법령에 의한 시설, 사업주 및 사업주 단체 등의 시설이다.

10 다음 중 평가에서 학습목표 달성 충실성과 관련 있는 평가 영역은 무엇인가?

① 반응 평가　　② 학습 평가

③ 행동 평가　　④ 결과 평가

학습 평가는 목적의 달성도와 효과성 판단에 목적을 두고, 행동 평가는 현업 적용도와 학습 전이도, 결과 평가는 조직 기여도와 교육투자 가치 확보에 목적을 둔다.

11 다음 중 스토리텔링형 콘텐츠의 특성으로 보기 어려운 것은?

① 서사적 시나리오 기반

② 한 가지의 단일한 디지털 정보 기반

③ 이야기를 듣고 이해하는 학습활동 진행

④ 스토리 전개에 따른 관련 학습활동 진행

스토리텔링형은 다양한 디지털 정보를 기반으로 진행한다.

정답 · 06. ②　07. ②　08. ①　09. ④　10. ②　11. ②

12 다음 빈칸에 들어갈 공통적인 단어를 아래 보기에서 고르시오.

> 효과적이고 흥미 있는 수업을 설계하기 위해서는 교수 설계 과정에서 대상 학습자들의 (   )을/를 고려할 필요가 있다. 대상 학습자들의 (   )을/를 분석하지 않아서 생기는 오류 중 가장 많은 것으로, 모든 학습자가 비슷할 것이라고 가정하는 것이며, 특히 학습자들이 설계자 자신과 비슷할 것이라고 가정하는 것이다.

① 특성　　　　② 나이
③ 성적　　　　④ 평가

해설

효과적인 수업을 설계하기 위해서는 학습자의 '특성'을 분석하여야 한다.

13 LMS 개발 시 분석하는 요구사항이 아닌 것은?

① 주 사용자　　② 학습 방법
③ 학습 목표　　④ 학습 프로세스

해설

학습 목표는 콘텐츠 개발 시 분석되는 요구사항으로 LCMS는 학습 목표들이 반영된 콘텐츠를 관리하며, LMS는 해당 콘텐츠들을 교육과정에 반영하여 운영하게 된다.

14 다음 중 이러닝 운영을 위해 진행하는 요구사항에 포함되지 않는 것은?

① 학습자 특성 분석
② 학습자 학습 환경 분석
③ 학습 콘텐츠 개발 방법
④ 교육과정 특성 분석

해설

학습 콘텐츠 개발 방법은 이러닝 운영이 아니라 이러닝 콘텐츠 개발 시 진행하는 요구사항이다.

15 다음 중 이러닝 콘텐츠 개발 시 텍스트 구성 방법으로 옳은 것은?

① 짧은 문장보다는 구체적이고 긴 문장을 사용한다.
② 그림, 차트, 다이어그램과 텍스트를 한 화면에 같이 표시하지 않는다.
③ 화면에, 특징에 맞는 다양한 스타일과 폰트를 사용한다.
④ 텍스트에 상호작용적인 요소를 추가하여 학습자들이 적극적으로 참여하도록 유도한다.

해설

텍스트 구성 시 긴 문장보다는 간결하고 명료한 문장을 사용하고, 텍스트에 그림, 차트, 다이어그램 등을 추가하여 시각적으로 정보를 지원한다. 또한 텍스트는 일관된 스타일과 양식을 유지하도록 한다.

16 이러닝 운영 요구사항 분석 시 학습자 환경 분석 내용으로 볼 수 없는 것은?

① 접촉 학습 기기 종류 분석
② 학습 기기 접속 환경 분석
③ 멀티미디어 내용 요소 분석
④ 학습자 학습 가능 시간대 분석

해설

멀티미디어 내용 요소 분석은 교육과정 특성 분석 내용이다.

17 LMS의 Full Spelling으로 맞는 것은?

① Learning Mandatory System
② Learning Multimedia System
③ Learning Maintenance Solution
④ Learning Management System

해설

Learning Management System

정답 : 12. ①　13. ③　14. ③　15. ④　16. ③　17. ④

18 평가문항 구성 시 객관식 문항을 구성하는 방법으로 볼 수 없는 것은?

① 명확한 정답이 하나만 있도록 해야 한다.

② 모든 오답은 그럴듯해야 한다.

③ 가급적 부정문을 사용하지 말고 긍정문을 사용하는 것이 좋다.

④ 문장 안에 인용된 문장은 ' ', 인용어구는 " "로 표시한다.

> **해설**
>
> 문장 안에 인용된 문장은 " ", 인용어구는 ' '로 표시한다.

19 다음 중 온라인 콘텐츠 개발 시 분석하는 요구사항이 아닌 것은?

① 콘텐츠를 사용할 학습자 특성 분석

② 콘텐츠를 사용할 학습자의 학습 환경 분석

③ 콘텐츠 학습 내용 분석

④ 콘텐츠 내 학습 관리 기능 분석

> **해설**
>
> 콘텐츠 내 학습 관리 기능은 일반적인 경우 존재하지 않으며, 학습 지원 기능으로 존재하며, 관리 시 별도의 정보를 LMS에 전달하는 방식으로 진행한다.

20 다음 중 이러닝 산업 발전 및 이러닝 활용 촉진에 관한 법률의 주요 내용이 아닌 것은?

① 이러닝 산업의 전문인력 양성

② 이러닝 지원센터 설치

③ 이러닝 관련 소비자 보호

④ 이러닝 공공부문 이러닝 의무 금지

> **해설**
>
> 이러닝 활성화 부분에서 공공부문 이러닝 의무 시행을 제시하였다.

21 다음 중 LCMS에 존재하는 기능인 것은?

① 교육과정 등록

② 콘텐츠 등록

③ 과정별 수료 현황 확인

④ 공지사항 관리

> **해설**
>
> ②번 외 기능은 LMS에 포함된 기능이다.

22 이러닝 서비스 산업분류 시, 솔루션 산업 분류의 중분류에 속하지 않는 것은?

① 이러닝 소프트웨어 개발업

② 이러닝 콘텐츠 유통업

③ 이러닝 시스템 구축 및 유지보수업

④ 이러닝 소프트웨어 유통 및 자원 제공 서비스업

> **해설**
>
> 이러닝 콘텐츠 유통업은 이러닝 콘텐츠 산업 분류에 포함된다.

23 이러닝 콘텐츠의 점검 요소에 대한 설명으로 옳지 않은 것은?

① 콘텐츠의 학습 효과를 보장하기 위한 것은 교육적 요소이다.

② 콘텐츠의 표현 방식으로 법적인 문제를 점검하는 것은 언어 요소이다.

③ 콘텐츠가 원활하게 실행되는지 확인하는 것은 기술적 요소이다.

④ 콘텐츠의 시각적인 품질을 보장하기 위한 것은 디자인 요소이다.

> **해설**
>
> 콘텐츠의 표현 방식으로 법적인 문제를 점검하는 것은 법적 요소이고, 언어적 요소는 콘텐츠의 언어 사용에 대한 점검이다.

정답: 18. ④ 19. ④ 20. ④ 21. ② 22. ② 23. ②

24 이러닝 교강사의 평가 준거로 올바르지 않은 것은?

① 과제 채점의 질

② 학습자들 간의 상호작용 촉진 여부

③ 콘텐츠 개발 능력

④ 학습자들과 정기적, 구체적 피드백 제공 여부

해설

콘텐츠 개발은 교수설계자 및 콘텐츠 개발자의 필요 역량이다.

25 교육 운영 및 활동을 분석하는 일로, 과정을 수정하거나 변경하기 위해 중요한 단어를 찾을 수 있는 활동은 다음 중 무엇인가?

① 과정 요구 분석

② 과정 평가

③ 과정 FGI

④ 과정 결과보고서 작성

해설

해당 내용은 과정 평가에서 이루어지는 활동이다.

26 학습자들이 학습시스템을 더욱 효율적으로 이용할 수 있도록 지원하고, 학습자들의 피드백을 수용하여 학습시스템을 개선하는 데 큰 도움을 주는 활동은 다음 중 어느 대상들의 상호작용인가?

① 학습자–학습자

② 학습자–교강사

③ 학습자–시스템/콘텐츠

④ 학습자–운영자

해설

내용 설명은 학습자–운영자의 상호작용 내용이다.

27 이러닝 산업 발전 및 이러닝 활용 촉진에 관한 법률에 따른 이러닝 사업 분류에 포함되지 않는 것은?

① 플랫폼 사업　　② 콘텐츠 사업

③ 솔루션 사업　　④ 서비스 사업

해설

이러닝 사업의 분류는 콘텐츠, 솔루션, 서비스 사업으로 구분된다.

28 다음 중 이러닝 튜터의 역할과 활동이 제대로 연결된 것은?

① 교수적 역할 – 학습자의 상호작용을 촉진할 수 있는 사회적 환경을 조성함으로써 학습을 향상할 수 있도록 지원

② 사회적 역할 – 소프트웨어를 통한 학습의 어려움이 없도록 학습자와 학습 자원을 매개함

③ 기술적 역할 – 공지사항을 올리는 활동

④ 관리적 역할 – 학습자의 진도나 과제 제출을 확인

해설

①은 사회적 역할, ②는 기술적 역할, ③은 관리적 역할이다.

29 우편원격훈련에 대한 설명으로 맞는 설명을 고르시오.

① 이러닝 콘텐츠를 이용하여 훈련을 실시하고 훈련생관리 등이 정보통신망으로 이루어지는 원격훈련을 말한다.

② 훈련 분량은 최소 20시간(1개월 이상)을 넘겨야 한다.

③ 평가 점수가 80점(100점 만점 기준) 이상일 때 수료 가능하다.

④ 학습 활동을 위해 훈련생학습관리시스템을 이용해야 한다.

정답　24. ③　25. ②　26. ④　27. ①　28. ④　29. ④

훈련생학습관리시스템을 이용하여 학습활동을 해야 한다.

30 다음 중 만족도 평가 설문 문항 개발 원칙으로 적합한 것은?

① 개발된 설문지는 유출을 방지하기 위해 파일럿 테스트 없이 개발 완료한다.
② 하나의 질문에는 두 가지 의미를 포함하도록 한다.
③ 학습자의 의견과 제언을 글로 표현할 수 있는 개방형 설문을 포함한다.
④ 학습자가 자유롭게 응답할 수 있도록 참가자의 인적사항을 기록하는 문장들을 설문지에 포함한다.

① 파일럿 테스트를 진행해야 하며, ② 하나의 질문에 두 가지 의미를 포함하지 않도록 하여야 하며, ④ 자유로운 응답을 위해 인적사항은 기록하지 않아야 한다.

31 다음 중 Python 같은 프로그래밍 언어 교육이나 Adobe 포토샵, 일러스트 교육에 적합한 이러닝 콘텐츠 유형은 무엇인가?

① 화면 캐스트형　　② 모션그래픽형
③ 시범형　　　　　④ 반복연습형

프로그래밍 언어나, 솔루션 교육용은 화면 캐스트형이 적합하다.

32 다음 중 이러닝 콘텐츠 개발 단계 중 설계 단계 산출물이 아닌 것은?

① 스토리보드　　　② 사용성 검사서
③ 학습 구조 설계서　④ 인터페이스 설계서

사용성 검사서는 개발 단계 산출물이다.

33 이러닝 교강사 역할 중 내용 전문가의 역할로 적합한 것은?

① 학습 분위기 조성
② 학습 동기 부여
③ 학습 내용 분석
④ 학습 지원도구 활용

학습 내용 분석 이외 모두 학습 촉진자 역할에 해당하는 것이다.

34 이러닝 교강사 평가 중 수업 운영 단계에서 진행하는 평가 항목은 무엇인가?

① 학습 내용 정확성 및 적절성 파악 여부
② 평가의 적절성 및 타당성
③ 내용 설계의 조직성
④ 학습자 참여 독려 여부

①은 설계 및 개발 단계 중 학습 내용 부분, ②는 평가 단계이며, ③은 설계 및 개발 단계 중 교수 설계에서 진행되는 평가 항목이다.

35 학습 지원 도구를 교수−학습 영역, 기술적 영역, 학사 행정적 영역, 심리적 영역으로 나눌 때, 학사 행정 영역에 포함되지 않는 것은?

① 게시판
② 학습관리시스템(LMS)
③ 튜터링 시스템
④ SMS(문자)

튜터링 시스템은 교수−학습 영역에 포함된다.

36 다음 중 학점은행제에 대한 설명으로 바르지 않는 것은?

① 학교에서뿐 아니라 학교 밖에서 이루어지는 다양한 형태의 학습과 자격을 학점으로 인정

② 중학교 졸업자나 동등 이상의 학력을 가진 사람 모두 포함

③ 학점이 누적되어 일정 기준을 충족하면 학위 취득을 가능하게 함

④ 학점은행제 원격교육 인증기관의 학점은행제 평가인정 학습 과목에 대해서만 학점 인정

해설

학점은행제 훈련 대상은 고등학교 졸업자나 동등 이상의 학력을 가진 사람이어야 한다.

37 데이터를 저장하고 전달하기 위한 마크업 언어이며, 데이터의 구조와 의미를 명확하게 표현하는 역할을 하는 것은 다음 중 어느 것인가?

① HTML
② XML
③ Python
④ javascript

해설

문제에서 설명하는 것은 XML에 대한 내용이다.

38 이러닝 학습 환경에서 학습자 경험 데이터를 정의함으로써 서로 다른 학습시스템 간에 데이터를 상호교환할 수 있게 해주는 표준 응용 인터페이스 역할을 하는 것은 다음 중 어느 것인가?

① AICC
② SCORM
③ xAPI
④ LTI

해설

문제에서 제시한 내용은 xAPI에 대한 설명이다.

39 다음 중 LRS의 기능이 아닌 것은?

① 다양한 기기 또는 매체에서 학습 데이터 수집

② 실시간, 동시다발적으로 발생하는 학습 데이터 처리 기능

③ 시뮬레이션 훈련 데이터 수집

④ 학습 활동에 따른 학습 경험 데이터 발생

해설

학습 데이터 발생은 LRS가 아니라 학습 포털, 학습 사이트 등에서 발생한다.

40 다음 중 LTI에 대한 설명으로 잘못된 것은?

① IMS Global에서 개발한 교육 기술 사양

② 교육용 콘텐츠의 교환, 공유, 결합, 재사용을 쉽게 하려는 목적으로 만들어진 표준안

③ 1.3 버전에서는 OAuth2, OpenID Connect 및 JSON 웹 토큰을 사용

④ 서로 다른 시스템 간의 상호 운용성을 지원하기 위해 개발됨

해실

②에서 제시한 내용은 SCORM에 대한 내용이다.

2과목 이러닝 활동 지원

41 다음이 설명하는 것은?

> 교육과정을 효과적으로 운영하고, 학습의 전반적인 활동을 지원하기 위한 시스템

① LMS
② LCMS
③ PMS
④ CDMS

해설

학습관리시스템(LMS)에 대한 설명이다.

정답 : 36. ② 37. ② 38. ③ 39. ④ 40. ② 41. ①

42 보기의 내용은 이러닝 교육환경에서 어떤 종류의 상호작용에 대한 것인가?

> • 강의 수강 등의 학습 중에 학습장애가 발생했을 때 고객센터의 1:1 질문하기 기능을 통해 문의하면서 발생하는 상호작용
> • 신속한 학습장애 해결이 요구됨

① 학습자 – 학습자 상호작용
② 학습자 – 교강사 상호작용
③ 학습자 – 콘텐츠 상호작용
④ 학습자 – 운영자 상호작용

해설

학습 과정에서 문제가 발생했을 때, 학습자와 운영자 간에 발생하는 상호작용에 대한 설명이다.

43 학습 독려의 방법이 아닌 것은?

① 실시간 피드백 제공
② 온라인 그룹 토론
③ 팩스를 통한 자료 배포
④ 인터랙티브 비디오 활용

해설

이러닝은 디지털 자료와 실시간 상호작용을 중심으로 하는데, 팩스는 이러한 요구사항을 충족시키지 못한다.

44 학습 격차의 원인이 아닌 것은?

① 기술 접근성 부족
② 개별 학습자의 학습 스타일 차이
③ 고품질의 교육 콘텐츠
④ 사회경제적 배경

해설

고품질의 교육 콘텐츠는 학습 격차를 줄이는 데 기여한다. 기술 접근성 부족, 개별 학습자의 학습 스타일 차이, 사회경제적 배경 등은 학습 격차를 일으킬 수 있는 요인이다.

45 교수학습 과정에서 일어나는 다양한 활동을 교수자와 학습자가 편리하게 관리할 수 있도록 지원하는 시스템은?

① 학습관리시스템(LMS)
② 콘텐츠관리시스템(CMS)
③ 학습콘텐츠관리시스템(LCMS)
④ 프로젝트관리시스템(PMS)

해설

학습관리시스템(LMS)은 이러닝 환경에서 학습자의 학습 진도, 성과를 추적하고, 콘텐츠를 관리하며, 학습자와 교강사 간의 상호작용을 지원하는 등 학습자의 원활한 학습을 지원하는 데 필수적인 도구이다.

46 이러닝 운영 지원 도구를 분석할 때 주로 어떤 기술을 활용하는 것이 효과적인가?

① 데이터 분석
② 물리적 게시판
③ 전통적인 인쇄
④ 자동 모니터링

해설

데이터 분석을 통해 사용자 행동, 학습 효과, 시스템 성능 등 다양한 측면을 평가할 수 있다.

47 운영자로서 이러닝 학습지원 활동으로 적절하지 않은 것은?

① 운영평가 설문지 작성
② 성적평가 시행 및 분석
③ 학습관리시스템(LMS) 환경 설정
④ 수업 운영 계획안 작성

해설

학습관리시스템(LMS) 환경 설정은 학사관리 및 운영에 관한 활동이다.

정답 **42.** ④ **43.** ③ **44.** ③ **45.** ① **46.** ① **47.** ③

48 다음이 설명하는 학습 지원 도구는 무엇인가?

> 이 도구는 실시간으로 학습자들 간의 의사소통을 가능하게 하며, 질문, 피드백 및 아이디어 교환을 즉각적으로 할 수 있게 해준다.

① 비디오 컨퍼런스　② 채팅 도구
③ 포럼　　　　　　④ 전자메일

해설

채팅 도구는 이러닝 환경에서 학습자들이 실시간으로 의사소통을 할 수 있게 해주는 중요한 도구로, 학습자들은 즉각적인 피드백과 아이디어를 교환할 수 있으며, 학습 과정에서의 협업과 상호작용을 강화할 수 있다.

49 교강사의 성과를 평가하는 데 사용되는 주요 지표는 무엇인가?

① 강의 시청 횟수
② 학습자의 만족도
③ 강의 준비 시간
④ 교강사의 학력

해설

학습자의 만족도는 교강사가 제공하는 교육의 품질과 효과를 반영하며, 학습자의 학습경험에 대한 직접적인 피드백을 제공한다.

50 튜터의 역할을 가장 잘 설명하는 것은?

① 강의 내용의 전달
② 학습자의 독립적 학습 지원
③ 시험 감독
④ 콘텐츠 제작

해설

이러닝 환경에서 튜터는 학습자의 질문에 답하고, 개별적인 피드백을 제공하며, 학습 과정을 안내하는 등 학습자의 학습 경험을 향상하는 데 중요한 역할을 한다.

51 이러닝 시스템에서 학습자 진도 관리를 위한 주요 기능은 무엇인가?

① 빅데이터 분석을 통한 학습 경로 최적화
② 실시간 성과 피드백 메커니즘
③ 학습자 참여도 기반 콘텐츠 조정
④ 다중 매개변수 기반 학습 추천 시스템

해설

이 기능은 학습자가 강의나 활동에 대한 즉각적인 피드백을 받을 수 있게 하여, 학습 진도와 이해도를 적절히 조절하는 데 도움이 된다.

52 수료 기준 설정 시 고려해야 할 사항은?

① 과목별 난이도
② 학습자의 전반적인 참여도 및 성과
③ 강의 시간
④ 교강사의 의견

해설

학습자가 과정의 핵심 요소를 충분히 이해하고 숙달했는지 평가하는 데 도움이 된다.

53 이러닝 과정 관리에서 학습자의 피드백을 수집하고 활용하는 방법은?

① 정기적인 설문조사
② 공개 포럼에서의 의견 수집
③ 비공식적인 소셜 미디어 모니터링
④ 학습자의 자발적인 이메일 피드백

해설

정기적인 설문조사를 통해 학습자의 요구와 기대를 파악하고 코스 내용과 방식을 조정할 수 있다.

정답 : 48. ② 49. ② 50. ② 51. ② 52. ② 53. ①

54 게시판 관리에서 주의해야 할 핵심 사항은?

① 게시판의 정기적인 업데이트 및 유지 관리
② 게시판에서의 사용자 간의 상호작용 강화
③ 게시판의 콘텐츠에 대한 엄격한 검열
④ 게시판 사용에 대한 세부 규칙 및 지침 설정

해설

적절한 커뮤니케이션을 촉진하고, 사용자 간의 갈등을 방지하며, 게시판의 전반적인 품질과 효율성을 유지하는 데 도움이 된다.

55 이러닝 운영활동 계획을 세울 때 고려해야 할 핵심 요소는?

① 학습자의 요구사항
② 콘텐츠와 기술 인프라의 조화
③ 예산의 최소화
④ 강사의 편의성

해설

효과적인 학습 환경을 조성하기 위해서는 교육 콘텐츠와 기술적 수단이 서로 잘 통합되어야 한다.

56 운영활동 결과를 보고하는 데 필요한 주요 요소는?

① 구체적인 데이터와 통계
② 보고 양식 및 의견
③ 강사의 자격증 유무
④ 외부 평가자의 리뷰

해설

구체적인 데이터와 통계로 운영활동의 성과를 객관적으로 평가하고, 필요한 개선 사항을 식별할 수 있다.

57 운영계획서의 중요한 구성요소는 무엇인가?

① 예산 할당 및 비용 분석
② 운영 목표 및 목적
③ 교육 콘텐츠의 길이
④ 강사진의 경력 정보

해설

운영의 목표 및 목적을 명확하게 정의함으로써 계획의 방향성을 설정하고, 관련 활동들을 효과적으로 조직할 수 있다.

58 이러닝 운영활동 진행 절차별 목표와 평가 준거는 어떻게 설정하는가?

① 강사의 경험과 선호에 기반
② 학습자의 피드백과 의견
③ 명확한 성과 지표와 학습 목표
④ 운영 시간과 일정

해설

이러닝 운영활동의 진행 절차별 목표와 평가 준거 설정 시, 명확한 성과 지표와 학습 목표를 기반으로 하는 것이 중요하다.

59 진단평가의 주요 목적은 무엇인가?

① 학습자의 최종 성취도 평가
② 과정 전반에 걸친 학습자의 진도 추적
③ 학습 시작 전 학습자의 기초 지식 및 능력 평가
④ 학습 과정 중 피드백 제공

해설

진단평가는 학습 시작 전에 학습자의 기초 지식과 능력을 평가하여 학습 계획을 적절히 조정하는 데 사용된다.

정답 54. ④　55. ②　56. ①　57. ②　58. ③　59. ③

60 학습관리시스템에서 교수자에게 필요한 기능으로 볼 수 없는 것은?

① 권한 설정 조정 기능

② 커뮤니케이션 기능

③ 시험 관리 기능

④ 강의 관리 기능

해설

권한 설정 조정 기능은 관리자의 권한이다.

61 다음은 무엇에 대한 설명인가?

> 학습 과정이나 모듈의 종료 시점에 실시되어 학습자의 전반적인 성취도와 학습 결과를 평가하는 방법으로, 학습 목표 달성 정도를 결정하는 데 사용된다.

① 진단평가 ② 형성평가

③ 총괄평가 ④ 자기평가

해설

총괄평가는 학습 과정이나 모듈이 끝날 때 실시되어, 학습자가 학습 목표를 얼마나 잘 달성했는지 전반적으로 평가하는 방법이다.

62 다음은 무엇에 대한 설명인가?

> 실제 상황이나 실습 환경에서 학습자가 특정 지식이나 기술을 어떻게 적용하는지를 관찰하고 평가하는 방법으로, 실제적인 능력을 측정하는 데 중점을 둔다.

① 형성평가 ② 진단평가

③ 자기평가 ④ 수행평가

해설

수행평가는 학습자가 배운 지식이나 기술을 실제 상황이나 실습 환경에서 어떻게 적용하는지를 관찰하고 평가하는 방법으로, 학습자의 실질적인 능력을 평가하는 데 중요하다.

63 이러닝 과정에서 등록 과정을 관리하는 주요 단계는 무엇인가?

① 학습자 데이터 수집 및 분석

② 온라인 학습 플랫폼의 기술적 유지 관리

③ 등록 확인, 성적 처리, 수료 관리

④ 교육 콘텐츠 개발 및 업데이트

해설

이러닝 과정의 학사관리에서 가장 중요한 단계는 학습자들의 등록을 확인하고, 성적을 처리하며, 과정 수료 여부를 관리하는 것이다.

64 학습자가 동영상 강의를 수강할 수 없는 경우 고려해야 할 사항으로 옳지 않은 설명은?

① 수강하고 있는 매체 또는 기기의 OS가 최신 버전인지 확인한다.

② 동영상 서버의 트래픽을 확인한다.

③ 동영상 재생을 위한 코덱이 설치되어 있는지 확인한다.

④ 동영상 수강 관련 소프트웨어가 설치되어 있는지 확인한다.

해설

동영상 서버의 트래픽은 학습자가 확인할 수 있는 항목이 아니다. 트래픽은 시스템 관리자 또는 IDC 모니터링 툴을 통해 확인할 수 있다.

65 다음 중 일반적으로 운영자가 직접 해결할 수 없는 경우는?

① 평가 점수 ② 진도율

③ 수료 처리 ④ 원격지원

해설

진도율은 민감한 수료기준으로 운영자가 임의로 값을 수정하면 부정 수강 등 문제가 발생할 수 있어, 필요한 경우 시스템 관리자에 의해 수정/보완된다.

정답 60. ① 61. ③ 62. ④ 63. ③ 64. ② 65. ②

66 평가문항의 난이도와 변별도를 구분하는 기준은 무엇인가?

① 난이도는 문항의 복잡성, 변별도는 문항의 길이

② 난이도는 학습자의 오답 확률, 변별도는 문항에 대한 전반적인 이해도

③ 난이도는 문항이 평가하는 학습 목표의 깊이, 변별도는 학습자 간 성취도 차이

④ 난이도는 문항의 주제 범위, 변별도는 문항의 형식

해설

평가 문항의 난이도는 문항이 평가하는 학습 목표의 깊이와 복잡성을 나타내며, 변별도는 문항이 학습자 간의 성취도 차이를 얼마나 잘 구분하는지를 나타낸다. 난이도가 높은 문항은 더 깊이 있는 이해를 요구하고, 높은 변별도를 가진 문항은 성취도가 높은 학습자와 낮은 학습자를 잘 구분한다.

67 Keller의 학습 동기유발 요소 중 무엇에 대한 설명인가?

- 수업 목표, 내용, 연습과 시험 내용의 일치
- 연습문제를 통한 적용 기회 제공
- 내외적 보상을 제공

① 주의집중　　② 관련성
③ 자신감　　④ 만족감

해설

만족감에 대한 설명이다.

68 이러닝 운영 최종 결과보고서에 반영되어야 할 항목으로 옳지 않은 것은?

① 운영과정의 목표 및 목적
② 수강생의 수강 관련 데이터
③ 평가 및 피드백
④ 소요 예산

해설

소요 예산은 운영 최종 결과보고서에 포함하지 않는다. 성과 보고 등 교육투자에 대한 비용편익 등을 계산하고자 할 때 포함할 수 있다.

69 다음이 설명하고 있는 문서의 명칭은?

> 강의명, 강사, 연락처, 강의 목적, 강의 구성 내용 등과 같은 단위 운영 과목에 관한 세부 내용을 담고 있는 문서

① 과정 운영계획서
② 교육과정별 과정 개요서
③ 학습과목별 강의계획서
④ 교강사 프로파일

해설

강의명, 강사, 연락처, 강의 목적 등과 같은 단위 운영 과목에 관한 세부 내용을 담고 있는 문서는 학습과목별 강의계획서이다.

70 이러닝 운영 활동과 그에 대한 설명이 바르게 연결된 것은?

① 이러닝 운영 학사관리 – 학습자의 정보를 확인하고, 성적을 산출하고, 수료기준에 따라 처리하는 활동

② 이러닝 운영 학습활동 지원 – 과정 운영 종료 후 학습자 만족도와 학업성취도를 확인하고 과정평가 결과를 보고하는 활동

③ 이러닝 운영 교강사 활동 지원 – 학습 환경을 최적화하고 수강 오류를 신속히 처리하여 학습활동이 촉진되도록 교강사를 지원하는 활동

④ 이러닝 운영 평가관리 – 학습자의 정보를 확인하고 학습활동이 촉진되도록 학습자를 지원하는 활동

해설

이러닝 운영 학사관리는 학습자의 정보를 확인하고 성적 처리를 수행한 후 수료 기준에 따라 처리하는 활동이다.

정답 : 66. ③　67. ④　68. ④　69. ③　70. ①

71 이러닝 운영에 대한 설명으로 틀린 것을 고르시오.

① 지연된 피드백으로 학습 동기가 저하될 수 있으므로 신속하게 피드백한다.

② 똑같은 콘텐츠라도 어떻게 운영하느냐에 따라 성과가 달라진다.

③ LMS를 이용하면 전문인력의 참여 없이 100% 기계적으로 이러닝 운영을 할 수 있다.

④ 이러닝 운영에 대해 평가를 실시하여 지속적으로 개선해 나가는 활동이 요구된다.

해설

이러닝 운영도 전문인력의 참여가 요구된다.

72 학습 목표를 기술할 때 포함시켜야 하는 요소가 아닌 것은?

① 조건

② 기준

③ 행위 동사

④ 교수학습 방법

해설

학습 목표는 행위 동사로 기술하되 조건과 기준을 포함하는 것이 바람직하다.

73 다음 중 운영 후 단계의 사업기획 요소에 해당하는 것은?

① 과정 개설 및 등록

② 진도 관리

③ 설문 분석

④ 공지사항 등록

해설

과정 개설 및 등록, 공지사항 등록은 운영 전 단계에 해당하며, 설문 분석은 운영 후 단계에 해당한다.

74 다음은 어떠한 유형의 상호작용인가?

> 학습자가 강의 동영상을 시청할 때 비디오 플레이어에서 제공하는 기능을 통해 재생 속도, 음량 조절, 자막 등을 조정할 수 있다. 학습자가 퀴즈를 풀면, 적절한 피드백과 함께 정답을 제공한다.

① 학습자–교·강사

② 학습자–콘텐츠

③ 학습자–학습자

④ 학습자–운영자

해설

해당 내용은 학습자와 콘텐츠와의 상호작용에 해당한다.

75 최저 점수부터 최대 점수별로 순차적으로 나열했을 때 가장 쉽게 확인할 수 있는 것은?

① 정규분포

② 중앙값

③ 표준편차

④ 최빈값

해설

최저 점수부터 최대 점수별로 순차적으로 나열했을 때 가장 쉽게 확인할 수 있는 것은 중앙값이다.

76 T점수(T-score)에 대한 설명으로 틀린 것을 고르시오.

① 개별 점수가 평균으로부터 얼마나 떨어져 있는지를 보여 준다.

② 교육 분야에서는 학생들의 성적을 비교하기 위해 활용 가능하다.

③ 평균값은 항상 50이 되고, 표준편차는 1이 된다.

④ T점수를 사용하면 모든 점수가 동일한 척도에 맞춰져 비교하기 용이하다.

해설

평균값은 항상 50이 되고, 표준편차는 10이 된다.

77 전체 데이터에 일련번호를 부여한 후 K배수를 표본으로 추출하는 방법은?

① 단순 무작위 추출(Simple Random Sampling)

② 계통 추출 (Systematic Sampling)

③ 층화 추출(Stratified Sampling)

④ 군집 추출(Cluster Sampling)

데이터에 일련번호를 부여한 후 K배수를 표본으로 추출하는 방법은 계통 추출(Systematic Sampling)이다.

78 다음 중 교강사(튜터) 평가에 대한 설명으로 틀린 것을 고르시오.

① 교강사(튜터)의 운영 활동을 평가 기준에 따라 평가하는 행위이다.

② 운영기관의 운영자가 교강사에 대한 평가 활동을 할 수 있다.

③ 학습자가 학습 목표를 성취할 수 있도록 교강사(튜터)가 지원한 활동에 대해 평가한다.

④ 운영자가 교강사(튜터)의 활동을 모니터링하는 것은 프라이버시 침해에 해당하므로 금지한다.

교강사(튜터)의 활동을 모니터링하는 것은 운영자의 중요한 역할이다.

79 다음 내용에 해당하는 교강사(튜터)의 역할은?

> 학습자의 진도나 과제 제출을 확인하고 공지 사항을 올리는 등 학습 전반을 관리한다.

① 교수적 역할　　② 사회적 역할

③ 관리적 역할　　④ 기술적 역할

학습 전반을 관리하는 것은 교강사(튜터)의 관리적 역할에 해당한다.

80 만족도 평가 문항 개발 시 고려해야 할 사항이 아닌 것은?

① 명료하게 문항을 기술한다.

② 하나의 질문에 여러 가지 의미를 포함하여 많은 정보를 확보한다.

③ 파일럿 테스트를 통해 문항을 점검 및 수정한다.

④ 학습자 의견을 반영하여 학습 환경을 개선할 수 있도록 문항을 구성한다.

만족도 평가 문항은 하나의 질문에 하나의 의미만을 포함하도록 개발해야 한다.

81 교강사 평가에 관한 내용으로 틀린 설명을 고르시오.

① 교강사 활동은 이러닝 운영과정의 성과에 영향을 미치는 중요한 요인 중 하나이므로 평가의 대상이 된다.

② 최종 평가보고서 작성자는 교·강사가 과정의 운영 목표에 적합한 교수활동을 수행했는지의 여부를 평가하여 그 결과를 반영해야 한다.

③ 교강사 활동 평가 기준을 기반으로 평가를 실시한다.

④ 교강사의 활동에 대한 분석 결과가 부정적일 경우 당사자에게 피드백하지 않는다.

평가 결과에 관계 없이 교강사 활동에 대한 분석 결과를 피드백하는 것이 바람직하다.

---

 77. ②　78. ④　79. ③　80. ②　81. ④

82 다음의 내용에 해당하는 것은?

> 평가도구가 평가하고자 하는 평가 목표를 정확하게 측정할 수 있는가?

① 평가도구 타당도
② 평가도구 신뢰성
③ 평가도구 다양성
④ 평가도구 편리성

해설

타당도란 평가도구나 측정 방법이 측정하려고 하는 특성이나 개념을 정확하게 측정하고 있는지에 대한 정도를 의미한다.

83 다음 내용에 해당하는 것을 고르시오.

> 평가자가 바뀌어도 일관된 측정값을 얻을 수 있는가?

① 평가도구의 타당도
② 평가도구의 신뢰도
③ 평가도구의 다양성
④ 평가도구의 편리성

해설

신뢰도는 측정 방법이나 검사자가 바뀌어도 일관된 측정값을 얻을 수 있는 정도를 말한다.

84 다음 중 콘텐츠 운영 결과보고서 작성 및 평가 방법으로 적절한 것은?

① 운영하고 있는 이러닝 과정이 다른 유사 과정과 비교할 때 어떠한 차별점을 갖고 있는지 중점적으로 기술한다.
② 운영기관의 추진 성과와 전략은 배제하고 콘텐츠 자체에 집중한다.
③ 고객사와 운영결과 보고서에 포함될 항목을 논의할 필요는 없다.
④ 운영기관 관리책임자의 의견을 다루는 것이 가장 중요하다.

해설

유사 과정과 비교했을 때 어떤 차별성이 있는지 제시하는 것이 중요하다.

85 Kirkpatrick 4단계 평가 모형에서 교육 참가자의 지식 및 기술적 향상이 이루어졌음을 측정하는 단계는 무엇인가?

① 반응평가 단계
② 학습평가 단계
③ 행동평가 단계
④ 결과평가 단계

해설

학습자들의 학습 정도에 대한 평가는 학습평가 단계에서 이뤄진다.

86 Kirkpatrick 4단계 평가 모형에서 반응(만족도) 평가의 고려사항으로 거리가 먼 것은?

① 사전–사후 검사를 실시한다.
② 평가 결과를 수치화할 수 있도록 평가 양식을 작성한다.
③ 교육 참여자가 점수 기준을 이해할 수 있도록 안내를 제공한다.
④ 교육이 끝난 직후에 평가한다.

해설

사전–사후 검사는 주로 학습 평가나 행동 평가 단계에서 이루어진다.

정답 82. ① 83. ② 84. ① 85. ② 86. ①

87 다음 중 성인학습의 특성으로 맞지 않는 것은?

① 연령, 학습스타일, 시간, 장소, 학습속도 등 개인차를 고려하여야 한다.

② 교사는 성인 학습자의 동반자적 역할을 한다.

③ 삶의 현장보다는 교과목이 중요하다.

④ 성인 학습자의 경험은 중요한 학습 자원이다.

해설

성인학습에서 더 중요한 것은 현장이다.

88 평가문항 개발의 주요 원칙이 아닌 것은?

① 명료한 표현을 사용한다.

② 하나의 질문에 여러 가지 의미를 포함하여 신중히 답변할 수 있도록 한다.

③ 파일럿 테스트를 통해 문항을 점검하여 수정한다.

④ 학습자의 주관적 의견도 수렴한다.

해설

하나의 질문에 하나의 의미만을 포함하도록 평가문항을 개발한다.

89 다음 중 콘텐츠 운영 결과 보고서 작성 및 평가 방법으로 적절한 것은?

① 운영하고 있는 이러닝 과정이 다른 유사 과정과 비교해 볼 때 어떠한 차별점을 갖고 있는지 중점적으로 기술한다.

② 운영기관의 추진 성과와 전략은 배제하고 콘텐츠 자체에 집중한다.

③ 특성화 내용에 대한 논리적 타당성보다는 실현 가능성에 초점을 둔다.

④ 운영기관 관리책임자의 의견을 다루는 것이 가장 중요하다.

해설

유사 과정과 비교했을 때 어떤 차별성이 있는지 제시하는 것이 중요하다.

90 다음 중 타당도의 종류가 아닌 것은?

① 내용 타당도

② 예언 타당도

③ 공인 타당도

④ 확인 타당도

해설

타당도에는 내용 타당도, 예언 타당도, 공인 타당도, 구인 타당도, 요인 타당도가 있다.

91 이러닝의 구성요소가 아닌 것은?

① 행정 및 운영

② 행정 서비스 시스템

③ 교육 솔루션

④ 교육 서비스 시스템

해설

행정 서비스 시스템은 포함되지 않는다.

92 다음의 내용이 설명하고 있는 것은?

> 학사관리 전반을 관리해 주는 시스템으로 학습을 위한 온라인 교육용 플랫폼이다.

① CDMS

② LMS

③ KMS

④ LCMS

해설

학사관리 전반에 걸친 사항을 관리해 주는 시스템을 LMS (Learning Management Ststem)라고 한다.

93 LMS의 운영 후 지원 기능으로 적절하지 않은 것은?

① 운영 평가
② 성적관리
③ 강의 평가
④ 진도관리

해설

진도관리는 운영 중 지원 기능이다.

94 최종 평가보고서 작성을 위해 이러닝 과정 운영자에게 요구되는 능력으로 적절하지 않은 것은?

① LMS에 저장된 자료와 기록을 활용할 수 있는 능력
② 성과 산출과 개선 사항을 도출하는 능력
③ 보고서 작성 및 의사소통 능력
④ LMS를 운영하는 능력

해설

LMS를 운영하는 능력은 최종 평가보고서를 작성하는 능력과 직접적인 관련성이 낮다.

95 다음 중 우수한 이러닝 콘텐츠의 조건이 아닌 것은?

① 명확하게 정의된 학습 목표를 제시해야 한다.
② 학습자의 흥미를 유발하고 주의를 끌 수 있어야 한다.
③ 충분한 양의 학습자료를 제공하며, 최대한 긴 분량으로 구성한다.
④ 장애가 있는 학습자도 접근할 수 있도록 웹 접근성을 준수한다.

해설

인지 과부하를 줄일 수 있도록 작은 단위로 콘텐츠를 구성한다.

96 다음은 만족도 평가의 단계이다. 순서를 적절히 연결한 것은?

> ㉠ 평가 도구 개발
> ㉡ 평가 방법 결정
> ㉢ 평가 목표 결정
> ㉣ 데이터 수집
> ㉤ 결과 보고
> ㉥ 데이터 분석

① ㉢-㉡-㉣-㉠-㉥-㉤
② ㉢-㉠-㉡-㉣-㉥-㉤
③ ㉢-㉡-㉠-㉣-㉥-㉤
④ ㉢-㉠-㉡-㉣-㉥-㉤

해설

만족도 평가는 목표 설정 – 방법 결정 – 도구 개발 – 데이터 수집 – 데이터 분석 – 결과 보고로 이어진다.

97 다음 중 평가계획 수립 단계에서 가장 먼저 해야 할 내용은?

① 교육 내용을 분석한다.
② 달성하고자 하는 지식, 기술, 태도의 내용과 수준을 선정한다.
③ 평가 목적에 따라 평가 내용을 선정한다.
④ 적절한 평가 시기를 결정한다.

해설

평가계획에서 가장 먼저 이루어져야 할 내용은 교육 내용에 대한 분석이며, 이를 토대로 학습 목표를 확인하고 관련된 지식, 기술, 태도의 내용과 수준을 결정하게 된다.

정답: 93. ④ 94. ④ 95. ③ 96. ③ 97. ①

98 다음 중 모사답안 판단 기준과 거리가 먼 것은?

① 띄어쓰기, 오타, 특수문자 등이 동일한가?
② 폰트 사이즈와 폰트 유형이 동일한가?
③ 파일 속성, 크기가 완전히 일치하는가?
④ 상식 이하의 오답이 동일한가?

해설

폰트 크기 및 유형은 대표적인 모사 판단 기준이라고 할 수 없다.

99 다음은 콘텐츠 전문인력 중 누구에 관한 설명인가?

> 교육과정 전반을 기획하고, 학습 내용 및 자원 등을 기초하여 최적의 콘텐츠를 설계한다.

① 교육기획자
② 내용전문가
③ 교수설계자
④ 개발자

해설

교수설계자는 교육과정 전반을 기획하고 최적의 콘텐츠를 설계하는 역할을 한다.

100 다음 중 운영 단계의 평가 요소가 아닌 것은?

① 수강 활동 관리
② 평가 및 성적관리
③ 교강사 관리
④ 학습 지원 방법의 다양성

해설

운영 단계의 평가 요소는 수강 활동 관리, 평가 및 성적관리, 교강사 관리, 수업 방법의 다양성, 교강사 관리 등이다.

정답 : 98. ② 99. ③ 100. ④

01 다음은 커크패트릭(Kirkpatrick's)의 4단계 평가 모형이다. ㉠~㉢을 채우시오.

단계	내용
1단계	(㉠)
2단계	학습
3단계	(㉡)
4단계	(㉢)

정답

㉠: 반응　　㉡: 행동　　㉢: 결과

e 해설

구성요소	설명
반응 (Reaction)	• 학습자의 교육 프로그램에 대한 즉각적인 반응과 만족도 평가 • 평가 방법: 설문 조사, 피드백 폼, 인터뷰
학습 (Learning)	• 교육을 통해 습득한 지식, 기술, 태도의 변화 평가 • 평가 방법: 사전–사후 테스트, 퀴즈, 시뮬레이션, 실습 평가
행동 (Behavior)	• 학습한 내용을 실제 업무나 생활에 적용하는 정도 평가 • 평가 방법: 관찰, 성과 평가, 360도 피드백, 인터뷰
결과 (Results)	• 교육 프로그램이 조직이나 사회에 미친 최종적인 영향 평가 • 평가 방법: 비용–편익 분석, ROI 분석 등

02 이러닝 산업 특수분류 체계에서 구분하는 이러닝 산업의 대분류 4가지를 작성하시오.

이러닝 콘텐츠, 이러닝 솔루션, 이러닝 서비스, 이러닝 하드웨어

해설

구분	설명
이러닝 콘텐츠	• 이러닝을 위한 학습 내용물을 개발, 제작 또는 유통
이러닝 솔루션	• 이러닝을 위한 개발도구, 응용소프트웨어 등의 패키지 소프트웨어 개발과 이에 대한 유지 · 보수
이러닝 서비스	• 전자적 수단, 정보통신 및 전파 · 방송기술을 활용한 학습 · 훈련 제공
이러닝 하드웨어	• 이러닝 서비스 제공 및 이용을 위해 필요한 기기, 설비 제조, 유통하는 사업 및 관련 인프라 임대

03 다음은 학점인정 등에 관한 법률에 의거한 제도 중 원격교육에 대한 학점인정 기준의 세부 내용이다. ⊙~㉣을 채우시오.

① 수업일수는 출석수업을 포함하여 (⊙)주 이상 지속되어야 한다. 고등교육법 시행령에 의한 시간등록제의 경우에는 8주 이상 지속되어야 한다.

② 원격 콘텐츠의 순수 진행 시간은 (ⓒ)분 또는 (ⓒ)프레임 이상을 단위시간으로 하여 제작되어야 한다.

③ 학업성취도 평가는 학사운영플랫폼 또는 학습 관리 시스템 내에서 엄정하게 처리하여야 하며, 평가 시작 시간, 종료 시간, IP 주소 등의 평가 근거는 시스템에 저장하여 (㉣)년까지 보관하여야 한다.

⊙ 15   ⓒ 25   ⓒ 20   ㉣ 4

04 다음 내용은 이러닝(전자학습)산업 발전 및 이러닝 활용 촉진에 관한 법률에서 정의하는 이러닝에 대한 설명이다. ㉠~㉢을 채우시오.

> 이러닝은 (㉠)적 수단, (㉡)통신 및 전파 · 방송기술, 인공지능, 가상현실 및 (㉢)현실 관련 기술을 활용하여 이루어지는 학습을 말한다.

정답

㉠: 전자　　㉡: 정보　　㉢: 증강

05 다음 보기에서 이러닝 운영 과정 종료 후와 관련된 문서를 모두 고르시오.

> 과정 운영 계획서, 운영 관계 법령, 과정 평가 결과 보고서, 시스템 운영 현황자료, 운영 결과 보고서

정답

시스템 운영 현황자료, 과정 운영 계획서, 과정 평가 결과 보고서, 운영 결과 보고서

e 해설

문서	설명
시스템 운영 현황자료	• 이러닝 시스템의 전반적인 운영 상태를 기록한 자료 • 과정 중 사용된 시스템의 가동 상태, 기술적 문제, 접속 로그, 사용자 수, 시스템 성능 평가 등 포함
과정 운영 계획서	• 이러닝 과정 운영 시작 전에 작성되는 계획서 • 학습 목표, 학습 내용, 학습 방법, 일정, 평가 계획 등 포함 • 운영 과정 종료 후 이 계획서와 실제 운영 결과를 비교하고 평가하는 데 사용
과정 평가 결과 보고서	• 이러닝 과정을 종료한 후, 학습자들의 평가 결과를 분석하여 작성하는 보고서
운영 결과 보고서	• 이러닝 과정 운영의 전반적인 결과를 요약한 문서 • 과정의 목표 달성 여부, 학습자 참여도, 평가 결과, 과정 중 발생한 문제와 해결 방안 등을 종합적으로 정리

06 다음은 학습자 진도 독려 시 주의해야 할 사항이다. ㉠과 ㉡에 알맞은 내용을 작성하시오.

> • (㉠   )
> • 관리 자체가 목적이 아니라 학습자가 학습을 다시 할 수 있도록 하는 것이 목적임을 기억한다.
> • (㉡   )
> • 독려 비용 효과성을 측정해야 한다.

정답

㉠: 너무 자주 독려하지 않도록 한다.

㉡: 독려 후 반응을 측정해야 한다.

07 이러닝 콘텐츠 중 개인교수형의 특징을 작성하시오.

정답

교수자가 학습자를 개인 교수하는 것처럼 컴퓨터가 학습자와 상호작용을 하면서 학습자의 반응을 판단하고 그에 적합한 피드백과 교정 학습을 제공하는 형태이다.

ℓ 해설

유형	설명
개인교수형	• 전통적인 교수형태의 하나로 교수자가 주도해서 학습 진행 • 다양한 수준의 지식 전달 교육에 효과적이며 친숙한 교수법
토론학습형	• 공동과제 해결, 특정 주제에 관한 토론으로 상호작용 활동 • 실시간 또는 비실시간으로 토론 활동 수행
반복학습형	• 학습자들이 반복 학습해서 목표에 도달하는 학습 형태 • 주로 어학 또는 반복학습을 통한 숙련도를 확인할 수 있는 콘텐츠에서 많이 사용

08 켈러(Keller)의 ARCS 동기 모형 4가지를 작성하시오.

- 주의집중(Attention)
- 관련성(Relevance)
- 자신감(Confidence)
- 만족감(Satisfaction)

ℓ 해설

핵심 개념	설명
주의 집중 (Attention)	• 학습자의 호기심을 자극하고 흥미를 유발 • 지각적, 탐구적 주의 환기 및 다양성의 전략 수행
관련성 (Relevance)	• 학습 내용과 학습자의 개인적 목표, 경험, 관심사를 연결 • 목표 지향성, 동기 부합, 친밀성의 전략 수행
자신감 (Confidence)	• 학습자가 성공할 수 있다는 믿음을 갖게 하는 것 • 학습 요건 제시, 성공 기회 제공, 개인적 통제의 전략 수행
만족감 (Satisfaction)	• 학습 경험에 대한 긍정적 감정과 지속적 학습 의지를 갖게 함 • 내재적 강화, 외재적 보상, 공정성의 전략 수행

09 이러닝 표준화 시 고려해야 할 사항 4가지를 쓰시오.

- 재사용 가능성
- 접근성
- 상호 운영성
- 항구성

e 해설

고려사항	설명
재사용 가능성	• 학습 콘텐츠나 시스템 구성요소가 다양한 상황에서 반복적으로 사용할 수 있는지 확인 • 이러닝 콘텐츠는 특정 과목이나 대상에 한정되지 않고 다른 학습 과정이나 플랫폼에서도 쉽게 적용될 수 있어야 함
접근성	• 학습자 모두가 학습 콘텐츠에 쉽게 접근할 수 있도록 보장 • 장애를 가진 학습자, 다양한 디바이스를 사용하는 학습자들이 모두 불편함 없이 콘텐츠를 이용할 수 있어야 함
상호 운영성	• 다양한 시스템, 플랫폼, 도구 간에 원활하게 상호작용할 수 있어야 함 • 학습 자료나 성과 기록 등이 여러 시스템 간에 공유되고 통합되어 활용
항구성	• 시간이 지나도 콘텐츠와 시스템이 여전히 유효하고 사용 가능한지 확인 • 콘텐츠나 기술의 지속적인 유지보수와 업데이트가 필요하며, 새로운 환경에서도 사용할 수 있도록 변환 가능한지 확인

10 다음은 학습 관리 시스템(LMS)에 등록되는 평가에 대한 설명이다. ㉠~㉢에 해당하는 것을 적으시오.

구분	상세내용
(㉠) 평가	• 기초능력(선수학습 능력, 사전 학습 능력) 전반을 진단하는 평가로 강의 진행 전에 진행됨
(㉡) 평가	• 강의에서 원하는 학습 목표를 제대로 달성했는지 확인하는 평가로 해당 차시가 종료된 후 진행됨
(㉢) 평가	• 학습자의 수준을 종합적으로 확인할 수 있는 평가 • 성적을 결정하고 학습자 집단의 특성을 분석할 수 있으며 강의가 종료된 후 진행됨

㉠: 진단 ㉡: 형성 ㉢: 총괄

11 다음은 이러닝 환경 준비 시 이러닝 콘텐츠 점검 항목과 그 내용에 대한 설명이다. ㉠~㉢에 알맞은 항목을 적으시오.

점검항목	점검항목 상세내용
(㉠)	• 이러닝 콘텐츠의 제작 목적과 학습 목표 부합 여부 • 학습 목표에 맞는 내용으로 콘텐츠가 구성되어 있는지 여부 • 내레이션이 학습자의 수준과 과정의 성격에 맞는지 여부 • 학습자가 반드시 알아야 할 핵심 정보가 화면상에 표현되는지 여부
(㉡)	• 자막 및 그래픽 작업에서 오탈자 여부 • 영상과 내레이션이 매끄럽게 연결되는지 여부 • 사운드나 BGM이 영상의 목적에 맞게 흐르는지 여부 • 화면이 보기에 편안한 구도로 제작되었는지 여부
(㉢)	• 배우의 목소리 크기나 의상, 메이크업의 적절성 • 최종 납품 매체의 영상 포맷을 고려한 콘텐츠 여부 • 전자칠판, 크로마키 등 제작 방식에 따른 촬영 방식의 적절성 여부

정답

㉠: 교육 내용

㉡: 화면 구성

㉢: 제작 환경

12 다음 보기에서 이러닝 운영 준비 과정과 관련된 문서를 고르시오.

> 과정 운영 계획서, 운영 관계 법령, 교육과정별 과정 개요서, 과정 평가 결과 보고서, 시스템 운영 현황자료, 학습과목별 강의계획서

정답

- 과정 운영 계획서
- 교육과정별 과정 개요서
- 운영 관계 법령
- 학습과목별 강의계획서

문서	설명
과정 운영 계획서	• 이러닝 과정 전체를 어떻게 운영할지에 대한 종합적인 계획을 담은 문서 • 이러닝 과정의 방향성과 운영 방식에 대해 명확히 정의
운영 관계 법령	• 이러닝 과정 운영과 관련된 법적 요구사항 및 규정을 포함 • 법적 문제를 예방하고, 학습자의 권익을 보호
교육과정별 과정 개요서	• 이러닝 과정의 각 교육과정에 대한 전반적인 설명을 담음 • 교육과정에 대한 개요가 명확히 제시되어 학습자와 이해 관계자들이 과정의 특성을 파악 가능
학습과목별 강의계획서	• 특정 학습 과목의 수업 목표, 학습 내용, 학습 일정, 과제, 평가 기준 등을 상세하게 계획 • 교수자와 학습자 간의 소통을 원활하게 하고, 학습의 체계성을 보장

13 다음은 이러닝에서의 학습 촉진 전략에 대한 설명이다. ㉠~㉣에 알맞은 내용을 작성하시오.

1) 이러닝 환경에서 교수자는 주로 내용전문가와 학습자료 제공자의 역할을 담당해 왔으나, 학습 촉진과 운영 관리자의 역할, 즉 학습 피드백 제공, 학습평가, 학습 컨설턴트 등의 (㉠)역할 수행이 더 강조되는 추세이다.

2) 학습자 간의 정서적 활동을 강조하여 학문적 유대감 형성을 위한 학습 커뮤니티 혹은 학습공동체를 조직하고 유지할 수 있도록 지원하며, 집단 내 구성원들이 함께 (㉡)적 관계를 맺도록 돕는 역할이다.

3) 교수자는 교육 운영과정 중에 수행하는 학습자의 학습활동에 대해 파악하고 지속적으로 (㉢)해야 한다. 이를 통해 학습자는 자신의 학습 과정의 장단점, 참여 결과 등에 대해 되돌아보고 성찰하는 기회를 얻게 되어, 학업을 지속하고 과정을 성공적으로 이수하는 데 긍정적인 역할을 한다.

4) 학습자의 동기, 흥미, 태도, 감정 측면을 고려하여 긍정적인 감정을 가지게 되는 학습(㉣)을 조성하여 학습을 촉진한다.

㉠: 촉진자   ㉡: 협력   ㉢: 모니터링   ㉣: 환경

14 다음은 블룸(Bloom)의 인지적 영역에서의 교육 목표 분류의 순서이다. 보기를 참고하여 ㉠~㉣을 채우시오.

> 적용하기, 분석하기, 평가하기, 이해하기, 종합하기

> 기억하기 → (㉠) → (㉡) → (㉢) → (㉣) → 창작

정답

㉠: 이해하기　　㉡: 적용하기　　㉢: 분석하기　　㉣: 평가하기

e 해설

핵심 개념	설명	
인지적 영역	• 지식의 습득과 지적 능력의 발달에 관한 것으로, 6단계로 구성	
	1차 교육 목표 분류	• 지식, 이해, 적용, 분석, 종합, 평가로 구성
	2차 신교육 목표 분류	• 기억, 이해, 적용, 분석, 평가, 창안하기 또는 창작하기로 구성
정의적 영역	• 감정, 태도, 가치관 등과 관련된 것으로, 5단계로 구성	
	• 수용, 반응, 가치화, 조직화, 인격화로 구성	
심동적 영역	• 신체적 기능, 협응, 운동 기술 등과 관련된 영역	

15 다음은 이러닝과 관련된 KS 국가표준 시스템 용어에 대한 설명이다. 보기를 참고하여 ㉠~㉢을 채우시오.

> 학습 관리 시스템, 학습 콘텐츠 관리시스템, 정보기술 시스템, 분산학습기술 시스템, 메타데이터기술 시스템, 학습기술 시스템

용어	정의
(㉠)	• 이러닝과 관련된 관리적 · 기술적 지원 절차를 수행하기 위한 소프트웨어 시스템
(㉡)	• 이러닝 콘텐츠의 개발 · 저장 · 조합 · 전달에 사용되는 시스템
(㉢)	• 서브 시스템과 다른 시스템 간에 통신하는 주요 방법으로서 인터넷 · 광역 통신망을 사용하는 학습 기술 시스템

16 다음은 이러닝 운영자로써 교수자의 역할에 대한 설명이다. 보기를 참고하여 ⊙～ⓔ을 채우시오.

사회적, 교수적, 기술적, 관리적

세부 역할	역할 규명 및 활동 예시
(⊙) 역할	• 학습 내용에 관해 설명하고, 학습자의 반응을 이끌어내기 위해 질문하며, 학생들의 질문에 대한 답변과 학생들의 답변에 대해 피드백을 제공하는 과정을 통해 학습자의 참여를 유도하는 활동 포함
(ⓛ) 역할	• 교수자는 학습자들이 학습활동을 활발하게 할 수 있도록 친밀하고, 인간적이며, 사회적인 환경을 조성하는 등의 활동을 통해 학습자 그룹의 단결력을 도모하는 활동 수행
(ⓒ) 역할	• 이러닝으로 운영되는 교수-학습과정을 관리하는 역할로, 교과에 대한 지식이 없어도 진행할 수 있는 운영이나 행정과 관련된 역할을 포함
(ⓔ) 역할	• 학습자가 이러닝을 수행하는 과정에서 네트워크, 컴퓨터, 학습 지원 프로그램, 학습 콘텐츠, 학습 운영관리시스템 등을 사용할 때 불편하지 않도록 기술적인 문제를 해결해 주는 것으로, 소프트웨어, 하드웨어 등에 학습자들이 편안함을 느낄 수 있도록 하여 궁극적으로는 학습과 과제활동에 더욱 집중할 수 있도록 돕는 활동을 의미

17 사업주 직업능력개발훈련 지원 규정 제도에서 학습 관리 시스템에 부합하는 학습관리 필수 모듈 중 3가지를 적으시오.

정답

- 학습(훈련)과정의 진행 상황
- 과정 운영 등
- 모니터링

해설

제시된 문제는 사업주 직업능력개발훈련 지원규정(2024. 1. 1. 시행) 중 [별표 1] 원격훈련의 인정요건(제6조 관련)에 관한 내용이다.

원격훈련			원격훈련과정 인정요건
훈련생 학습 관리 시스템	관리자 모듈	훈련과정의 진행 상황	• 훈련생별 수강신청일자, 진도율(차시별 학습시간 포함), 평가별 제출일 등 훈련진행 상황이 기록되어 있을 것
		과정 운영 등	• 평가(시험)는 훈련생별 무작위로 출제될 수 있도록 할 것 • 평가(시험)는 평가시간 제한기능을 갖출 것 • 훈련참여가 저조한 훈련생들에 대한 학습을 독려하는 기능을 갖출 것 • 사전심사에서 적합 받은 과정으로 운영할 것 • 사전심사에서 적합 받은 평가(평가문항, 평가시간 등)로 시행할 것 • 훈련생 개인별로 훈련과정에 대한 만족도 평가를 위한 설문 조사 기능을 갖출 것
		모니터링	• 훈련현황, 평가 결과, 첨삭지도 내용, 훈련생 IP, 차시별 학습시간 등을 웹에서 언제든지 조회 · 열람할 수 있는 기능을 갖출 것 • 베낀 답안 기준을 정하고 기준에 따라 훈련생의 베낀 답안 여부를 확인할 수 있는 기능을 갖출 것 • 제2조제15호에 따른 "원격훈련 자동모니터링시스템"을 통해 훈련생 관리 정보를 자동 수집하여 모니터링을 할 수 있도록 필요한 기능을 갖출 것

18 보기를 참고하여 이러닝 콘텐츠 개발 방법인 ADDIE 모형 5단계를 순서대로 적으시오.

> ㉠: 개발
> ㉡: 분석
> ㉢: 실행
> ㉣: 설계
> ㉤: 평가

(①) → (②) → (③) → (④) → (⑤)

정답

①: ㉡(분석)　　②: ㉣(설계)　　③: ㉠(개발)　　④: ㉢(실행)　　⑤: ㉤(평가)

해설

개발 절차	설명
분석 (Analysis)	• 개발하고자 하는 이러닝 콘텐츠에 대하여 분석하는 단계 • 환경 요인 분석, 학습자 및 콘텐츠에 대한 요구 분석 수행
설계 (Design)	• 분석 결과를 토대로 개발할 콘텐츠의 방향 결정 • 콘텐츠의 흐름, 내용 배치 등 설계 문서 작성
개발 (Development)	• 설계된 문서에 따라 콘텐츠 개발 수행 • 원고 내용 배치, 애니메이션, 상호작용, 디자인 요소 적용, 형성 평가 문항 등 개발 • 콘텐츠 개발 완료 후 콘텐츠 설계 문서와 차이 비교
실행 (Implementation)	• 개발 완료된 콘텐츠를 등록하고 학습 과정을 개설 • 학습 과정 개설 시 학습자의 과정 이해를 돕기 위해 강의계획서 등 첨부
평가 (Evaluation)	• 개발된 이러닝 콘텐츠와 관련된 사항 평가 • 실행 단계에서 수행된 프로세스 및 이러닝 콘텐츠 자체의 평가 수행

19 다음은 과정만족도 평가 문항이다. 보기를 참고하여 빈칸에 해당하는 평가 분류명을 넣으시오.

운영 만족도, 교·강사 만족도, 시스템 환경, 적합도, 인터페이스

평가 분류명	평가 문항
(㉠)	• 학습 진행 중에 원하는 곳으로 편리하게 이동할 수 있었음
(㉡)	• 학습 내용에 대해 전문적이고 구체적인 답변을 제공받았음

정답

㉠: 인터페이스

㉡: 교·강사 만족도

20 다음은 학습 관리 시스템(LMS)과 학습 콘텐츠 시스템(LCMS)을 비교한 표이다. 해당 여부를 O/X로 표기하시오.

구분	학습 관리 시스템(LMS)	학습 콘텐츠 시스템(LCMS)
콘텐츠 제작 가능성	×	○
콘텐츠 재활용	(①)	(②)
콘텐츠 개발 프로세스를 관리하는 작업 도구	(③)	(④)
학습자 인터페이스 제공 및 콘텐츠 전송	(⑤)	(⑥)

정답

①: X   ②: O   ③: X   ④: O   ⑤: X   ⑥: O

memo

2024년 2회 기출복원문제 [실기]

01 이러닝 학습자의 만족도를 평가하는 요인을 4가지 적으시오.

정답

이러닝 강의 과정, 이러닝 과정 운영, 이러닝 시스템, 이러닝 학습 콘텐츠

℮ 해설

평가 요인	설명
이러닝 강의 과정	• 교수자와의 상호작용, 강의의 질, 강사의 전문성, 강의 방식 등을 포함하여 평가
이러닝 과정 운영	• 이러닝 과정 전반의 운영과 관리 체계에 대한 만족도를 평가
이러닝 시스템	• 학습자가 사용하는 플랫폼이나 기술적 환경에 대한 평가
이러닝 학습 콘텐츠 만족도 조사	• 제공되는 이러닝 학습 콘텐츠의 질과 학습에 대한 효과성에 대한 평가

02 베이츠(Bates)의 ACTIONS 모형에 대해 서술하시오.

- A: Access(접근성)로, 선택한 기술이 학습자 모두에게 접근 가능 강조
- C: Cost(비용)로, 선택한 기술이나 미디어의 비용 효과성 평가
- T: Teaching and Learning(교수와 학습의 효과성)으로, 기술이 교수 및 학습 과정에 미치는 영향을 평가
- I: Interactivity and User-friendliness(상호작용성과 사용자 친화성)로, 기술이 얼마나 상호작용을 촉진하고, 사용자에게 친숙한지 평가
- O: Organizational Issues(조직적 문제)로, 선택한 기술이 조직적으로 얼마나 잘 지원되고 있는지, 이를 운영할 수 있는 기술적, 인적 자원이 충분한지 평가
- N: Novelty(참신성)로, 기술의 혁신성과 참신성을 평가
- S: Speed(속도)로, 기술이나 미디어가 학습과 교수에 얼마나 빠르게 적용되고 사용할 수 있는지를 평가

해설

구성요소	설명
Access (접근성)	• 선택한 기술이 학습자 모두에게 접근 가능해야 한다는 점 강조 • 학습자가 기술에 쉽게 접근할 수 있는지, 사용이 용이한지, 특정 기술적 제한이 없는지 등을 고려
Cost (비용)	• 선택한 기술이나 미디어의 비용 효과성을 평가 • 도입 비용뿐만 아니라 유지 관리 비용, 학습자에게 부담이 될 수 있는 추가적인 비용까지 포함
Teaching and Learning (교수와 학습의 효과성)	• 기술이 교수 및 학습 과정에 미치는 영향을 평가 • 교육적 효과성을 중심으로 기술 평가
Interactivity and User-friendliness (상호작용성과 사용자 친화성)	• 기술이 얼마나 상호작용을 촉진하고, 사용자에게 친숙한지 평가 • 학습자와 교수자 간의 상호작용뿐만 아니라 학습자 간의 상호작용도 포함
Organizational Issues (조직적 문제)	• 선택 기술이 조직적으로 얼마나 잘 지원되는지, 운영할 수 있는 기술적, 인적 자원이 충분한지 평가

구성요소	설명
Novelty (참신성)	• 기술의 혁신성과 참신성을 평가 • 지나치게 참신한 기술은 학습자나 교수자가 적응하기 어려울 수 있으므로 신중하게 접근 필요
Speed (속도)	• 기술이나 미디어가 학습과 교수에 얼마나 빠르게 적용되고 사용할 수 있는지 평가 • 새로운 기술을 도입하는 데 걸리는 시간, 콘텐츠 개발이나 배포 속도 등을 고려

03 다음은 난이도와 변별력에 관한 설명이다. 해당 여부를 O/X로 표기하시오.

설명	해당 여부
정답률이 높다는 것은 난이도가 높다는 의미이다.	(①)
학습자 전원의 정답률이 1이면 변별력이 1이다.	(②)
난이도가 높으면 변별도가 높다.	(③)
변별력이 음수인 경우 하위그룹이 상위그룹보다 정답률이 높다.	(④)

정답

①: X　　②: X　　③: X　　④: O

04 하나핀(Hannafin)의 개방적 수업 방식을 위한 4가지 요소를 작성하시오.

정답

요구 분석(Needs Analysis), 설계 단계(Design Phase), 개발 및 실행(Development and Implementation), 평가와 수정(Evaluation and Revision)

하나핀의 개방형 수업 방식은 학습자 중심의 교육 환경을 만들기 위해 고안된 모델이다.

구성요소	설명
요구 분석 (Needs Analysis)	• 학습자들의 필요와 목표, 현재의 기술 수준을 철저히 평가 • 학습 목표를 명확히 설정하고, 학습자에게 필요한 내용을 정확히 파악하여 맞춤형 교육을 제공
설계 단계 (Design Phase)	• 학습 과정의 전반적인 구조와 내용 설계 • 학습자에게 가장 효과적인 방식으로 콘텐츠가 제공될 수 있도록 구체적인 계획 수립
개발 및 실행 (Development and Implementation)	• 설계된 내용을 바탕으로 실제 학습 자료를 개발하고, 이를 학습 관리 시스템(LMS)에 적용 • 학습 환경에 맞게 꾸준히 유지 · 보수되고, 학습 자료가 최신 상태로 유지되도록 지속적인 관리가 필요
평가와 수정 (Evaluation and Revision)	• 학습 자료와 수업 방식에 대한 지속적인 평가와 피드백을 통해 수정 발생 • 학습 과정이 끊임없이 개선되고, 학습자에게 적합한 최신 교육이 제공

05 학습진도가 미진한 학습자 독려 방법을 4가지만 작성하시오.

• 개별 맞춤형 피드백 제공
• 상호작용 강화
• 학습 목표 재설정 및 작은 목표 제시
• 보상 및 인센티브 제공

독려 방법	설명
개별 맞춤형 피드백 제공	• 진도가 느린 이유를 파악하고, 개선 방안을 구체적으로 제시하며 긍정적인 동기 부여
학습 목표 재설정 및 작은 목표 제시	• 큰 목표 대신 달성 가능한 작은 목표를 설정해 학습자에게 단계별 성취감을 느끼도록 유도
상호작용 강화	• 학습자 간 상호작용을 강화하거나 교수자와의 실시간 소통을 늘림
보상 및 인센티브 제공	• 일정 수준의 학습 진도를 달성한 학습자에게 보상이나 인센티브 제공

06 이러닝 콘텐츠의 유형을 보기에서 선택하여 ㉠~㉢을 작성하시오.

사례기반형, 개인교수형, 문제 해결형

유형	설명
(㉠)	• 전통적인 교수형태의 하나로 교수자가 주도해서 학습 진행 • 다양한 수준의 지식 전달 교육에 효과적이며 친숙한 교수법
(㉡)	• 실제 문제를 해결하는 과정을 통해 학습 • 학습자는 주어진 문제를 해결하기 위해 다양한 자료를 분석하고 논리적으로 접근
(㉢)	• 실제 사례나 시나리오를 바탕으로 학습 • 학습자가 이론과 실제를 연결하는 데 도움을 주고, 실생활에서 발생할 수 있는 문제에 대한 해결 능력을 배양함

정답

㉠: 개인교수형
㉡: 문제 해결형
㉢: 사례기반형

07 이러닝 콘텐츠 표준과 관련하여 SCORM의 의미를 작성하시오.

정답

• Sharable Content Object Reference Model의 약자로 공유 가능한 콘텐츠 객체 참조 모형
• 교육용 콘텐츠의 교환, 공유, 결합, 재사용을 쉽게 하려는 목적에서 만들어진 웹 기반 전자교육에 대한 표준 규격
• 학습 관리 시스템을 통해 제공되는 런타임 환경을 정의

구성요소	설명
SCORM	• Sharable Content Object Reference Model의 약자로 공유 가능한 콘텐츠 객체 참조 모형 • 교육용 콘텐츠의 교환, 공유, 결합, 재사용을 쉽게 하려는 목적에서 만들어진 웹 기반 전자교육에 대한 표준 규격 • 학습 관리 시스템을 통해 제공되는 런타임 환경을 정의
xAPI	• Experience API의 약자로, 온라인 및 오프라인을 포함하여 광범위한 학습 활동 상황 내에서 학습자의 경험에 대한 데이터의 수집 및 공유하기 위한 전자학습 데이터 및 사양 인터페이스 표준

08 다음 보기의 내용은 학습 계획 단계 중 어떤 단계인지 작성하시오.

> 학습 평가 계획 수립, 문제 출제, 문제은행 등록 관리

정답

평가 단계

ⓔ 해설

단계	설명
학습 평가 계획 수립	• 학습 목표에 따른 평가 기준을 정하고, 평가 방식 계획 • 평가 유형은 퀴즈, 과제, 시험 등이 될 수 있음
문제 출제	• 평가 문제를 출제하여 학습자들의 성취 측정
문제은행 등록 관리	• 출제된 문제를 문제은행에 등록하고 관리 • 평가 과정에서 일관성과 공정성 유지

09 이러닝 학습자의 학습을 촉진하는 방법 네 가지를 작성하시오.

• 학습 참여 동기부여　　• 학습 의욕 고취　　• 평가 기준 안내　　• 학습 환경 안내

해설

구분	설명
학습 참여 동기부여	• 학습자가 학습에 적극적으로 참여하고 지속적으로 노력하도록 유도하는 핵심 요소
학습 의욕 고취	• 학습자 주변의 학습 환경을 흥미롭고 의미 있게 만들며, 학습자가 지속적으로 몰입할 수 있도록 돕는 것
평가 기준 안내	• 평가 기준을 명확히 제시하여 학습자들이 평가에 대한 두려움을 덜고, 평가 과정의 진행 방법 안내
학습 환경 안내	• 이러닝 학습 시스템이나 학습 도구 사용 방법, 지원 서비스에 대한 정보 제공

10 가상현실(VR), 증강현실(AR), 혼합현실(MR)의 정의를 작성하시오.

• 가상현실(VR): 가상의 콘텐츠를 학습자의 감각 기관을 통해 몰입감을 느끼고 상호작용하도록 하는 기술
• 증강현실(AR): 실제 환경에 가상 사물이나 정보를 합성하여 원래 환경에 존재하는 사물처럼 보이도록 하여 학습자의 몰입도를 증가시키는 기술
• 혼합현실(MR): 현실 배경 위에 현실과 가상의 정보를 혼합하여 기존보다 진화된 가상세계를 구현하여 사물의 실재감과 학습자의 몰입도를 증가시키는 기술

해설

용어	설명
가상현실(VR)	• 가상현실 기반 이러닝 콘텐츠 저작도구를 이용하여 만들어낸 가상의 콘텐츠를 학습자의 감각 기관을 통해 몰입감을 느끼고 상호작용하도록 하는 기술 • 몰입형 장비를 통해 100% 가상의 이러닝 콘텐츠를 활용
증강현실(AR)	• 이러닝 콘텐츠를 실제 환경에 가상 사물이나 정보를 합성하여 원래 환경에 존재하는 사물처럼 보이도록 하여 학습자의 몰입도를 증가시키는 콘텐츠
혼합현실(MR)	• 이러닝 콘텐츠를 현실 배경 위에 현실과 가상의 정보를 혼합하여 기존보다 진화된 가상세계를 구현하여 사물의 실재감과 학습자의 몰입도를 증가시키는 콘텐츠

11 플립 러닝(Flipped Learning)의 정의를 작성하시오.

플립 러닝(Flipped Learning)은 온라인으로 기본 개념을 학습하고 오프라인에서 심화 토론과 문제 해결 활동을
진행하는 학습 방식이다.

12 다음 보기는 스토리보드(Storyboard)에 대한 설명이다. ㉠~㉢에 들어갈 내용을 작성하시오.

- 이러닝 콘텐츠의 (㉠)한다.
- 이러닝 콘텐츠 설계자, 교수자, (㉡)와의 (㉢) 수단으로 활용된다.

㉠: 학습 내용 등 학습 화면을 설계
㉡: 개발자
㉢: 의사소통

구분	설명
기획적 역할	• 이러닝 콘텐츠의 학습 내용 등 학습 화면을 설계한다. • 학습 목표와 내용을 시각적으로 표현하고, 흐름을 체계적으로 정리하여 개발 과정 전반을 안내한다.
소통 수단	• 이러닝 콘텐츠 설계자, 교수자, 개발자와의 의사소통 수단으로 활용된다. • 각자의 역할에 맞는 작업을 효과적으로 진행하고, 의견을 공유하며 협업할 수 있도록 도운다.

13 가네의 수업사태 9가지 중 6가지를 설명하시오.

정답

주의 집중, 학습 목표 제시, 선수 학습 회상, 자극 자료 제시, 학습 안내, 수행 유도, 피드백 제공, 수행 평가, 파지와 전이 강화 중 6개 작성

해설

핵심 개념	설명
주의 집중	• 학습자의 관심을 끌고 학습 준비 상태를 만듦
학습 목표 제시	• 학습자에게 기대되는 학습 결과를 명확히 알려줌
선수 학습 회상	• 새로운 정보와 관련된 이전 지식을 상기시킴
자극 자료 제시	• 새로운 내용을 학습자에게 제시
학습 안내	• 학습 전략이나 방법에 대한 지침을 제공
수행 유도	• 학습자가 새로운 지식이나 기술을 적용해볼 기회를 제공
피드백 제공	• 학습자의 수행에 대해 정보를 제공
수행 평가	• 학습 목표 달성 여부를 확인
파지와 전이 강화	• 학습한 내용을 오래 기억하고 다른 상황에 적용할 수 있도록 도움

14 이러닝 환경을 물리적으로 구성하는 인적 자원의 4가지 요소를 작성하시오.

- 이러닝 컨설턴트
- 내용 전문가
- 교수 설계자
- 이러닝 콘텐츠 개발자

e 해설

인적자원요소	역할
이러닝 컨설턴트	• 이러닝 기획, 이러닝 프로젝트 관리, 컨설팅 업무 총괄
내용 전문가	• 이러닝 콘텐츠를 설계, 개발하고자 하는 학습 내용에 대하여 전문성을 보유한 사람 • 교수 설계 전 설계 하려는 학습 내용과 각종 학습 자원 제공
교수 설계자	• 이러닝 학습 콘텐츠의 교육과정 기획 • 내용 전문가가 작성한 학습 내용 및 자원 등을 최적의 교수 학습 전략과 방법을 설계
콘텐츠 개발자	• 콘텐츠 디자이너, 프로그래머로 구분 • 콘텐츠 디자이너는 내용 전문가가 작성한 원고에 디자인 요소를 결합하여 콘텐츠의 심미성, 가독성 향상 • 콘텐츠 프로그래머는 내용 전문가가 작성한 원고에 대화형 요소 및 애니메이션 적용, 형성 평가 구현 등의 작업 수행

15 이러닝 산업 분야 중 솔루션 분야의 종류 3가지를 작성하시오.

정답

- 이러닝 소프트웨어 개발
- 이러닝 시스템 구축 및 유지보수
- 이러닝 소프트웨어 유통 및 자원 제공

e 해설

분류	설명
이러닝 소프트웨어 개발	• LMS/LCMS: 이러닝 시스템 서버에 탑재되는 학습 관리 시스템(LMS), 학습 콘텐츠 관리 시스템(LCMS) 개발 • 학습 콘텐츠 저작도구: 이러닝 콘텐츠 제작을 위한 저작용 소프트웨어 개발 • 가상교실 소프트웨어: 교수학습을 구현하는 가상교실 소프트웨어 개발 • 가상훈련시스템 소프트웨어:가상현실, 증강현실 및 유사한 기술을 적용한 휴련용 시뮬레이터 운영 소프트웨어 개발 • 기타 이러닝 소프트웨어: 기타 이러닝 시스템 서버 또는 학습 기기용 소프트웨어 개발
이러닝 시스템 구축 및 유지보수	• 이러닝 시스템 구축 및 컨설팅: 가상훈련 시스템을 포함하는 이러닝 시스템 구축 및 관련 컨설팅 서비스 제공 • 이러닝 시스템 유지보수: 구축된 가상훈련 시스템을 포함한 이러닝 시스템의 운영, 유지, 복구 서비스 등 제공
이러닝 소프트웨어 유통 및 자원 제공	• 이러닝 소프트웨어 유통: 이러닝 시스템, 학습기기 등에 탑재되는 패키지 소프트웨어 유통 • 이러닝 컴퓨팅 자원 임대: 사업자를 대상으로 이러닝을 위한 서버, 스토리지, 소프트웨어 플랫폼 등의 컴퓨팅 자원 임대 • 이러닝 관련 기타 자원 임대: 이러닝 솔루션 사업자를 대상으로 이러닝을 위한 장치 및 설비 등의 기타 자원 임대

16 운영 성과의 준비, 실시, 종료 후 중 종료 후에 해당하는 것을 3개 작성하시오.

> 학습자 프로파일, 교 · 강사 평가관리, 운영보고서, 운영 결과 보고자료

정답

- 교 · 강사 평가관리
- 운영보고서
- 운영 결과 보고자료

해설

학습자 프로파일은 이러닝 학습 환경 분석단계에서 필요한 자료이다.

17 다음은 이러닝산업법 중 용어와 관련한 설명이다. ㉠~㉢을 채우시오.

용어	설명
(㉠)	• 전자적 방식으로 처리된 부호 · 문자 · 도형 · 색채 · 음성 · 음향 · 이미지 · 영상 등 이러닝과 관련된 정보 또는 자료이다.
(㉡)	•「저작권법」 제7조에 따른 보호받지 못하는 저작물 또는 같은 법 제39조부터 제42조까지의 규정에 따른 보호기간이 만료된 저작물을 말한다.
(㉢)	• 공공기관이 직무상 작성하거나 취득하여 관리하고 있는 문서 · 도면 · 사진 · 필름 · 테이프 · 슬라이드 및 컴퓨터에 의하여 처리되는 매체 등에 기록된 사항을 말한다.

정답

㉠: 이러닝 콘텐츠

㉡: 자유이용정보

㉢: 공공정보

해설

문제의 용어는 이러닝(전자학습)산업 발전 및 이러닝 활용 촉진에 관한 법률(2024. 07. 31. 시행) 중 제2조(정의)에서 설명하는 용어이다.

18 버지(Berge)의 원격교육 교수자의 역할 4가지를 쓰시오.

정답

• 교육적 역할　　• 사회적 역할　　• 관리적 역할　　• 기술적 역할

해설

역할	설명
교육적 역할	• 학습 과정을 촉진하고 지적 자극 제공
사회적 역할	• 학습자 간 상호작용을 촉진, 우호적 학습 환경 조성
관리적 역할	• 학습 과정과 환경을 조직하고 관리
기술적 역할	• 학습자가 기술적 도구를 활용할 수 있도록 지원

19 다음은 원격교육에 대한 학점인정 기준에 대한 설명이다. 보기를 참고하여 ㉠~㉢을 작성하시오.

주간, 연간, 24학점, 25학점, 42학점, 52학점

(㉠) 최대 이수학점은 (㉡)으로 하며, 학기(매년 3월 1일부터 8월 31일까지 또는 9월 1일부터 다음 해 2월 말일까지를 말한다)마다 (㉢)을 초과하여 이수할 수 없다.

정답

㉠: 연간　　㉡: 42학점　　㉢: 24학점

20 다음 학습 성취도 평가 유형 중 형성평가의 목적에 해당하는 것을 골라 작성하시오.

> 최종 성적을 결정하는 기준, 강의 방향, 사전 학습자 진단, 학습 준비도 평가, 학습자 강점 및 약점 평가

정답

- 최종 성적을 결정하는 기준
- 강의 방향
- 사전 학습자 진단

해설

학습자의 학습 준비도와 강점 및 약점을 평가하는 것은 진단평가에 속한다.

01 다음 보기의 평가도구 양호성 검증 방법 중 각 설명에 맞는 개념을 찾아 빈칸을 채우시오.

> 객관도, 실용도, 내용 타당도, 예언 타당도, 공인 타당도, 구인 타당도, 요인 타당도

유형	설명
(㉠)	• 채점자의 신뢰도를 의미하며, 채점이 어느 정도의 일관성이 있느냐의 의미
(㉡)	• 제작된 검사에서 얻은 점수와 미래의 어떤 행위를 얼마나 잘 예측하느냐와 관련된 타당도
(㉢)	• 이미 널리 사용하고 있는 검사도구와 그것과 비슷한 내용을 측정한다고 상정 • 새롭게 제작된 도구와의 상호관련성(유사성)을 검토함으로써, 새롭게 제작한 도구의 타당성을 검토하는 것

정답

㉠: 객관도 ㉡: 예언 타당도 ㉢: 공인 타당도

해설

㉠: 채점자의 신뢰도, 채점 일관성 → 객관도
- 객관도는 채점자에 따라 점수가 달라지지 않고 채점 결과가 얼마나 일관되게 나오는지를 나타내는 지표이다.
- 따라서 "채점자의 신뢰도"와 "채점의 일관성"을 묻는 설명은 객관도에 해당한다.

㉡: 미래 행동 예측 여부 → 예언 타당도
- 예언 타당도는 검사 점수가 미래의 어떤 행동 · 성과를 얼마나 정확히 예측하는지를 의미한다.
- 설명에서 "미래의 어떤 행위를 얼마나 잘 예측하느냐와 관련된 타당도"라고 했으므로 예언 타당도로 본다.

㉢: 기존 검사와의 상관, 유사성 검토 → 공인 타당도
- 공인 타당도는 이미 타당성이 입증된 기존 검사(공인된 검사)와 새 검사 점수 간의 상관관계를 통해 새 검사의 타당성을 검증하는 방법이다.
- 지문에서도 "이미 널리 사용하고 있는 검사 도구와 ~ 상호관련성(유사성)을 검토함으로써, 새롭게 제작한 도구의 타당성을 검토"한다고 하였으므로 공인 타당도에 해당한다.

02 다음 보기 중 다음 설명에 해당하는 산업표준용어(KS) 개념을 찾아 빈칸을 채우시오.

웹 기반 학습, 온라인 학습, 혼합형 학습, 컴퓨터 지원 협력학습, 컴퓨터 기반 학습,
컴퓨터 관리 학습

개념	설명
(㉠)	• 웹 기술을 사용하는 온라인 학습
(㉡)	• 컴퓨터 네트워크를 통해 이루어지는 학습
(㉢)	• 컴퓨터를 학습 도구로 활용하는 학습

정답

㉠: 웹 기반 학습   ㉡: 온라인 학습   ㉢: 컴퓨터 기반 학습

해설

㉠ 웹 기술을 사용하는 온라인 학습 → 웹 기반 학습
'웹 기술을 사용하는'이라는 표현에서 알 수 있듯, 웹 브라우저와 웹 서버를 활용해 이루어지는 학습을 말하므로 웹 기반 학습이 해당된다.

㉡ 컴퓨터 네트워크를 통해 이루어지는 학습 → 온라인 학습
네트워크(인터넷, 인트라넷 등)를 통해 원격으로 이루어지는 학습 전반을 온라인 학습이라고 한다. 장소와 시간에 구애받지 않고 네트워크로 연결되어 학습이 진행된다는 점이 핵심이다.

㉢ 컴퓨터를 학습 도구로 활용하는 학습 → 컴퓨터 기반 학습
컴퓨터 프로그램(교육용 소프트웨어, CBT 등)을 이용해 개별 학습을 진행하는 형태로, 컴퓨터가 직접 학습 매체가 되므로 컴퓨터 기반 학습에 해당한다.

03 다음 설명에 해당하는 산업표준용어(KS) 개념을 보기에서 찾아 빈칸을 채우시오.

명칭	설명
(㉠) 사업체	• 이러닝에 필요한 정보와 자료를 멀티미디어 형태로 개발, 제작, 가공, 유통하는 사업체
(㉡) 사업체	• 이러닝에 필요한 교육 관련 정보시스템의 전부 혹은 일부를 개발, 제작, 가공, 유통하는 사업체
(㉢) 사업체	• 온라인으로 교육, 훈련, 학습 등을 쌍방향으로 정보통신 네트워크를 통해 개인, 사업체 또는 기관에 직접 서비스를 제공하는 사업체

정답

㉠: 콘텐츠   ㉡: 솔루션   ㉢: 서비스

e 해설

㉠: 콘텐츠 사업체

이러닝에서 학습자가 실제로 보는 강의, 동영상, 애니메이션, 문서 등 학습 자료 그 자체를 개발 · 제작하는
곳이므로 '콘텐츠(Contents)' 사업체에 해당한다.

㉡: 솔루션 사업체

학습관리시스템(LMS), 콘텐츠관리시스템(CMS), 시험 · 평가 시스템 등 이러닝 시스템/소프트웨어를 제공하
는 것이 핵심이므로 '솔루션(Solution)' 사업체이다.

㉢: 서비스 사업체

이미 구축된 콘텐츠와 시스템을 활용하여 실제 교육 · 훈련 서비스를 운영 · 제공하는 역할이므로 '서비스
(Service)' 사업체로 구분된다.

04 다음 보기의 설명에 해당하는 용어를 작성하시오.

> • 온라인의 자료를 이해하고 활용하고 창작할 수 있는 능력
> • 온라인 윤리를 지키고 비판적 사고와 소통 등으로 문제를 해결할 수 있는 역량
> • 디지털 기술을 활용하여 정보를 탐색, 비판, 분석하고, 이를 바탕으로 새로운 지식을 창조하며
>   올바르게 소통할 수 있는 총체적인 역량

정답

디지털 리터러시

e 해설

• "온라인의 자료를 이해하고 활용하고 창작할 수 있는 능력"
  – 이는 단순히 정보를 읽는 수준(문해력)을 넘어, 디지털 자료를 이해하고 필요한 형태로 활용하며 새로운
    콘텐츠를 생산 · 창작하는 능력을 포함한다.
  – 디지털 기기 · 인터넷을 활용해 정보를 검색 · 분석 · 재구성하는 능력으로, 디지털 리터러시의 핵심 요소이다.
• "온라인 윤리를 지키고 비판적 사고와 소통 등으로 문제를 해결할 수 있는 역량"
  – 디지털 리터러시는 기술 사용 능력뿐 아니라, 저작권, 개인정보 보호, 네티켓 등 온라인 윤리 준수, 가짜 뉴
    스 · 왜곡 정보에 속지 않는 비판적 정보 판단 능력, 온라인 상호작용을 통한 협업 · 소통 능력까지 포함한다.
    따라서, 온라인 자료를 읽고 쓰고 만들며, 윤리와 비판적 사고 · 소통을 통해 문제를 해결하는 역량을 통칭
    하는 용어는 '디지털 리터러시'가 된다.

05 다음은 사업주 직업능력개발훈련 지원 규정에 따른 위탁훈련의 종류이다. 설명에 알맞은 빈칸을 채우시오.

명칭	설명
(㉠) 훈련	• 정보통신매체를 활용하여 훈련이 실시되고 훈련생관리 등이 웹상으로 이루어지는 원격훈련
(㉡) 훈련	• 위치기반서비스, 가상현실 등 스마트 기기의 기술적 요소를 활용하거나 특성화된 교수 방법을 적용하여 원격 등의 방법으로 훈련이 실시되고 훈련생관리 등이 웹상으로 이루어지는 훈련
(㉢) 훈련	• 인쇄매체로 된 훈련교재를 이용하여 훈련이 실시되고 훈련생관리 등이 웹상으로 이루어지는 원격훈련
(㉣) 훈련	• 집체훈련, 현장훈련 및 원격훈련 중에서 두 종류 이상의 훈련을 병행하여 실시하는 직업능력개발훈련

정답

㉠: 인터넷 원격   ㉡: 스마트   ㉢: 우편 원격   ㉣: 혼합

e 해설

㉠: 인터넷 원격 훈련

핵심 키워드가 '정보통신매체', '웹상에서 진행'이므로, PC · 모바일 등 인터넷을 통해 학습과 관리가 이뤄지는 인터넷 원격훈련에 해당한다.

㉡: 스마트 훈련

스마트 기기, 위치기반, 가상현실 등 고급 기능을 활용하는 것이 특징이므로, 이는 스마트 훈련 유형이다.

㉢: 우편 원격 훈련

학습자료는 인쇄물(우편으로 제공되는 교재)을 사용하고, 관리만 온라인으로 하는 구조이므로 우편 원격훈련으로 분류된다.

㉣: 혼합 훈련

서로 다른 훈련 유형을 섞어서(두 종류 이상 병행) 실시하므로, 이름 그대로 혼합훈련(블렌디드 훈련)에 해당한다.

06 플립드 러닝(Flipped Learning)의 장점 3가지를 기술하시오.

정답

1) 사전 동영상 학습을 통해 학생이 자신의 속도에 맞춰 반복 학습할 수 있다.

2) 수업 시간에는 토론 · 프로젝트 · 문제 해결 등 심화 활동에 집중하여 능동적 학습이 가능하다.

3) 수업 시간에 교사와 학생, 학생 간 상호작용이 증가하고 즉각적인 피드백 제공이 가능하다.

해설

1) 개별화 · 자기주도 학습 강화

플립러닝에서는 기본 개념 설명을 집에서 동영상 등으로 먼저 학습하므로, 학생이 필요한 부분을 멈추고 반복 시청하며 자신의 이해 수준에 맞게 학습할 수 있다. 이는 학습 속도와 난이도를 스스로 조절하는 자기주도 학습 능력을 길러 준다.

2) 수업 시간의 고차원 활동 확대

교실에서는 이미 공부한 내용을 바탕으로 토론, 실습, 프로젝트, 문제 해결 활동을 수행한다. 단순 설명 · 강의 시간이 줄어들어, 수업 시간에 심화 · 적용 중심의 활동을 많이 할 수 있다는 점이 큰 장점이다.

3) 상호작용 및 피드백 향상

교사가 설명에 시간을 많이 쓰지 않으므로, 수업 중에 학생 질문에 답변하고 개별 지도를 하는 시간이 늘어난다. 또한 학생들끼리 협업 활동을 하면서 상호작용이 많아지고, 교사는 그 과정에서 즉각적인 피드백을 제공할 수 있어 학습 효과가 높아진다.

---

07 데일의 경험의 원추 중 행동적 경험에 해당하는 종류를 3가지만 작성하시오.

정답

1) 극화된 경험   2) 구성적 경험(모의적 경험)   3) 직접적, 목적적 경험

해설

데일의 경험의 원추에서 행동적 경험은 가장 구체적이고 몸을 움직이며 참여하는 수준의 경험으로,

- 직접 목적 경험(실제 활동을 직접 해봄),
- 구성된 경험(모형 · 시뮬레이션 등 고안된 사물을 다룸),
- 극화된 경험(역할놀이, 연기 등으로 상황을 재현함)

  을 포함한다.

08 메이거(Mager)의 ABCD 법칙의 각 구성요소를 기술하시오.

구성요소	설명
A	(㉠)
B	(㉡)
C	(㉢)
D	(㉣)

정답

㉠: Audience(학습자, 대상)
㉡: Behavior(행동, 도달해야 할 수행)
㉢: Condition(조건)
㉣: Degree(수행기준, 수준)

ℓ 해설

메이거(Mager)의 ABCD 법칙은 행동 목표를 명확하게 진술하기 위한 네 가지 요소를 말한다.
- A(Audience)
  - 목표의 대상, 즉 누가 학습하고 수행해야 하는지를 나타낸다.
  - 예 "학습자(초등 5학년 학생)는 …"
- B(Behavior)
  - 학습 후에 관찰 · 측정 가능한 구체적 행동을 의미한다.
  - 예 "덧셈 문제를 해결한다, 정의를 쓴다, 비교 · 설명한다" 등 동사로 제시한다.
- C(Condition)
  - 그 행동이 어떤 조건 · 상황에서 수행되는지를 말한다.
  - 예 "계산기를 사용하지 않고", "지도와 나침반을 사용하여" 등.
- D(Degree)
  - 행동 수행의 수준 · 기준(정도)을 나타낸다.
  - 예 "10문제 중 9문제를 맞는다", "오차 5% 이내로" 등 평가 가능한 기준을 제시한다.

09 다음 보기는 학습관리시스템(LMS)의 학습자 기능 종류이다. 설명에 해당하는 개념을 골라 빈칸을 작성하시오.

교과학습, 학습지원, 수강신청, 공지확인, 개인정보, 학습일정

기능	설명
(㉠)	• 과목 검색, 수강 신청/취소, 신청 내역 조회 기능
(㉡)	• 강의 수강, 과제 제출, 시험 응시 기능
(㉢)	• 질의 응답 등록, 수정, 삭제, 조회 기능
(㉣)	• 로그인, 정보 수정, 학습 이력 확인 기능

정답

㉠: 수강신청
㉡: 교과학습
㉢: 학습지원
㉣: 개인정보

e 해설

㉠ 과목 검색, 수강 신청/취소, 신청 내역 조회 기능 → 수강신청

어떤 과목을 들을지 선택하고 신청·취소하며, 신청 내역을 확인하는 기능이므로 학습자 입장에서는 전형적인 수강신청 기능이다.

㉡ 강의 수강, 과제 제출, 시험 응시 기능 → 교과학습

실제로 강의를 듣고, 과제를 내고, 시험을 치르는 등 과목의 학습 활동 자체에 해당하므로 교과학습 기능으로 분류된다.

㉢ 질의 응답 등록, 수정, 삭제, 조회 기능 → 학습지원

Q&A 게시판을 통해 질문을 올리고 답변을 주고받는 기능은 학습 내용을 도와주는 보조 기능이므로 학습지원 기능에 해당한다.

㉣ 로그인, 정보 수정, 학습 이력 확인 기능 → 개인정보

아이디/비밀번호 관리, 프로필·연락처 수정, 본인의 수강·성적 이력 확인 등은 모두 학습자의 개인 계정·정보 관리에 관련되므로 개인정보 기능으로 본다.

10 다음은 ADDIE의 5가지 과정을 나타낸 표이다. ㉠～㉢에 들어갈 명칭을 작성하시오.

절차	설명
분석	• 학습 내용(What)을 정의하는 과정
(㉠)	• 교수 방법(How)을 구체화 하는 과정
(㉡)	• 학습할 자료를 만드는 과정
(㉢)	• 개발된 프로그램을 LMS에 설치(탑재)하고 학습자에게 배포하는 과정
평가	• 프로그램의 적절성을 평가하는 과정

정답

㉠: 설계   ㉡: 개발   ㉢: 실행

해설

ADDIE 모형은 분석(Analysis)−설계(Design)−개발(Development)−실행(Implementation)−평가(Evaluation) 의 5단계로 이루어진 수업 설계 절차이다.

• 분석

문항에서 "학습 내용(What)을 정의하는 과정"이라고 제시되어 있으며, 이는 학습자 특성, 요구, 학습목표 등을 분석하는 Analysis 단계에 해당한다.

㉠: 설계(Design)

"교수 방법(How)을 구체화 하는 과정"이라고 되어 있어, 어떤 교수전략 · 매체 · 평가 방법을 사용할지 정하는 설계 단계에 해당한다.

㉡: 개발(Development)

"학습할 자료를 만드는 과정"이므로, 설계한 내용을 바탕으로 실제 교재, 자료, 프로그램을 제작하는 개발 단계이다.

㉢: 실행(Implementation)

"프로그램을 실제 상황에 설치하는 과정"은 완성된 프로그램을 현장에 적용해 수업을 실제로 운영하는 실행 단계이다.

• 평가(Evaluation)

마지막 줄 "프로그램의 적절성을 평가하는 과정"은 프로그램의 효과를 점검하고 개선점을 찾는 평가 단계를 의미한다.

11 학습자와 소통할 수 있는 채널의 종류를 3가지 기술하시오.

정답

게시판, 쪽지, SMS, 이메일, 전화 중 3가지 작성

해설

학습자와의 소통 채널은 교수자와 학습자가 정보를 주고받는 통로를 의미한다.

- 게시판: 공지, 질문 · 답변, 과제 안내 등 다수 학습자에게 동시에 알릴 때 사용하는 비동기식 채널이다.
- 쪽지, 이메일: 개별 학습자에게 과제 피드백이나 상담 내용을 전달하는 1:1 비공개 소통 채널이다.
- SMS, 전화: 긴급 공지나 출석 안내처럼 즉각적인 전달이 필요한 상황에서 사용하는 실시간(또는 실시간에 가까운) 채널이다.

12 다음 중 가네(Gagné)의 9가지 수업 사태 중 각 행동사례에 맞는 개념을 빈 칸에 작성하시오.

수업 사태	설명
(㉠)	• 학습자가 수업 활동에 집중할 수 있도록 흥미와 호기심을 유발한다.
(㉡)	• 학습한 지식이나 기술을 실제로 수행할 수 있는지 평가한다.
(㉢)	• 학습자가 배운 내용을 실제로 수행할 수 있도록 돕는다.

정답

㉠: 주의집중 획득   ㉡: 수행 평가   ㉢: 수행 유도(연습)

해설

㉠: 주의집중 획득

학습자가 수업 자극을 받아들일 수 있도록 흥미를 유발하고 집중하게 만드는 단계로, 가네의 첫 번째 수업 사태인 주의집중 획득(Gain attention)에 해당한다.

㉡: 수행 평가

학습자가 목표한 행동을 실제로 얼마나 성취했는지를 검사 · 시험 등을 통해 확인하는 단계로, 여덟 번째 수업 사태인 수행 평가(Assess performance)이다.

㉢: 수행 유도(연습)

학습자가 배운 내용을 스스로 해 보도록 연습 기회를 제공하는 단계로, 여섯 번째 수업 사태인 수행 유도(Elicit performance)에 해당한다.

13 다음 보기에서 각 설명에 맞는 개념 3가지를 골라서 빈 칸을 채우시오.

> 스토리보드, 설계개요서, 학습흐름도, 내용원고

구분	설명
(㉠)	• 콘텐츠 개발 계획문서
(㉡)	• 학습의 진행 순서와 구조를 한눈에 파악할 수 있도록 기호를 사용하여 시각적으로 나타낸 것
(㉢)	• 콘텐츠의 개발이 완료된 후의 모습을 표현한 것 • 화면의 구성, 화면 단위의 내용을 제시하며, 구체적인 설계안을 화면 단위로 작성한다.

정답

㉠: 설계개요서   ㉡: 학습흐름도   ㉢: 스토리보드

해설

㉠: 설계개요서

설계개요서는 이러닝 콘텐츠를 만들기 전에 전체 목표, 학습자 분석, 구성 방식, 매체 활용 계획 등을 정리해 두는 기획 문서이다. 따라서 '콘텐츠 개발 계획문서'라는 설명과 일치한다.

㉡: 학습흐름도

학습흐름도는 학습의 진행 단계, 분기, 반복 등을 도식으로 나타낸 것으로, 학습 구조를 한눈에 볼 수 있게 해 주므로 해당 설명과 맞는다.

㉢: 스토리보드

스토리보드는 각 화면에 어떤 내용 · 그림 · 버튼이 들어가는지를 화면 단위로 구체화한 설계 문서로, 완성될 콘텐츠의 모습을 미리 그려 보는 것이다. 따라서 주어진 설명에 해당한다.

14 무어(Moore)와 키슬리(Kearsley)의 원격교육 체제 모형에서 주요 요소 3가지를 기술하시오.

정답

자원(Content Sources), 설계(Program/Course Design), 전달(Delivery), 상호작용(Interaction), 학습환경(Learning Environment)

해설

Moore & Kearsley의 원격교육 체제 모형은 원격교육이 제대로 이루어지기 위해 고려해야 할 핵심 요소를 다음과 같이 제시한다.

- 자원(Content Sources)
  - 학습자가 접하게 되는 콘텐츠와 정보원을 의미한다.
  - **예** 교재, 동영상 강의, 온라인 자료, 멀티미디어 학습 자료 등.
- 설계(Program/Course Design)
  - 학습 목표, 내용 구조, 평가 방법 등을 포함한 프로그램 · 강좌 설계를 말한다.
  - 어떤 순서로 무엇을, 어떻게 가르칠지 결정하는 단계이다.
- 전달(Delivery)
  - 학습 내용을 학습자에게 어떤 매체와 방식으로 전달하는지를 나타낸다.
  - **예** LMS, 화상 회의 시스템, 방송 매체 등.
- 상호작용(Interaction)
  - 교사↔학습자, 학습자↔학습자, 학습자↔내용 간에 이루어지는 의사소통 · 피드백 활동이다.
  - 토론 게시판, 채팅, 화상 토의 등이 대표적인 예이다.
- 학습환경(Learning Environment)
  - 원격교육이 이루어지는 물리적 · 기술적 · 사회적 환경 전체를 의미한다.
  - 네트워크 인프라, 지원 인력, 조직 문화, 학습자의 가정 · 직장 환경 등이 포함된다.

15 다음 보기는 원격교육에 대한 학점 인정 기준의 일부 내용이다. 빈 칸을 숫자로 채우시오.

제6조 (수업 방법)

① 원격교육의 수업은 법령 및 학칙(또는 원칙) 등에서 수업 방법을 원격으로 할 수 있도록 규정한 학습과정 · 교육과정에 한하여 인정한다.

② 원격교육의 비율은 다음 각호의 범위에서 운영하여야 한다.

　가. 원격교육기관: 수업일수의 (㉠) 이상 (실습 과목은 예외)

　나. 원격교육기관 외의 교육기관: 수업일수의 (㉡) 이내

　다. 고등교육법 시행령 제53조제3항에 의한 시간제등록생만을 대상으로 하는 수업: 수업일수의 (㉢) 이내

㉠: 60%   ㉡: 40%   ㉢: 60%

해설

원격교육에 대한 학점인정 기준(2009. 9. 1. 시행)에서 수업 방법의 내용을 다음과 같이 정의하고 있다.

제6조 (수업 방법)

① 원격교육의 수업은 법령 및 학칙(또는 원칙) 등에서 수업 방법을 원격으로 할 수 있도록 규정한 학습과정·교육과정에 한하여 인정한다.

② 원격교육의 비율은 다음 각호의 범위에서 운영하여야 한다.

　가. 원격교육기관: 수업일수의 60% 이상(실습 과목은 예외)

　나. 원격교육기관 외의 교육기관: 수업일수의 40% 이내

　다. 고등교육법 시행령 제53조제3항에 의한 시간제등록생만을 대상으로 하는 수업: 수업일수의 60% 이내

16 다음 보기를 참고하여 훈련시설의 장비요건 중 빈 칸에 들어갈 숫자를 작성하시오.

> 1.4, 1.6, 4, 6, 8, 100, 200

구분	설명
웹서버	• CPU: (㉠) GHz × (㉡) Core 이상 • Memory: (㉢) GB 이상 • HDD: (㉣) GB 이상 • RAID 시스템을 사용할 것 (단, Raid0 단일구성은 제외) • SCSI 또는 동일 규격의 SAS 하드 드라이브 (단, SSD인 경우 SATA나 PCI 방식 허용)

㉠: 1.4   ㉡: 4   ㉢: 4   ㉣: 100

해설

지정직업훈련시설의 인력, 시설·장비 요건 등에 관한 규정(2022. 2. 18. 시행) 중 [별표 1] 원격훈련시설의 장비요건에서 웹 서버를 다음과 같이 규정하고 있다.

가. 하드웨어

　- 위탁훈련

　(1) Web서버(웹서버)

　　- CPU: 1.4 GHz X 4 Core 이상

　　- Memory: 4GB 이상 - HDD: 100GB 이상

　　- RAID 시스템을 사용할 것(단, Raid0 단일구성은 제외)

　　- SCSI 또는 동일 규격의 SAS 하드 드라이브(단, SSD인 경우 SATA나 PCI 방식 허용)

17 다음 보기를 참고하여 콜브(Kolb)의 학습 유형에 해당하는 개념을 작성하시오.

동화자, 발산자, 수렴자, 조절자

학습 유형	설명
(㉠)	• 추상적인 개념화와 능동적인 실험을 선호하는 학습자로, 문제나 과제가 제시될 때 정답을 찾기 위해 아주 빠르게 움직이고, 사람보다는 사물을 다루는 것을 선호함
(㉡)	• 구체적인 경험과 반성적인 관찰을 통해서 학습하는 학습자로, 뛰어난 상상력을 가지고 있으며, 아이디어를 창출하고 브레인스토밍을 즐김
(㉢)	• 구체적인 경험과 능동적인 실험을 선호하는 학습자로, 일을 하는 것과 새로운 경험을 강조하고 실제 문제를 해결하기 위한 개념, 원리를 활용하는 방법에 관심을 가짐
(㉣)	• 추상적인 개념화와 반성적인 관찰을 선호하는 학습자로, 이론적 모형을 창출하는 능력을 갖추고 있고 아이디어나 이론 자체의 타당성에 관심을 가짐

정답

㉠: 수렴자 ㉡: 발산자 ㉢: 조절자 ㉣: 동화자

해설

콜브의 경험학습 이론에 따른 학습 유형은 크게 네 가지로 구분할 수 있다.

구분	설명
발산자 (Diverger)	• 구체적 경험과 반성적 관찰 선호, 상상력이 풍부하고 다양한 관점에서 상황을 관찰
동화자 (Assimilator)	• 추상적 개념화와 반성적 관찰 선호, 논리적 사고와 이론 모델 창출에 능함
수렴자 (Converger)	• 추상적 개념화와 능동적 실험 선호, 아이디어를 실제 적용하는 데 능함
조절자 (Accommodator)	• 구체적 경험과 능동적 실험 선호, 직접 경험을 통해 학습하며 모험을 즐김

18 다음 보기에서 이러닝 운영 결과 보고에 포함되는 운영 전 수행 내용에 해당하는 것을 고르시오.

> ㄱ. 평가관리
>
> ㄴ. 과정 개설
>
> ㄷ. 안내 메일 발송
>
> ㄹ. 교 · 강사 사전교육
>
> ㅁ. 운영 계획 수립
>
> ㅂ. 진행 상황 보고

정답

ㄴ, ㄷ, ㄹ, ㅁ

🄮 해설

- ㄴ: 과정 개설

  학습자가 수강 신청을 하고 학습을 시작하기 전에, LMS에 강좌를 등록하고 설정하는 작업이므로 운영 전 준비 단계에 해당한다.
- ㄷ: 안내 메일 발송

  수강 시작 전에 학습 대상자에게 학습 일정, 접속 방법 등을 안내하는 메일을 보내는 것은 학습 개시를 위한 사전 안내 활동이다.
- ㄹ: 교 · 강사 사전교육

  실제 운영에 들어가기 전에 교 · 강사에게 시스템 사용법, 평가 기준 등을 교육하는 것으로, 운영 전 사전교육에 해당한다.
- ㅁ: 운영 계획 수립

  연간/기수별 운영 일정, 인력 · 예산, 지원 계획 등을 세우는 일로, 본격 운영을 위한 사전 기획 · 계획 수립 단계이다.

[오답]

- ㄱ: 평가관리는 운영 중 · 후에 학습자 평가를 실시하고 관리하는 활동이다.
- ㅂ: 진행 상황 보고는 운영이 진행되는 동안 경과를 보고하는 활동이므로 운영 전 수행 내용에 해당하지 않는다.

19 다음 보기에서 아래 고려사항에 해당하는 교·강사 지원 방법을 골라서 작성하시오.

교·강사 활동안내, 교·강사 선정관리, 교·강사 활동개선, 교·강사 사전교육

지원 방법	설명
(㉠)	• 교·강사 교육을 위한 매뉴얼을 작성하였는가?
(㉡)	• 교·강사 정보보호를 위한 절차와 정책을 수립하였는가?
(㉢)	• 운영계획서에 기반하여 교·강사에게 학습 평가 지침을 안내하였는가?
(㉣)	• 학습자 상호작용이 활성화될 수 있도록 교·강사를 독려하였는가?

정답

㉠: 교·강사 사전교육
㉡: 교·강사 선정관리
㉢: 교·강사 활동안내
㉣: 교·강사 활동개선

e 해설

㉠ "교·강사 교육을 위한 매뉴얼을 작성하였는가?" → 교·강사 사전교육
- 매뉴얼은 수업 전에 교·강사에게 교육 내용·절차를 안내하기 위한 자료이다.
- 따라서 이는 교·강사가 수업을 시작하기 전에 필요한 내용을 익히도록 하는 사전교육에 해당한다.
㉡ "교·강사 정보보호를 위한 절차와 정책을 수립하였는가?" → 교·강사 선정관리
- 교·강사에 관한 개인정보·계약정보 등을 안전하게 관리하기 위한 절차·정책은 인력의 선정과 관리에 포함된다.
- 즉, 적절한 교·강사를 확보하고 관리하는 차원에서 이루어지는 활동이다.
㉢ "운영계획서에 기반하여 교·강사에게 학습 평가 지침을 안내하였는가?" → 교·강사 활동안내
- 평가 기준, 방법 등을 안내하는 것은 교·강사가 수업을 어떻게 운영해야 하는지 알려주는 활동 안내에 해당한다.
㉣ "학습자 상호작용이 활성화될 수 있도록 교·강사를 독려하였는가?" → 교·강사 활동개선
- 학습자와의 상호작용을 늘리도록 지도·권장하는 것은 기존 수업 방식에서 더 나은 방향으로 활동을 개선하도록 돕는 지원 방법이다.

20 다음은 STP 전략의 약어와 그에 대한 설명이다. 빈 칸의 설명에 해당하는 내용을 작성하시오.

전략	설명
S	(㉠)
T	(㉡)
P	(㉢)

정답

㉠: 시장세분화(Segmentation)

㉡: 표적시장선정(Targeting)

㉢: 포지셔닝(Positioning)

해설

- S: 시장세분화(Segmentation)
  - 전체 시장을 연령, 성별, 지역, 소득, 라이프스타일, 요구 등 공통 특성에 따라 여러 하위 집단으로 나누는 과정이다.
  - 목적: 서로 다른 욕구를 가진 집단을 구분하여, 더 정밀하게 공략할 수 있도록 한다.
- T: 표적시장선정(Targeting)
  - 세분화된 여러 집단 중에서 자사에게 가장 매력적이고, 성공 가능성이 높은 집단을 선택하는 단계이다.
  - 선택된 집단이 실제로 마케팅 활동의 표적시장(Target Market)이 된다.
- P: 포지셔닝(Positioning)
  - 선택된 표적시장의 고객 마음속에, 자사 제품 · 서비스의 차별화된 이미지와 가치를 자리 잡게 하는 전략이다.
  - 경쟁 제품과 비교하여 "우리 제품은 어떤 점에서 다르고, 어떤 이미지를 가질 것인가"를 설계 · 전달하는 과정이다.

이 책의 특징

01. (사)한국정보통신자격협회 공식 인증 교재

시험 주관사인 (사)한국정보통신자격협회의 전문위원으로 구성된 집필진이 출제기준에 맞춰 효율적으로 학습할 수 있도록 집필하였고, (사)한국정보통신자격협회의 공식 인증 교재이기에 최고의 적중률을 보장합니다.

02. 유료 동영상 강의 교재

단기간에 필기시험과 실기시험을 준비하고 합격할 수 있도록 저자 직강 유료 동영상 강의를 제공합니다.

03. 효율적인 내용 구성

과목별 내용을 출제 비중에 맞춰 비교적 쉽게 이해할 수 있도록 정리하였으며, 중요 내용에 '중요합니다'로 강조하여 중요 내용에 집중할 수 있도록 하였습니다. 또한 이해를 돕기 위해 다수의 사진과 삽화를 수록했습니다.

04. 실기시험 준비 및 최신 기출문제

최신 실기 기출문제와 필기 기출문제를 수록하여 출제경향을 파악할 수 있습니다. 특히 실기시험의 출제 방법과 경향을 파악하여 대비할 수 있습니다.

이러닝운영관리사 필기 + 실기

2026. 3. 11. 초 판 1쇄 인쇄
2026. 3. 18. 초 판 1쇄 발행

저자와의
협의하에
검인생략

지은이 | 임호용, 최정빈, 이선희
감 수 | (사)한국에듀테크산업협회
펴낸이 | 이종춘
펴낸곳 | **BM** ㈜도서출판 **성안당**
주소 | 04032 서울시 마포구 양화로 127 첨단빌딩 3층(출판기획 R&D 센터)
　　　| 10881 경기도 파주시 문발로 112 파주 출판 문화도시(제작 및 물류)
전화 | 02) 3142-0036
　　　| 031) 950-6300
팩스 | 031) 955-0510
등록 | 1973. 2. 1. 제406-2005-000046호
내용문의 | edu@ketia.kr
출판사 홈페이지 | **www.cyber.co.kr**
ISBN | 978-89-315-8668-8 (13000)
정가 | **40,000원**

이 책을 만든 사람들
책임 | 최옥현
진행 | 최창동
교정 · 교열 | 인투
본문 디자인 | 인투
표지 디자인 | 박원석
홍보 | 김계향, 임진성, 김주승
국제부 | 이선민, 조혜란
마케팅 | 구본철, 차정욱, 오영일, 나진호, 강호묵
마케팅 지원 | 장상범
제작 | 김유석